정도의 실천자 성낙승 회고록

정도의 길, 고행의 길

나남
nanam

나남신서 2109

정도의 실천자 성낙승 회고록

정도의 길, 고행의 길

2022년 2월 28일 발행
2022년 2월 28일 1쇄

지은이   성낙승
발행자   趙相浩
발행처   (주) 나남
주소   10881 경기도 파주시 회동길 193
전화   (031) 955-4601 (代)
FAX   (031) 955-4555
등록   제 1-71호 (1979. 5. 12)
홈페이지   http://www.nanam.net
전자우편   post@nanam.net

ISBN 978-89-300-4109-6
ISBN 978-89-300-8655-4 (세트)

나남신서 2109

정도의 실천자 성낙승 회고록

정도의 길, 고행의 길

나남
nanam

2022년 2월 저자의 88세 미수 맞이 근영(近影)

서 론

2021년의 묵은해가 저물고 2022년의 새해가 밝아 왔다. 세월은 화살처럼 빠르게 지나가 벌써 88세의 미수(米壽)를 맞이하게 되었다.

지나간 격동과 고난의 세파 속에서 숨 가쁘게 겪어 온 수많은 사연들이 주마등처럼 스쳐 간다.

1935년 가난한 농촌의 가정에서 태어나 유년과 청소년 시절을 처절하게 살아왔다. 천신만고 속에 굴하지 않고 강인한 인내와 피눈물 나는 노력으로 온갖 풍상을 겪으면서 1959년 2월 늦게야 간신히 대학을 졸업하고, 바로 육군에 지원 입대하여 1960년 9월 국방의 의무를 완료하였다.

1961년, 26세의 젊은 청춘을 국가와 사회를 위하여 봉사하겠다는 사명의식을 가지고 국가공무원(촉탁, 8급 서기)으로 출발하였다.

멸사봉공하던 관료생활(官僚生活)을 보내고 공무원 정년(60세)을 3년 앞에 두고 있던 1993년 3월 이른바 문민정권의 출범으로 타의에 의하여 33년간의 관료생활(1급, 차관보)을 청산하고 물러나면서 힘없고 배경 없는 약자의 설움을 눈물로 삼켜야만 하였다.

지난 33년간의 관료생활을 통해 부정과 불의를 배격하고 오로지 정도

(正道) 만을 고수하였던 청렴 생활상과 봉사상이 널리 인정되어 민간기업(民間企業)과 국가공기업(國家公企業) 그리고 방송언론(放送言論)과 학계(學界) 등으로부터 밀려오는 봉사 요청을 감사히 받아들이고 헌신하여 왔었다.

마지막으로 대학교 총장(總長) 임기 4년 만료를 눈앞에 두고 보니 어느덧 20년의 세월이 또다시 흘러 2011년 팔순이 가까운 77세가 되었다.

그간의 공직생활 중에도 오매불망(寤寐不忘) 부모님에 대한 불효를 조금이라도 만회하려고 2002년부터 틈틈이 시간을 내어 부모님의 묘소를 아담하게 가꾸어 2004년 4월 묘소(墓所) 정비단장을 완료하였다.

이제는 모든 것을 버리고 마지막 공직인 총장 임기를 끝내며 부모님께서 고이 두고 가신 고향집을 수리하고 가꾸기 위하여 만반의 준비를 서두르는데 학교재단으로부터 총장유임(總長留任)을 간곡히 요청받았다.

그러나 추호의 미련 없이 사양하고, 2011년 2월 임기만료가 되자 바로 고향으로 내려왔다.

60여 년의 오랜 세월에 퇴락한 고향집에 대한 보수 계획을 수립하고 보수업체와 인력을 확보한 후, 2012년 2월부터 나 홀로 숙식을 하면서 본격적으로 공사에 착수하였다. 약 10개월간의 노력 끝에 3채의 한옥을 완전 보수하고, 한옥 내외 주변 경관을 새롭게 정비단장(整備丹粧) 함으로써 20년 가까이 오매불망하였던 일을 마치고 나니, 그간에 쌓였던 불효(不孝)를 만분의 일이라도 보답(報答) 하게 되어 감개무량했다.

이렇게 한 후 2013년부터 고향을 오르내리면서 매월 10여 일간 고향땅 생가에서 무공해 채소를 기르고 화초를 가꾸는 전원생활(田園生活)을 하며 80순 노리(老嬴)에 마을 친지들과 더불어 즐겁게 보내 왔었다.

하지만 이 즐거움은 오래 지속되지 못했다. 2020년 초에 불어닥친 코로나 사태 탓으로 고향을 오르내리지 못하고, 타향 땅 서울에서 얼마 남지 않은 생을 아쉽게 보내면서 무언가를 남겨두고 가야 할 일을 생각하게 되었다.

자녀들과 후손들에게 하나의 생활지침(生活指針)과 교훈(教訓)이 될 수 있는 글을 남겨 두기로 결심을 하였다.

1935년 일본 식민통치시대에 가난한 농촌 가정에서 태어나 창씨개명을 해야 했고, 초등학교 때는 일본어 교육을 강요받았다. 1945년 8·15 광복 후 남북분단과 좌우세력 간 대립격돌의 혼란 속에서 가난에 찌든 셋방살이를 해야만 하였다.

1950년 6·25전쟁으로 인한 피란생활과 토담초가집이 전소(全燒)되어 초근목피(草根木皮)의 고난에 찌들었던 처참한 농촌생활을 하였다.

1960년 부정선거에 저항한 4·19 혁명으로 자유당 정권이 무너지고 이승만 대통령이 하야한 후에 민주당 정권이 출범하였다.

1961년 5·16 군사혁명으로 민주당 정권이 붕괴되고, 1973년 10월 유신 이후 1978년 박정희 대통령 피살사건과 12·12 군부사태 등으로 역사는 숨 가쁘게 흘러갔다.

이러한 변화무쌍한 역사의 소용돌이 속에서 나는 공직생활 중 숱한 고난과 우여곡절을 처절하게 겪고 헤쳐 왔으며, 가난하고 힘없는 농촌 출신으로 온갖 견제와 불이익을 감수해야만 하였다.

이 피눈물 어린 인생역정(人生歷程)의 일대기를 회고록(回顧錄)으로 남겨 둠으로써, 모든 것을 털어 버리고 가벼운 마음으로 얼마 남지 않은 생을 편안하게 보내고 싶었다.

오늘날과 같은 풍요로운 시대에 부모님의 따뜻한 품속에서 온실 속 난초처럼 고생이라고는 겪어 보지 못하고 성장한 자식들과 손자손녀들 그리고 고향 친지들에게 80 평생 살아오면서 겪은 천신만고(千辛萬苦)의 인생역정사(人生歷程史)를 입이 마르도록 이야기한들 도무지 믿으려 하지 않았다. 모진 고난과 찌든 가난으로 점철되었던 인생사의 실상들을 증언해 줄 지인들과 고향마을 어른들께서 타계하여, 글로 엮어 남겨 둠으로써 후손들에게 귀중한 생활지침과 교훈이 되었으면 한다.

무모하게 이 보잘것없는 나의 인생역정을 글로서 남겨 두려는 애끓는 심정이 회고록 집필의 동기가 되었음을 여기에 밝혀 둔다.

허다한 회고록이나 자서전들을 보면 대필을 하거나 자신의 성공사례와 업적을 과장되게 서술한 사례가 적지 않았다. 이러한 사례들을 경계하여, 천신만고 속의 모진 세파를 슬기롭게 헤치며 평생을 인내와 극기로 과욕을 버리고, 추호도 흔들림 없이 정도(正道)만을 고수하며 살아온 인생역정을 가감 없이 진솔하고 명료하게 사실 그대로 손수 집필하여 발간하였음을 밝혀 둔다.

사랑하는 나의 후손들을 비롯하여 일가친척과 친지, 그리고 나와 인연을 맺어 온 모든 분들이 인생을 살아가는 데 하나의 보석 같은 귀중한 생활지침과 교훈으로 삼아 각자의 인생길을 아름답게 개척하여 나가기를 간절히 소망하고 또 소망할 뿐이다.

앞뒤 두서없이 서술한 나의 회고록을 흔쾌히 출판한 사랑하는 나의 모교 고려대학교 법과대학의 후배 조상호 나남출판사 회장의 노고에 다시금 깊은 감사를 드린다.

2022년의 새해를 맞이하여

閔樂承

출간 축하의 글

이용만 전 재무부장관

백절불굴(百折不屈)의 신념의 사나이 성낙승 학형!

회고록 출간을 축하합니다.

나는 항상 선배라는 사람들은 후진들에게 무엇인가 본받아야 할 점 한 두 가지라도 남겨 놓아야 하지 않나 하는 생각을 해왔다. 특히 우리 세대와 같이 고난을 많이 겪은 세대들이 급속히 변화된 새로운 세상에서 안일하게 살아가는 것을 당연시하는 젊은이들에게 무엇을 남길 것인가?

제2차 세계대전을 체험하였고, 6·25전쟁으로 폐허가 된 나라에서 살아남으려고 몸부림치며 숨 가쁘게 달려와서 산업화를 이룩하였다. 그리하여 우리나라가 전례 없이 단기간에 세계의 선진국 수준에 오를 때까지 수많은 격동기를 체험하면서 많은 부침의 과정에서 보고 느낀 점, 특히 실패한 체험들은 절대 재발이 없도록 깨우쳐 주어야 되고, 극복하며 성취한 정신은 계승되기를 바라는 마음 간절하다.

부존자원 하나 없는 나라가 기적적으로 난관을 극복해 온 것은 정치지도자를 비롯한 온 국민이 진취적이며 개척정신으로 '끈질기게 일구어 내고야 말겠다'는 의욕과 열정의 결실이라 생각한다.

나는 성낙승 학형의 살아온 발자취를 더듬어 보면서 새삼스럽게 머리 숙여 참으로 대단한 친구를 옆에 두어 감사하며 자랑스럽게 여겨진다.

대쪽 같은 성품을 지닌 아버님의 공직생활이 얼마나 어려웠겠는가 하는 점은 구태여 설명드릴 필요가 없다.

성낙승 형은 5남 2녀 7남매의 장남으로서 가정을 이끌어 가야 할 무거운 책임을 지게 되었고, 형제자매 모두를, 일사불란한 리더십을 발휘하며, 각 분야에서 우뚝 서게 만든 것은 누구나 할 수 있는 일은 아니다. 실로 감탄하지 않을 수가 없다.

어려서부터 고사리 같은 손으로 집안 농사일을 주도하며 자랐고, 그 어려운 역경 속에서도 무슨 수를 쓰든지 대학에 가야 되겠다는 학구열, 그 것은 본인의 의욕이기도 하였지만 아버님의 원한을 풀어드리기 위한 것이기도 했다. 공부할 시간도 없었고, 등록금 마련도 어려워서 참으로 어렵게, 어렵게 고려대학교에 들어간 집념의 사나이다.

교우 사이에서도 성낙승 형은 두드러지게 직선적이며, 그의 주장은 논리 정연하여 어느 누구도 그의 소신을 부인하는 것을 본 적이 없다. 선후배 간의 지켜야 할 예우도 깍듯하였다. 어느 지역에 가든지 즐거워하는 것을 보았고 선배로서의 따뜻한 친화적 리더십은 독보적이었다.

공직생활에서도 아버님 성품 그대로 대쪽 같은 성품으로 불의와는 절대 타협할 줄 모르고 설사 승진이 늦어지더라도 소신껏 오로지 정도(正道)의 길만을 걸어옴으로써 모범적으로 공직생활을 마무리한 사나이다.

공직을 떠나고 사회생활에 있어서는 공직생활에서 몸에 밴 성품을 탐

내어 여러 기관에서 '같이 일하자'는 제안도 많았다.

한집안에 형제 가운데 박사와 대학 총장이 2명 나온 가정도 드물 것이다. 동생이 서울대학교 총장, 형은 금강대학교 총장. 참으로 대단하다. 그렇게 총장 유임을 권하여도 과감하게 사양하고 부모님께 효도하기 위해 고향땅 전원생활 터전을 마련한 점도 보통 사람의 수준을 넘는 뚝심이다. 부모님 유산인 고향집을 손수 깨끗이 수리하여 놓았다니 한번 가보고싶다.

그와 같이 공과 사가 분명한 그의 생활철학 정신을 거슬러 올라가 보니 부모님의 자녀에 대한 올바른 가르침의 결실임을 알 수가 있었다.

아버님께서 누차 강조하신 것이 "과욕을 삼가고 남보다 먼저 승진하지 말아라!"였고, 어머님께서도 "힘없고 불쌍한 사람에게 배려하며 도와주는 적선을 베풀어라!"고 귀가 따갑게 말씀해 주셨다.

이러한 주옥같은 부모님의 가르침을 일평생의 귀감으로 삼고 양보하며 겸허하게 성장하였으니 그 사람의 됨됨이는 어떻다고 말할 필요가 없는 자랑스러운 친구이다.

인생 자체가 끝없는 도전이라 하지만 어린 시절, 청년 시절, 중년을 거쳐 80객이 되어서도 끝없이 "인생(人生)의 정도(正道)"를 추구하고 도전하며, 그곳에서 보람을 찾아가는 성(成) 형이 부럽고 그의 도전정신을 후진들에게 널리 알려 주고 싶다.

지난날 대성한 기업인, 공직자들의 이야기를 들어 보면, 선배들이 무심코 던져 준 풍부한 경험이 삶의 교훈이 되고 지표가 되었다고 한다. 또한 그 교훈들이 인생 여정에 중요한 판단의 근거가 되었다고도 한다. 요즘 젊은이들에게는 고루하게 들릴지 모르지만 언젠가는 유익하게 들리리라 믿는다.

　성낙승 형! 고난의 역경을 잘 극복하며 참으로 열심히 잘 살아왔소. 매화꽃은 추운 엄동설한의 혹독한 시련 끝에 활짝 피어난다는 말과 같이 후진들에게 많은 가르침을 주었어요. 축하합니다.

　　　　　　　2022년 신춘
　　　　　　　저자의 대학동기 동과교우
　　　　　　　전 재무부장관 이용만(李龍萬)

출간 축하의 글

성낙인 서울대학교 전 총장 · 현 명예교수

성낙승 전 금강대학교 총장의 육필 회고록《정도의 길, 고행의 길》출간을 경하 드립니다.

2022년 벽두에 고향으로부터 소중한 책 한 권을 받아 들었다. 창녕문화원(원장 이수영)에서 출간한 《나무로부터 듣는 창녕 이야기》(415면)이다. 이 책의 표지 나무는 수령 674년에 이르는 대지면 모산리 느티나무이다. 이 나무는 창녕에서 가장 오래된 나무로 창녕 성씨 시조를 모시는 재실 뒤에 소재하며, 창녕군 보호수로 지정되어 있다.

특히 157면에는 "대학총장 형제를 배출한 미락마을 해송 사라지다"가 기술되어 있다(성두철 대지면장 작성). 내륙에서 보기 드문 해송은 350년의 풍상을 거치면서 재선충 병으로 안타깝게도 2020년 수명을 다하고 밑둥치만 보인다.

필자는 고향집 앞 밭 언덕에 소재하여 수호신과 같은 이 나무를 살리기 위하여 유명 대학 교수가 개발한 약재를 투여하기도 하였지만, 안타깝게도 1년을 버티지 못하였다. 다행스럽게도 해송이 쓰러진 뒷자리에는 현재 2미터에 이르는 작은손자 해송 두 그루가 나란히 자라고 있다.

부모님께서 생을 함께한 고향집은 오랜 세월에 퇴락하여 2012년 가형(家兄)의 헌신으로 새롭게 수리 단장한 후 매월 고향을 오르내리며 전원생활을 하여 왔으나 2020년 2월부터 '코로나' 확산으로 왕래가 뜸하게 되었다. 마침 대구에 있는 동생이 고등학교 교장을 정년퇴임하여 잘 관리해주고 있다. 고향집은 창녕읍과 창녕 성씨 집성촌인 대지면의 중간에 위치하여 이제는 창녕읍의 일부로 편입된 듯하다.

마을 입구에 창녕소방서와 양파연구소가 있어 쉽게 접근할 수가 있다. 고향집 마당에서 내려다보면 시조할아버지 묘소와 창녕 성씨 고가를 바로 볼 수 있고, 이 길을 쭉 따라가면 그 유명한 우포늪에 이른다.

필자는 평생 대학에서 봉직하면서 다수의 자서전을 접하였다. 특히 자서전들은 저자에 대한 개인적인 이해를 넘어서 동시대를 이해할 수 있는 소중한 사료로 격동의 현대사를 살아온 분들의 아픈 역사의 증언이기도 하다. 저자 또한 격동의 대한민국 20세기를 살아온 삶 그 자체를 진솔하고 담담하게 서술한다. 흔히 자서전은 유명인일수록 유명작가가 대필하곤 한다. 하지만 저자는 토씨 하나까지 직접 작성하여 매우 사실적이고 역동적이다.

《정도의 길, 고행의 길: 정도의 실천자 성낙승 회고록》은 총 6개의 장으로 구성되어 있다.

제1장 〈내 고향 창녕〉에서는 고향 사랑과 고향에 대한 그리움이 듬뿍 묻어난다. 화왕산 억새 태우기 축제는 음력 정월 대보름에 장관을 이루었지만 수년 전 불의의 사고로 더 이상 볼 수 없게 되었다.

화왕산 정상에서 내려다보면 고향집이 안산과 더불어 바로 내려다보인다. 어릴 적 소벌이라는 곳을 자주 찾았다. 특히 소벌을 둘러싸고 있는 산자락에는 할아버지 할머니를 비롯하여 누대에 이르는 조상님들의 유택이 있는지라 성묘 가던 기억이 새롭다.

그런데 어느 날부터 창녕에 우포가 유명하다고 하는데 내가 나고 자란 고향에 우포가 어딘지 궁금하였는데, 즐겨 찾던 소벌의 한자명이 우포(牛浦)였다. 소벌이 더 친숙하고 아름다운 우리말인데 왜 어려운 한자말 우포가 되었는지 궁금하기도 하다. 학자들은 한반도의 기운이 강화도 마니산에서 발원하여 창녕 우포로 이어진다고 한다. 유근배 전 서울대학교 부총장의 《한국 지리기행》은 우포의 넓고 깊은 기세를 잘 설명한다.

창녕 성씨 집성촌인 대지면에는 시조할아버지 산소와 맥산재가 있다. 일반 국민들에게도 절의의 선비로 널리 알려진 선조들이 헤아릴 수 없이 많다. 마침 이성계의 조선왕조 창건에 반대한 《두문동선생실기》(杜門洞先生實記)가 한국의 대표적인 한학자 성백효 선생의 번역으로 출간되었다(2019). 대종회 측에서 축간사(祝刊辭)를 의뢰하여 필자도 종친의 일원으로서 이 책의 일우를 차지하게 되었다. 다른 한편 세조의 권력찬탈로 인하여 유배되면서 널리 알려진 바대로 사육신(死六臣)에 성삼문, 생육신에 성담수가 포함됨으로써 창녕 성씨 하면 만고의 충절(忠節) 가문으로 널리 알려져 있다.

특히 회고록에는 '물계서원'에 관하여 상세히 기술되어 있다. 대원군에 의하여 훼철되었다가 복원된 서원이다. 필자는 2014년 서울대학교 제26대 총장에 취임한 후 가형을 모시고 고향을 방문하여 물계서원을 참배하였다. 마침 종친들의 따뜻한 배려로 서원 안에 기념식수까지 하여 새삼 어깨가 무거워졌다. 종친들께서 서울대학교 총장은 조선시대 대제학(大提學)에 해당하는데 3정승이 가장 부러워한 직이 바로 대제학이라고 격려해 주었다.

맥산재를 지나면 곧바로 창녕 성씨 고가(지방문화재)가 있다. 그간 폐허상태였으나 영원무역(노스페이스) 성기학 회장이 복원작업을 완성하였다. 성 회장은 필자가 서울대학교 총장 재임 중에 100억 원의 거금을 기부하여 '우석경제관'을 완공하였다.

제 2장 〈나의 유년 시절〉에서는 국가적 재난인 일제강점기에 저자가 겪은 간난(艱難)의 세월을 사실적으로 기술한다. 저자가 1935년생이니까 그야말로 일본제국주의가 한창 발호하던 시절이다.

출생부터 창씨개명을 강요당한 사실이 이를 단적으로 보여 준다. 선친께서는 청운의 꿈을 안고 식민지 학생의 설움을 안은 채 일본 유학의 길에 올랐으나 이 또한 여의치 않았다.

해방 이후 정부가 수립되었지만 곧장 6·25전쟁이 발발하여 혼비백산의 피란생활까지 겪게 되었다. 그 전쟁의 와중에 낙동강 사수를 위하여 창녕은 인민군과 아군이 치열하게 대척한 지점이라 온 가족이 이웃 밀양으로 피란길에 올랐다. 바로 그 피란길에 필자가 태어났으니 산모인 어머님의 고난은 필설로 다할 수 없었다. 그 와중에도 꽃은 피어나는 법, 온 가족이 오늘에 이르기까지 무탈하게 가정과 사회생활을 일구고 있으니 천복을 받은 집안이라 할 수 있다.

제 3장 〈나의 학창 생활〉은 척박한 시대상을 바로 반영한다.

보통학교(초등학교)부터 뒤늦게 입학할 수밖에 없었다. 뒤늦게 시작하여 고향에서 중학교를 졸업하였지만, 고향에는 아직 고등학교가 존재하지 않아 우여곡절 끝에 대구로 진학하였다.

이어서 혈혈단신으로 상경하여 온갖 고초를 겪은 끝에 고려대학교 법과대학을 졸업한 의지의 한국인 모습이 드러난다. 사실 일제강점기, 해방, 6·25전쟁이라는 파도를 거치면서 초·중·고·대학을 다녔으니 무엇 하나 온전하지 못하였던 시대 상황을 짐작하게 한다.

동시대의 현장에서 몸소 체험한 청년학도의 모습 그대로이다. 저자의 진취적인 학창생활은 식민지 학생으로서 대구와 일본으로 혈혈단신 유학의 길에 오르셨던 선친의 의지가 투영된 듯하다.

제 4장 〈나의 직장 생활〉 중 33년간의 관료생활(1961~1993)에는 저자의 삶과 생활철학 그리고 공직자로서 정도를 걸어온 직업관이 또렷하게 녹아 있다. 고려대학교 법과대학 졸업 후 군복무를 마치고 제 2공화국 출범과 더불어 시행된 공개경쟁시험을 통하여 공직에 몸담은 이래 30여 년에 이르는 공직생활에 따른 희로애락이 드러난다.

의원내각제인 제 2공화국의 국무원사무처는 오늘날 대통령제의 청와대비서실에 버금가는 조직이다. 그 이후 공보부와 문화공보부 그리고 공보처를 거치면서 저자의 올곧은 공직생활이 빛을 발한다. 타협을 불허하는 정도를 걸으면서도 공직자로서 타인에 대한 한없는 배려를 아끼지 않았다.

필자는 가형이 서울에서 공직생활을 하게 됨에 따라 고등학교를 서울로 진학할 수 있게 되었다. 어려운 가정형편에서도 형제간의 우애를 나누면서 고난의 길을 함께한 기억이 새롭다.

필자는 헌법학자로서 헌법학의 부속법이자 인접학문인 언론법에 관심을 가지게 되어 마침 저자의 회고록을 간행하는 나남출판사 조상호 회장의 배려로 《언론정보법》과 《공직선거법과 선거방송심의》를 출간한 바가 있다. 서울대학교 법과대학 선배인 원우현 고려대학교 언론정보대학원장께서 '한국언론법학회'를 창설하자고 제의하여 발기인 겸 이사로 동참하였다.

언론법학회는 언론학자와 법학자가 교대로 회장을 맡게 되어 있는데 필자가 차례가 되었지만 서울대학교 법과대학 학장과 한국공법학회 회장을 맡게 되어 결국 언론법학회 회장을 맡지 못하게 되어 늘 송구스럽게 생각한다. 그럼에도 한국언론법학회는 《언론법학자의 생애와 사상》(2022)을 간행하면서 7인의 학자 중에 영광스럽게도 필자를 포함하여 주었다.

하루는 원 선배께서 김성재 문화관광부장관을 예방하자고 하여 함께 갔는데 입구에 들어서자 직원들이 성낙승 기획관리실장의 동생이 오셨다고 하면서 필자를 친절하게 안내하여 주었다. 장관실에서 직원들이 바로 그분 동생이라고 소개하자 장관께서 "오늘 아침신문에 보도된 그분이군요" 하면서 반가이 맞아 주셨다. 필자가 서울대학교 법학연구소에서 간행하는 〈법학지〉에 발표한 "선거법과 언론"(2002)이 마침 그날 조간신문에 보도되었기 때문이다.

언젠가 정대철 전 국회 문화공보위원장, 박지원 전 청와대 공보수석과 같이 식사하는 자리에서 이분들이 한결같이 성낙승 사장은 강직한 분이라고 칭송하였다. 물론 친동생 앞에서 형을 칭찬하기 마련이지만, 다수의 문화공보 관련 인사를 만날 때마다 진심으로 당신들이 상관으로 함께한 분에 대한 존경과 사랑이 넘쳐나는 걸 보고 자부심을 가지기도 하였다. 다만 지나치게 완벽주의자 내지 결벽주의자로 공직생활을 하는 통에 뜻밖의 모함을 겪기도 하였다.

제4장 후반부에서는 관료생활(1961~1993) 퇴임 이후임에도 불구하고, 이질적인 각계 분야에서 계속 열정적인 삶을 이어가는 장면이 주마등같이 전개된다.

먼저 공직에서 퇴임 후 곧바로 한국방송광고공사(KOBACO) 사장으로 부임하여 경영자(CEO)로서의 면모를 유감없이 발휘한다. 30여 년 공직생활 동안 몸에 밴 강인한 처신은 국공영기업의 경영에서도 결정적인 역할을 보여 주었다.

더불어 국제방송교류재단(아리랑국제방송) 이사장직도 성공적으로 수행하는 한편, 대학교 초빙교수로서의 새로운 역할에도 잘 적응하여 나갔다. 특히 대학에서 강의하면서 평생 쌓아 온 문화공보행정의 노하우를 전수하고 언론학 전공으로 박사학위까지 취득하였다.

불심이 돈독하셨던 어머님의 영향을 받아서인지 저자 자신의 삶에 충실하고자 하는 자세를 보여 준다. 1997년 말에 불어닥친 IMF사태로 언론사의 경영도 심각한 위기에 직면하였다. 더구나 종교방송 같은 작은 규모의 언론사는 그 충격이 결코 쉽게 넘어갈 수 없는 상황이었다.

이에 불교방송(BBS) 사장에 취임하여 경영난을 해소한 공로는 길이길이 인정받고 있다. 필자도 2018년에 불교방송의 초청으로 두 시간에 걸쳐서 '나의 삶'에 관하여 대담하고 이를 불교방송에서 2회로 나누어 3차례나 방영하였다. 또한 대한불교조계종 신흥사의 설악 무산 조오현 조실스님을 뵈었더니 성낙승 사장이 불교방송의 경영을 크게 호전시켰다고 칭송하셨다.

불교방송 사장을 정년으로 퇴임한 후 고향집을 수리 단장하려는데 주식회사 동서(東西)의 창업주이신 김재명 회장님의 부름을 받고 감사 겸 계열사인 성재개발주식회사 회장직을 권유하여 수년간 재직하였다.

그 후 칠순이 넘어서 대한불교 천태종에서 설립한 금강대학교 총장으로 취임하여 대학 설립 후 최초로 4년의 임기를 마친 총장으로 기록을 남겼다.

제5장은 〈부모님 묘소 단장·고향집 수리정비〉이다.

부모님께서 사시던 고향집이 어머님께서 2000년에 작고하신 이후 빈집으로 방치되어 전반적인 수리가 불가피하였다. 이에 가형께서 혼자 내려가서 고향집 수리를 시작하였다. 다른 형제자매들은 아직도 현직에 있어서 함께하기가 어려운 상황에서 어렵게 작업을 진행하였다.

고향집 인근에 생전에 선친께서 직접 마련한 묘소도 새롭게 단장하고 비석을 설치하였다. 비문의 감수와 근찬은 필자의 은사이신 이수성 전 서울대학교 총장께서 맡아 주셨다. 필사는 선친과의 특별한 인연을 가진 전 대한민국미술전람회 심사위원장이신 양진니 선생께서 맡아 주셨다.

고향집 본채에는 선친의 아호에 따라 경은당(耕隱堂)이라는 현판을 판각하여 부착하기도 하였다. 언제나 따뜻한 적선(積善)을 강조하신 어머니의 유훈에 따라 필자는 2014년 서울대학교 총장 취임사에서 제자들이 "선(善)한 인재로 성장하여 우리 사회가 선한 사람들의 공동체"가 되어야 한다고 강조한 바 있다.

새롭게 보수된 고향집은 "형제 대학총장을 배출한 집"이라 하여 창녕과 인근 주민들이 자주 찾는다고 한다.

제6장은 〈인생 3모작과 3대 직업목표 달성 후의 전원생활〉이다.

저자가 겪은 가난의 세월은 대한민국의 삶 그 자체와 직결된다. 식민지 국민으로 태어나서 해방과 건국 그리고 전쟁을 거치면서 그 어느 누구인들 편안하고 안락한 삶을 누렸겠느냐마는 그 역경을 이겨낸 저자의 삶은 더욱 빛난다.

무에서 유를 창조한 대한민국, 해방과 건국 그리고 전쟁을 거치는 동안 1인당 국민소득은 몇만 원에 불과하였다. 1960년에도 1백 달러에 미달하였으니 그야말로 온 국민이 초근목피의 삶 그 자체였다. 이제 국민소득 3만 5천 달러에 이른 세계 10대 경제대국이 되었으니 그동안 국민들이 흘린 피와 땀과 눈물의 결정체이다.

돌이켜 보면 만난(萬難)을 오로지 의지와 노력으로 극복한 저자의 성공은 이 시대를 살아가는 모두에게 귀감(龜鑑)이 될 수 있다. 관료로서, 방송언론사와 공·사기업의 경영자로서, 대학총장으로서 무사히 임기를 채웠으니 타의 모범이 되었으리라 믿는다.

척박한 한반도에서 살아온 저자의 질풍노도(Sturm und Drang)와 같은 삶은 오늘날 이 시대가 요구하는 시대정신(Esprit du Temps)에도 부합한다고 하여도 과언이 아니다. 이와 같은 저자의 회고록은 단순히 미수(米壽)에 이른 한 개인의 삶의 흔적과 기록이 아님을 책의 곳곳에서 잘 보여준다. 저자의 빛나는 삶은 후학들에게도 귀감이 될 소여를 제공한다. 감히 오늘을 살아가는 시민들의 '온고이지신'(溫故而知新)에 기여할 수 있도록 일독을 권한다.

2022년 봄
저자의 다섯째 동생
서울대학교 전 총장·현 명예교수
성낙인(成樂寅) 근서(謹書)

차 례

제1장   내 고향 창녕

제3장 나의 학창 생활

제4장 나의 직장 생활(1961~2011)

제5장   **고향집과 부모님 묘소 단장·수리정비**

제 1 장

내 고향 창녕

창녕은 소(小) 경주

나의 고향은 경상남도 창녕군(昌寧郡)이다. 창녕에서 태어나고 창녕에서 자랐다. 창녕군은 경상남도와 대구광역시의 경계선에 위치해 있다.

창녕은 충(忠)·효(孝)·예(禮)의 고장이며, 가야와 신라의 찬란한 문화유적과 신라, 고려시대를 거치면서 발전한 불교문화 등 전통문화의 얼이 살아 숨 쉬는 호국 역사문화의 고장이다.

창녕은 가야(伽倻)의 옛터이며 낙동강 중류에 위치한 진산(鎭山) 화왕산(火旺山) 아래 낙동강 변의 옥토를 터전으로 하여 일찍이 우수한 문명의 꽃을 피운 고장이다. 또한 임진왜란의 전승지, 영남지방 3·1 독립운동의 발상지, 6·25전쟁 최후의 보루(堡壘)로서 호국충절의 얼이 서려있는 지역이기도 하다.

창녕은 조상들의 얼과 슬기가 담긴 중요한 문화유적과 관광자원이 곳곳에 즐비한 문화의 고장이다. 국가가 지정한 국보 제33호 신라 진흥왕 순수비(巡狩碑)와 국보 제34호 술정리 동 3층 석탑 등 9개의 보물(寶物)과 사적 제64호 화왕산성 등 5개의 사적(史蹟)을 비롯하여 중요 무형문화재와 중요 민속자료 등 수많은 문화재가 산재하여 있다.

동쪽으로는 경남 밀양시, 서쪽으로는 낙동강을 경계로 합천군과 의령군, 그리고 창원시와 함안군과 인접해 있다. 낙동강이 창녕고을을 반월형(半月形)으로 감싸고 흘러간다. 북쪽으로는 경상북도 고령군, 청도군과 대구광역시 달성군과 접하고 있다.

창녕은 동서남북 교통의 중심지이다. 인접한 주요 지역 간 거리는 대구광역시 약 52km, 경상남도 창원시(마산) 약 47km이다. 대구-마산 간 84.5km 구마(邱馬) 고속도로가 1976년 6월 24일 착공하여 1977년 12월 17일 개통되었으며, 그 후에 산업국도(産業國道)가 확장 개설되어 교통이 편리하다.

고속도로가 개통되기 전에는 창녕에서 대구와 마산으로 가려면 버스 편으로 각각 2시간이 소요되었으나 지금은 30분이면 가능하다. 창녕에서 서울(서초구 남부터미널)까지 고속버스가 매일 5, 6회 왕복 운행되고 있어 당일에 다녀올 수도 있게 되었다. 창녕에서 서울까지는 고속버스로 3시간 30분 내지 4시간이 소요된다.

창녕에는 여러 개의 산성이 있지만 화왕산성(火旺山城)과 목마산성(木馬山城)이 대표적인 산성이다. 739m의 화왕산은 창녕의 진산(鎭山)으로 창녕 동쪽에 솟아 있는 험준한 암산(巖山)이며, 사적 64호 화왕산성은 남북 양봉(兩峰)의 안부(鞍部)를 포함하여 주위 2,600m에 달한다.

가야 때에는 신라군의 침공을 방어하는 요새였으며, 정유년에는 곽재우(郭再祐) 장군이 내성을 축성하여 왜적을 격퇴하는 등 훌륭한 진지 역할을 하였다.

창녕은 영남지역의 젖줄인 낙동강을 자양으로 번성한 고대부족국가를 형성했다. 역사적 유물이 많고 낙동강을 품고 있는 등 풍치(風致)가 좋은 곳이며, 1973년 부곡온천(釜谷溫泉)이 개발되어 유명하여졌다.

다른 지역보다 좀 낙후되어 전통적인 모습을 오래 간직할 수 있었으며, 씨족마을(成, 辛, 河, 曺, 盧 씨 등)이 많아 옛 모습 그대로의 삶을 의연히 지켜 가는 분위기가 강하다.

1950년 6·25전쟁 때 창녕은 낙동강 교두보의 마지막 저지선으로 치열한 공방전을 1개월 이상 계속한 피의 전선이었다. 창녕군민 전체가 피란을 갔다. 우리 가족은 이웃의 밀양군으로 피란 갔다 두세 달 만에 돌아와 보니 집이 완전히 불에 타버렸다.

창녕군 전체 인구는 8·15 해방 4년 후인 1949년에는 13만 4,711명이었으며, 1965년에는 15만 9,865명으로 증가했다. 그러나 1970년 14만 6,957명, 1980년 11만 5,850명으로 점차 줄어 2011년에는 약 7만 명으로 감소하였으며, 2021년 현재는 약 3만 2천 세대 6만 명으로 추산된다.

1970년대 창녕군의 본관(本貫)별 성씨(姓氏) 분포상황을 보면 김해 김(金)씨 3,199가구, 밀양 박(朴)씨 2,252가구, 창녕 성(成)씨 1,218가구, 영산 신(辛)씨 927가구, 진양 하(河)씨 919가구, 창녕 조(曺)씨 416가구, 광주 노(盧)씨 280가구로 씨족별 집성촌을 이루었다(1984. 1. 5. 발행 〈창녕군지〉 700면).

현재 창녕군은 행정구역상 2개의 읍(1960년 창녕읍, 1963년 남지읍)과 12개의 면(대지면, 고암면, 성산면, 대합면, 이방면, 유어면, 장마면, 계성면, 영산면, 도천면, 부곡면, 길곡면)으로 구성되어 있다. 원래 가야 땅이던 창녕군은 신라 영토로 흡수된 뒤 북쪽의 비자화(比自火:比斯伐, 比自伐)군과 남쪽의 영산(靈山), 즉 서화현(西火縣)으로 나뉘었는데, 1914년에 창녕군이 영산군(靈山郡)을 통합하면서 오늘의 형태가 되었다고 한다.

부곡온천, 우포늪과 화왕산성

1977년 대구-마산 간 고속도로 개통과 더불어 1973년 1월 10일 창녕군 부곡면 거문리에서 발견된 부곡온천(釜谷溫泉)이 개장되었다.

1971년부터 온천개발 굴착을 시작하여 1972년에 지하 약 60여m 지점에서 온천수가 솟았다. 평균 수온 75도의 국내 최고 수질을 자랑하며 피부병 등 성인병에 좋다는 유황온천이 개장됨으로써 전국에서 수많은 관광객들이 몰렸었다.

1977년 국민관광지, 1978년 국민휴양지, 1981년 온천지구로 지정되었으며, 1997년에는 관광특구로 지정 고시되어 지역 발전에 큰 몫을 하고 있다.

부곡 온천지구는 하루 9천 명을 수용할 수 있는 숙박시설(호텔, 모텔)과 하루 1~2만 명을 수용할 수 있는 목욕시설을 보유하고 있다. 또한 온천지구 내에 18홀의 부곡컨트리클럽이 있어 골프와 온천을 함께 즐길 수 있다. 축구장(3면), 테니스장(12면) 등 우수한 체육시설을 편리하게 이용할 수 있어 부곡전지훈련장(釜谷轉地訓鍊場)으로도 각광을 받고 있다. 부곡 온천을 찾아오는 길은 서울에서는 서초동 남부터미널에서 하루 5, 6회 직행 버스가 운행되고 있다.

창녕의 우포늪(우포, 목포, 사지포, 쪽지벌을 총칭)은 우리나라에서 가장

큰 자연내륙습지(自然內陸濕地)로서 대지면, 유어면, 이방면, 대합면 등 4개 면의 행정구역에 걸쳐서 펼쳐져 있다.

1998년 3월 국제 람사르협약에 등록되고 1999년 2월에는 환경부로부터 습지보호지역으로 지정되었으며, 2011년 1월 천연보호구역(天然保護區域)으로 지정 보호되고 있다. 습지보호지역으로 지정된 면적은 약 8.547km²이며, 천연보호구역이 약 3.438km²이다.

우포늪은 국내 최대의 자연 늪이다. 소벌(우포늪), 나무벌(목포늪), 모래벌(사지포늪)과 쪽지벌로, 창녕군의 4개 면에 걸쳐 끝이 보이지 않을 정도로 광활한 늪지에는 수많은 동식물들이 살고 있다.

우포늪의 생성 시기는 약 1억 4천만 년 전으로 추정된다. 우포늪을 이루는 퇴적암층에서 약 1억 2천만 년 전에 살았던 공룡의 발자국 화석과 빗방울무늬 화석, 곤충 화석이 발견되어 우포늪이 태고의 신비를 간직하고 있다고 알려지게 되었다.

우포늪은 원시적 저층 늪을 자연 그대로 간직한 60여만 평에 달하는 광대한 천연 늪에 350여 종의 희귀 동식물이 서식하고 있어 동식물들의 천국을 이루고 있다. 매년 전국 각지에서 많은 학생들이 자연생태 체험학습을 위하여 다녀가는 이름난 곳이기도 하다.

창녕군 창녕읍 뒤편에 우뚝 솟아 있는 해발 757m의 화왕산을 중심으로 울창한 숲, 맑은 계곡이 절경을 빚어내는 화왕산군립공원은 진달래꽃이 만발하는 봄, 녹음이 우거진 여름, 억새가 융단을 펼치는 가을과 새하얀 눈꽃이 피어나는 겨울 등 사시사철 전국에서 찾아오는 관광객을 즐겁게 맞이하며, 육중한 성곽과 작고 아담한 못(龍池) 등 갖가지 비경이 곳곳에 산재한 관광의 보고이다.

가야시대에 조성된 성으로 추정되는 화왕산성은 임진왜란 및 정유재란

시에 부용당(芙蓉堂) 성안의(成安義) 선생 등 많은 의병장을 배출하였으며, 곽재우(郭再祐) 장군이 전공을 세운 화왕산성 전투로도 유명하다.

기록에 의하면 석성의 둘레가 1,127보(약 2.6km)이며, 성내에 9개의 우물과 3개의 연못이 있었다고 하는데, 이것은 선사시대(先史時代)의 화산 분화구(噴火口)이다.

내가 자란 대지면

　내가 자란 대지면(大池面)은 창녕읍과 인접해 있다. 일제시대인 1914년에 대초면(大招面)과 지포면(池浦面)을 통합하여 대지면(大池面)으로 명칭이 변경되면서 8개의 리(里)와 17개의 동(洞)으로 개편되었다고 한다. 8개의 리(里)는 효정리(孝亭里), 모산리(牟山里), 석리(石里), 창산리(蒼山里), 왕산리(旺山里), 본초리(本招里), 구미리(九尾里)와 용소리(龍沼里)이다.

　내가 자란 마을은 '대지면 효정리 미락동(彌樂洞)'으로 되어 있으며, 현재는 '대지면 효정리 미락마을'(속칭: 미리기)로 통칭한다. 대지면사무소는 모산리(牟山里)에 있는 군 객사(郡客舍)를 임시 사무소로 사용하여 왔으나, 1944년에 군 객사를 철거하고 목재로 한식 기와집 형태의 면사무소 건물을 신축했다. 이후 1980년에 현대식 면사무소를 건립하여 사용하여 오다가, 그 후에 다시 확장 신축했다.

　1980년대에 대지면 인구는 4,700명이였으나, 점차 감소하여 2021년 현재는 약 1,300세대 2,500명으로 추산된다. 대지면에는 중학교가 없고 대지초등학교만 있다.

　일제시대인 1925년에 대지면 석리의 성재경(成在慶)씨의 부친 성낙안(成樂安)씨와 성대경(成大慶: 전 성균관대학교 대학원장)씨의 부친 성낙성(成樂聖)씨가 3년제 지양강습소(池陽講習所)를 설립 운영했으나, 일

제의 탄압으로 1929년 설립 4년 만에 폐교되었다고 한다.

1945년 8·15 해방 후에는 지포(池浦) 중학교가 설립되어 몇 년간 운영되었으나 경영난(經營亂)으로 문을 닫았다. 한때는 대지면 관내에 대지초등학교 외에 3, 4개의 분교(分校)가 곳곳에 설립되어 수년간 운영되었으나, 인구감소로 모두 폐교되고 현재는 대지(大池) 초등학교만 겨우 존속해 있는 실정이다.

내가 대지초등학교에 다닐 때인 1942~1947년에는 전교생이 700명이었으나 현재는 전교생이 겨우 30~40명에 불과한 상태이다.

1961년 5·16 군사혁명 후 박정희(朴正熙) 대통령 주도하에 "우리도 한번 잘살아 보세"라고 외치면서 가난에 찌든 조국의 근대화를 위하여 경제개발계획을 추진함으로써 농경사회가 산업사회로 급속하게 전환되는 과정에서, 많은 젊은이들이 취업과 자녀교육을 위하여 도시로 진출하는 이농현상(離農現狀)이 줄을 이었다.

또한 도시와 농촌을 비롯하여 출산율의 급격한 감소로 지금의 농촌에는 젊은 청년들을 찾아보기 어렵고, 어린아이들의 울음소리도 듣기 어려운 실상이다. 거의 70~80대 노인들만이 생존해 있는 현재의 농촌은 앞으로 수년 후에는 마을마다 사람이 살지 않는 폐허로 변할 것 같아 안타까운 마음에 가슴이 답답하다.

창녕읍에서 대지면사무소까지의 거리는 약 10km로, 내가 자란 미락(彌樂) 마을은 창녕읍에서 대지면사무소의 중간 지점에 위치해 있다. 창녕읍에서 미락마을까지는 약 5~6km의 도로변에 집들이 들어섰으며, 창녕소방서(昌寧消防署) 등이 미락마을 입구에 자리 잡고 있다.

1. 창녕 성(成)씨 본향. 시조명당과 절신

대지면은 창녕 성(成)씨의 집성촌(集成村)이다. 창녕 성씨는 창녕을 본관(本貫)으로 한 단일 본 씨족이며, 시조묘소(始祖墓所)가 이곳 대지면 모산리(牟山里)의 뒷산인 맥산(麥山)의 중앙에 있으며, 창녕의 명산인 화왕산을 향하고 있다.

창녕 성씨 시조(始祖) 성인보(成仁輔)는 고려시대의 중윤 호장(戶長)이었다. 백성을 관장하는 자를 호장(戶長)이라 하고, 군인을 관장하는 자를 장교(將校)라고 하였다 한다. 호장은 고려시대에 각 주(州), 군(郡)을 직접 통치하였으며, 조선시대의 목사(牧使), 현령(縣令) 등과 유사하고 지금의 군수와 비유될 것 같다.

공(公)은 신년하례를 하기 위하여 조정사(朝廷使)로 송경(松京: 개성)에 가셨다가 병환으로 그곳에서 별세하셨다. 공의 아들 문하 시중공(侍中公)인 성송국(成松國)이 친히 시신을 지고 천 리 길 창녕까지 왔으니 이를 천리부시(千里負屍)라고 말한다.

여러 날이 걸려서 현풍현(玄風縣: 현재의 대구시 달성군 현풍읍)에 당도하였을 때에 폭설이 내리기 시작했다. 그리하여 청산원(靑山院)의 마루에 시신을 모시고 새벽에 나가서 보니 밤사이 눈이 많이 내려 시신 주위까지 눈이 쌓여 있었다고 한다. 이상하게도 시체 주변에 범의 발자국이 있어 그 발자국을 따라갔더니 지포(池浦)의 맥산(麥山: 현재의 창녕군 대지면 모산리의 뒷산)으로 올라갔으며, 범의 발자국이 끝난 곳에는 돗자리 하나 넓이 정도의 땅에만 눈이 녹아 있었다고 한다.

이곳 맥산은 들 한가운데 있는 야트막한 동산이며 눈이 녹아 있는 곳의 산세는 북에서 남으로 향하고 있었다. 시중공은 그 자리에 중윤공을 안장(安葬)했다고 전해진다.

오래지 않아 시중공이 과거에 급제하여 크게 되시고 자손이 대대로 현달하니 모두가 효성 때문이라고 전래되어 왔다. 시중공의 지극한 효성에 하늘이 감동하여 눈을 내려 범의 발자국을 볼 수 있게 하였으며, 또한 범의 발자국을 통하여 명당(明堂)을 찾아 준 것이니 하늘의 조화라고 말하고 있다.

중윤공의 묘소는 해좌사향(亥坐巳向)이며, 묘소 앞에는 1674년에 공의 외손인 이파(李坡)가 창녕 현감으로 있을 때 세운 단갈(祖喝)이 있다.

모산리 앞 도로변에는 시조공의 신도비(神道碑)가 있다. 화왕산에서 발원된 여러 물이 혈(穴) 앞에 모여 만궁형(彎弓形)이 되고, 다정스럽게 정축(停蓄)되어 맥산 앞 들판을 가로질러 서쪽으로 굽이치면서 흘러가는 토평천(土坪川)의 물은 우포늪에 잠시 머물다가 낙동강으로 흘러들어 간다.

맥산 서쪽에는 시조공의 재각인 '맥산재'(麥山齋)가 있으며 시향일은 매년 음력 10월 1일이다.

시조 성인보 중윤공의 아들인 성송국(成松國) 시중공이 별세하여 장지(葬地)를 찾고 있는데, 어느 스님이 "이 근처에 명산이 있는데 그곳에 안장하면 후세에 자손들이 대대로 큰 벼슬을 하게 될 것이다"라고 하였다한다. 마침내 그곳을 찾아 장례를 모셨으니 바로 이름난 창녕의 우포늪을 안고 있는 우항산(牛項山)이다.

오른편 물은 백호(白虎)를 감아 명당 앞으로 들어오며, 왼편 물은 역류하여 명당 앞에서 합류한 후, 20여 굽이를 반굴(盤屈)하여 안산(案山)을 감아 낙동강으로 흘러간다. 그 후 중국의 두사충(杜思沖)과 성지(性智) 스님은 이 산을 보고 모두 영남(嶺南)에 명당이 세 곳 있는데 이곳이 그 하나라고 하였으며 자손이 대대로 번창할 것이라고 하였다.

성씨 후손은 조선조에 문과(文科) 급제자 138명, 생원과(生員科) 합격자 140명, 진사과(進士科) 합격자 177명을 배출하였다. 이 중 5명의 상신

〔相臣: 영의정 성석린(成石璘), 성희안(成希顔), 성준(成俊), 좌의정 성세창(成世昌), 우의정 성봉조(成奉祖)〕과 만고의 3충신〔忠臣: 정절공 성사재(成思齋), 충숙공 성승(成勝) 장군, 사육신 성삼문(成三問)〕을 배출했다.

또한 5명의 청백리〔淸白吏: 성현(成俔), 성하종(成夏宗), 성세장(成世章), 성이성(成以性), 성영(成泳)〕와 10명의 대제학〔大提學: 성석용(成石瑢) 등〕과 절신〔節臣: 생육신 성담수(成聃壽), 문정공 성수침(成守琛), 성부(成溥) 등〕을 배출하였다.

이 외에 숫한 석학〔碩學: 성여완(成汝完), 우계 성혼(成渾), 성안의(成安義) 등〕을 배출함으로써 명문의 길을 걸어 왔으며, 지금의 서울특별시장 격인 한성부〔漢城府: 부사(府使), 부윤(府尹), 판윤(判尹)〕는 초대 부사 성석린(成石璘: 후에 영의정)을 비롯하여 16명에 달하였다.

2. 고려 충신 성사재 비각(碑閣)

대지면 모산리와 석리(石里)의 중간 지점에 위치한 대지초등학교 입구 도로변에는 경상남도 문화재자료(文化財資料) 제24호로 지정된 "고려 충신 성씨 비각"이 있다.

이는 고려 말에 보문각 직제학(直提學)과 문형(文衡)으로 20여 년간 봉직한 당대의 석학(碩學)이며 절신(節臣)인 정절공(貞節公) 성사재(成思齋)의 충절을 기리기 위한 비각이다.

고려 말 이성계가 역성혁명으로 정권을 탈취하여 조선왕조를 세우자 이를 한탄한 72명의 고려시대 석학과 절신들이 만수산 기슭 두문동(杜門洞)에 들어가 은거하며 조선왕조의 회유를 최후까지 거부하며 충절과 절의를 사수(死守)하였다.

두문동 72현(賢) 중 대부분은 고향으로 돌아갔으나, 성사재 등 13현만이 온갖 회유에도 끝까지 불복하자, 이태조(李太祖)는 아들 이방원으로 하여금 두문동 전체를 불태워 13현 모두를 화장사멸(火葬死滅)케 했다고 한다. 불속에서도 몸을 피하지 아니하고 끝까지 분사순절(焚死殉節)하였으니 두문동 13현의 그 고귀한 충정과 절의에 놀랄 것이다.

3. 성씨 고가(成氏 古家)와 양파 시배지탑

대지면 모산리에서 서쪽으로 약 200m 지점에 있는 고려 충신 성사재 비각을 지나 약 200m 지점에 위치한 석리마을 입구에는 한때 만석꾼으로 명성을 떨쳤던 성낙문(成樂文) 씨의 집이었던 창녕 성씨 고가(古家)가 있다. 경상남도 문화재자료(文化財資料) 제355호로 지정되었다.

성씨 고가의 성 부자(富者)는 원래 성찬영(成瓚永) 씨가 재산을 축적한 대농(大農)으로서, 슬하에 3남[3男: 낙문(樂文), 낙교(樂教), 낙안(樂安)]을 두었다. 장남인 낙문 씨는 슬하에 2남 1녀[윤경(潤慶), 유경(有慶), 딸]를 두었다. 첫째 아들 윤경 씨는 슬하에 1남(耆東) 2녀를 두었으며, 둘째 아들 유경 씨는 슬하에 1남 2녀(日耆, 혜랑, 혜림)를 두었으며, 1945년 8·15 해방 후 월북했다고 한다. 낙문 씨는 대농으로 경이적인 성장을 이룩하여 당대의 만석꾼으로 이름을 사방에 떨쳤다고 한다.

창녕 성씨 고가의 수천 평 넓은 경내에는 우리나라 지도 모형의 작은 연못이 있다. 아석헌(我石軒) 등 20여 채의 건물 중 일부는 6·25전쟁으로 소실되었으나 수년 전에 성재경(成在慶) 씨의 차남인 (주)영원무역 성기학(成耆鶴) 회장이 원형대로 완전 복원하여 관리 운용하고 있다. 또한 정원에는 특이한 모형의 석등이 있으며, 대나무 숲속 오솔길에는 기괴한 대형 자연석이 줄을 지어 있다.

성씨 고가를 지나 지방도로를 따라 이방면(梨房面) 방향으로 약 3km 서쪽으로 가면 이름난 우포늪을 구경할 수 있다.

창녕은 특히 양파와 마늘이 대량으로 생산되는 고장이다. 대지면은 우리나라 양파의 시배지로서 석리(石里)의 성씨 고가 바로 앞쪽에 '양파 시배지탑(始培地塔)'이 조성되어 있다.

창녕 성씨 중 나와 같은 문중인 정절공파(貞節公派)의 성재경 씨가 일본 유학 후 귀국하여 1950년 양돈 사육을 시작한 후 농촌의 부흥을 위하여 양파를 처음으로 시배(始培)하고 개발하여 전국적인 보급 활동을 추진하였다.

1963년 초에 사단법인 경화회(耕和會)를 설립하여 조직적으로 양파재배 보급활동을 전개하는 한편, 양파 재배기술과 영농방법 등을 지도함으로써 전국으로 양파 재배가 급속도로 보급되어 갔다.

1964년에는 전국적 활동을 전개하기 위하여 성재경 씨가 〈경화회지〉(耕和會誌)를 발간하고자, 내가 근무하는 중앙청(中央廳: 현 경복궁 내) 문화공보부로 찾아오셔서 정기간행물 등록을 당부했다. 나는 〈경화회지〉의 필요성을 절감하고 담당부서의 협조를 받아 즉각 등록 허가하도록 조치하였다.

〈경화회지〉의 편집 책임은 당시 부산대학교 영문과를 졸업하고 부산혜화여자고등학교 영어 교사로 있던 창녕군 계성면(桂城面) 출신의 나의 친구 김삼불(金三弗) 군이 담당했다.

정기적으로 발간한 〈경화회지〉는 양파 재배자들에게 재배와 보존관리에 대한 기술과 기법을 지도하고 새로운 정보 등을 제공하는 데 크게 기여함으로써, 전국적인 양파 보급 확산에 결정적 역할을 하였다.

한때는 창녕군의 양파 생산량이 전국 양파 생산량의 3분의 2를 점유하기도 하였다. 성재경 씨는 이러한 공적으로 1979년에 5·16민족상 산업부문상을 수상하였다.

4. 물계서원 원정비와 우계문집 책판

대지면 왕산리(旺山里) 원동마을에 경상남도 문화재자료 제366호로 지정된 물계서원(勿溪書院) 원정비(院庭碑)가 있으며, 건립연대는 정조(正祖) 14년(1790년)으로 확인된다. 이 비석의 비문에는 물계서원의 유래와 배향인물 19명의 내력이 기록되어 있다.

대지면사무소가 있는 모산리의 맥산 뒤편 약 400m 지점인 구마(邱馬)고속도로 변에 물계서원이 있다. 물계서원에는 성리학의 대가이신 우계(牛溪) 성혼(成渾) 선생의 문집 책판과 644매의 목판 등이 경상남도 유형문화재 제266호로 지정, 보관되어 있다.

우계문집(牛溪文集)은 원집 6권과 속집 6권으로 광해군 13년(1621년)경에 성문준, 김집, 안병준 등 우계문인들이 우계집을 간행하였는데, 이것이 우계집(牛溪集)의 원집이었다.

물계서원을 복원하다

1. 물계서원의 복원 추진

창녕 성씨 시조묘소가 있는 맥산(麥山)의 동북쪽으로 약 500m 지점에 물계서원이 있다. 물계(勿溪)는 창녕군 대지면(大池面) 모산리(牟山里) 마을 앞을 흐르는 하천, 즉 토평천(土坪川)을 말한다.

물계서원에는 창녕 성씨 족보, 효행록, 두문동 실기(杜門洞 實記), 성 삼문(成三問)의 생필 판각, 물계서원 제 현판, 전적, 서적 등을 비롯하여 성리학의 대가인 우계 성혼의 문집 책판 등 목판 650여 종(유형문화재 제 266호)이 보관되어 있다.

서원의 연혁을 간략히 살펴보면, 1710년 조선조 숙종 36년에 성환(成 瑍), 성구세(成龜世), 성만령(成萬齡) 등의 발의로 효행이 지극한 성송국 (成松國) 고려 문하시중공(侍中公)을 봉향할 사우(祠宇)를 창건하기로 결 의했다. 1712년 숙종 38년에 맥산의 동북쪽, 물계의 위쪽인 지금의 왕산 리(旺山里)에 사우를 건립하여 시중공 성송국을 봉향하고 창효사(彰孝 祠)라 명명했으며, 1719년 숙종 45년에 세덕사(世德祠)라 개칭하였다. 그 후 1724년 경종 4년에 이르러 서원의 규모를 확장하여 사당(祠堂), 강 당(講堂)과 재사(齋舍) 등을 건립하여 서원으로서의 새로운 위상을 확립 하였다.

1729년 영조 5년에 사육신 성삼문 등 대현(大賢)들을 합향(合享)하여 물계사(勿溪祠)로 개칭하고 춘추로 제향(祭享)하였으며, 1732년 영남을 비롯한 전국의 유림 140여 명이 상소하여 그해 10월 16일 서원으로 승격, 재건하여 '물계서원'으로 이름을 변경하였다.

그 후 1787년 정조 11년에 성수종(成守琮) 절효를 추향(追享)하였으며, 1790년 정조 14년 10월에 원정비(院庭碑)를 세웠다. 1797년 정조 21년에 정절공 성사재를 추향하였으며, 1808년 순조 8년에 청죽 성람(成灠) 등 5현을 추향했다. 1814년 순조 14년에는 부용당 성안의(成安義)를 추향하고, 1857년 철종 8년에 동고 성준득(成準得)을 추향하였다.

정조 시대에는 전국적으로 650개의 서원이 있었으나, 1866년 고종 3년에 대원군의 서원 철폐령으로 맥산 위쪽의 왕산리에 있었던 물계서원도 함께 철폐되고 말았다. 물계서원은 창건 이래 140여 년간 우리 현조를 봉향하며 강학으로 사림정신을 숭양하고 학문을 장려하여 향토교육사상의 중요한 지위를 확보하여 왔다.

1980년대에 들어서자 창녕 성씨 종친회에서는 맥산재의 중건과 물계서원의 복원에 대한 필요성을 절감하고, 문중의 여론을 수렴하는 한편, 서원 복원과 장소 등을 논의하고 있었다.

당시 나는 문화공보부에서 언론정책을 관장하는 매체국장(媒體局長)으로 재직하고 있었다. 1984년 봄에 성상영(成尙永), 성낙원, 성한경 씨 등 5명이 중앙청 나의 사무실에 와서 물계서원의 복원에 따른 정부 허가와 지원 문제에 대한 협조를 당부했다. 서원 복원 문제는 문화공보부 소관사항이며, 당시에는 정부정책상 서원 복원은 일체 불허하도록 기본방침이 확정되어 있었으며, 정부의 예산지원도 불가한 상황이었다.

맥산의 시조 묘소 뒤편을 깎아 터를 조성하여 서원을 복원 건립할 계획이라는 성상영 씨의 말에 나는 경악하며 크게 반박했다. 다른 종친회에서는 시조 묘소 주변의 토지를 매입하여 확장 단장하고 성역화하기 위하여 특별한 방책을 강구하는 등 온갖 정성을 다하고 있다.

그런데 우리 성씨 문중에서는 성역화 사업은 못할지언정 '붕어' 모형의 특출한 명산(名山)이라는 붕어의 등과 허리를 허물어 거기에 서원을 복원 건립하겠다는 발상은 시조 묘소를 훼손하는 엄청난 불효를 저지르는 것이라고 나는 크게 반박하며 반론을 제기했다.

맥산 시조 묘소 바로 뒤편 산허리를 절개한 좁은 터에는 서원을 건립할 수가 없으며 주차장도 마련할 수 없는 협소한 여건이었던 것이다.

나는 모처럼 서원의 복원을 구상하려면 독립된 넓은 부지를 확보하여 서원으로서의 위상(位相)과 면모(面貌)를 확립할 수 있도록 맥산에서 500m 거리이며, 고속도로에서도 전경을 볼 수 있는 넓은 곳(현재의 복원된 물계서원)에 건립하도록 설득하면서 재삼재사 당부하였다.

2. 물계서원의 소장자료 문화재 지정

나는 우선 서원을 복원하기 위하여 3대 과제와 조건을 갖추어야 한다는 것을 강조하였다.

첫째, 물계서원에서 보존하고 있는 전적, 판각 등이 문화재로 지정이 되어야 하고,

둘째, 서원 복원이 가능하도록 정부정책 전환이 있어야 하며,

셋째, 정부의 지원을 받을 수 있는 명분을 갖추어야 한다는 것을 설명하여 주었다.

그리고 한편으로는 성한경 씨로 하여금 물계서원에서 보존 관리하고

있는 전적과 서책, 판각 등의 문화재 지정 등록을 위하여 문화공보부의 문화재관리국과 경상남도에 제출할 등록 신청서를 작성하여 우선 나에게 보인 후에 조속한 시일 내에 등록신청을 하도록 당부했다.

나는 당시 경상남도 최일홍(崔一鴻: 체육부차관, 국민체육진흥공단 이사장) 지사께 우리 성씨 문중에서 소장하고 있는 귀중한 역사적 자료에 대한 보존관리의 필요성을 소상하게 설명하고, 조속히 문화재로 지정될 수 있도록 선처를 요청하였다.

최일홍 경남도지사님은 나의 모교인 고려대학교 법과대학 직속 선배로서 친숙하게 지내는 관계였었다.

한편 문화재관리국장에게도 상황을 설명하고 조속한 시일 내에 등록될 수 있도록 당부한 후에 성한경 씨로 하여금 관련서류를 완비하여 관계기관에 신속히 접수하여 절차에 차질이 없도록 당부하였다. 이렇게 하여 물계서원에서 소장하여 온 귀중한 자료는 단기간에 문화재 등록이 신속하게 완료되었다.

그러나 둘째, 셋째 문제는 문화재 보존관리에 대한 정부정책의 기본 방침을 변경하여야 하는 중대한 사안이었으므로 문화공보부에서 해결될 수 없는 문제였다.

이 문제를 타개할 여러 가지 방책을 모색 연구하던 차에, 1985년 3월 6일 자로 나는 대통령의 특명으로 집권당인 민주정의당 중앙당 정책조정실의 문화공보담당 전문위원으로 가게 되었다. 1987년 대통령선거를 대비한 대선정책 공약 마련을 위하여 당의 정책팀을 강화하여 대통령선거전을 대비하기 위한 사전포석 전략이었다.

다가오는 대통령선거를 눈앞에 두고 당에서는 각계각층의 직능단체와 종친회 등 각계 사회단체를 대상으로 여론을 수렴하는 한편, 숙원사업 현황자료를 수집 종합하여 대안을 분석 검토하는 등 선거공약을 작성하기 위하여 여러 가지 방책을 마련하는 활동을 추진하였다.

나는 성한경 씨에게 우리 성씨 종친회의 숙원사업 현황자료를 입수하여 대통령선거공약에 반영될 수 있도록 하는 한편, 군사정부의 규제일변도의 문화예술과 언론 정책에 대한 자율화 등 정부정책의 일대전환의 필요성을 대통령선거 대책본부에 강력하게 건의하였다.

1987년 6월 29일 정부에서는 대통령선거를 간접선거제에서 직접선거제로 변경하는 '6 · 29 선언'을 공포했다. 이러한 상황에서 대통령선거 대책본부에서는 대통령선거를 앞두고 문화예술과 언론 자유화 정책을 주창하는 나의 끈질긴 건의를 수용함으로써 정부정책의 일대전환과 변화를 가져왔다.

3. 정부정책의 전환과 서원복원 승인지원

대통령선거를 앞둔 시대상황에서 문화예술 정책의 자율화가 전개되면서 물계서원 복원이라는 숙원이 순조롭게 이뤄지는 계기가 마련되었다.

물계서원 복원을 위한 3대 과제인 '문화재 지정 문제'와 '문화예술 정책전환 문제' 그리고 '정부보조 지원 문제'가 해결되어 감으로써 물계서원 복원이 이루어지게 조치하였다.

나는 성낙삼(成樂三) 씨와 성한경 총무 등을 만나 물계서원 복원을 위한 추진 절차와 재원 문제 그리고 종친회의 역할 등을 수차례 논의하고 "서원복원 종합계획서"를 조속히 작성하도록 당부했다.

나는 이 서원복원 계획서를 수차례 검토, 수정 보완한 후에 성한경 씨에게 창녕군청과 문화재관리국 그리고 경상남도에 각각 제출토록 하는 한편, 3기관장(경남도지사, 문화재관리국장, 창녕군수)에게 직접 복원사업의 필요성과 당위성을 설명하며 선처를 간곡하게 당부하였다.

1987년 12월 대통령선거에서 민주정의당의 노태우(盧泰愚) 후보가 당선되어 1988년 2월 25일 대통령에 취임한 후, 나는 1988년 4월 3일에 1급 차관보로 승진하여 문화공보부 종무실장으로 발령받아 문화공보부로 복귀하였다.

이후 물계서원 복원을 위해 직접 또는 간접 지원을 함으로써 드디어 정부로부터 약 9억 원의 국고보조금 지원을 받을 수 있게 되었다.

이리하여 1988년 3월에 종친회에서는 물계서원 복원을 정식으로 결의하였으며, 5월에는 발기인 총회를 개최하고 물계서원 복원을 위한 사업 추진위원회를 구성한 후, 재일교포 종원인 성낙삼 씨를 위원장으로 선출하였다.

서원의 소장자료가 문화재로 지정되고, 서원 복원을 위한 정부정책 전환이 이루어졌으며, 서원 복원 건립을 위한 정부보조 지원이 확정됨으로써 서원 복원 추진을 활발하게 전개하게 된 것이다.

4. 물계서원의 착공과 복원 완성

1989년 11월 9일 우여곡절 끝에 물계서원 복원 착공식을 거행했다. 물계서원이 원래 위치해 있던 왕산리에서 북쪽으로 약 500m 떨어진 원동 79번지를 중심으로 부지 약 4,800평 위에 서원 복원사업이 순조롭게 진행되었다.

경외 면적으로 주차장 및 기타 공간 3,025평과 경내 면적 1,751평, 지상 3개 건물, 연건평 176평의 웅장한 모습으로서, 총 공사비 17억여 원을 투입하여 착공한 지 5년 6개월 만에 복원 완성하게 되었다.

1995년 5월 28일 준공식을 갖게 됨으로써 우리 성씨 문중의 오랜 숙원사업이었던 물계서원 복원이 성취되었다. 이로써 서원이 철폐된 지 140여 년이라는 기나긴 세월 동안 왕산리에 원정비(院庭碑)만이 외롭게 남아 있었던 물계서원이 복원되어, 새롭게 웅장한 모습을 보는 감격의 순간을 맞이하게 되었다.

원래 물계서원에는 시중공 성송국(成松國), 문정공 성여완(成汝完), 정절공 성사재(成思齋), 충숙공 성승(成勝), 사육신 성삼문(成三問), 생육신 성담수(成聃壽), 문경공 성운(成運), 우계 성혼(成渾), 부용당 성안의(成安義) 등 19현을 배향했으나, 물계서원 복원을 계기로 초대 한성부 부사(漢城府 府使)와 영의정(領議政)을 역임한 당대의 명현인 독곡 성석린(成石璘)과 가정 성언충(成彦忠) 2분을 추향하여 21분을 배향(配享)하고 있다.

서원 복원사업의 추진과 완결 과정에서 묵묵히 음지에서 많은 지원과 협력, 성원과 협조를 하신 종원과 성금을 희사한 많은 종원들이 소외당하고, 몇몇 종원들만의 공적으로 부각되는 등 여러 잡음이 생긴 것은 종친회를 욕되게 하였으며, 문중의 화합과 결속을 저해하는 불미스러운 오점을 남겼다고 생각한다.

더욱이 물계서원 앞 광장에 설치된 비문에는 서원 복원을 위하여 그 누구보다도 많은 성원을 한 몇몇 종원들의 이름이 누락되었으며, 성낙삼 씨의 흉상도 아닌 입상(立像)을 설치함으로써 물계서원을 참관하는 여러 문중들로부터 계속 비판, 비난의 대상이 되고 있어 조속히 입상을 철거하거나 다른 방향으로 시정조치를 하여야 할 것이다.

당초 서원 복원 건립계획과 예산안을 작성할 때에는 정부지원금과 종원들의 성금으로 건립한 후 약 2억여 원의 남는 자금을 정기예금으로 예치하면, 당시 금리가 높아 그 이윤으로 매년 서원을 관리 운영하는 데 적

물계서원 복원 완공 후의 전경 사진

합하였으나, 자금 집행과정에서 종원 간의 갈등으로 당초 계획안이 무산
되고 말았다.

　이러한 일련의 상호불신과 계파갈등(系派葛藤) 등 지나간 불미스럽고
창피스러운 상황들로 나는 이후 대종회와 물계서원에 일절 관여하지 않
았다. 앞으로는 우리 종친회가 지나간 일들을 되새기면서 화합하여 성장
과 발전을 거듭함으로써, 타 종친회로부터 부러움을 받는 종친회가 되어
주기를 간절히 당부하며 기원한다.

제 2 장

나의 유년 시절

나의 친가와 외가

1. 나의 친가

나의 아버지 성선영(成瑄永 : 일명 致好) 님께서는 조부 성철호(成哲鎬) 님과 고령 박씨인 조모 박성녀(朴姓女) 님의 3남 중 막내로 1913년 1월 21일 태어나셨다.

조부께서는 원래 대지면 모산리(일명 麥山)에 거주하시다가 모산리(牟山里)의 앞 들판 건너편에 있는 대지면 효정리 미락동(彌樂마을)으로 이사하셨다. 조부께서는 대지면사무소에 다니시면서 농사를 하셨으나 가정 형편이 넉넉하지를 못하였다. 당시에 농촌 마을은 거의 모두가 가난하여 대부분 자녀들을 학교에 보낼 형편이 못 되었으며, 또한 대지면 관내에는 초등학교도 설립되어 있지 않은 낙후된 지역 상황이었다. 이렇게 어려운 농촌에서 조부님께서는 백부 성만영(成萬永 : 일명 致永)과 숙부 성시영(成時永 : 일명 致点)은 농사일을 돕게 하시고 막내인 나의 아버지만 초등학교에 다니도록 하셨다.

아버지께서는 1926년 4월, 13세 늦게야 창녕읍에 있는 4년제 창녕보통학교(昌寧普通學校)에 입학하셨다. 대지면 미락마을에서 창녕보통학교까지는 약 6.7km의 거리로, 매일 왕복 14여km를 걸어서 학교를 다녔다. 당시에는 지금처럼 군 관내버스가 운행되지 않았으며, 자전거도 구할 수

없는 상황이어서 힘들게 걸어서 등하교를 하셨다. 서산에 해가 지면 전기가 없어 마을은 암흑세계로 변했다.

이렇게 열악한 환경에서도 아버지는 공부를 유달리 잘하시어 조부님께서는 타고난 재능이 아까워 어려운 가정형편에도 불구하고 상급학교에 진학할 수 있도록 하셨다. 1930년 3월, 17세에 창녕보통학교를 졸업하였으나 창녕군 관내에는 중학교가 없었다. 가정형편이 어렵지만 그해 4월 경상북도 대구시에 있는 교남학교(喬南學校: 현 大倫중고등학교)에 진학하였다.

교남학교 재학 중 축구, 검도 등의 운동기량이 뛰어나고 학업성적 또한 특출하여 당시 이효상(李孝祥) 교장 선생님의 총애를 받아 의과대학 진학을 권유받았으나, 가정형편으로 포기하고 1933년 3월, 20세에 졸업과 동시에 고향 농촌으로 귀향하셨다. 그 후 이효상 교장 선생님께서는 안타까운 마음에 일본 유학의 길을 주선하시고 많은 도움을 주셨다고 한다.

1933년 4월, 아버지는 이효상 교장 선생님의 보살핌으로 일본 오사카(大阪)에 있는 오사카전문학교(大阪專門學校: 현 近畿大學校) 법률학부에 20세 나이에 입학하여 신문팔이 등 고학 생활을 하면서 면학에 열중하였었다.

이효상 교장 선생님은 일본 동경제국대학(東京帝國大學) 출신으로서 1945년 8·15 해방 후에 경북대학교 교수 겸 문리과대학 학장으로 봉직하셨으며, 4·19 혁명 후 민주당 정권이 등장하여 국회(參議院과 民議院의 양원제) 의원 총선거가 실시되자 대구에서 참의원 의원에 출마하여 당선되었다. 국회가 개원되자 이효상 교장 선생님은 참의원 문화공보위원회 위원장으로 선출되어 활동하였으나, 1960년 5·16 군사혁명으로 모든 정치활동이 일시 정지되었다. 그 후 민정이양(民政移讓)으로 민주공화당 정권하의 국회의원선거에 출마하여 대구지역에서 연이어 당선되었으며,

장기간 국회의장(國會議長)으로 활동을 하였다.

아버지께서는 일본에서 수학 중이던 1933년 12월 겨울방학 기간에 일시 귀국하였는데, 이때 집안에서 결혼 문제가 제기되어 결혼해야 할 상황이 되었다. 조부모님께서는 결혼 중매인이 좋은 집안과의 혼사 문제를 제의해 오자, 차제에 성혼시킬 생각을 하여 혼처에 대한 자세한 사항을 여러 경로를 통하여 알아보셨으며, 상대 가문의 여러 가지 상황이나 생활형편이 좋은 점을 고려하여, 양가의 성혼을 방학기간에 급히 서둘러 결정을 하였다.

2. 나의 외가

나의 외가는 창녕군 계성면 계성리(桂田마을)이다.

나의 어머니 정봉점(鄭鳳点) 님께서는 정창선(鄭昌善) 님과 김해 김씨인 김의락(金宜樂) 님 사이의 4남 2녀 중 셋째(장녀)로 1914년 10월 25일 태어나셨다.

위로는 큰외숙부 정만수(鄭萬壽, 장남) 님과 작은외숙부 정봉수(鄭鳳壽, 차남) 님, 아래로는 이모 정맹점(鄭孟点, 차녀) 님과 외숙부 정호완(鄭鎬完, 3남) 님, 그리고 막내 외숙부 정호돈(鄭鎬燉, 4남) 님이 계셨다.

당시 큰외숙부는 경남 밀양군 세무서 근무 후 밀양군 초동면에서 양조장을 운영하였으며, 작은외숙부는 고향인 창녕군 계성면 계성리에서 농사를 하셨다. 외조부님께서는 지역사회에서 이름난 창녕 성씨(昌寧 成氏)의 양반 가문에다가 신랑 될 청년은 일본에서 유학 중 방학으로 일시 귀국하여 있는 기간에 성혼시키는 것이 좋을 것으로 판단하고 양가에서 합의가 신속하게 이루어진 것이었다.

나의 출생과 유년 시절

1. 나의 출생

아버지께서는 조부모님의 간청을 받아들여 21세인 1934년 2월 방학 기간에 1년 아래 20세인 어머니와 결혼하게 되었다. 방학이 끝나자 아버지는 홀로 일본에서 학업을 계속하였으며, 어머니는 결혼 후 이내 태기가 있어 외가에서 당분간 지내도록 하였다.

나는 일본 식민통치시대인 1935년 2월, 창녕군 계성면 계성리(계전마을) 575번지 외가에서 출생했다. 어머니는 시가(媤家)에서는 대가족이라 기거할 방이 없기도 하여, 아버지가 학업을 완료하고 귀국할 때까지 당분간 계성면 계성리 친정에서 지내게 되었다.

외조부모께서 살아 계실 때, 척박한 농촌생활에서 땔나무가 귀하여 볏짚으로 불을 피워 큰 가마솥에다 밥을 짓고 미역국을 끓여 먹고 난 후 조금 지나 새벽닭이 울었으니 해시(亥時)쯤 출생한 것이라고 말씀하셨다.

그렇게 외가에서 어머니의 따뜻한 품속에서 성장하고 있을 때 일본에서는 전국적으로 '각기병'(脚氣病)이 극심하게 만연하여 사상자가 속출하였다. 아버지는 1935년 10월경 부득이 학업을 중단하고 귀국하였으며, 그때부터 부모님은 어린 나를 데리고 친가가 있는 대지면 효정리 미락마을 백부님 댁에서 조부모님을 모시고 함께 생활하게 되었다.

아버지는 학업을 포기하고 가정을 위하여 우선 취업을 위해 노력한 결과 1936년에 경상남도의 도속촉탁(道屬囑託)으로 임용되어 창녕군청에 발령받아 공무원 생활을 시작하였다.

2. 분가와 유년 시절

1938년경에 부모님은 드디어 백부님 집 바로 뒤편에 있는 효정리(미락마을) 147번지의 초가집을 겨우 마련하여 분가(分家)하게 되었다.

분가해 나온 집은 초라한 토담초가집으로 2개의 방에 문도 없는 부엌으로 되어 있었다. 나무가 귀하여 대부분 ㄷ자형의 토담을 쌓아 그 앞면에 겨우 나무기둥을 세우고 지붕에는 나무들을 걸쳐 싸리나무와 대나무 등을 엮어 그 위에 흙을 발랐다.

그 후에 볏짚을 엮어 덮은 형태의 집들이 흔히들 말하는 토담초가였다. 출입문은 머리를 숙여야만 겨우 출입할 수 있는 방문 하나뿐이며, 나무로 만든 문틀에 대나무를 쪼개어 얇게 다듬어 엮은 문으로 그 위에 종이를 바른 것이다.

우리 미락마을은 전체가 초가집인 가난한 농촌 마을로, 약 30가구가 살았다. 대문이 있고 정식으로 목조로 건립된 초가 3칸 또는 4칸으로, 부엌과 방 2개, 대청마루로 이루어진 전통적인 한옥은 6~7가구에 불과했다.

그 외의 집들은 대부분 대나무로 엮은 싸리문을 밀어서 열고 닫으며 출입하는 토담초가로, ㄷ자형과 ㅁ자형으로 흙 토담을 쌓은 한두 개의 토담방 앞에 나무기둥을 세워 나무평상을 두어 마루로 활용하거나, 흙으로 쌓고 그 위에 돗자리 등을 깔아서 마루 대용으로 사용했다.

우리 집은 후자에 속하는 초라한 ㄷ자형 토담초가집이었다. 방을 출입할 때마다 문의 높이가 낮아 가끔 이마와 머리를 부딪히기도 하였으며, 때로는 상처가 생겨 그때마다 많이 울기도 하였다.

당시에 우리 마을은 한두 집 외에는 거의 전부가 12촌 이내의 창녕 성씨(昌寧 成氏) 일족이 살고 있는 집성촌이었다.

나는 미락마을에서 유년 시절을 보내면서 성장했다.

봄철에는 마을 형들을 따라다니며 허기진 배를 채우기 위하여 밭 언덕 뽕나무에 올라가 입술이 까맣게 될 정도로 오디를 따먹었다. 때로는 보리밭에서 생 보리 이삭을 잘라와 모닥불에 구워 비벼 먹거나, 밀밭의 밀 이삭을 구워 비벼 먹으면서 배를 채우기도 하였다. 이른바 힘겨운 '보릿고개'의 가난이 극에 달한 시절이었다.

마을 일가친척의 집에서 누에고치로 실을 뽑을 때면 그 옆에 쪼그리고 앉아 뜨거운 번데기를 주워 먹느라 정신이 없었다. 그렇게 번데기를 먹은 날 저녁에는 배탈이 나서 뒷간을 수없이 들락날락거리기도 했다.

여름철에는 무더위를 피하기 위하여 마을 형들을 따라 마을 앞 저수지에 갔다가 수영을 못해 물가에서 놀다 미끄러져 물에 빠져 죽을 뻔한 기억도 난다. 저녁 식사 후에는 무더위와 모기를 피하기 위하여 마당의 나무 평상에 앉아 말린 쑥을 태워 연기로 모기를 쫓기도 하였다.

가을철이 되면 논밭으로 쏘다니면서 메뚜기를 많이 잡은 날에는 어머니를 졸라 볶아 먹거나, 반찬으로 만들어 먹었다. 이따금 마을 형들을 따라 고구마를 서리해서 허기진 배를 채우기도 하였다.

감나무의 감이 익기도 전에 떫은 풋감을 따서 먹거나, 항아리 물에 담가 떫은맛을 우려내고 먹으며 배를 채우기도 하였으나 가끔 변비에 시달리기도 하였다. 지긋지긋하게 배고픈 시절, 그것도 요긴한 간식거리가 되었다.

겨울철에는 초가집 처마 밑으로 숨어든 참새를 잡아 구워 먹는 형들을 따라다니며 얻어먹은 기억이 생생하다. 마을 아이들은 추수가 끝나고 한가한 날이면 마을 앞 공터에 모여 재기차기, 나무를 깎아 만든 팽이 돌려치기, 볏짚으로 만든 축구 볼 차기 등으로 놀이를 하였으며, 마을 앞 저수지에서 앉은뱅이 썰매를 타기도 하면서 성장하였다.

바스러지고 부서진 지나간 어린 시절의 희미해진 옛 추억들을 회상하니 온갖 상념에 만감이 스쳐 간다.

나의 가족상황

1. 부모님

아버지는 3남 중 막내로 1913년 1월 21일 창녕군 대지면에서 출생하셨으며, 1980년 4월 30일(음력 3월 16일) 향년 68세로 별세하셨다.

1930년 3월 창녕보통학교를 졸업하고 대구로 진출하여 1933년 3월 대구교남학교를 졸업한 후 1933년 4월 일본 오사카전문학교 법률학부 재학 중 결혼한 후 일본에 각기병이 만연하여 부득이 학업을 중단하셨다.

귀국 후 창녕군청에서 촉탁으로 근무하셨으며, 8·15 해방을 맞이한 이후에도 계속 같은 곳에서 근무하셨다. 당시 자유당 후보를 지원하지 않았다는 사유로 창녕군청에서 멀리 떨어진 삼천포시, 의령군, 하동군, 동래군 등의 산업·내무과장으로 혈혈단신 동서남북 면 지역을 전전하셔야만 하였다.

5·16 군사혁명 후 어머니 혼자는 농사일이 어려워 공직을 사퇴하고 귀향하여, 오로지 농사에만 종사하시면서 자녀들의 교육에 전념하셨다.

어머니는 4남 2녀의 6형제 중 위로 오빠 두 분 다음의 셋째로, 1914년 10월 25일 고향 창녕군 계성면에서 출생하셨으며, 2000년 1월 20일(음력 1999년 12월 14일) 향년 87세로 별세하셨다.

여유 있는 집안에서 태어나 창녕 성씨 가문으로 출가하여 한평생 농사

70

공직에서 봉사하시고 오로지 자녀교육에 전념하셨던 아버지(왼쪽)와
적선(積善)의 미덕으로 만인의 귀감(龜鑑)이 되셨던 어머니(오른쪽).

일과 자녀들의 훈육에만 전념하시면서 현모양처의 모범을 보이셨다. 만
고풍상의 모진 고난 속에서도 한평생 많은 사람들에게 지극정성으로 따
뜻하게 베풀면서 적선(積善)의 미덕으로 만인의 귀감(龜鑑)이 되셨다.

부모님은 1933년에 결혼하여 슬하에 5남 2녀를 두셨다.

2. 아내와 자녀

나는 1935년 고향 창녕에서 5남 2녀 중 장남으로 태어났다. 대지초등
학교와 창녕중학교를 졸업한 후 6·25전쟁으로 토담초가가 전소된 어려
운 가정형편으로 고등학교 진학을 포기하고, 장남으로서 농부가 되어 대
가족을 지탱하여 나가는 기둥이 되기로 작심하고 농사에 종사하였다.

그런데 6·25전쟁 기간에 전방 군부대 근무 중 출장으로 전쟁 발발 후
처음 우리 집을 방문한 막내 외삼촌(정호돈)의 적극적인 대처로 인생행로
가 바뀌었다. 막내 외삼촌의 적극적 권유와 외가의 도움으로 겨우 대구대

건고등학교에 늦게나마 진학하게 된 것이다. 하지만 졸업을 앞두고 대학에 진학할 형편이 못 되자, 서울로 무모하게 상경했다. 1년간 고행(苦行)의 방랑생활을 전전하다 절치부심 끝에 고려대학교 법과대학에 입학했고 갖은 고생 속에 천우신조로 겨우 졸업을 하게 되었다.

공직생활 중에 서울대학교 행정대학원을 졸업한 후 성균관대학교 대학원에서 신문방송학을 전공하여 정치(언론)학 박사학위를 취득했다.

1961년부터 1993년까지 중앙정부의 문화공보부와 공보처에서 33년간 봉직하고 1급(차관보)으로 퇴임한 후 공기업 사장, 방송언론사 사장과 이사장, 민간기업 감사와 회장을 거쳐 학계로 진출하여 대학교 대학원 원장과 대학교 총장으로 약 20여 년간 봉직하여, 총 53년간을 봉직하였다.

1960년 아내 박영자(朴英子)와 결혼하여 슬하에 1남 3녀를 두었다.

아내는 1937년 경남 진주에서 출생했다. 진주사범학교(현 진주교육대학)를 졸업한 후 1956년 고향인 경남 의령군 의령초등학교 교사로 부임하였으며, 1960년 10월에 결혼한 후 1961년까지 교사로 5년간 봉직하고 퇴직하였다.

이후 서울생활 중에 당시 공무원의 박봉으로 생활이 어려워지자, 1964년 서울시내 초등학교 교사로 복직(復職)하여 1994년까지 30년간 교사와 교감(校監)으로 봉직하였으며, 교육계에서 총 35년간 봉직하였다.

여유 있는 가정에서 태어나 큰 고생 없이 성장한 아내가 5남 2녀 집안 장남과 결혼하여 기나긴 세월 동안 갖은 고생을 하여 왔음에 실로 미안스럽기 짝이 없다.

80대 중반을 넘어선 이 노리(老贏)에 지나온 고난의 생활을 회상하면서, 이 세상을 떠나기 전에 미리 몇 글자 남겨 두고자 필을 들고 깊은 상념에 잠겨 보니, 지난날의 한 많은 사연들이 헛되지 아니하였음에 그저 눈물겹게 감사함을 금할 수가 없다.

격동의 세월, 모진 세파 속에서도 한결같이 나의 외고집 정도(正道)를 따라 몸과 마음 등 함께하여 온 나의 아내와 아들딸들 그리고 형제자매들에게 감사할 뿐이다.

아들 성민경(成玫慶)은 1971년 서울에서 출생하여 연세대학교 대학원에서 법학석사와 박사(法學博士) 학위를 받았고, 중국 인민대학교 방문교수와 인민대학교 식품안전관리센터 연구위원으로 근무한 후 귀국하여 대학교수(敎授)로 재직하고 있다. 2013년 최은정(崔恩禎)과 결혼하여, 슬하에 아들 성제헌(成帝憲)을 두었다. 최은정은 경영학을 전공하고 공인회계사 시험에 합격하여 공인회계사로 회계법인에 근무 중이다.

첫째 딸 성귀련(成貴連)은 1961년생으로 이화여자대학교 미술대학을 졸업한 후 미술학원을 운영하였다. 1986년 곽동익(郭東翼)과 결혼하여 슬하에 1남 곽범진(郭汎鎭)을 두었으며 서울에서 생활하고 있다. 곽범진은 롯데건설에서 근무하고 있다. 사위 곽동익은 연세대학교 졸업 후 회사 임원으로 재직하고 있다.

둘째 딸 성귀란(成貴蘭)은 1963년생으로 이화여자대학교를 졸업한 후 문화방송(MBC)에 재직하였다. 1990년 변동환(卞東煥)과 결혼하여 슬하에 1남 1녀〔변효성(卞孝成), 변지영(卞智英)〕를 두었으며 서울에서 생활하고 있다. 사위 변동환은 연세대학교 졸업 후 회사 임원으로 근무하고 있다.

셋째 딸 성의진(成宜珍)은 1967년생으로 이화여자대학교 교육대학원을 졸업한 후 한국방송공사(KBS)에 재직하였다. 전성진(全聖瑨)과 결혼하여 슬하에 1남 2녀[전종원(全鍾原), 전효원(全孝原), 전서원(全抒原)]를 두었으며 서울에서 생활하고 있다. 장녀는 고등학교 교사로 재직 중이고, 아들은 서울대학교 경영학부에 재학 중이며, 둘째 딸은 서울여자대학교에 재학 중이다. 사위 전성진은 공학박사(工學博士)로, 국방연구원에서 연구위원으로 근무하고 있다.

3. 나의 형제자매

첫째 남동생 성낙건(成樂健)은 1939년생으로 고려대학교 경영대학원을 수료한 후 국가공무원 공개채용시험에 합격하여 건설부에서 근무하다 상공부로 전출했다. 그 후 내무부로 이동하여 부천시와 성남시에서 부구청장과 구청장 그리고 총무국장, 의회사무처장을 역임하는 등, 경기도에서 국장(부이사관)으로 퇴임할 때까지 관료로 30여 년간 봉직하였다.

공직에서 퇴임한 후에 (주)효성원과 코리아환경(주) 등 민간기업체에서 부사장, 사장으로 장기간 근무하였다.

1971년 결혼한 아내 김순자(金順子)와 슬하에 1남 1녀를 두었는데, 아들 성준경(成俊慶)은 민간기업체에 근무하고 있다. 딸 성정민(成廷旼)은 박철우와 결혼하여 1녀를 두었으며 미국에서 살고 있다. 사위 박철우는 미국 시카고대학교 대학원(경제학석사)을 졸업한 후 미국에서 미국은행(美國銀行) 임원으로 재직하고 있다.

둘째 남동생 성낙용(成樂庸)은 1947년생으로 대구고등학교를 졸업한 후 고려대학교와 연세대학교 경영대학원을 수료하였으며, 공군장교로 복무한 후 동서증권주식회사 부산·대구본부장과 본사 임원, 그리고 동서팩토링 대표로서 30여 년간 증권계에서 근무하였다.

1978년에 결혼한 아내 김승희(金承禧)와 슬하에 1남 1녀를 두었다.

아들 성무경(成茂慶)은 한국외국어대학교와 대학원에서 전자공학을 전공한 후, LG그룹 LG네오택을 거쳐 NAVER 클라우드에서 근무하고 있으며, 2011년 민윤아(閔允娥)와 결혼하여 1남 1녀[성지환(成知桓), 성하윤(成昰昀)]를 두었다.

딸 성유리(成有梨)는 1978년 서울에서 출생하여 이화여자대학교(경제과)를 졸업하고 은행에 근무하고 있다. 2006년에 최이륙과 결혼하여 1남 최석진(崔碩晋)을 두었으며 서울에서 생활하고 있다. 사위 최이륙은 고려대학교 경영대학을 졸업한 후, SK그룹 SK가스회사 팀장으로 재직하고 있다.

셋째 남동생 성낙인(成樂寅)은 1950년생으로 대구중학교를 졸업한 후 서울로 올라갔다. 경기고등학교와 서울대학교 법과대학을 졸업하고 서울대학교 대학원에서 석사 및 박사과정을 수료한 후, 프랑스 파리 제2대학교 대학원에서 헌법학을 전공하고 법학박사(法學博士) 학위를 취득했다.

대구 영남대학교 법과대학 부학장을 거쳐 서울대학교 법과대학 부학장과 학장을 역임한 후, 2014~2018년까지 4년간 서울대학교 총장(總長)으로 근속하면서 35여 년간 교육계에 헌신하였으며, 서울대학교 명예교수로 봉직하고 있다. 1982년 결혼한 아내 백희정(白晞丁)과의 슬하에 2녀를 두었다.

장녀 성효진(成效眞)은 이화여자대학교를 졸업하고 서울대학교 대학원에서 미술사를 전공하여 박사학위(博士學位)를 취득한 후, 연구소에 근무하고 있다. 차녀 성관정(成菅淨)은 서울대학교 인문대학과 고려대학교 법학전문대학원을 졸업한 후 여성 변호사(辯護士)로서 법무법인에 근무 중이며, 서울대학교 대학원에서 법학을 전공하여 박사과정을 수료하였다.

넷째 남동생 성낙서(成樂瑞)는 1955년생으로 대구대학교 대학원에서 국문학을 전공하여 문학석사학위를 취득하고, 창녕고등학교 교사로 근무한 후, 대구영송여자고등학교에서 교사, 교감과 교장(校長)으로 봉직하고 정년퇴임하였으며, 36년간 교육계에 봉직하였다.

1986년 결혼한 아내 이용기(李龍基)와의 슬하에 2남을 두었으며 대구에서 생활하고 있다. 장남 성필경(成必慶)은 대학에서 건축공학을 전공한 후 대성그룹 대성에너지회사에 재직하고 있으며, 2019년에 김은정(金彦廷)과 결혼하여 1남 성규현(成圭賢)을 두었다. 차남 성배경(成培慶)은 육군 복무를 마친 뒤 공과대학을 졸업하고 네덜란드의 ASML하이닉스 한국지부회사에 재직하고 있다.

첫째 여동생 성금향(成錦香)은 1941년생으로 대구효성여자대학교를 졸업한 후, 1966년 서동순(徐東洵)과 결혼하여 슬하에 4남을 두었으며 대구에 거주하고 있다. 장남 서창익(徐彰翊)은 손경혜(孫敬惠)와 결혼하여 슬하에 1남 서완석(徐完碩)을 두었으며, 회사에 근무하고 있다. 차남 서창훈(徐彰焄)은 도미 유학 후 도희정(都熙靜)과 결혼하여 슬하에 1남 서민우(徐旼瑀)를 두었으며, 미국에서 기계공업회사에 재직하고 있다. 3남 서창우(徐彰瑀)는 탁윤정(卓允廷)과 결혼하여 1남 1녀[딸 서효리(徐效利), 아들 서현서(徐賢瑞)]를 두었으며, 건설사업을 하고 있다.

남편 서동순은 경북대학교 사대부속고등학교와 경북대학교를 졸업하고, 남선경금속공업(주) 등 기업체에서 이사, 전무, 사장으로 36년간 봉직하였다.

둘째 여동생 성승자(成勝子)는 1944년생으로 대구교육대학을 졸업한 후 대구에서 초등학교 교사로 봉직하였다.

1973년 허극열(許克烈)과 결혼하여 슬하에 1남 1녀〔허준석(許峻碩), 허윤영(許允瑛)〕를 두었으며 대구에 거주하고 있다. 남편 허극열은 대구 경북고등학교를 졸업하고 대학에서 법학을 전공한 후, 대구광역시청에서 30여 년간 봉직하고 국장(부이사관)으로 퇴임하였다.

아들 허준석은 서강대학교 경영대학과 연세대학교 경영대학원(MBA)을 졸업하고 한국증권금융(주) 팀장으로 재직하고 있다.

딸 허윤영은 이화여자대학교(사회복지학과)를 졸업한 후 김앤장 법무법인에서 차장으로 재직하고 있다. 장무성과 결혼하여 슬하에 2녀〔장민서(蔣旼抒), 장연지(蔣延知)〕를 두었으며, 서울에 거주하고 있다.

남편 장무성(蔣武成)은 미국 케이스웨스턴리저브대학교를 졸업한 후 아버지가 경영하는 회사 운영에 참여하고 있다.

6·25전쟁으로 불타 버린 가난한 농촌에서 어려운 가정형편에도 첫째 여동생(성금향)과 둘째 여동생(성승자)은 고향에서 겨우 창녕중학교를 졸업하자마자 고등학교에 진학하려는 희망을 포기하지 않고 고향을 떠나 무작정 대구로 진출하였다.

나이 어린 두 여동생은 대구에 있는 외가와 가까운 곳에 셋방을 구하여 자취생활을 하면서 첫째 여동생은 대구효성여자고등학교에 진학하고 둘째 여동생은 대구여자고등학교에 진학했다. 그 후 고향에서 창녕중학교를 졸업하고 대구고등학교에 진학한 둘째 남동생(성낙용)과 대지초등학교 6학년에 재학 중인 셋째 남동생(성낙인)이 대구로 합류했다.

이렇게 두 여동생의 도움으로 둘째 남동생(성낙용)은 대구고등학교를 졸업하고 고려대학교에 진학하여 서울로 합류하였고, 그 후 셋째 남동생(성낙인)도 대구중학교를 졸업하고 서울 경기고등학교에 진학하게 됨으로써 나의 집에 합류하게 되었다.

두 여동생이 두 남동생의 학업을 위하여 대학 진학을 포기했다는 소식을 듣고 나는 급히 대구로 내려가서 설득하여 대구 효성여자대학과 대구교육대학에 각각 진학하도록 하였다.

제 3 장

나의 학창 생활

고향에서 보낸 초등학교 시절

나는 1942년 4월 1일, 8세에 대지초등학교(당시 대지국민학교)에 입학
하였다. 대지초등학교는 1931년 4월 17일에 4년제 '대지공립보통학교'로
개교하였다. 개교 이후 1941년 3월까지는 일본인이 교장으로 재임하였으
나 1941년 3월 31일 성준호(成峻鎬, 해방 후 창녕군 초대 교육감) 교장이 취
임하여 해방되는 해인 1945년 3월 31일까지 재임했다.

내가 입학한 1942년은 일본의 식민통치시대로, 한국인인 성준호 교장
이 재직하고 있었지만 담임교사는 일본인으로, 학생들은 일본인 교사로
부터 일본어 교육을 받았다.

1. 홍역에서 기적적으로 회생하다

초등학교 1학년 때 지독한 홍역(紅疫)이 번져 마을마다 많은 어린이들
이 목숨을 잃었다. 이때 나도 가을학기에 홍역으로 약 5개월간 생사의 기
로를 헤맸다. 병원에서도 살릴 수 있는 방법이나 희망이 없다고 하여 부
모님께서는 포기하셨다고 한다.

부모님께서는 더 이상 회생 가망이 없는 내게 최후의 극약처방으로 유
황(硫黃)을 먹인 후 방문 위쪽으로 밀쳐놓았는데 기적적으로 살아났다.

어린아이에게 유황을 먹이면 사망할 위험이 있으며, 기적적으로 살아나더라도 머리가 둔한 바보가 될 수 있다는 인척들의 말을 듣고서도 부모님께서는 자식을 살려 보려는 모진 심정으로 이판사판 최후의 모험을 감행했다고 하셨다.

내가 살아난 후 부모님은 "너는 앞으로 장수할 것"이라고 항상 말씀을 하셨다. 나는 홍역으로 고생하기 전에는 1학년 일본어 교과서를 한두 번 읽으면 다 외워져, 많은 사람들로부터 총명하다고 칭찬을 받았으나, 유황 복용 탓인지 그 이후로는 조금 둔해진 것으로 느껴졌다.

내가 사는 마을에서 대지초등학교까지는 약 6km 거리였다. 등교할 때는 우리 마을의 1학년부터 6학년 학생까지 모두 1열로 줄을 지어 등교하여야만 했다. 오랜 홍역에서 완전 회복되기 전에 등교를 고집하였으니 보행이 부자유스러워 등교 대열에서 항상 낙오되는 등 고초를 겪었으며, '발목' 병을 얻어 고등학교 재학 때까지 장기간 고생하게 되었다.

2. 유어초등학교로 전학하다

1943년 10월경 아버지가 유어면(遊漁面) 사무소로 전근되어 유어면 거마리(巨馬里)로 이사하여 셋방살이를 하게 되었다. 홍역을 심하게 앓다가 겨우 살아나 2학년이 되었으나 완전 회복이 되지 않은 상태에서 전학하였으니 어려움이 많았다.

당시에는 지금처럼 도로가 아스팔트 포장이 되어 있지 않아 돌투성이였으며, 정기적으로 운행하는 자동차도 없으므로, 10리 20리 거리를 무조건 걷는 것 외에 다른 방법이 없었다. 신발은 볏짚으로 만든 짚신과 나무로 만든 나막신 그리고 거친 고무로 만든 검정고무신 정도였다. 특히 당시 시골 농촌지역에서는 귀한 고무신을 사서 신을 형편이 되지 못했다. 대부분은 짚신과 나막신을 신고 다녔다. 일부는 겨우 검정고무신을 신었으나 품질이 아주 나빠 몇 달 못 가 찢어져 못 쓰게 되었다.

대부분의 학생들이 맨발로 도로를 따라 등교하다 보니 엄지발가락은 자갈과 돌에 치어 항상 상처투성이가 됐다. 그래서 도로를 피하여 논두렁을 따라 걸어 다녔는데, 다행스럽게도 유어면(遊漁面)은 낙동강 변이라 흙이 다른 지역과 달리 밀가루처럼 부드러웠다.

이 지역 학생들은 이런 논두렁 흙길을 따라 불편한 신발 대신 대부분 맨발로 등하교를 했다. 나도 간편하게 맨발로 학교에 다녔는데, 부드러운 논두렁길 덕분에 엄지발가락 상처 없이 잘 지내게 되었다.

낙동강 변 지역은 자연 그대로의 상태에서 농사를 지었는데, 장마철에 낙동강 물이 범람하여 한 해 농사를 망치는 경우도 적지 않았다. 해마다 상례적으로 당하는 대홍수(大洪水)로 저지대의 마을과 농토, 도로의 침수와 유실 등 피해가 컸었다. 소, 돼지, 수박과 참외 등 가축과 농작물이 낙동강으로 떠내려가는 것을 뻔히 보면서도, 도도히 휩쓸고 가는 수마(水魔) 앞에서 농민들은 망연자실하여 한숨만 내쉴 뿐 속수무책이었다.

홍수 기간에는 모든 길이 물에 잠겨, 학교에도 갈 수 없었다. 나는 이런 일들을 겪으면서 자연의 위력에 대해 많은 것을 느끼고 배웠다.

가뭄과 홍수로 고생스럽게 지은 농산물을 공출(供出)로 빼앗기기도 했다. 그래서 항상 식량이 부족했고. 힘든 '보릿고개'를 넘을 때는 소나무 껍질을 벗기고 나물을 캐다 죽을 끓여 연명하는 초근목피(草根木皮)의 눈물겨운 삶을 지탱하였다.

일제는 식량난에 허덕이는 농촌에 가끔 압량미(보리, 옥수수 기름을 짠 찌꺼기)를 배급하여 죽을 쑤어 먹게 하였으며, 석유를 배급하여 전기가 없는 농촌에서 밤이 되면 호롱불을 사용하게 하였다. 일제는 패전의 그림자가 다가오자 포탄 만드는 데 쓰기 위해 가가호호를 수색하여 놋그릇을 빼앗아 갔는데, 어린 시절 나는 이런 일을 수없이 목격하였다.

3. 8·15 광복으로 귀향, 셋방살이

유어초등학교 4학년에 재학 중이던 1945년 8월 15일 일본의 패전(敗戰)으로 36년간의 일제 식민통치를 벗어나 해방을 맞이하였다.

해방 후 취약한 경제기반과 불균형한 산업구조하에서 자립경제를 건설해야 하는 어려운 과제에 직면하였다. 미군이 남한에 진주하기까지 2개월간 물가가 20~25배로 폭등하는 등 국민경제는 파산 위기에 직면했다.

우리나라는 1945년부터 1948년까지 미국으로부터 총 3억 1천만 달러 규모의 원조를 식량, 비료, 의류, 의약품 등으로 제공받았다. 그러나 미국의 이러한 원조에도 불구하고 해방 후의 누적된 식량난과 산업시설의 피폐로 경제는 안정을 되찾지 못하였다.

1948년 5월 10일 실시된 총선거에서 국회의원 198명이 선출되었다. 이들로 구성된 제헌국회(制憲國會)에서 헌법을 제정 공포함으로써 동년 8월 15일 대한민국 정부가 수립되었다.

정부는 경제발전의 전제조건이 물가와 통화가치의 안정에 있음을 깨닫고, 경제안정 15원칙을 실시하고 경제의 안정화, 산업생산 활동의 증가와 식량의 자급자족 등을 기할 수 있었다.

1950년 2월에는 해방 후 처음으로 미곡(米穀) 10만 톤을 일본에 수출하기에 이르렀다. 정부 수립 후 선포된 일련의 경제안정 시책에 힘입어 전반적 경제활동이 안정단계에 들어설 무렵인 1950년 6월 25일, 일요일 새벽에 북한의 기습 남침으로 6·25전쟁이 발발하여 경제기반은 송두리째 파괴되어 버렸다.

8·15 광복으로 나는 유어초등학교 4학년에 재학 중에 대지초등학교로 다시 전학하여 고향으로 돌아오게 되었다. 그동안 전셋집에서 생활하다 고향으로 이사가야 하는데 갑자기 집을 구하기가 쉽지 않았다. 부모님은 가까스로 고향의 미락마을과 이웃한 귀동마을의 창녕 성씨 재실(齋室)인 추가재(鰍伽齋)의 방 한 칸을 빌려 이사를 하였다.

좁은 도로에 돌과 자갈이 깔려 걸어 다니기도 힘겨운데 소가 끄는 수레(달구지)에 가마솥과 식기, 옷 보따리를 싣고, 일부 짐은 고향에서 도우려 오신 일가친척들이 지게에 짊어지고 유어면 거마리 마을을 떠났다. 대지면 귀동마을까지 30~40리의 머나먼 길을 걸어서 이삿짐을 재실(齋室)로 옮겨 단칸방 생활을 하게 되었다.

아버지께서는 8·15 해방 후의 어수선한 상황에서도 군청으로 출근하였다. 그러나 해방 후의 정치적 혼란과 행정질서의 혼돈상황 속에서 월급 생활도 순탄하지 않아 생활이 어려운 형편이었다.

대지면 귀동마을로 이사를 하여 왔으나 밥 지을 땔감이 없었다. 나는 초등학교 4학년 어린 나이였지만 산에 가서 소나무 가지를 꺾어 새끼줄로 매어 끌고 와 말려서 땔감으로 사용하는 등 참으로 힘들고 고된 시절의 생활상황이었다.

매년 10월이 되면 대종회에서 주관하는 추향대제(秋享大祭) 때문에 재실(齋室) 방을 비워 두고 이웃마을의 백부님 댁에 가서 2~3일을 기거하였으며, 백부님 댁이 협소하여 부친께서는 창녕군청 숙직실에서 보내시기도 하였다.

갓을 쓰고 한복으로 정장하여 묘사(墓祀)에 참석하신 어르신들께서 재실 방의 가구를 치우지 않았다며 호통 치는 등 많은 질책과 수모(受侮)를 당하기도 하였다.

해방 직후라 어수선한 상황 속에서 설상가상(雪上加霜)으로 여름철에는 '호열자'(콜레라)가 만연하여 많은 고생을 하였다. 학교도 아직 정상화되지 않아, 나는 집에서 당분간 한문〔《천자문》(千字文)〕과 한글 공부를 하였다. 한글을 모르기 때문에 한문 책(《천자문》)에 일본 글로 토를 달아 한문 공부를 하여 《천자문》 책을 다 외워 버렸다.

틈틈이 산에 올라 나무를 하다 옻나무를 잘못 베어 얼굴과 손과 팔에 옻이 올랐으나 약이 없어 부추를 소금에 찧어 바르는 등, 별의별 방법을 다 써보았으나 낫지를 않아 많은 고생을 해야만 하였다.

4. 미락마을 토담초가집을 마련, 이사를 하다

1946년 말경 드디어 효정리 미락마을의 숙부님 댁 바로 옆 161번지 집을 매입하여 이사를 하게 되었다. 오랜만에 우리 집을 갖게 되어 몹시도 기뻐하였다. 그러나 간신히 마련한 토담초가집은 흙으로 ㅁ자형의 흙담을 쌓은 두 칸의 토담 위에 나무를 걸쳐 볏짚으로 덮은 이름 그대로의 토담초가(草家)로, 방 하나와 부엌 한 칸뿐이었다.

하나뿐인 방이라는 것은 사방을 흙으로 담을 쌓고, 조그마한 출입문 한 개만이 있었다. 방 앞에 마루는 흙을 다져 그 위에 볏짚으로 만든 방석을 깔아 마루로 대신 사용했다.

방의 출입문은 대나무를 쪼개어 엮어 만든 하나뿐인 작은 문이었다. 출입할 때마다 이마에 부딪혀 상처로 울기도 하였다. 부엌은 말이 부엌일 뿐 문도 없었으며, 그냥 흙으로 된 바닥 위에 흙으로 쌓은 부뚜막뿐이었다.

당시 부모님을 비롯하여 나와 동생 셋, 모두 6명이 방 하나에 기거하였으니 얼마나 불편하였겠는가. 그때의 생활상을 회고할 때마다 눈물이 소리없이 흘러내린다. 고심 끝에 아버지께서 방 옆에 있는 담장과 방벽을 연결하여 긴 나무를 비스듬하게 걸쳐 작은 골방을 만들었다. 나는 남동생과 함께 그 방을 사용하게 되어 불편함이 다소 해소되었다.

오늘의 농촌 집과 비교하면 돈사(豚舍)보다도 못한 그러한 집이었으나, 오랜 셋방살이의 설움에서 벗어나 그나마 우리만의 토담집을 소유한 것만으로도 얼마나 행복하였는지 그 누구도 모를 것이다.

해방 직후에 좌·우익 세력의 대립과 갈등이 전개되고 사회질서가 혼란스러운 상황에서 농촌에서는 취사용 나무가 부족하여 야산의 나무들을 남벌하여 몇 년 사이에 모든 산들이 민둥산이 되어 버렸다.

장마와 가뭄이 극심하여 논밭의 3분의 1에서는 농사를 짓지 못하였으며, 잦은 홍수로 농사를 망쳤으니 농촌의 실상은 실로 처참하였다. 장마철이 되면 내가 사는 대지면 들판을 가로질러 흐르는 토평천이 범람하고 그 물이 흘러 우포늪이 넘쳤다. 낙동강이 범람하여 홍수가 역으로 올라와 애써 지은 벼농사는 흙탕물에 녹아 사라져 갔다.

하천이 범람할 때마다 학교에 가지 못하였다. 대지초등학교에 가려면 넓은 들판을 지나 모산리 앞 토평천을 건너야 하는데, 지금처럼 교량과 제방(堤防)이 없던 시절이라 물이 넘치면 결석을 할 수밖에 없었다. 그 당시에는 자연 그대로의 주어진 원시적 상태에서 하늘만 쳐다보면서 천수(天水)에만 의존하며 농사를 지을 수밖에 없는 상황이었다.

이렇게 열악한 상황인 농촌에서는 살아갈 길이 막막했다. 평소에 먹지 못하는 쇠비름을 삶아 먹거나 소나무 속껍질을 벗겨 송기떡을 만들어 끼니를 때우기도 하였다. 초근목피(草根木皮)로도 살기 힘들어 별의별 방법을 다 써가면서 삶을 지탱하였다. 해마다 이른 봄이 되면 변함없이 찾아오는 '보릿고개'를 넘기기 위하여 아직 아물지도 않은 풋보리를 꺾어 말려 먹고, 쑥과 나물로 죽을 쑤어 끼니를 넘겨야 했다. 당시의 처참하였던 농촌의 참상을 필설(筆舌)로 다 표현할 수 없다.

그때를 생각하면 나도 모르게 눈물이 저절로 흘러내린다. 지금처럼 살기 좋은 세상을 행복하게 살아 보지 못하고 오로지 자식들을 위하여 한평생 모진 고생만 하시다 돌아가신 부모님을 생각할 때마다 불효자인 나의 가슴은 미어지도록 아프고 흐르는 눈물을 감당할 수 없다.

우여곡절 끝에 드디어 1948년 3월 대지초등학교를 졸업(제8회) 하게 되었다. 6년간의 초등학교 생활을 회상하니 만감이 교차한다.

일본 국기가 높이 펄럭이는 초등학교 교정에서 가슴에 이름표를 달고 콧물을 흘리며 입학식을 하였다. 8·15 해방이 되어 태극기를 흔들면서 〈애국가〉를 우렁차게 부르며 부푼 꿈을 키웠다.

교무실 앞에 매달린 구릿빛 종이 울리는 소리에 따라 수업이 시작되고 끝났다. 책보자기를 남학생은 어깨에, 여학생은 허리에 걸쳐 매고 등하교를 하였다. 매서운 겨울철에는 점심시간이 되면 장작나무와 솔방울로 불을 피운 난로 주변에 옹기종기 둘러앉아 난로 위에 소복이 얹어 놓아 데워진 양은도시락으로 점심식사를 하면서 우정을 쌓았다.

수업이 끝나면 교실 내부와 교정을 교대로 청소를 하였다. 귀갓길에 빈 양은 도시락을 두드려 가며 〈고향의 봄〉을 합창하면서 집으로 향하였던 지난날의 추억이 새롭다.

틈만 나면 땔나무를 하러 산에 올라야 하고, 밭에 나가 고추와 참깨 등을 가꾸어야 하니 매년 한 달 정도는 학교에 결석을 하여야만 하였다.

나는 유년 시절부터 남달리 고집과 집념이 강하여, 아침에 시작한 일을 끝내지 못하면 다음에 할 생각을 하지 않고 끝까지 마쳐야 직성이 풀렸다. 그러다 지각을 하거나 결석을 하였다. 당시 농촌 학생들은 농사철이 되면 결석하는 경우가 대부분이었으며, 중도에 학교를 그만두는 학생들도 많았다. 이러한 형편에서 자녀들의 학비를 감당할 수 없어 입학을 포기하거나, 입학해도 학업을 중도에서 그만둬야 하는 농가가 적지 않았다.

내가 대지초등학교에 다니던 때는 전교생이 약 700명이었는데, 우리 동기 졸업생(남·여) 100여 명 중에 중학교에 진학한 학생은 겨우 10명 내에 불과하였다.

나는 초·중·고교와 대학을 졸업하기까지 가정형편 때문에 소풍이나 수학여행 한 번 가본 일이 없다. 책상도 갖지 못하고 지내 왔었다.

농토를 갖지 못한 농민들은 남의 집 머슴살이로 생계를 지탱하였다. 그것마저 되지 않는 집에서는 가족들이 가가호호 찾아다니며 걸식하는 경우도 상당히 많았다. 특히 마을의 결혼식이나 환갑잔치 날에는 걸인들이 떼를 지어 몰려와 대접이 소홀하면 행포(行暴)를 부렸으며, 어른들께서 이들을 달래어 보내기도 하였다.

고향에서 중학교 시절

나는 1948년 3월 대지초등학교를 졸업하고 4월 1일, 14살에 창녕중학교에 입학을 하였다. 중학교 입학원서에 찍을 도장이 없어 도토리를 쪼개어 이름을 새겨 날인하여 입학원서를 제출하였다.

창녕중학교는 해방되던 1945년 10월 1일 3년제 사립중학교로 설립되었다. 설립 당시 교명은 남창중학교(南昌中學校)였으나, 1952년 6월 24일 창녕공립중학교로 변경되었다. 당시 대도시의 중학교는 6년제이나 시골 군 단위에 설립된 중학교는 모두 3년제 또는 4년제 중학교였다.

가정형편이 좋은 집 자녀들은 대부분 도시에 있는 6년제 중학교로 진학하였다. 신설 학교로서 겨우 3~4개의 교실 건물과 한식 기와집 1채뿐이었다. 운동장이 없어 체육 수업시간을 이용하여 학생들이 운동장을 조성(造成)하는 데 수시로 동원되었다. 흙을 파서 가마니에 담아 낮은 곳을 메우는 일이 수년간 계속되었다.

내가 사는 대지면 미락마을에서 중학교까지의 거리는 약 7km였다. 나는 수업료를 납부하지 못하여 서너 번이나 학교에서 쫓겨나 울면서 귀가한 일도 있었다. 80대 중반을 넘긴 이 나이에도 그 당시 일들이 뇌리에서 지워지지 않아 그때를 회상할 때마다 나도 모르게 눈물이 흘러내린다.

나는 초등학교와 중학교에 다니며 책상을 가져 본 일이 없다. 밥상을 들고 공부하던 중 졸다가 호롱불에 머리카락을 수없이 태우기도 하였다.

아버지께서는 군청에 다니셔서 500여 평의 밭농사를 어머니와 함께 하지 않을 수 없는 형편이었다. 나는 6~7월 태양 아래 학교에 갔다 오자마자 책 보따리를 팽개치고 밭으로 달려가 김을 매기도 하였다. 소먹이를 거두려고 들로 밭으로 헤매는가 하면, 땔감을 마련하러 산을 수없이 오르내려야만 했다. 참깨와 고추, 고구마와 채소 등을 심어 가꾸면서 박봉의 생활에 보탬이 되도록 하였다. 틈나는 대로 산에 가서 소나무 낙엽을 긁어모아 지게에 짊어지고 왔었다. 또한 7남매 중 장남으로서 남동생과 교대로 어린 동생들을 업어 달래고 돌보면서 어머니를 도와야만 하였다.

산으로 들로 뛰어 다니다 보니 나의 얼굴과 팔에는 수시로 상처가 나거나 옻이 올라 마땅히 바를 약이 없어 얼마나 고생하였는지 모른다. 나는 일요일마다 망태기를 들고 산과 들로 다니면서 소와 개의 배설물을 주워 모아 퇴비를 마련하거나 풀을 베어다 헛간에 쌓아 두어 퇴비를 만들기도 하였다. 이렇게 온갖 일들로 공부할 시간이 부족하여 때로는 부모님께 불평을 많이 하였었다.

1940년대와 1950년대 가난에 찌든 우리 농촌의 참담한 생활상을 필설(筆舌)로 다 설명할 수가 없다. 당시에는 국가 재정이 빈약하여 실로 원시시대(原始時代)의 생활상과 조금도 다를 바가 없었다. 전력이 부족하여 농촌에는 전기가 들어오지 못하여 해가 지면 암흑세계였다. 가끔은 배급받은 석유로는 부족하여 들기름 등을 이용하는 호롱불에 의지하여야만 하였다.

마을마다 공동우물을 파서 식수로 이용하였는데, 우물을 길어 올 그릇이 없어 무거운 항아리에 담아 머리에 이고 지고 길어 와야만 하였다. 가뭄이 심할 때에는 우물이 고갈되어 식수난을 겪기도 하였다. 우물은 겨우 7m 정도 깊이로 팠으며, 시멘트가 귀할 때라 주변의 오물이 스며들어 수질이 오염되어 설사병과 회충병 등 온갖 질병이 끊이지 않았다.

화장실은 대형 항아리를 땅에 묻고 그 위에 나무를 걸쳐 앉아 사용하였으나 가끔 오물이 엉덩이에 튀어 오르기도 하였다. 종이가 귀하여 볏짚과 나뭇잎 등으로 뒤처리를 해야만 하였다.

농사는 지금처럼 경지정리와 농업용수로가 확보되지 않았으며, 영농 기계화도 되지 않은 원시적 자연 상태에서 이루어졌다. 하늘에서 내리는 비와 사람의 손에 의지하고 겨우 쟁기와 소(牛)를 활용하는 원시적인 열악한 수준이었으니 농민들의 고생은 끝이 없었고, 장래에 대한 티끌만 한 희망마저 기대할 수 없었다.

해방을 맞이하게 되었으나 광복의 기쁨도 가시기 전에 민주와 공산, 좌·우 세력으로 갈라져 싸웠고, 38선을 두고 남과 북으로 국토가 양분되는 비운(悲運)을 맞게 되었다. 소용돌이치는 국제정세 속에서 UN의 결의에 따라 1948년 5월 10일 남한만의 국회의원 총선거를 실시하고, 그해 8월 15일 대한민국 정부가 수립되었다. 이를 계기로 해방 후 흐트러진 사회질서를 바로잡고 자유민주국가로서의 발전을 위하여 국가 사회체제를 확립하고, 새로운 발전적 토대를 쌓아 가기 위하여 국력을 집중하고 있었다.

1. 6·25전쟁 발발하다

1948년 3월에 대지초등학교를 졸업하고 4월에 중학교에 입학하여 3학년에 재학 중이던 1950년 6월 25일 새벽, 북한의 남침으로 '6·25전쟁'이 발발(勃發)하였다.

8·15 해방 후 우리나라는 북위 38도선을 경계로 남북으로 분단되었다. 남한에서는 이념갈등과 반목대립으로 사분오열하여 제헌국회에서도

주한미군 철수가 거론되었다. 1950년 1월 12일 미국 국무장관 애치슨이 한국을 미국의 극동방위선에서 제외하는 '애치슨 라인'을 발표한 후 미군이 완전 철수하여 6·25전쟁 촉발의 결정적 계기가 되었다. 북한의 남침은 미군이 UN군의 일원으로 한국에 주둔하게 하는 원인을 제공하였다.

6·25전쟁이 일어나기 직전, 국군은 육군본부의 훈령으로 전 장병의 3분의 1을 휴가 보내어, 농번기에 농촌 일을 돕도록 하였다. 각 부대의 트럭과 대포를 포함한 주요 전투장비들은 수리정비하기 위하여 수리창(修理廠)에 이송되어 있었다.

또한 전쟁 발발 3주일 전에 육군본부에서는 인사이동(人事移動)으로 본부 국장과 사단 장교들이 교체되어, 대부분의 지휘관들이 새 부대의 업무파악이 되어 있지 않은 상태였다.

북한군 남침 전날인 6월 24일 밤에는 육군회관 상량식(上梁式)이 있어 군 수뇌들이 미군 고문관들과 함께 파티를 열었고, 다음 날 새벽에 북한군의 탱크가 38선을 돌파할 쯤에는 모두 잠에 빠져 있었다.

우리 군 지휘부가 전쟁 상황을 파악하였을 때에는 북한군은 이미 38선 이남으로 10km 넘게 진격하고 있었으며, 이러한 위급한 상황에서 황급히 자취를 감춘 고위 장교들이 많았다고 한다.

6월 28일 북한군은 남침 3일 만에 수도 서울을 완전히 점령하였다.

서울 시민의 피란길인 한강대교는 6월 27일 밤 한국 공병부대의 잘못된 판단에 의해 폭파되어 버렸다. 이를 모르는 수많은 피란민과 우마차(牛馬車)들이 밀리고 밀려 한강물 속으로 떨어졌으며, 피란을 가지 못해 서울에서 우왕좌왕하다 많은 사람들이 죽어 갔다.

8월 4일 국군과 미군이 낙동강 전선에 방어선을 구축하고, 인천상륙작전이 이루어지는 9월 15일까지 41일간 처절한 전투가 전개되었다. 낙동강은 피아간(彼我間)의 유혈로 핏물이 흘렀다. 9월 15일 맥아더 장군이 인천상륙작전을 성공시킨 뒤 13일 만인 9월 28일 미군 10군단과 한국군이 수도 서울을 탈환하였다. 이른바 '9·28 수복'이라는 것이다.

맥아더 장군은 UN군이 38선을 넘지 않으면 완전한 승리를 거둘 수 없다고 판단해 1950년 10월 1일 한국군을 선봉(先鋒)으로 38선을 넘어 북진명령(北進命令)을 하달했다. 우리 국군과 UN군은 즉각 38선을 돌파하여 북진하였으며, 10월 19일 평양을 점령하고 전선을 조정한 후, 계속 북진하였다. 우리 국군은 압록강 변의 초산까지 진격하였으니 통일이 눈앞에 보였다.

그런데 1950년 10월 말 30만 명(연 300만 명)의 대병력인 중공군의 개입과 인해전술(人海戰術)로 후퇴하지 않을 수 없었다. 11월 혹독한 추위 속에서 1만 명의 미국 해병 1사단이 12만 명의 중공군을 끝까지 방어하였기에, 1950년 12월 역사적인 흥남철수(興南撤收)가 가능하였다.

1951년 1월 4일에는 중공군의 인해전술로 원주-평택 전선으로 후퇴하여 서울을 다시 빼앗겼으나, 다시 전열을 가다듬어 한국군과 연합군의 총반격으로 개성지역과 고성지역까지 진격하는 일진일퇴의 치열한 공방전이 계속되었다. 이 무렵 UN총회에서 소련 대표가 휴전 제의를 했다. 휴전협정 교섭의 막바지 단계에서 이승만 대통령은 반공포로 2만 7천여 명을 전격적으로 석방하여 버렸다.

6·25전쟁에서 전사한 미국의 주요 인사들을 살펴보고 그들의 세계평화를 위한 숭고한 정신을 잊지 말고 감사해야 할 것이다. 미 8군 사령관 월튼 H. 워커 대장의 참사, 포로로 붙잡힌 미 24사단장 윌리엄 딘 소장의 고난, 미 8군 사령관 제임스 밴 플리트 대장의 아들인 제임스 밴 플리트 2세 공군 중위의 전사가 대표적이다. 6·25전쟁에 참가한 미군 장성들의

아들은 모두 142명이며, 그중 35명이 전사하였다.

남의 나라 전쟁에 참전하여 사령관이 전사하고 사단장이 포로가 되며 자식을 참전 전사케 한 장군들과, 5만여 명의 전사자를 낸 미국을 우리는 다시금 보아야 할 것이다. 자식을 군대에 보내지 않으려고 온갖 짓을 서슴지 않는 권력층과 부유층 인사들을 미국인들과 비교하면 부끄럽기 그지없다.

자유민주주의를 사수하려는 우리 국군이 처절한 전장에서 목숨을 바쳐 대한민국을 수호하였으며, 6·25전쟁에 참전한 맥아더 장군을 비롯한 UN군의 지원과 희생이 있었음을 우리가 잊어서는 아니 될 것이다.

〈국방부의 6·25전쟁 관련 자료〉

- 한국군 참전 현황

참전 62만 2천 명, 전사 13만 7,899명, 부상 45만 명,
실종 2만 4,495명, 포로 8,343명

- UN군 참전 현황

• 총 참전국: 21개국

참전 80만 2,300명, 전사 57,933명, 부상 47만 8,368명

• 의료지원병 파견국가: 5개국 2,216명

인도 675명, 덴마크 630명, 노르웨이 623명, 스웨덴 160명,
이탈리아 128명

• 전투병력 파견국가: 16개국

미국, 영국, 호주, 캐나다, 터키, 그리스, 네덜란드, 프랑스, 뉴질랜드,
에티오피아, 콜롬비아, 태국, 필리핀, 벨기에, 룩셈부르크,
남아프리카공화국

• 주요 참전국 현황

  미국: 참전 48만 5천 명, 전사 5만 6,246명, 부상 19만 2,134명

  영국: 참전 6만 2천 명, 전사 1,078명, 부상 2,674명

  캐나다: 참전 2만 6천 명, 전사 372명, 부상 1,212명

  호주: 참전 1만 7천 명, 전사 339명, 부상 1,216명

  터키: 참전 1만 5천 명, 전사 721명, 부상 1,216명 등

2. 6·25전쟁으로 피란생활

　1950년 6월 25일 북한의 남침으로 수도 서울이 함락되자 정부는 부산으로 이전하고, 수많은 국민들은 남쪽으로 피란하게 되었다. 전쟁이 발발한 지 1개월여 만에 북한군은 파죽지세로 물밀듯 남하하여 낙동강까지 접근하였다.

　1950년 7월 낙동강 방어선을 구축하기 위하여 창녕군 전역에 피란준비 명령이 내려졌다. 7월 중순경 전쟁 상황이 불리하니 미리 피란 갈 준비를 하라고 독려했다. 내가 사는 대지면 미락마을은 30여 가구의 작은 마을이다. 평생 처음 당하는 피란이라 무엇을 어떻게 준비해야 하며, 집을 버리고 어디로 가야할지 난감하였다.

　무더운 여름철에 우선 미숫가루를 만들기 위하여 집집마다 보리쌀을 볶느라 정신이 없었다. 남자들은 집 안에 땅을 파고 주요 식기와 곡식, 이불과 옷가지 등을 묻었고, 피란 갈 때에 가지고 갈 가벼운 이불과 옷, 간단한 양식과 식기 수저 등을 담은 피란 보따리를 준비하느라 분주하였다.

　7월이 지나고 8월이 되자 대지면사무소로부터 "피란 가라!"는 독촉이 심해졌다. 당시 16세의 중학교 3학년인 나는 며칠간 깊은 산골로 잠시 피

란하면 될 것으로 가볍게 생각했다.

8월 하순께 드디어 마을 주민 남녀노소 전체가 전쟁으로 집을 떠나야 하였다. 부모님과 두 남동생, 두 여동생 등 7명과 백부님 댁 가족 8명 그리고 숙부님 댁 가족 5명 등 총 20명이 함께 피란 보따리를 짊어지고 고암면의 깊은 산골을 향하여 피란을 떠났다.

가는 도중에 어머님이 만삭(滿朔)으로 금방 출산할 위험이 있어 백부님과 숙부님 가족을 먼저 가시도록 하고, 우리 가족은 야산에서 야적(野積)되어 있는 보리 짚을 깔고 누워, 밤하늘을 바라보며 그날 밤을 산에서 보내기로 하였다. 그날 밤 150m가량 떨어진 곳에 포탄(砲彈)이 떨어져 혼비백산하였으나 천우신조로 우리 가족은 몰살 위기를 면했다.

1) 피란 가다 남동생 출생

피란 가는 도중에 어머니의 산통(産痛)이 계속되자 어찌할 방도가 없어 야산에서 약 500m 떨어진 산기슭 작은 외딴집으로 가 주인에게 방 하나를 빌려 그날 밤을 보냈다. 8월 24일 밤중에 어머니는 집주인 아주머니의 도움으로 남아를 출산하셨다. 그 아이가 2014년부터 2018년까지 4년간 서울대학교 총장을 역임한 나의 셋째 남동생 성낙인이다. 다음 날 어머니는 산후 조리도 못 하고 어린 핏덩이를 안고 머리에는 피란 보따리를 이고, 급히 피란길에 올랐다.

밤낮으로 북진하는 군용 차량과 요란한 탱크 소리 그리고 제트 비행기의 굉음을 난생처음으로 겪어 보니 모두가 정신없이 당황하는 모습이었다. 저 멀리 우포늪 쪽에서는 포성이 쉼 없이 울려 퍼지고, 하늘에는 수많은 비행기들이 북으로 기러기처럼 무리를 지어 날아갔다. 강렬한 굉음에 정신을 차릴 수 없었다.

고암면 청학마을로 가는 도로와 하천에는 벌써 각지에서 오는 피란민들로 인산인해(人山人海)를 이루었다. 그날 저녁 산골의 청학마을에 도착하여 다행히도 백부님과 숙부님 가족을 다시 만나 어느 집 헛간을 빌려 하루 이틀을 함께 보내게 되었다. 집주인의 배려로 어머니는 집 한쪽 처마 끝에 자리를 잡게 되었다. 산후 조리도 못 한 채 피란길에서 핏덩이를 안고서 식사도 못 한 어머니의 처절한 고생을 필설로 다 표현할 수 없다.

낮에는 따발총과 수류탄으로 무장한 두세 명의 북한군 선발대원이 피란민들 속으로 침투하여 수일 내 통일이 되니 북한군에 참여하라고 선동하자 몇몇 젊은이들이 지원하기도 하였다.

건장한 20대 전후의 젊은이는 강제로 끌려갔다. 나는 당시 중학교 3학년 16세로 키가 좀 작아 다행히 끌려가는 것을 모면하였으나 아버지의 국방색 옷과 만년필 등을 모두 빼앗겼다.

갑자기 정찰기가 나타나면 북한군은 나무 밑으로 숨기도 하고, 한미 합동 헌병순찰차가 나타나면 급습하여 총격전이 벌어지기도 하였다. 8월 28일 이 지역에 전투기 폭격이 있을 것이므로 속히 떠나라는 확성기의 스피커 소리가 요란하였다.

우리 가족은 해발 700m의 태산을 넘어 밀양군 청도면(淸道面)을 향하여 황급히 떠났으나 태산 청학재를 오르다가 어머니께서 다리가 붓고 지쳐, 해발 400m의 산 중턱에서 소나무 가지를 꺾어 땅바닥에 깔고 뜬눈으로 밤을 지새웠다.

그날 밤 청학재 중턱에서 30리가량 떨어진 낙동강 쪽 전선을 바라보니 이미 8월 4일부터 한국군과 UN군이 합동으로 북한군과 대치하여 치열한 공방전을 벌이고 있었는데, 야간에도 계속 전개되는 전투 장면을 육안(肉眼)으로 보고 경악하여 잠을 잘 수가 없었다.

UN군 전투기의 밤낮을 가리지 않고 지속되는 폭격으로 밤하늘이 붉게

물들고, 북한군의 지상군 대공포화(對空砲火)가 계속해서 하늘 높이 치솟아 오르는 치열한 전투가 계속되었다.

2) 밀양군 부북면에서 피란살이

다음 날 새벽 그 무시무시한 장면을 뒤돌아보면서 황급히 태산(泰山)을 넘기 시작하였다. 밀양군 청도면사무소 소재지에 도착하여 어느 초가집 대문간에서 하루를 보내고, 다시 산골마을로 옮겨 초가집 마당에서 가마니를 깔고 백부님과 숙부님의 가족과 함께 며칠을 보냈다. 산후 조리를 못 한 채 태산을 넘어 오신 어머니는 온몸이 퉁퉁 부어 있어 방 하나를 간신히 빌려 지내도록 했다.

우리 가족은 밀양군 부북면(釜北面)의 깊은 산골마을로 옮겼다. 피란 생활 중 인심 좋은 산골마을에서 양식과 된장 등을 얻어 끼니를 해결할 수 있어서 얼마나 다행스러웠는지 모른다. 그분들에게 깊은 감사를 드린다.

1950년 9월 15일 UN군과 국군의 인천상륙작전의 성공으로, 9월 29일 수도 서울이 탈환되고, 10월 1일 38선을 돌파하여 북진을 하고 있다는 승전 소식이 들려 왔다. 전력을 상실한 북한군은 낙동강 전선에서 황급히 후퇴하였으며, 후퇴를 하지 못한 패잔병들은 지리산, 가야산, 팔공산 등으로 피신하여 곳곳에서 국지전을 폈으나 전부 소탕되었다.

3. 전쟁으로 토담초가집 전소, 움막살이하다

전선 상황이 호전되자 10월 초순경 약 두세 달 밀양군 부북면 산골마을에서의 지긋지긋한 피란살이를 청산하고, 고향 마을로 돌아왔으나 토담초가집은 전소되어 잿더미로 변해 버렸으며 앙상한 흙 담장만이 남아 있었다. 우리 마을 반 이상의 집이 전소되었으나, 다행히도 백부님 집은 온전하게 남아 있었다. 집집마다 남녀노소 없이 울며불며 검은 잿더미를 쓸어 내느라 모두가 정신이 없었다.

우리 가족은 앙상하게 남은 흙 담장 위에 나무를 걸쳐 가마니와 짚으로 덮어 하늘을 가리고, 바닥에는 가마니를 깔아 방처럼 사용할 수 있도록 비상대처를 하였다. 쌀쌀해져 가는 가을 추수기(秋收期)에 눈물겨운 처참한 생활을 지탱하여야만 하였다.

곧 다가올 겨울 준비를 하여야 하며, 가을 추수를 서둘러야 하니 실로 앞날이 암담하였다. 다행스럽게도 벼는 익어 식량은 그럭저럭 마련할 수 있어서 한시름 덜게 되었다. 그러나 피란 갈 때에 묻어 둔 곡식과 가재도구, 이불과 옷 등은 도둑들이 모두 훔쳐가 아무것도 남은 것이 없었다. 우리 마을은 12촌 이내의 친족이었기에 힘들고 어려운 상황에서도 상부상조하며, 그 힘든 고난을 극복할 수 있었다고 생각된다.

마을 앞 들판을 흐르는 토평천 변에는 얼마나 전투가 치열했던지 소련제 탱크와 대포 그리고 UN군의 탱크와 차량들이 파손되어 수없이 널려 있었고, 도로변과 마을 안팎으로 수많은 전선(電線) 줄이 깔려 있었다.

마을 주변의 밭과 야산 계곡마다 파손된 탱크와 군용차량, 대포와 대포탄피, 소총탄피, 철모 등이 산더미처럼 쌓여 있었고, 불발 수류탄과 포탄, 총기 등 폭발물이 도처에 흩어져 있어 매우 위험하였다.

또한 어깨에 미숫가루 벨트를 걸친 채로 죽은 북한군 시체가 산골 곳곳에 반쯤 묻힌 상태로 흩어져 있어 낙동강 전선이 얼마나 치열하였는지 짐작케 했다. 마을 주변 산에 나무하러 가거나 논밭 추수 중 지뢰를 밟아 사망하는 사건들이 거의 매일 이 마을 저 마을에서 발생하였다. 아이들은 마을 주변 곳곳에 파놓은 매복호 안팎에 수없이 흩어져 있는 초콜릿, 껌,

깡통들을 주웠다. 실탄, 수류탄과 폭발물 등 난생처음 보는 물건들을 가지고 놀다가 폭발하여 죽는 아이들도 많았다.

한동안 폭발이 계속 발생하여 피란 중 사망한 사람보다 귀향 후 폭발물에 희생당한 사람이 더 많았다. 나의 숙부님의 차남인 초등학교 4학년생 사촌동생도 폭발물을 만지다 폭발하여 사망하였다. 그 현장을 직접 목격한 나는 당시 상황이 지금도 뇌리에 생생하여 모골이 송연해진다.

전쟁으로 집이 다 타버린 잿더미 위에, 설상가상으로 이러한 끔찍한 일을 당하신 숙부님과 숙모님은 땅을 치며 통곡하다 실신하시고, 할머니는 통곡을 하시며 흩어진 시신을 바구니에 주워 담으시는 그 처참하였던 그날의 참상을 생각할 때마다 나도 모르게 눈물이 난다.

전쟁 통에 폐허가 된 농촌에서는 이 산 저 산 곳곳을 다니면서 포탄 외피와 내피, 총구멍 난 철모와 '화이버'모, 전화선들을 주워 모아 여러 모로 활용하였다.

포탄 외피는 굴뚝으로 사용하고, 포탄 내피는 잘라 밥그릇으로 사용했다. 구멍 난 철모와 '화이버'모는 우물 기르는 두레박 등으로 활용하고, 전선줄은 곡식 담을 볏짚 섬을 엮어 만드는 데 사용하거나 새로 짓는 집 벽채를 엮는 데 유용하게 사용하였다.

후방 군부대가 산과 들, 하천에 수없이 흩어져 있는 파손된 군사장비와 위험폭발물 등을 수거하고 전사한 군인들의 시신을 수습하는 작업이 수개월 동안 진행되었다.

피란생활을 끝내고 귀향한 후 어려운 상황들이 어느 정도 수습되고 행정질서가 잡혀 농촌사회가 안정적으로 접어들자 각급 학교가 개학하기 시작했다.

중학교에는 군부대가 주둔하고 있어서 우리 반 학생들은 주로 창녕읍 남산의 어떤 묘소 옆 따뜻한 곳에서 소형의 흑판을 들고 다니며 야외수업

창녕중학교 졸업기념사진(앞에서 셋째 줄 오른쪽에서 다섯 번째 네모 테두리 안이 저자)

을 하였다. 그러나 늦가을 추수기라 농사를 도와야 하는 학생들이 많아 결석으로 수업이 잘 이뤄지지 못하였다.

교과서와 책들이 다 타버려 학교에 못 가는 학생들도 많았었다. 가난에 찌든 농촌이 설상가상으로 6·25전쟁의 후유증으로 더 어려운 상황에서 학생들이 수업료를 납부하지 못하자 사립 중학교의 운영도 점점 어려워져 갔다. 학교 측은 수업 중에 수업료 미납 학생들을 집으로 돌려보냈다.

나도 몇 차례 학교에서 쫓겨나 울며불며 귀가하였다. 지나간 그날을 회상할 때마다 나도 모르게 눈물이 앞을 가린다.

부산의 피란정부(避亂政府)는 1951년부터 6년제 중학교를 3년제 중고등학교(中高等學校)로 분리 개편한다는 교육정책을 발표했다. 남북 간 전쟁 중인 1951년, 정부 당국의 중고교 분리정책에 따라 내가 재학 중인 남창중학교에서는 3학년과 4학년 학생이 동시졸업(同時卒業)하게 되었다. 나는 전쟁 중 토담초가집이 전소된 폐허 위에서 온갖 고난을 겪으며 우여곡절 끝에 1951년 3월에 중학교를 졸업하였다.

나는 장남으로 태어나 농촌에서 순박하게 성장하며, 유년 시절부터 중학교 졸업할 때까지 부모님께 순종 효도(順從 孝道)하고 집안일, 농사일 가리지 않고 부지런하여 마을 어른들로부터 많은 칭찬을 받았다.

4. 중학 졸업 후 고교 진학 포기, 농부가 되다

1951년 3월 창녕중학교 졸업 후 아버지께서 매일 출근하시면서 오늘은 고추와 깨를 심은 밭에 풀을 매고 물을 주라는 등의 지시를 하시면 말없이 완수하였다.

나는 유소년기부터 책임의식이 유달리 강했다. 한번 시작한 일은 어떠한 어려움이 있어도 끝내고 마는 집념과 끈기를 가지고 있어 남들이 특이하게 여겼다. 나 스스로도 남보다 고집이 강하며 매사를 완벽하지 않으면 못 참는 성격임을 잘 알았다.

아버지께서는 장남이 부지런하고 소리 없이 일을 잘해 아예 농부(農夫)가 되어 집안의 기둥 역할을 하도록 내심 굳게 결정을 하신 듯하였다. 당시 농촌사회에서는 장남은 부모님을 모시고 가문(家門)을 이어 가기 위해 농사에 전념하는 풍조가 강하였던 시대적 상황이었다.

창녕에 언제쯤 고등학교가 설립될 것이며, 대도시에는 이미 고등학교가 설립되어 학생을 모집하고 있는 것을 잘 아실 터인데 고교 진학에 대하여 아무런 언급도 안 하셔서 이상한 느낌이 들었다. 그때부터 나는 부모님에 대한 불만이 싹트기 시작하였으며, 아버지께서는 매일 술에 만취하여 밤 12시 지나 귀가하시는 것이었다.

당시 군청 말단 공직의 박봉으로 어려운 형편 속에 전세살이와 재실(齋室)을 전전하며 천신만고 끝에 마련한 토담초가집이 전쟁 통에 잿더미가 되고 살림살이는 모두 불타 빈털터리가 되었다. 대가족 생계와 자녀들 양육과 교육 문제 그리고 새로이 집을 마련하여야 할 문제 등으로 심신이 극도로 지치신 상태였다. 그래서 매일 술로 밤을 지새운 것이 아닌가 싶었다.

그래도 어머니는 매일 변함없이 지극정성으로 밥상을 차려 두셨으며, 밥그릇은 방 아랫목 따뜻한 곳에 이불을 덮어 둔 채 밤 12시가 지나도록 불평 없이 아버지를 기다리셨다. 그런 모습을 볼 때마다 나는 부모님에 대한 불평불만이 한없이 쌓여 갔으며, 때로는 별단의 모진 마음을 먹기도 하였다. 가끔은 부모님께 면전에서 분통을 터트려 얻어맞기도 하고 도망치기도 했다. 어떤 때는 죽으려고 깨진 사기그릇 조각으로 손등의 혈관을 끊으려고 수차례 시도하였으나 상처만 생겼었다.

토담초가집마저 불에 타버렸으니 8, 9명 대가족의 숙식 문제가 시급했다. 1951년 봄, 농사를 짓던 효정리 미락마을 159번지의 우리 밭에 새로 집을 짓기 시작하였다. 이 어려운 형편에 여러 동생들도 공부시켜야 하는데, 내가 고등학교에 진학한다는 것은 나만의 과욕(過慾)임을 절감하고 진학을 포기하고 부모님의 뜻에 따르기로 하였다.

당시 유어초등학교 동기동창 친구인 하갑수(河甲洙: 서울대학교 사범대학 출신, 전 부산교육대학 총장) 군이 중학교 졸업을 며칠 앞두고 유어면의 낙동강 변에 주둔하고 있는 미군부대 하우스보이(house boy)로 나가고 있었다. 나는 생각 끝에 그 부대에 들어가서 영어나 배우려고 왕복 60리 길을 매일매일 걸어서 갔다 오곤 하고 있었다.

처음 타향살이 한 고교 시절

1. 고등학교 진학 경위

1951년 초에 중학교를 졸업한 후 몇 개월이 지나고, 4월 말이 되어도 창녕에는 고등학교가 설립되지 않았다. 나는 특별한 방도가 없어 부모님의 뜻에 따라 농부가 되기로 결심하고, 농사에 종사하면서 미군부대를 왕래하고 있었다.

4월 말경 서부전선에서 장교로 근무 중인 막내 외숙부(정호돈)가 후방 출장 중에 우리 집을 5년 만에 방문하셨다. 막내 외숙부는 큰누나인 나의 어머니로부터 전후 사정을 들으시고 아무리 어려운 상황이지만 그래도 장남을 고등학교에 진학시키지 않는 것은 말이 안 된다며 화를 내셨다. 아버지가 퇴근도 하시기 전에, 저녁 무렵 식사도 사양하고 나를 군용차에 태워 대구의 큰외가(外家)로 데리고 가버렸다.

어머니는 여유 있는 집안에서 가난한 집안으로 시집보낸 부모님에 대한 원망(怨望)이 많았을 테지만 또 한편으로는 시집가면 출가외인인데, 자식을 친정인 대구에 보내 신세지는 것에는 극력 반대하셨다.

혹여나 창녕에도 언젠가 고등학교가 설립되면 그때에는 형편이 좀 어렵더라도 한번 진학을 고려해 보려는 것이 당시 부모님의 심정이었을 것이다. 그래서 부모님에 대한 섭섭한 생각은 머리에서 지워 버렸다.

지금에야 당시 상황을 곰곰이 생각해 보면, 부모님의 그 안타깝고 고뇌에 찬 심정을 이해하지 못하고 불평불만을 토로한 것이 나의 좁은 가슴에 뼈아픈 상처와 후회로 남아 있다.

당시에 부모님은 남들처럼 자식을, 그것도 명색이 장남을 고등학교에 진학시키지 못하는 그 심정이 오죽하셨을까. 다른 방도가 없으니 매일매일 술로써 모진 고난의 아픈 마음을 달래셨을 터인데 어리고 철없던 내가 부모님께 화풀이를 한 지난날이 한없이 부끄럽고 죄스러워 눈물이 난다.

더욱이 어머니는 남편과 자식 사이에서 아무 말도 할 수 없는 그 어려운 형편에 얼마나 가슴을 태웠을까 생각할 때마다 나의 짧은 생각과 불효에 가슴이 아프다.

8·15 해방 후 창녕 성씨의 추가재 재실의 단칸방 생활과 겨우 마련한 토담초가집의 단칸방 생활, 그리고 6·25전쟁 피란 귀가 후 불타 버린 토담초가 단칸방에서 8, 9명의 대식구가 무려 7~8년을 숙식하고 기거하면서 부부사랑 제대로 못 하시고 아이를 업고 보듬고 쉴 틈 없이 한평생 죽어라 일만 하다가 가신 어머니!

간직하신 화장품 '동동구리무' 아끼시느라 얼굴에 바르는 둥 마는 둥 하시며 평생을 소리 없이 눈물로 지새우다 가신 어머니!

언제나 부엌에서 찌그러진 양푼 그릇에 검게 탄 보리밥 누룽지를 가족 몰래 혼자 드시면서 가족들에게는 쌀밥을 차려주며 5남 2녀를 키워 모두 대학까지 보내느라 평생 눈물이 마르지 않으셨다.

한평생 모진 고난과 서러움 속에서 살아 오시면서도 어머니께서는 어렵고 불쌍한 사람만 보면 외면하지 못하고 지극정성으로 베푸셨다. 며느리, 자식, 일가친척 등에게는 싫은 소리, 흉보는 소리 한 번 하시는 걸 들어 본 적이 없이 과묵하셨다. 자식들에게는 항상 "가난하고 힘없고 불쌍한 사람을 잘 배려하며 적선을 베풀라"는 당부를 귀가 따갑도록 하셨고, "젊을 때는 고생을 사서라도 해야 한다"고 강조하셨다.

부모님은 9명의 대식구가 마루도 없는 임시 토담 방에서 벗어나려면 조속히 새 집을 지어야 하고 7명의 자녀들 공부도 시켜야 하였으니, 말단 공무원의 박봉생활에 눈앞이 캄캄하고 세상만사가 괴로우셨을 것으로 생각이 되었다.

나는 세상에 태어나서 초등학교와 중학교를 졸업하였으나 남들처럼 수학여행도 가본 일이 없었으며, 창녕군 관외(管外)로 나가 본 적도 없었다. 그러던 내가 외숙부를 따라 난생처음으로 고향 땅을 벗어나 어두운 밤에 말로만 들었던 대도시인 대구시 남산동(南山洞)에 있는 큰외가에 도착하였다.

경남 밀양군 초동면에서 양조장을 운영하셨던 큰외가댁은 자녀교육을 위하여 6·25전쟁이 발발하기 전인 1948년에 대구로 이사를 하였다. 당시에는 지방의 교통이 아주 불편하였으며, 그때까지도 남북 간에 전쟁은 계속되고 있었으므로 상호왕래가 뜸했던 시절이었다. 외조모님과 큰외숙부모님 그리고 외사촌 형제들이 나를 반갑게 맞이하여 주었다.

그날 밤 외조모님 방에서 잠을 자고 아침에 일찍 일어나 보니, 외가 집에서 약 150m 떨어진 크나큰 숲속에 붉은 벽돌로 지은 건물들이 우뚝우뚝 솟아 있었다.

나는 창녕에서 태어나 초등학교와 중학교를 졸업하고 17세가 되었으나 2층 이상의 고층 건물을 본 적이 없었다. 외사촌 형제들에게 저 붉은 건물들이 무엇이냐고 물었다. 저 넓은 숲속에는 천주교 대구대교구본부와 대구교구에서 설립한 대건(大建) 중고등학교가 함께 있다고 하였다.

큰외숙부와 막내 외숙부가 고교진학 문제를 논의한 후에 나에게 학교 선택을 제기하였다. 1951년 당시 인구 20만 명인 대구시에는 중고교 분리(分離) 학제개편에 따라 7개 고등학교가 설립 허가되어 있었다. 7개 고교 중 대구사범대학 부속고등학교와 대구고등학교(현 경북고) 그리고 사립학교인 계성(啓聖)고등학교와 대륜(大倫)고등학교, 4개 고교는 3월에 이미 학생모집 시험이 완료된 상태였다. 다행히 나머지 3개 고등학교는 모두 사립으로, 영남(嶺南)고등학교와 능인(能仁)고등학교 그리고 천주교 대구교구가 순교하신 김대건(金大建) 신부 이름으로 설립한 대건(大建)고등학교가 입시원서를 접수 중이라 하였다.

나는 지망학교를 선택하기 전에 우선 3개 학교를 답사하고 그중에서 외가에서 가까운 위치에 있는 대건고등학교를 선택하기로 결심했다.

그 이유는 첫째로, 시골 농촌에서만 자라나 난생처음으로 대도시에 와서 여러 가지 상황도 모르고, 부모님이 어떻게 생각하실까 걱정이 되었으며, 고향 창녕에도 언젠가는 고등학교가 설립되면 창녕으로 전학가야 할 상황이었기 때문이다.

둘째로, 대구시내 지리 등 아무것도 모르는 내가 시내버스를 타고 매일 학교를 왕복하려면 교통비와 도시락을 가지고 다녀야 하는 등 여러 가지 걱정이 가슴을 압박하였던 것이다.

셋째로, 농촌에서 초등학교와 중학교를 매일 왕복하며 먼 길을 걸어 다녔으므로, 이제는 외가 바로 앞에 가까이 있는 학교에 다니는 것이 여러 모로 이점이 많을 것으로 판단되었다.

큰외숙부와 막내 외숙부께 대건고등학교에 지원하겠다는 뜻과 사유를 자세하게 설명드리고 승낙을 받았다. 입학원서를 내고 시험을 끝내고 며칠 후 합격이 되었다. 외가 식구들 모두가 합격을 축하하여 주었으나, 내심 부모님 생각에 걱정이 태산처럼 밀려왔다.

다음 날 고향으로 내려가 부모님께 어렵사리 합격증을 보여 드렸다. 부모님은 농촌에서 매일 일만 하고 공부는 뒷전이었는데 합격하였으니 축하한다면서 기뻐하셨다. 외가가 있으니 신세를 좀 지더라도 공부를 해야 하지 않느냐면서 고교 진학을 쾌히 승낙하셨다.

어머니는 친정집 신세를 지는 것이 못마땅한 눈치셨으나, 창녕에는 그때까지도 고등학교가 없었으니 어쩔 수 없다고 받아들이신 것 같았다.

만약 그때 창녕에 고등학교가 설립되었다면 나는 대구로 진학하지 못하고 창녕농업고등학교에 입학했을 것이다. 오랜 세월이 흘러 지금에 와서 회상하니 그것이 나의 타고난 운명(運命)인 것으로 생각이 든다.

대구에서 3년간 공부하게 될지, 중도에 창녕농업고등학교로 전학하게 될지 앞날을 예측할 수 없었으나, 우선 공부할 준비를 서둘러야 했다. 옷과 이불 보따리 등 준비물을 일꾼이 지게에 짊어지고 창녕 버스 정류장까지 가져다주었다.

천일버스에 짐을 싣고, 세상에 태어나 17년 만에 우여곡절 끝에 부모님 슬하를 떠나며 울어 대는 자식을 부모님은 그저 하염없이 바라만 보고 계셨다. 나의 심정이 이러할 진데 부모님의 심정은 어떠하였을까. 지금도 그때를 생각하면 가슴이 미어지고 눈물이 흘러내린다.

지금은 창녕에서 대구까지는 넓은 아스팔트 대로로 30분이면 도착하나, 당시에는 비포장의 좁은 도로에, 도로변의 각 마을마다 버스가 정차를 하니 약 2시간이 소요되었다.

그날부터 난생처음으로 농촌을 벗어나 대도시 생활이 시작되었다. 두고 온 부모님과 동생들 생각에 만감이 교차하여 밤에 잠을 이룰 수가 없었다. 외조모님께서 많은 위안을 주셨으나, 한동안 심적으로 불안감이 지속되었다.

전시상황이라 학교는 군부대가 점유하고 있었고, 임시 가교사에서 수업했다. 다행히 대건고등학교의 캠퍼스는 야트막한 야산을 포함한 약 10만여 평의 넓은 대지에 천주교 대구교구본부와 함께 자리 잡고 있어서 교실이 부족할 때에는 교내 야산 숲속에서 돌을 주워 놓고 앉아 수업을 할 수 있었다.

주말이 되면 부모님이 보고 싶어 참을 수가 없을 때에는 외사촌 형제들의 도움으로 시내 곳곳을 구경하고 시내 지리를 익혀 가면서 차차 안정을 되찾아 갔었다. 6·25전쟁은 계속되고 있어 수많은 피란민들로 대구시내 거리에는 실업자가 폭증하여 혼잡한 상황이었다.

1) 경북고등학교 전학을 포기하다

고등학교 1년을 보내고 2학년으로 진학할 즈음 창녕군 유어면 출신이며 친족(親族) 되는 성문호(成汶鎬) 대건중학교 선생님으로부터 대구고등학교(현 경북고)에서 2학년 충원을 위한 전학 신청을 받고 있으니 신청하라는 연락을 받았다.

나는 생각 끝에 대구고등학교 전학을 포기하겠다는 뜻을 성문호 선생님께 전해 드렸다. 도시의 공립학교와 사립학교 중 어느 학교가 좋은지 안 좋은지에 대하여는 전혀 관심이 없었다. 등하교할 교통비용과 도시락 등으로 부모님과 외가의 부담이 늘어날까 걱정이 되었으며, 대학 진학도 꿈꿀 수 없는 형편에서 그저 고교 졸업만 하면 그만이라는 생각뿐이었다.

한편으로는 대구에서 고교생활 3년을 보내게 될지, 아니면 중도에 창녕농업고등학교로 전학가게 될지도 불확실한 상황이었다. 오늘의 주어진 현실에 충실하며 공부나 열심히 하여 후일에 신축 중인 시골집이 완공되고 가정형편이 어느 정도 풀리면 늦게라도 대학에 진학할 꿈을 꾸어 볼 생각으로 과감하게 전학을 포기하게 된 이내 심정을 그 누가 알아주랴.

고등학교 3학년 재학 중에도 전쟁은 계속되어 인구 20만 명인 대구시는 피란민들로 포화상태였다. 취사용 연료 부족으로 제재소에서 겨우 톱밥을 구해다 쓰기도 했다. 상수도마저 부족하여 식수난에다 위생상태도 불량하여 각종 질병이 만연하였다.

주말이 되면 고향에 계신 부모님과 동생들도 보고 싶고, 의복 등을 가져오기 위하여 매월 한두 번 고향을 다녀와야 하였다. 장마철이면 창녕으로 가는 중간 지점인 달성군 위천지역에 낙동강 물이 범람하고 도로가 침수되어 창녕행 버스가 더 이상 갈 수 없었다. 버스에서 내려 침수된 도로와 논과 밭을 피해 돌고 돌아 수십 리 길을 걸어 달성군 현풍면(玄風面)에 도착한 뒤에 창녕행 버스를 바꿔 타고 고향집을 다녀오기도 하였다.

2) 휴전, 정전협정이 체결되다

1953년 7월 27일 밤 10시에 남북이 대치하고 있는 전선을 기준으로 전쟁 3년 1개월 만에 정전협정(停戰協定)이 성사되었다.

6·25전쟁 3년간 징집으로 전선에 투입된 병사 약 90만 명 가운데 10% 이상이 문맹자(文盲者)들이었다. 이들은 대다수가 시골 농촌 출신으로, 소집영장을 받고 신성한 국방의무에 순응하여 전투가 치열하였던 곳곳의 무명고지에서 산화하였다.

정부가 공식적으로 밝힌 참전 소년병(少年兵)은 2만 9,600명이다. 육군 2만 2,800명, 해군 2,900명, 공군 1,100명이며, 여성 소년병도 467명이었다. 소년병들은 겨우 10일간의 기초 군사훈련을 받고 전선에 투입되어 2,570여 명이 전사하였다.

특히 대한민국의 운명이 풍전등화 격이었던 낙동강 전선에 무려 1만여 명이 투입되었으며, 그 후 북진대열에 참가하여 많은 희생자가 발생하였다. 재일교포(在日僑胞) 청년들도 642명이 학도병으로 참전하였으며, 그 중 135명이 전사했다. 학도병들 가운데도 자발적으로 참전하여 군번 없는 무명용사들이 많았는데, 이들은 소년병들과 비슷한 연령대로, 길거리 모병(募兵)에 응하거나 직접 군부대를 찾아 용감하게 자원입대하였다.

6·25전쟁으로 1천만여 명의 이산가족(離散家族)과 20만여 명의 전쟁 미망인(戰爭未亡人) 그리고 10만여 명의 전쟁고아(戰爭孤兒)가 발생하였고, 약 8만 3천 명이 북한으로 납북(拉北)되었다. 6·25전쟁의 총 피해액은 당시 금액으로 22억 8천만 달러로 추산된다.

집 없는 국민들은 판자촌과 움막 속에서 비참한 생활을 하였으며, 미국의 식량원조가 있었으나 많은 국민들이 굶주림으로 극심한 고통을 받았다. 이토록 많은 사상자가 발생하고 국토의 대부분이 파괴되는 비극은 우리나라 역사상 처음 있는 것이었다.

2. 고고 졸업 직전 가출을 결심하다

고교 3학년이던 1953년 마침내 정전협정이 체결되고 부산으로 피란왔던 정부가 서울로 환도하자 수많은 피란민들도 각자 고향으로 돌아가기 시작하였다.

나는 앞으로 졸업하고 나면 고향으로 가서 농부가 되어야 할 것인가, 아니면 무작정 서울에 가서 고학생활을 해볼 것인가 등을 놓고 깊은 고민을 하게 된다. 졸업을 앞두고 대학에 진학하든지 못 하든지 후일을 대비하여 우선 대학입학자격증을 확보하기 위하여 우선 국가에서 시행하는 대학입학자격시험 준비에 전념하였다.

당시에는 대학에 입학원서를 제출하려면 우선 '대학입학 자격시험'에

1953년 대건고등학교(앞줄 오른쪽에서 두 번째가 저자. 그 왼쪽으로 안영희 군과 정해문 담임 선생)

합격하여야만 했다. 합격을 못한 학생들 중 입영 적령기가 된 학생은 무조건 군대에 입영하여야 하였다. 나는 1953년 11월 정부에서 매년 전국적으로 시행하는 대학입학 자격시험에 응시하여 다행히 합격했다.

겨울방학이 다가오자 나는 어차피 고등학교를 졸업하면 시골에 내려가야 하니 졸업하기 전에 서울에 올라가 전쟁으로 폐허가 된 상황도 살펴볼겸, 피란 갔던 서울 시민들이 귀환하는데 무엇이든 일거리가 있으리라 생각하며, 청소년기에 아무도 아는 이 없는 낯선 타향 객지에서 새롭고 힘든 모험을 해보기로 결심하였다.

고등학교 동기생으로 친하게 지낸 안영희(安永喜) 군의 가정도 나와 비슷한 상황이라 상의하였더니 적극 찬동하였는데, 우선 상경 후의 숙식

(宿食)이 큰 문제였다. 다행히 안영희 군이 경북 청도군 동향 선배인 장병조(蔣炳祚) 씨가 성균관대학교 동양철학과에 재학 중이며, 고등학교 선배로서 혼자 자취생활을 하고 있어 도움을 청했더니 합의가 되었다는 것이다.

서울에서 방랑생활을 하다 보니 고등학교 졸업식에는 참석할 생각이 아예 없었다. 1954년 2월 졸업식에 참석하지 않고 대건고등학교 제3회 졸업생이 되었다. 3년이라는 고교생활을 아쉽게 마감하고 졸업생 명부에 나의 이름 석 자만 남겨 두고 졸업장만을 갖는 신세가 되어 버렸다.

향학을 위한 서울 타향살이

1. 야반 가출하여 서울생활을 하다

드디어 1953년 11월 어느 날 밤 12시에 대구역에서 안영희 군과 함께 난생처음으로 서울행 완행열차에 몸을 실었다. 외가에는 친구와 함께 서울 구경하고 오겠다며 거짓말을 하고 나왔다. 수중의 돈을 아끼려 울도 담도 없는 대구역 안으로 무모하게 들어가 서울행 완행열차에 무조건 무임승차를 하였다.

그해 7월 27일 정전협정이 체결되어 부산에 있던 정부와 각급기관, 대학들이 모두 환도하였으며, 수많은 피란민들이 고향으로 돌아가느라 경부선 열차는 초만원 상태였다.

당시 상황을 말로 다 설명할 수가 없다. 전쟁 통에 기차 내부는 창문이 파손되어 터널을 지날 때마다 먼지와 석탄가루가 날아 들어왔다. 열차 안은 귀향민들로 초만원이라 기차표 검표원(檢票員)들이 검표를 할 수 없는 지경이었고, 겨울이 다 됐는데도 땀이 흘러내렸다. 당시에는 서울역을 비롯하여 전국의 역사(驛舍) 주변에 울타리가 설치되어 있지 않아 누구든지 무임승차할 수 있을 만큼 시설이 미비하였다.

그날 밤 12시에 대구역에서 출발한 완행열차가 다음 날 아침 9시 지나 서울역에 도착했다. 화장실에 들러 거울을 보니 콧구멍과 귓구멍에 석탄가루가 검게 묻어 있어 얼굴을 씻고 서울역사를 나와 앞을 보니 책에서 본 남대문(南大門)이 보여 이곳이 서울임을 실감하였다.

투박한 경상도 사투리로 지나가는 사람에게 묻고 물어 전차를 타고 돈암동에 내려 시장에서 100원짜리 국밥을 사먹고 돈암초등학교 뒤편 산 위의 판잣집들 가운데 장병조 선배의 자취방을 찾아 들어서니 놀라면서 반갑게 맞이하였다. 전쟁으로 우편 사정이 여의치 않았고 전화도 없는 때였으니 언제쯤 간다는 말만 인편으로 알려 놓고 무작정 상경하였다. 귀향하는 피란민들로 열차표를 사기가 어려워 불법 무임승차를 감행한 실로 어처구니없는 무모한 상경이었다.

정전협정이 체결된 지 4개월밖에 되지 않은 때라, 피란 갔던 시민들이 계속 귀경하기에 서울시내는 어수선하기만 하였다. 경복궁 안의 중앙청(中央廳) 석조전 건물은 까맣게 불탄 상태였으며 종로 입구에 있는 화신백화점(和信百貨店) 건물 등 서울시내의 큰 건물들도 모두 다 타버렸다.

안 군과 나는 가정형편이 어렵고 대학 진학은 생각할 수도 없는 처지였지만 더 높고 넓은 새로운 세상을 보고 새로운 도전과 모험을 해보려는 욕구가 상통하여 굳게 다짐했다. 어차피 부모님의 도움을 기대할 수 없는 형편이었다. 부모님 슬하를 떠나 머나먼 객지에서 노숙하든, 식당 심부름을 하든 모진 고통을 감내하면서 고학으로 내 인생을 개척해 보자는 강렬한 욕망이 마음속 깊이 끓어올랐다.

1) 고교선배 자취방을 전전하다

우선 당분간은 장병조 선배의 돈암동 자취방에서 신세를 좀 지도록 양해를 받고 방랑생활을 시작하기로 하였다. 당시는 종이가 귀할 때라 자취방이라고 해도 그냥 흙벽에 신문지 조각 몇 장이 붙어 있을 뿐 방인지 창고인지 모를 지경이었다. 군인용 야전 목침대(木寢臺)에서 세 사람이 거꾸로 껴안고 자고 나니 온몸이 쑤시고 불편하였으나, 스스로가 어떠한 모진 고통도 극복하기로 결심한 행동이니 인내하며 감수할 수밖에 없었다.

환도 직후라 정부의 행정체제나 사회질서가 확립되지 않아 취사용 나무도 구하기 어려워서 한겨울을 차디찬 냉방(冷房)에서 보내야만 하였다. 아침 식사는 비탈진 산길을 내려와서 성북구 돈암동 시장골목의 허름한 식당에서 콩나물국과 밥 한 공기에 100원을 주고 때웠다. 점심과 저녁 식사는 돌아다니다 보면 때를 놓치거나 잊어버리는 것이 보통이었다.

1953년 11월 겨울방학 직전에 상경한 후 해가 바뀌어 1954년 2월로 접어들었다. 나는 친구 안 군과 함께 여러 가지 향후 구상을 하며 내 평생에 겪어 보지 못할 귀중하고 소중한 경험들을 쌓아 갔다.

가정형편이 어려우니 농부의 길을 선택하여 부모님께 효도하면서 훌륭한 농촌의 지도자가 되는 것도 하나의 방법이기도 하였으나, 한편으로는 남아로 태어나 고향을 등지고 부모님 슬하를 떠나 낯선 타향에서 풍찬노숙하며 모진 풍파를 겪어 보는 것도 인생행로에 닥치는 온갖 시련을 극복하고 돌파해 가는 데 귀중한 황금 같은 무형(無形)의 재산이며 무기(武器)가 될 것으로 확신하였다.

고향에서 농사도 제대로 못하는 자식이 부모님 눈앞에서 못난 모습을 보이는 것보다 차라리 당분간 안 보이는 것이 부모님을 편하게 할 것 같은 생각이 강렬하게 들기도 하였다.

그 당시 서울의 인구는 겨우 100만 명 정도였다. 얼마간 장병조 선배의 자취방에서 지내다가 서대문구 창천동에 있는 고 씨 집 방을 얻어 자취생활을 시작하였다. 이곳에 가는 시내버스의 종점이 서대문구 아현동이라, 여기서 하차하여 신촌의 창천동까지 걸어 다녔다. 당시 신촌은 서울의 최변두리 지역으로 전부 호박밭이었다. 서울시내 가가호호의 화장실 오물을 청소차 탱크로 대흥동, 염리동, 신촌과 노고산 등 일대의 넓은 농토 곳곳에 구덩이를 파고 버렸다.

비가 내리면 아현동의 버스 종점 차도(車道)는 비포장도로이기에 차바퀴가 빠져나오기가 힘든 상황이었다. 연희대학교(현 연세대학교)에 가려면 고양군 수색행 시외버스를 타고 신촌 기차역 앞을 거쳐 신촌역 바로 밑에 있는 굴(터널)을 지나가야만 하였다.

연희대학교 정문 앞에서 신촌로터리 방향으로 좁은 개천이 흐르고 있었으며 개천 양쪽에 보행만 할 수 있는 좁은 길이 있었다. 그 개천 서쪽편에 다섯 가구가 사는 조그마한 마을이 있었는데, 내가 자취하는 고 씨네 집이 여기에 있었다. 수년 후에 신촌에 로터리가 조성되면서 시내버스도 신촌로터리까지 연장 운행하게 되었다.

나와 친구 안영희 군은 창천동에서 몇 개월을 보내는 동안, 대흥동에서 자취하는 경남 합천 출신의 한성고등학교 1학년 학생 두 명을 알게 되었다. 나는 이들에게 우리의 어려운 사정을 설명하고 학습지도도 해주면서 함께 지내게 되었다. 방 하나에 네 명이 생활하니 만사가 불편하였으나, 약 두 달간 합동 자취생활을 하였다.

2) 염리동 농가에 기숙, 농사와 가정교사를 하다

나는 우연히 염리동 쪽 넓은 산비탈 농토 한가운데 외딴 집의 후덕한 주인을 만나 가까워지게 되었다. 그 집에서 숙식하며 자녀들 공부도 지도해 주고 농사일도 도와주면서 지냈다. 서울 생활을 시작한 후 처음으로 비교적 안정된 생활을 할 수 있게 된 것이다.

40대 후반의 주인아저씨는 홍익대학 사무처 직원으로 근무하며 농사를 지었다. 그는 18세의 까까머리로 촌티가 넘쳐 나는 나를 안타깝게 여기시고 세상살이와 장래를 위한 학업진로 등 여러 면에서 친자식처럼 아낌없는 충고와 조언을 해주셨다. 낯설고 외로운 타향생활에서 옆길로 탈선하지 않고 올바른 삶과 길을 찾아갈 수 있도록 지도편달을 해주신 것이다. 여기에 큰 감명을 받아 정도(正道)를 찾아가게 되었음에 깊은 감사를 드렸다.

시골에서 쌓은 농사 경험으로 나는 주인집 농사일을 성심껏 도왔다. 70여 년의 세월이 흘러가고 80대 중반을 넘은 지금에야 그분을 생각하니 성함마저 기억나지 않으니 실로 가슴이 아프다. 정직하고 부지런하며 때 묻지 않고 촌티가 흐르는 무뚝뚝한 경상도 청년을 친자식처럼 보살펴 주신 그분의 은혜(恩惠)를 잊을 수가 없다.

당시 나는 남루한 옷차림에다가 무릎이 툭 튀어 나온 검정 면바지를 입고 다녔으니 지금의 노숙자나 걸인보다도 못한 처지였다. 주변의 곱지 않은 시선과 천대와 멸시를 받기도 하였다. 이따금 새벽에 염리동의 뒷산을 오르내리며 머나먼 남쪽 고향땅을 향하여 부모님을 소리 높이 불러 보면서 애끓는 심신을 달래기도 하였다. 서러움과 외로움을 삼키면서도 불굴의 도전정신으로 동분서주하여 모진 세월을 인내하며 헤쳐 나왔다.

시골 농촌에서 성장하면서 단련된 체력, 서울생활 중에 역경을 헤쳐 나가며 기른 끈기와 집념과 오기가 무형의 무기가 되어 오늘에 이르기까지의 성장을 위한 보양제(補陽劑)가 되었음을 감사하게 여기고 있다.

고난의 세파(世波)에 허덕이다 보니 그 고마운 분과의 고귀한 인연(因緣)을 소중하게 간직하지 못하고 지금에 와서야 감사의 뜻을 글로서 올리게 되어 너무나 죄스럽고 안타깝다.

"젊어서 고생은 사서라도 해야 한다. 항상 남에게 베풀어야 한다!"는 어머니의 말씀은 어릴 때부터 평생 끊임없이 귀가 따갑도록 들어서 지금까지도 내 인생의 생활지침이 되어 왔다. 외로운 타향, 누구 하나 아는 이 없는 머나먼 서울에서, 어떤 때는 방향을 잃고 방황하다가도 다시 정신을 차려 혀를 깨물면서 주경야독으로 남몰래 실력을 쌓아 갔었다.

3) 농가에서 늦게야 대학 진학의 꿈을 키우다

별의별 풍파(風波)를 헤쳐 나오면서 겪은 쓰라린 경험과 체험들을 거울삼아 활로를 개척하면서 새로운 도전(挑戰)에 과감하게 맞서야 할 결단의 시간이 눈앞에 점점 다가오고 있었다.

고향의 부모님께서 장남의 뜻과 꿈을 받들어 주지 못한 죄책감에 가슴을 조이면서 낯선 타향에서 낭인(浪人)이 되어 혹여나 불량배에 휩쓸릴까 노심초사하실 것을 생각하니 항상 가슴이 아프고 답답하였다.

전후 우편 사정이 여의치 않은 당시로서는 시골에 편지를 보내면 7일 내지 10일 이상 걸렸다. 편지 속에 무슨 좋은 소식(消息)이라도 있어야 편지를 보낼 것이 아닌가. 부모님께 불만을 토로하고 고향집을 떠나 머나먼 객지에서 자력으로 대학에 진학해 보겠다고 나선 상황이었다. 뭔가 이룬 것이 있어야만 부모님을 찾아 뵐 면목이 서지 않겠는가. 눈에 보이지 않는 어떤 선물이라도 있어야 하니 고심(苦心)에 고심만이 깊어 갔다.

1954년 2월 고등학교 졸업식에 참석하지 않고 약 1년이 넘어 방랑생활에 종지부를 찍고 새로운 희망찬 출발점을 구축해야만 하였다. 친구 안영희 군과 자주 만나 대학 진학과 직업 선택을 위한 깊은 고뇌를 하고 서로를 위로하며 많은 생각을 하게 되었다.

드디어 친구는 동국대학교 법과대학을 택하였고, 나는 고려대학교 법과대학을 목표로 설정하여 불철주야 주경야독으로 용맹전진(勇猛前進)하였다.

1953년 11월 고향을 등지고 무모하게 상경한 지 어느덧 1년이 지나고

1954년도 저물어 1955년의 새해가 눈앞에 다가오고 있었다. 그동안 낯설은 서울 곳곳을 헤매면서 어려운 고비마다 고향의 부모님과 동생들을 그리워하며 남몰래 〈꿈에 본 내 고향〉을 수없이 부르면서 눈물을 삼켜야만 하였다.

2. 뒤늦게 진학한 대학을 졸업하다

1953년 11월 무작정 상경한 지 벌써 1년이 지나고 1955년 2월로 접어들었다. 지난 1년여 동안 평생에 경험하지 못할 수많은 고난과 역경을 극복하고 드디어 꿈속에서도 그리던 소원성취를 하게 되었다.

고려대학교 법과대학에 원서를 제출하고 시험을 끝내자 만신이 피곤하여 며칠을 잠만 잤다. 꿈속에서 차를 타고 고향으로 달리는 꿈을 꾸다 놀라 깨어나는 일이 2, 3일간 계속되었다.

드디어 합격자 발표일이 되었다. 나 홀로 마음을 졸이면서 고려대학교로 달려갔다. 수많은 응시생들과 부모들로 가득한 합격자 발표현장에서 희비가 교차하는 장면들을 보면서, 정신없이 나의 이름을 찾아보았으나 법학과 명단에는 내 이름이 보이지 않았다. 몇 번이나 눈을 다시 뜨고 보아도 나의 이름이 보이지 않아 절망하였다. 혹시나 하여 제2지망 학과인 행정학과 명단을 살펴보니 내 이름이 있었다. 누구 하나 축하하여 줄 사람 없는 현장에서 혼자서 기쁨에 한없이 흘러내리는 눈물을 억제할 수가 없었다.

대학 진학은 꿈도 꿀 수 없는 어려운 가정형편에서 벗어나고자 무작정 가출하여 전쟁으로 폐허가 된 수도 서울로 귀환하는 피란민들 속에 끼어 상경한 지 1년하고도 3, 4개월이 되었다. 서울의 최변두리 미개발 농촌지역 여러 곳을 전전하다가 천우신조로 외딴 농가에 기숙하게 되면서, 농사를 도우고 가정교사를 하며 피나는 고생 끝에 소원을 성취하였으니 실로 감개무량하였다.

하지만 앞으로 어떻게 대학 4년을 버텨 나갈 수 있을 것인지 걱정이 태산처럼 엄습하여 왔다. 7남매의 장남으로서 혼자만의 욕심으로 대학에 진학하고자 하는 것은 가정 형편상 무리한 행동임을 누구보다 잘 알고 있는 나로서는 합격의 기쁨보다 신심이 몹시도 괴로웠다. 또한 한편으로는 어떻게 하여야 말 한마디 없이 서울로 탈출하여 부모님의 애간장을 태웠던 불효(不孝)에 대해 용서를 구할 수 있을까, 불안하고 초조하여 아픈 가슴을 쓸어내렸다.

세상물정에 무지한 촌놈을 친자식처럼 보살펴 주시고 격려하면서, 나의 장래를 위하여 많은 조언과 가르침을 주셨던 서울 염리동 외딴 농가의 주인 내외분께 다시금 감사를 드린다. 지금은 고인이 되신 그분의 영전에 정중한 예를 올리면서 극락왕생을 성심으로 기원드린다.

1) 가출 1년여 만에 귀향하다

6·25전쟁으로 집이 타버려 토담움막에서 생활하면서 집을 새로 짓는 어려운 형편임을 감안할 때 부모님을 뵙고 어떻게 말씀드리고 고려대학교 합격증을 보여 드려야 할지 고민하여야 하였다.

고려대학교 재학생인 선배에게 대학 배지를 빌려서 윗옷 가슴에 달고 서울역에서 저녁 7시 완행열차에 무임승차하여 대구로 향하였다. 대전역에서 열차표 검표를 요행히 피하고 다음 날 새벽 4시경에 무사히 대구역에 도착했다. 대구역에서 옆 출구로 나오다 무임승차자로 붙잡혔다. 몸을 수색당하고 동전마저 빼앗겼으나 '통행금지 통과용' 둥근 스탬프를 손목에 찍어 주었다.

대구역에서 남산동 외가까지는 걸어서 약 30~40분이 걸리는데, 가는 도중에 파출소에 통행금지 위반으로 연행되어 신분증과 손목에 찍힌 스탬프를 보여 준 뒤 풀려났다. 새벽에 외갓집에 도착하자 외조모와 외숙부 내외분 그리고 외사촌 형제들이 오랜만이라 몹시 반가워하셨다. 외가에서는 고려대학교 법과대학에 합격하여 내려왔다고 하니 모두가 축하하면서도 우리 집안의 어려움을 알고 계시는지라 내심 걱정스러운 표정이 역력하였다.

6·25전쟁 중 서울대학교와 연희대학교 등 거의 대부분의 대학이 부산으로 피란 갔으나 고려대학교만이 대구로 피란 왔다. 그래서 대구·경북 지역의 우수 인재들이 고려대학교에 많이 지망했다. 또한 그 당시 법학과는 유진오(兪鎭午: 고려대학교 총장) 헌법학 교수를 비롯하여 유명한 교수들이 많이 포진하고 있어 고등고시(高等考試) 합격자도 많이 배출하였으나 환도 이후로는 상황이 달라졌었다.

정부 환도 후 1955년부터 서울대학교와 사립 대학교 간 등록금 격차가 배 가까이로 벌어지고, 서울대학교 법과대학은 모집정원이 300명으로 증원되고 고려대학교 법과대학은 모집정원이 80명에 불과하게 되었다.

외가에서 하룻밤을 보내고 다음 날 창녕행 버스를 타고 고향으로 내려갔다. 창녕읍에 도착하여 먼저 아버지를 찾아뵙고 인사드렸더니 몹시 놀라시며, 가출하여 일 년 이상 지내면서 무슨 잘못된 큰 사고를 저지르고 내려왔나 하는 생각이 드셨는지 안색이 굳게 변하셨다. 그때 고려대학교 법과대학에 합격했다고 말씀드렸더니 아버지 표정이 순식간에 확 밝아지셨다. 아버지를 뵌 후 고향집을 찾아 어머니를 뵙고 인사드렸더니 어머니도 역시 반가워하시면서도 무슨 잘못된 일이 생겨서 내려왔는지 걱정스

러운 표정이 역력했다. 그간의 자초지종을 설명드리고 대학 합격 소식을
말씀드렸으나 어머니는 그래도 마음이 놓이지 않으셨는지 근심어린 표정
을 지우지 못하셨다.

  10여 일간 고향에서 머무는 동안 겨우 등록금을 마련하여 상경하였으
나 갈 곳이 없어, 염치없이 또다시 서울 성북구 돈암동 산꼭대기에 있는
장병조 선배의 자취방으로 찾아갔다. 당분간 함께 지내면서 대학생활에
필요한 지도를 받으면서 숙소를 구하기로 하였다.
  그 후 교통비 등을 고려하여 학교 앞 제기동의 친구 하숙집에서 잠시
지내기로 하고 자취방이나 입주 가정교사 등을 구해 보기로 했다.
  전쟁으로 3년여간 방치되었던 대학 건물들은 초라했고 강의실도 부족
하고 모든 시설들이 미비하여 크게 실망하였다. 대학 입학 후 1년간은 숙
소가 안정되지 않아, 대학 교복을 입고 동분서주하며 허송세월로 보내 버
렸다.
  6·25전쟁 발발 직전인 1950년 5월 30일, 제 2대 국회의원선거에 창녕
에서 무소속 출마하여 낙선한 셋째 외숙부(정호완)는 정부 환도 후 각 정
당 사회단체들도 환도함에 따라 서울로 올라오셔서 수시로 나를 불러 심
부름을 시키는 등 수행비서 역할을 하게 되었다.
  외숙부는 대한농민회(大韓農民會) 선전부장으로서 남산 기슭 후암동에
거주하는 이갑성(李甲成: 기미년 삼일운동 독립선언서 33인 중 한 분) 국회의
원, 명륜동에 거주하는 초대 문교부장관 안호상(安浩相) 박사, 청파동에
거주하는 한회석(韓熙錫) 국회부의장 댁 등을 자주 방문하였다. 나는 이
일정들을 수행하는 데 많은 시간을 허비하여 버렸다.
  1956년 대학 2학년이 된 나는 정신을 가다듬고 정치 분야에 관심을 끊
고 학업에만 열중하기로 하였다. 당시에는 자유당, 민주당과 무소속 국

1956년 고려대학교 2학년 재학 시절의 저자　　　1956년 2월 졸업 시 사진

회의원들의 정치 강연회가 각급 학교 교정에서 자주 개최되어 많은 시민과 대학생들이 참관하였다. 피란정부가 환도한 지 1년 6개월이 되자 각종 학우회(學友會)와 향우회(鄕友會)가 창립되어 학생들도 정치에 관심을 많이 갖게 되었다. 각 대학에도 정치학과 지망생이 많았다.

2) 자유당 정권 탄압으로 시 · 군으로 전전하신 아버지

1954년 5월 20일 제 3대 국회의원선거 후 백부님께서는 〈동아일보〉에 실린 자유당 정권에 대한 비판기사를 마을 사람들에게 전했다는 이유로 마을 이장직에서 물러나야 하였다. 때로는 시골마을 가가호호가 수색을 당하여 소나무 가지가 발견되면 산림법 위반으로 불이익 처분을 받는 등 자유당 세력의 횡포가 극심하여 갔었다.

1958년 제 4대 국회의원선거일이 1년여 앞으로 다가오자 군청과 면사무소 직원들 가운데 상당수가 제 3대 국회의원선거 당시 친인척들이 자유당 후보자에게 비협조적이었다는 이유로 좌천과 불이익을 당하였다. 시골 분위기가 점점 선거 전초전으로 접어들면서 악화되는 상황이었다.

1957년 대학 3학년이 되던 그해 봄 아버지께서는 삼천포시 교육위원회 총무로 발령되어 오랜 공직생활 중 처음으로 고향을 떠나 머나먼 타향의 지역으로 떠나야 하였다. 그 후에도 경남의 최동북쪽 창녕에서 최서남쪽 하동군과 동래군 등지로 계속 좌천 발령을 받았다. 권력의 배경이 없어 다시는 고향인 창녕군청이나 고향 가까운 시·군으로 복귀하지 못하시고, 오랜 기간 홀로 하숙생활을 하면서 경남도내 변두리 시·군을 전전하여야만 하였다.

1960년 대통령선거 부정사건으로 4·19 혁명이 일어나 이승만(李承晚) 자유당 정권이 물러나고, 허정(許政) 수반의 과도정부를 거쳐 민주당 정권의 장면(張勉) 총리 내각이 출범하였다. 그러나 국내 정치사회 질서가 극도로 혼란한 가운데 각종 단체들의 폭력시위가 난무하는 등 국가 안위가 위태로운 상황에서 1961년 5월 16일 군사혁명이 일어났다.

5·16 군사혁명정부가 출범하여 젊은 현역장성들이 각 시·도 지사로 부임하여 일반 시·군 관료들에게 무례한 행동과 부당한 압력을 가는 일이 많았다. 그 와중에 많은 지방 관료들이 자의 반 타의 반으로 공직을 떠나기도 하였다.

당시에는 지방의 교통상황이 극히 불비하여 아버지는 창녕에서 삼천포시와 하동군, 동래군 등에 발령받아 부임하려면 비포장도로에 세 번이나 시외버스를 바꿔 타야 하였다. 중간 중간 갈아타는 시간을 감안하면 총 6시간 이상이 걸려, 하루 종일 길에서 보내는 셈이었다. 조선시대의 멀고 먼 변방으로 쫓겨나는 귀양살이와 다름이 없었다.

3) 모친의 농사 도우려 하계방학 전에 귀향하다

아버지께서 고향집을 떠나 머나먼 각 시·군을 전전하시다 보니 실로 집안이 암담하였다. 어머니는 혼자서 7남매를 거느리고 농사를 책임져야 하니 앞이 캄캄하였다. 아버지는 당시 박봉인 공무원으로서 홀로 낯선 객지에서 하숙생활을 하는 처지에서 어떻게 해볼 방도가 없었다. 나는 이러한 어려운 가정상황에서 고시 준비를 포기하고 어머니의 농사일을 돕기로 결심하였다.

나는 6월 모내기 농번기가 다가오면 학교 수업을 접고 고향으로 내려가 농사일을 도왔다. 학교 강의시간 출석은 친구들에게 사정을 설명하고 대리출석을 부탁하였다. 다행히도 당시에는 학기말 시험이 여름방학이 끝난 8월 말에 실시되었기에 가능한 일이었다.

4) 아버지의 한을 풀기 위해 관료의 길 선택하다

나는 고시를 통한 법관의 길을 포기하고, 아버지의 원한(怨恨)을 풀어 드리기 위하여 공무원으로 진출하거나, 대학교수를 하기로 방향을 전환했다. 우선 대학 졸업 후 고향에서 가까운 대구의 경북대학교 대학원에 진학할 목표를 세우고 열심히 노력하였다.

당시 경북대학교에는 일본 식민통치시대에 아버지가 대구 교남(喬南)학교 재학시절 교장으로 계셨던 이효상(李孝祥: 일본 동경제국대학 졸업, 전 국회의장) 선생님이 문리과대학 학장으로 계셨다. 아버지는 교남학교 재학 중 이효상 교장 선생님으로부터 많은 사랑과 지도를 받았으며, 일본 유학의 길을 도움 받으신 잊을 수 없는 은사(恩師)이셨다. 나는 방학 때마다 서울을 오르내리면서 대구시 남산 밑의 과수원 안에 있는 이효상 학장님 자택을 자주 방문하여 문안을 드리면서 두터운 인연을 쌓았다.

1958년 5월 2일 실시된 제4대 국회의원선거에서 압도적인 승리를 거둔 자유당 정권은 점점 억압적인 독재정치(獨裁政治)의 길을 가고 있었다. 6월의 농번기가 되자 나는 지난 해처럼 고향으로 내려가 어머니의 농사를 도왔고, 8월 말경 상경하여 학기말 시험을 치렀다. 당시 논에는 벼멸구병의 피해가 극심하여 새벽에 논에 나가 벼멸구 농약을 살포하고 나면 양팔에 농약이 묻어 피부병에 시달렸으며, 지금까지도 나의 양팔에 많은 흉터로 남아 있다.

1958년 10월 아버지는 경남 삼천포시 교육위원회에서 의령군(宜寧郡) 산업과장으로 또 전보 발령되었다.

1958년 11월 이승만 대통령은 자유월남을 방문하고 귀국한 그날 경찰력을 총동원하여 일제히 서울시내 가두 검문을 하도록 하였다. 이때 각대학 학생들이 병역기피자로 체포되어 각 경찰서마다 수백 명이 수용되었다. 나는 그날 4학년 마지막 학기말 졸업시험(卒業試驗) 기간 중에 가두검문에서 병역기피자로 동대문경찰서에 연행되었다. 강당에는 약 300명의 대학생들이 이미 연행되어 있었다.

그날 하룻밤을 경찰서에서 뜬눈으로 보내고, 새벽녘에 학생 몇 명과 함께 강당 창문을 통해 옆 민가의 옥상 위 장독대로 뛰어내려 탈출했다. 그 과정에서 나는 오른 발목을 삐어 잘 걷지 못하게 되었다.

다행히 그날은 일요일이라 약국에서 약을 사서 치료하였으나 효과가 별로 없었다. 이틀간 친구들의 부축을 받아 간신히 졸업시험을 마친 뒤 귀가하는 길에 동양한의과대학(현 경희대학교 한의과대학으로 통합) 재학생을 만나 침을 맞고 즉석에서 친구들의 부축 없이 걸을 수 있게 되었다. 난생처음으로 침술의 특효에 감탄하였으며 이후 침술에 대하여 새로운 관심을 갖게 되었다.

병역관계를 알아보니 1954년 1월 서울 서대문구 창천동 고 씨 집에 병적을 임시로 옮겨 둔 후 3, 4년간 거주지를 옮길 때마다 중간 확인과 연락을 하지 않아 자동으로 병역기피자가 된 것이었다. 이러한 사정으로 대학원 진학을 포기하고 1959년 2월 대학을 졸업하자마자 바로 육군에 지원 입대하였다. 군복무를 마친 후에 국가공무원 시험을 보고 중앙부처의 행정관료(行政官僚)로 진출하기로 내심 굳게 결심하였다.

정부 환도 후 얼마 되지 않은 혼란기라 특히 병사(兵事)관계는 위조서류가 많았으므로, 서울로 병적을 옮기는 데도 순조롭지 않았다. 서대문구청 병무과에 관계서류를 제출하였으나, 호적등본이 위조등본(僞造謄本)이라며 서류 접수를 거부했다. 호적등본 발행인 면장이 성낙순, 병사담당자가 성낙조, 민원인이 성낙승으로 되어 있으니 누구든 위조등본으로 본 것이다. 내가 서대문구청 담당자에게 애원하고 있을 때, 옆에 있던 구청 직원이 집안 친척이 성(成) 씨인데 경남 창녕군, 특히 대지면은 창녕 성씨가 많이 사는 집성촌(集成村)이라 그럴 수도 있다면서 친절하게 도와주어서 병적이동이 간신히 수리되었다.

5) 뒤늦게 진학한 고난의 대학생활 청산하다

무모하게 고향을 떠나 상경하여 외로운 객지생활 끝에 정신을 가다듬고 뒤늦게나마 대학에 진학하여 보낸 4년간의 쓰라렸던 고난의 대학생활을 회상하니 만감이 교차한다.

다행스럽게도 당시 서울대학교와 고려대학교 등 몇 개 대학은 학생들에게 교복을 착용하도록 하였다. 미군부대에서 사용 후 흘러나온 각종 군복을 검게 염색하고 새롭게 재단하여 싸게 판매하는 옷을 입고 다니던 가난한 시골 출신들은 교복 덕택에 옷 걱정 없이 대학 4년을 보낼 수 있었다.

한편 숙소 문제로 4년간 방학이 끝날 때마다 이불과 책 보따리를 짊어지고 서울의 동서남북 10여 개 마을을 전전하면서 하숙 생활, 자취 생활, 입주가정교사 생활을 하여야만 하였다. 그것도 안 되면 선배 자취방과 친구 하숙방에서 며칠씩 얹혀 지내는 등 말과 글로 다 표현할 수 없이 궁핍하고 고단한 대학생활을 보냈었다.

4학년 여름방학이 끝나고 상경하니, 나의 이불 등 보따리는 방 한구석에 두고, 집주인은 다른 곳으로 이사를 가버려 난감하였다. 오갈 곳 없는 다급한 상황에서 어떻게 할 방도가 없어 황급히 남산 군부대에 근무하는 오촌 숙부(성신영: 成信永)를 찾아 급한 사정을 설명하였더니, 다행히 만리동에 있는 자기 하숙방에서 당분간 함께 지내도록 도와주셨다.

이렇게 대학 4년간 서대문구 창천동, 염리동, 대흥동, 마포구 공덕동, 도화동, 성북구 안암동, 보문동, 돈암동, 동대문구 제기동, 중구 만리동, 종로구 연건동, 동숭동 등 12개 동네를 옮겨 다녔다. 학창생활 속에서 고달프고 힘겨웠지만 인생과 세상살이에 대하여 많은 것을 배우고 터득할 수 있었다.

졸업을 앞두고 군에 입대할 준비를 하면서도 졸업과 동시에 서울생활을 청산하게 되면 어디서 무엇을 할 것인가 많은 생각에 잠겼었다. 당시의 극난(極難)하였던 시대상황으로 보아 다시는 서울생활을 할 수 없을 것 같아, 군복무를 마치고 귀향하면 농부가 되어야 할지도 모른다고 생각하니 만감이 교차하였다.

육군 복무 후 조기결혼

1. 육군훈련소에 지원입소하다

1958년 11월 4학년 마지막 학기말 졸업시험 후, 병역문제를 먼저 해결하기 위해 대학원 진학을 포기하고, 12월 겨울방학 중 서울에 머물면서 졸업 즉시 군대 지원서를 병무청에 제출하고 입대 준비를 완료하였다.

드디어 1959년 2월 25일 지나온 4년간 험난한 세파에 시달리면서 천신만고 끝에 대학을 졸업하였다. 일본 식민통치시대, 8·15 해방 후의 혼란, 6·25전쟁의 참상과 전후의 정치적 혼란 속에서 초근목피의 생활상과 '보릿고개'를 넘지 못해 발버둥쳤던 농촌의 그 참혹한 실상을 인내하면서, 모진 세월의 풍파를 극복해 온 것에 대하여 원망보다 그저 감사할 뿐이었다.

대학졸업식을 마친 다음 날인 2월 26일 어쩌면 내 평생 다시는 서울에 올 수 없을 것이라 생각하며 이불 보따리는 대학 후배에게 기증하고, 모든 것을 정리하고 고향으로 내려갔다.

어머니는 장남이 대학을 졸업하고 내려왔으니 반가워하셨으나, 군에 지원 입대하는 나의 마음은 한없이 괴로웠다. 그날 밤 어머니께 내일 군에 입대한다고 조용히 말씀드렸더니 깜짝 놀라시며 꼭 입대해야 하느냐며 만류하셨다. 앞으로 공무원으로 취직하려면 군 복무를 마쳐야만 취업할 수 있다고 소상히 말씀드렸으나 근심스런 표정이셨다.

농번기가 되면 그나마 장남인 내가 내려와서 큰 도움이 되었는데 군에 입대한다니 답답하신 것 같았다. 아버지 홀로 임지를 따라 객지를 전전하는 상황에서 나는 군에 입대하고, 장성한 남동생과 여동생이 부산과 대구로 각각 떠나가니, 어린 동생 4명만 데리고 어머니 혼자서 농사를 감당하기 힘든 최악의 형편이었다.

나는 어머니 곁에서 잠을 이룰 수가 없었다. 가사일을 도울 가족들이 동서남북으로 흩어지니 어찌하랴 ….

입대를 포기하고 농사를 도울까 수백 번 고민하여 보았지만 미래를 위하여 현재의 난관을 용감하게 관철해 나가야 함을 굳게 결심하고, 어머니와 동생들 모르게 그날 밤을 눈물로 지새웠다.

다음 날 2월 27일 아침 어머니께 인사를 드리고 간단한 세면도구만을 소지한 채 입대하기 위하여 마산(馬山)으로 떠났으나, 발길이 잘 떨어지지 않았다. 그때 어머니의 심정을 생각하면 눈물이 흘러 말문이 막힌다. 어머니는 나를 떠나보내고 남 몰래 얼마나 많은 눈물로 수많은 밤을 지새웠을지 그 누가 알랴?

마산 성호초등학교 교정에 도착하니 경남도내 입영 대상자 수백 명이 모여 있었다. 나와 함께 입대하기로 한 고향 친구 신용익(辛容翼) 군을 반갑게 만나 다소 마음의 안정을 찾았다.

1) 논산 육군훈련소 입소

1959년 2월 27일 밤 7시경 완행 군용열차(軍用列車) 화물칸에 승차하여 논산훈련소를 향해 출발하여, 다음 날 2월 28일 아침 6시경 약 12시간 만에 논산역(論山驛)에 도착하였다. 화물을 싣는 짐칸에 수많은 사람을 가득 태웠으니 바닥에 쪼그리고 앉아서 밤새도록 뜬눈으로 보냈다.

2월 27일 저녁과 다음 날 아침에 주먹밥을 먹고 나니, 이제 군생활이 시작되었음을 실감하였다. 2월 28일 논산훈련소 수용연대에서 대기하며, 훈련소 입영절차를 기다렸다. 전국 각 지역에서 온 입영예정 장정들에 대해 신체검사를 실시하여, 불합격자는 귀향 조치하고 나머지는 전부 입소시켰다.

이러한 과정에서 병역의무를 꺼리는 자들이 권력이나 금력을 이용하여 병약자로 판정받아 귀향하는 경우도 일부 있었다. 당시는 자유당 정권 말기로서 도처에 부정부패가 만연하였다.

1959년 겨울에는 너무나 추웠으며, 심지어 4월 초에도 폭설이 내렸다. 나는 수용연대에서 심한 감기에 걸려 담요 창고에서 이틀간 쉬는 동안 경남지역 입영 예정자들은 모두 입소하여, 다음에 들어온 전남지역 장정들과 논산훈련소 제 28연대에 입소하게 되었다.

입소 전 병과 분류과정에서 대학 동기생인 심상기(沈相基: 〈중앙일보〉 편집국장, 〈경향신문〉 사장) 학보병을 우연히 만났다. 어떤 병과를 지원하는 것이 좋은가를 상의하였더니 의무병과(醫務兵科)를 받을 경우, 훈련이 끝나면 고향 창녕과 가까운 마산의 군의학교(軍醫學校)에서 2개월간 교육을 받는다고 하여 의무병과를 선택하였다.

논산훈련소에 입소하여 입고 왔던 옷을 전부 벗어 고향으로 보내고, 훈련소에서 지급하는 양말과 내의 등 완전 군복으로 바꿔 입었으며, 모든 것이 미국 제품 일색이었다. 지금까지 불규칙하고 자유분방하게 살아온 생활행태를 버리고, 규칙적이고 절도 있는 군대생활이 시작되었다.

매일 먼 거리의 학과장을 왕복 행군하면서 기초군사훈련을 받았다. 군막사로 뒤돌아 오는 길에 철모(鐵帽)에 물을 담아와 세수하고 의복을 세탁하거나 목욕을 하였다. 허술한 훈련소의 막사, 한정된 급식으로 춥고

1959년 3월 논산 육군훈련소(오른쪽이 저자)　　1959년 8월 마산 군의학교(가장 오른쪽이 저자)

배고픈 상황을 견디며 고된 훈련을 이어 나갔다.

　일요일마다 훈련소 면회장(面會場)은 전국에서 면회온 훈련병 가족들로 인산인해를 이루었다. 나는 일요일이 되면 제일 괴롭고 외로웠다. 훈련병들 대부분이 가족면회를 하러 외출하였고, 나와 형편이 비슷한 한두 명만이 남아 쓸쓸하게 군막사(軍幕舍)를 지켰다.

　두 달의 훈련기간 중 단 한 번도 면회 올 수 없는 당시의 가정형편을 감수하며 외로이 군막사에서 눈물을 짓기도 하였다.

2) 마산 군의학교 수료 후 제 5육군병원 복무

　1959년 5월 논산훈련소를 마치고 의무병과 교육을 받기 위하여 경남 마산에 있는 군의학교에 입교했다. 여기에서 생소한 의무분야에 대한 교육을 2개월간 받으면서 매주 토요일 오후가 되면 고향 창녕 집으로 달려

갔다. 주말마다 고향에 가서 하룻밤을 보내며 홀로 고생하시는 어머니의 농사일을 도와드리고 일요일 저녁 군의학교로 귀교하니 어머니는 몹시 기뻐하셨다. 나도 마음이 한결 안정되었다.

1959년 7월 마산 군의학교 교육과정을 수료하고 부산시 서면 쪽에 있는 육군 제2보충대대 의무실(醫務室)로 배속되어 육군 이등병으로 근무하기 시작하였다. 주말이 되면 당번병(當番兵) 외에는 거의 모두가 외출이 허용되었으나, 나는 외출을 한들 갈 곳이 없었다.

다행히 막내 외숙부가 휴전 후 전방부대에서 부산 육군측지부대로 부임하여 근무 중이었다. 자택이 부산 초량동에 있었기에 주말에 가끔 초량동 외가에 들렀다.

때로는 교통이 좀 어렵고 불편하여도 고향 창녕까지 달려가서 어머니를 찾아뵙고 농사일을 도와드리고, 일요일 저녁 늦게 허겁지겁 군부대로 돌아오면 몹시도 피곤하였다.

1960년 1월 육군 제2보충대대 의무실 근무 중에 부산시청 뒤편에 있는 제5육군병원으로 이동 발령되었다. 시내 거리에는 상이군인들이 무리를 지어 다니면서 사고가 자주 발생하여 사회적 문제가 되고 있었다.

3) 4·19 혁명과 과도정부 출범

1960년 3월 15일 제4대 대통령선거가 실시되어 이승만 대통령이 당선되었으나 자유당 정권의 부정선거가 탄로되어 '3·15 부정선거' 규탄시위가 연일 전국적으로 확산되었다.

1960년 4월 서울에서는 각 대학 학생들의 가두시위가 계속되는 가운데 고려대학교 학생 수천 명이 광화문 국회의사당을 포위하고 부정선거 규탄과 자유당 정권 퇴진을 요구하며 농성에 들어갔다. 이에 유진오(俞鎭

午) 총장과 이철승(李哲承: 고려대학교 출신, 7선 국회의원, 국회부의장) 의원이 나서 가까스로 설득한 끝에 학생들은 저녁 무렵 줄을 지어 학교로 귀교 중이었다.

이때 자유당이 동원한 깡패들이 어둠을 틈타 각목과 곡괭이를 들고 몰려와 귀교하는 학생들에게 무차별 폭행을 가했다. 수많은 학생들이 피를 흘리면서 쓰러졌고, 이 참사사건이 신문·방송을 통하여 보도되자 전 국민의 분노가 폭발하였다.

이 4·18 고려대학교 학생 피습사건이 도화선이 되어 다음 날인 4월 19일 격분한 전국의 대학생들과 고등학생 그리고 국민들이 거리로 뛰쳐나왔다. 위기감을 느낀 자유당 정권은 계엄령(戒嚴令)을 선포하고 군대와 탱크를 총동원하여 진압을 시도하였으나, 계엄군은 운집한 시위 군중들의 포위 속에서 속수무책이 되고 말았다.

이리하여 1960년 4월 27일 이승만 대통령이 사임하고 물러남으로써 자유당 정권은 무너지고, 허정(許政) 외무부장관이 대통령 권한대행으로서 내각수반을 맡는 과도정부(過渡政府)가 출범하였다.

1960년 5월 나는 제5육군병원에서 근무 중 폐결핵으로 제3육군병원으로 후송되어 입원 치료를 받고 있었다. 4·19 혁명 이후 정국이 불안하고 사회질서가 흔들리자 병원 내부에서도 부상 장병들의 행패가 심하였고, 상이용사(傷痍勇士)들의 집단적 행패가 도처에서 발생하여 사회가 한층 혼란스러워졌다. 나는 제3육군병원에서 치료 중 병세가 다소 호전되었으나, 의병제대를 신청하여 집에서 요양할 방안을 모색하였다.

2. 육군 제대하고 조기결혼하다

1) 군 제대 후 공무원 공개채용시험 준비

1960년 9월 1일부로 1년 6개월간의 군대생활(군번: 10500059)을 끝내고 의병제대를 하게 되었다. 70여 년이 지난 지금까지도 폐결핵을 앓은 흔적이 종합검진 때마다 엑스레이상에 나타난다. 군복무를 통하여 사회에서 얻을 수 없는 많은 것을 배웠으며 끈기와 집념, 그리고 추진력과 인내심을 키웠다. 이것이 사회생활과 공직생활 중에 크나큰 도움이 되었으며, 눈에 보이지 않는 인생의 소중한 자산이 되었다.

국방의 의무는 완료하였으나 어머니 홀로 농사에 고생하고 계셨으니, 취업을 위하여 서울로 떠날 수가 없어 마음이 괴로웠다.

1960년 10월 초 육군을 제대한 지 1개월이 지났을 무렵 제2공화국 집권당인 민주당의 장면(張勉) 정부가, 군복무를 마친 대학졸업자와 졸업예정자를 대상으로 대한민국 정부 수립 후 처음으로 '전국 국가공무원 공개채용시험' 공고를 하였다.

나는 고향에서 어머니의 농사일을 도우면서 공무원 채용시험 준비에 전심전력을 다하고 있었다. 이 와중에 집안에서는 7남매의 장남이라며 결혼을 빨리 시켜야 한다는 것이다. 당시에는 30세의 만혼(晚婚)이 대세였는데 26세에 결혼해야 한다고 서두르니 실로 난감하였다.

직장도 없는 형편에 결혼이라도 하고 나면, 농촌을 벗어날 수 없는 농부가 될 가능성이 높아 몹시 괴로웠으나, 부모님의 소원을 거절할 수 없어 우선 선을 한번 보기로 했다.

신붓감은 고향이 '경남 의령군 가례면 수성리' 출신으로, 진주사범학교를 졸업하고 의령군 의령(宜寧) 초등학교 교사로 근무 중이었다. 의령에서 하숙하며 주말이면 부모님이 계신 진주를 왕래한다고 하였다.

당시 아버지는 의령군청 산업과장으로 근무하고 계셨다. 그 시절 각 지방의 군청 조직은 군수(사무관)와 2개 과(내무과, 산업과)로 편성되어 있었으며, 내무과장(주사)과 산업과장(주사)이 각 과를 총괄하였다.

아버지는 산업과장으로서 넓은 관사(官舍) 가운데 홀로 한 칸 방에서만 생활하면서 식사는 외부 식당에서 하시고, 관사에 군청 직원이 입주하여 살도록 하였다. 그래도 빈 방이 많아 3명의 여선생들에게 제공했다고 한다. 그중에 며느릿감으로 낙점한 여선생도 함께 하숙하고 있었으니 여러 가지 행동들을 보시고 결심하셔서 성사된 것으로 생각된다.

2) 부모님의 강요에 조기결혼하다

나는 부모님의 성화에 하는 수 없이 어느 날 의령군으로 가서 그 여선생을 처음으로 만나 보았다. 그 후 두 번 정도 만난 뒤에 함께 진주에 가서 부모님께 인사드렸다. 장인 되실 분은 찬동하셨으나, 장모 되실 분은 집에서 살림살이에 대해 배운 것이 없는데 7남매 가정의 맏며느리로는 부족하다고 극구 반대하였다.

결국은 장인 되실 분의 강권으로 양가합의가 성사되었으며, 결혼식 일자는 신부 측에서 정하도록 하였다. 결혼식은 1960년 10월 29일로 확정되어, 신부 댁이 있는 진주시내 예식장에서 갖기로 하였다.

1960년 9월 1일 군에서 제대한 지 두 달 만에 급히 결혼을 결정하게 되었으니 당황하지 않을 수 없었다. 11월로 공고된 전국 국가공무원 공개채용시험에 응시하기 위해 준비 중이기도 하여 실로 난감하였다.

드디어 결혼식 날이 다가왔다. 하루 전날 폭설이 내려 걱정하였으나 천우신조로 10월 29일 결혼식 당일은 기이하게도 일기가 봄날처럼 화창하였다. 그렇게 많이 내렸던 눈이 일시에 기적처럼 다 녹아 내려 흔적도 없어졌으니 실로 감개무량하였다.

결혼식 당일 부모님을 모시고 택시를 대절하여 아침 일찍 창녕을 출발하여 진주에 도착했다. 청명하고 화창한 날씨에 결혼식이 순조롭게 거행되었다. 신랑 성낙승(당년 26세)과 신부 박영자(당년 24세)의 결혼식이 많은 하객의 축복 속에 열려 한없이 감사하였다.

그해 11월에 처음 실시되는 전국 국가공무원 공개채용시험이 눈앞으로 다가왔다. 미래를 대비하기 위하여 신혼생활의 단꿈을 접고 당분간 별거생활을 하여야 하였다. 결혼 후 아내는 의령초등학교 교사로 계속 근무하기 위하여 의령에 거주하고, 나는 멀리 떨어진 창녕에서 공무원 공개채용시험 준비에 몰두하였다.

결혼식을 올렸으나 당시에는 신혼여행이라는 개념이 일반화하지 않았던 때라 다음 날 부산지역을 여행하고 당일 돌아와 버렸다.

제 4 장

나의 직장 생활
(1961~2011)

관계(官界: 행정관료) 봉직

1. 하급공무원(8급: 서기)에서 출발하다

1) 공무원 공개채용시험 합격

1960년 6월 15일 국회에서 내각책임제와 국회양원제(참의원과 민의원) 그리고 대통령의 국회 선출을 골자로 하는 헌법개정안이 통과되었다. 개정된 헌법에 따라 1960년 7월 29일 제4대 국회의원선거가 실시되어 참의원 의원과 민의원 의원이 선출되었다.

1960년 8월 12일 국회(참의원과 민의원의 양원 합동회의)에서 윤보선 의원을 대통령(大統領)으로 선출하고, 장면 의원을 국무총리(國務總理)로 선출했다. 이어 1960년 8월 23일 민주당 정권의 장면 내각이 탄생함으로써 제2공화국이 출범하였다.

장면 내각은 신파와 구파 간의 갈등과 불화가 지속되는 가운데서도 4·19 혁명 이후 피폐해진 경제를 재건하기 위하여 장기 경제개발계획(經濟開發計劃)을 수립했다. 국토건설본부를 설립하여 전국적으로 국토건설사업을 획기적으로 추진하기 위한 세부 실천계획을 마련하였다.

한편으로는 새로운 정부정책을 효율적으로 추진하기 위하여 참신한 공무원 인력 확보계획을 수립했다. 해방 후 처음으로 대학졸업자 또는 졸업

예정자로서 군복무를 마친 자를 대상으로 전국 국가공무원 공개채용시험을 전국의 주요 대도시에서 동시에 시행하였다.

아버지는 11월 의령군청에서 동래군청으로 전근 발령을 받아 고향에서 더 멀리 떠나시게 되었다. 결혼을 하였으나 별거하면서 어린 동생들과 더불어 고향에서 어머니의 농사일을 도우면서 공무원 공개채용시험 준비를 해야 하니 어려움이 많았다. 나에게 주어진 운명으로 알고 그저 감사한 마음으로 시험 준비와 농사일로 주경야독(晝耕夜讀)의 나날을 보냈다.

서울에서는 대학 졸업 때 모든 것을 정리하였으며, 1년 6개월간 군대생활을 보냈기에, 시일이 촉박하여 상경하지 못하고 고향에서 가까운 대구지역에 응시원서를 제출 접수하였다.

드디어 11월에 대구에서 공무원 공개채용시험〔사무계(事務系) 1부(部) 일반행정〕을 치른 뒤 불안한 가운데 결과를 기다렸다. 약 한 달이 지난 12월에 합격자 발표가 있었으나 정부에서 발송한 합격통지서가 7일이 지나서야 시골집에 도착했다. 마을에는 전화나 라디오가 없었다. 설사 라디오가 있었다고 해도 전파 송수신이 되지 않아 청취할 수 없는 게 당시 농촌의 실상이었다.

2) 국무원사무처 배치, 국토건설본부 파견

1960년 12월 하순경 합격통지서와 함께 1961년 1월부터 국립공무원훈련원에서 실시하는 교육훈련계획을 통보하여 왔기에 12월 말경 상경하였다. 희망부서를 내무부(內務部)로 신청하였으나 내무부가 분리 개편해체된다 하여 국무원사무처(國務院事務處)로 변경하였다.

1961년 1월 국립공무원훈련원에 입소하여 2월 27일까지 일반행정과 경제개발, 국토건설 분야 등의 교육훈련을 이수한 후 국립공무원훈련원장 겸 국무원사무처장(정헌주: 鄭憲柱, 교통부장관, 5선 국회의원)으로부터 수료증서를 받았다.

1961년 2월 27일 자로 26세에 국무원사무처로 배치되어 처장으로부터 방송관리과 촉탁(囑託)으로 발령받고, 국토건설본부 요원으로 파견되었으며, 5월 31일부로 다시 서기(書記)로 발령을 받았다.

1961년 2월 27일 중앙청 석조전(石造殿) 앞 광장에서 공무원훈련원에서 교육을 이수한 전원을 소집하여 종강식(終講式)을 윤보선 대통령과 장면 국무총리를 비롯하여 각부 장관이 참석한 가운데 거행하였다.

대통령과 국무총리의 치사에 이어, 국무원사무처장의 식사가 있은 뒤 내무부장관으로부터 국토건설추진요원 사령장을 받고, 검정색 모자와 작업복 차림으로 광화문거리를 시가행진하였다.

1961년 2월 28일 국토건설본부 본부장(장준하: 張俊河, 독립운동가, 월간〈사상계〉대표)으로부터 국토건설추진요원으로 위촉되어 3월 1일부터 5월 31일까지 경상남도 밀양군(密陽郡)에 파견 근무를 하게 되었다.

1961년 3월 국토건설추진요원으로 밀양군청에 파견, 군수와 군청 간부와 함께
(뒷줄 오른쪽에서 다섯 번째가 저자).

당시 국토건설사업의 주요업무는 3~4월의 조림사업(10만 그루 식목)과 가뭄에 대비한 수리시설 조성사업으로, 주로 대형 저수지와 2,700개의 소류지 건설이었다.

국토건설계획 추진에 따라 지방의 여건과 실상을 상세하고 치밀하게 파악하기 위해 군청 관계자와 해당 지역 면장 그리고 마을 이장들과 합동으로 매일 현장을 답사하고, 그 결과와 문제점 등을 종합분석 기록하여 국토건설본부에 보고하는 것이 나의 주 임무였다.

새로 출범한 제2공화국의 장면 정부는 해방 후 처음으로 대대적인 경제개발계획을 추진하기 위하여 몸부림치고 있었으나, 정국은 여전히 불안정하고 사회질서는 극도로 문란하여 국가안보가 위태로운 상황으로 진전되어 갔었다.

3) 5·16 군사혁명 발생, 국무원사무처 복귀

1961년 3월 나는 경상남도 밀양군에 파견되어 근무했다. 그러나 각계각층 집단세력들의 무모한 욕구분출이 계속되어 국가안보가 위태로운 상황으로 진전되었다.

1961년 5월 16일 새벽 5·16 군사혁명(軍事革命)이 일어났다. 군사혁명위원회는 비상계엄령을 선포하고 입법·사법·행정 3권을 장악한 후, 방송을 통하여 포고령을 연이어 공표했다. 한편으로 혁명위원회는 성명서를 발표하고 혁명공약을 제시하며 국가재건운동의 생활체제와 반공이념 강화를 위한 7개 항목의 실천사항을 발표하는 등 방송이 요란하게 계속되는 상황에서 국민 모두가 방송에 귀를 기울이며 전전긍긍하였다.

군사혁명위원회가 내건 6개 항의 혁명공약(革命公約)은 다음과 같다.

첫째, 반공을 국시의 제일의로 삼고 지금까지의 형식적이고 구호에만
그친 반공체제를 재정비 강화할 것입니다.

둘째, UN 헌장을 준수하고 국제협약을 충실히 이행할 것이며, 미국을
위시한 자유우방과의 유대를 더욱 공고히 할 것입니다.

셋째, 이 나라 사회의 모든 부패와 구악을 일소하고 퇴폐한 국민도의
와 민족정기를 다시 바로잡기 위하여 청신한 기품을 진작할 것
입니다.

넷째, 절망과 기아선상에서 허덕이는 민생고를 시급히 해결하고 국가
자주경제 재건에 총력을 경주할 것입니다.

다섯째, 민족적 숙원인 국토통일을 위하여 공산주의와 대결할 수 있는
실력 배양에 전력을 집중할 것입니다.

여섯째, 이와 같은 우리의 과업이 성취되면 참신하고도 양심적인 정치
인들에게 언제든지 정권을 이양하고 본연의 임무에 복귀할 준비
를 갖추겠습니다.

1961년 7월 3일 국가재건최고회의 의장에 취임한 박정희 장군이 8월
12일 정권이양에 관한 성명을 발표한 후 정국은 급박하게 돌아갔다. 각
부처도 정권이양에 따른 준비에 분주하였다.

당시에는 텔레비전 방송이 없던 때라 혁명위원회는 라디오를 통하여
"각 지방에 파견되어 있는 국토건설추진요원들은 5월 20일까지 소속 부처
로 복귀하라"는 내용의 공지 통지문을 계속 방송하고 있었다.

나는 방송 청취내용을 밀양군청으로부터 확인한 후 급히 상경하기로
하고, 우선 의령초등학교에 재직 중인 아내에게 상황을 설명하고, 고향
에 들러 어머께 인사드린 후 간단한 짐을 챙겨 서울로 향했다.

이렇게 서둘러 서울에 올라왔으나 갑자기 숙소를 구하기 어려워 당분

1962년 6월 공보부 중앙청 석조전에서

간 서울고등학교 관사에 거주하는 큰처남 박일재(朴日在: 문교부 국장, 기획실장, 한국항공대학 부총장, 한국학술진흥재단 이사장, 사학연금관리공단 이사장 역임) 댁에서 우선 지내도록 처가댁에서 연락이 왔다. 사정이 급하니 염치 불구하고 관사에서 신세를 지게 되었다.

당시에는 중앙정부청사(中央政府廳舍)가 경복궁 내 석조전(石造殿)이었으며 국무원사무처도 경복궁 내에 있었다.

제2공화국의 장면 정부에서 임명된 정헌주(鄭憲柱) 국무원 사무처장은 1961년 5월 31일부로 나를 국무원사무처 방송관리국(放送管理局) 방송관리과 '촉탁'(囑託) 직을 면하고 '서기'(書記)로 발령했다.

그러나 군사혁명위원회가 중앙정부 조직개편을 단행함에 따라 국무원사무처는 공보부, 내각사무처, 법제처로 분리되었다. 나는 1961년 5월 31일 자로 혁명정부 공보부장(심흥선: 육군소장) 명의로 다시 공보부 방송관리국 방송관리과 '서기'로 재발령장을 받아 처음으로 행정업무를 시작하였다.

1961년 6월 초에는 정부기관과 국가공기업에 근무하는 군병역 미필자(軍兵役 未畢者) 촉탁과 임시직원을 전원 해고 조치했다.

중앙청 별관에 있던 공보부 청사는 매우 협소하였다. 그래서 6월 말에 6·25전쟁으로 불타버린 중앙청 석조건물에 처음으로 들어가 방송관리과의 사무실을 서편 2층으로 이전하고 하루 종일 청소했다.

내각사무처(內閣事務處) 시설부서가 청사 외부에서 전기선을 끌어와 임시조치를 하여 전깃불은 켤 수 있었다. 하지만 창문이 파손되고 불타버리고 없는 사무실에서 하루 종일 내부청소를 하고 그날 밤 혼자 숙직하면서 무서워 잠을 잘 수가 없었다.

군사정부의 공직 초년기에 누구하나 도와줄 이 없고 아는 이 없는 최말단 하급의 최연소 공무원으로서, 절치부심 이러한 온갖 시련을 감내하여야만 하였다. 혁명정부의 과도한 업무에 고달픈 직장생활의 첫 시련을 인내하며 극복해야만 하였다.

당시에는 타이프기기와 복사기, 볼펜도 없는 열악한 상황에서 숙직을 하면서 수많은 서류들을 새벽까지 복사지를 끼워 넣어 골필로 복사하고 나니 엄지와 검지의 통증으로 식사하기조차 어려움을 겪기도 하였다.

혁명정부의 새로운 정책에 따른 업무 폭주로 주말도 없이 매일 밤늦도록 일했다. 밤 12시 통행금지 시간을 넘어 퇴근하다 수시로 파출소에 연행되어 풀려나기도 하였으며, 서울고등학교 정문이 잠겨 철책을 넘어 밤늦게 관사로 귀가하게 되니 처남 댁에 미안하고 죄송하여 견딜 수가 없었다.

1960년 1인당 국민소득이 겨우 80달러이었으니, 모두가 생활형편이 넉넉하지 못한 그 당시에 약 한두 달 처남 댁 신세를 입었기에 수십 년이 지난 지금도 그때를 회상하면 이미 고인이 되신 처남 댁 내외분께 죄송한 마음에 가슴이 아프다.

서울고등학교 관사의 큰처남 댁에서 한두 달 지낸 후 서대문구 외곽의 신촌 쪽으로 방 하나를 구하여 나왔다. 당시의 신촌은 서울의 최변두리 지역이었다. 시내버스 종점인 아현동에서 신촌로터리가 조성되면서 개발이 한창이었던 신촌로터리 옆 시장 뒤편에 부엌 없는 월세방 하나를 구하여 잠만 자고 식사는 식당에서 해결하였다.

아내와는 1960년 10월에 결혼한 후 9개월이 되었으나 신혼의 단꿈도 느껴 보지 못하고, 서로가 멀리 떨어져 별거생활을 하여야 하는 힘들고 어려운 상황이었다. 아내는 의령초등학교 교사로 봉직했으나 임신으로 교사직을 그만두고 경남 진주시의 친정에 들어가 출산을 준비 중이었다. 내일의 새로운 신혼생활을 기대하며 이런저런 불편을 인내하며 감수할 수밖에 없었다.

1961년 7월 초 공보부 직제가 개편되어 공보부장(公報部長)이 공보부장관(公報部長官)으로 변경되고 외무부의 해외홍보 업무도 흡수하는 등 조직이 확충 개편되었다. 7월 7일에는 공보부장관에 오재경(吳在璟) 씨가 취임하였다.

1961년 5월 31일 국무원사무처가 공보부, 법제처, 내각사무처로 분리됨에 따라 공채 동기생 4~5명이 뿔뿔이 흩어졌다.

당시에 나는 국무원사무처 방송관리국에 소속되어 있어 공보부로 배치되고, 법제국 소속이던 동기 박윤흔(법제처장, 환경부장관, 대구대학교 총장 역임)과 한원도(법제처 차장, 중앙선거관리위원회 상임위원 역임)는 법제처로 배치되었다. 인사국에 소속되었던 동기 유옥제는 내각사무처로 배치된 후 동아일보사로 이직하였다. 1961년 7월 초 공보부의 조직 확대개편으로 우선 일부 인력을 급히 충원하기 위하여 각 부처로부터 정규 공무원 10여 명을 전입 충원하였다. 다행히 모두가 공무원 공채동기생들이었기에 그간의 외로움을 해소하게 되었다.

1961년 7월 공보부 조직개편에 따라 나는 방송관리과에서 총무과로 이동되었다. 공보부 본부를 비롯한 산하 소속기관인 서울중앙방송국 등 확대개편으로 새로운 인력을 시급하게 충원하여야만 했다.

군사혁명정부는 정부홍보의 특성을 고려하여 내각사무처(內閣事務處)를 배제하고, 공보부 주관으로 필요한 일반행정인력과 방송의 편성, 제작, 아나운서, 기자와 기술인력 등을 공개 선발하도록 특단의 조치를 하여 주었다.

직제개편으로 총무과로 이동되자마자 8월 중에 새로운 인력 충원을 위한 준비로 동분서주하였다. 다행히 7월 초에 각 부처로부터 새로 전입한 공무원 공채동기생(김기수, 김삼봉, 민헌식, 박남기, 백동호, 서종화, 장영오, 전영동, 한일주 등)들을 동원하여, 공보부 본부와 산하 서울중앙방송국의 신규요원 모집시험에서 시험감독과 채점을 담당하도록 하여 나에게 큰 도움이 되었다.

1961년 8월 공보부 요원모집 응시생들은 당시 중앙청 서편에 있는 국민대학교에서 시험을 치렀다. 나는 채점과 결과를 기록·종합·정리하는 일로 당일 밤을 지새워야만 하였다.

1961년 6월 군 미필 촉탁임시직을 정리한 후, 공보부의 직제 확대개편에 따라, 당시 정규직 서기를 비롯하여 군복무를 필한 사무관대우 촉탁 및 주사대우 촉탁과 임시직원 전체를 대상으로 1961년 8월 14일 보통전형시험(普通銓衡試驗)을 실시하였다. 위원장은 민유동 조사국장이었다.

나는 수석으로 합격하여 8월 31일 총무과 '행정주사보'(行政主事補)로 승진 발령되었으며, 12월 31일에는 '행정주사'(行政主事)로 승진하여 공보국 보도과(報道課)로 전보되었다.

1961년 박정희(朴正熙) 장군이 국가재건최고회의 의장에 취임함에 따라 매일 새로운 뉴스들이 홍수처럼 흘러나왔다.

때로는 내각수반 송요찬(宋堯讚) 장군의 지방시찰 기사가 밤중에 보도과로 전송되기도 했다. 이때는 보도과에 근무하는 당직 공무원이 신속하게 골필로 판에 긁어 등사기로 등사한 후 각 언론사에 연락하면, 언론사 당직기자들이 보도자료를 가져가 기사화하였다. 이러한 업무로 나는 각 언론사의 많은 기자들과 친숙하게 되어 크나큰 보람을 느꼈었다.

당시 이용상(李容相) 공보국장실에 장준하 선생이 자주 오셨다. 장 선생은 국토건설추진본부로 파견 위촉되어 지방에 파견되었던 국토건설추진요원 출신이라 나를 반가워하셨다. 국장실에 오실 때마다 불러 많은 격려를 해주셔서 큰 힘이 되었다.

1962년 4월 11일 보도과에서 총무과로 이동되었다.

혁명정부의 시책으로 모든 관용차량에 대한 유류절약(油類節約) 정량제도를 마련하여 시행했다. 차량 기사들이 차량 운행기록을 조작하여 유류 일부를 빼돌려 팔아 착복하는 부정이 발각되어 말썽이 났다. 나는 매일 운행기록을 철저히 체크하고 정량의 유류전표를 발급하였다.

어느 날 장관 차량이 유류가 부족하여 길에서 멈춰 버린 사고가 발생하여 총무과장 등 윗선에서 야단난 분위기를 감지하였다. 나는 지침에 정해진 정량제 규정에 따라 시행하였으며, 운전기사의 부정으로 초래된 사건이라 어느 누구도 하급공무원인 나에게 추궁하는 일은 없었다. 그러나 어수선한 부내 분위기로 불안하기만 하였다.

1961년 한 해를 돌이켜 보니 공사 간 참으로 다사다난했다. 직장생활 출발 초기부터 시대적 격동기에 엄청난 고난과 시련의 연속이었다.

한편으로는 나에게 닥친 그 힘겨운 역경에 좌절하지 않고 슬기롭게 인내하고 감수하면서 쌓은 내공은 냉혹한 경쟁사회에서 남들이 가지지 못한 무형의 무기(武器)가 되었다. 장차 나에게 다가올 변화무쌍한 세파를 돌파해 나갈 수 있는 토대와 자양분이 되었으니 그저 감사할 뿐이다.

숨 막히도록 동분서주했던 당시의 1년여를 회고(回顧)하여 보니 만감이 교차하며 눈물이 난다.

1960년 10월 결혼한 후 1년이 지났으나 이제 막 시작한 어렵고 힘든 공직생활 중에 설상가상으로 군사혁명 등의 정치적 상황변화의 격동기가 겹쳤다. 전 가족이 사방으로 흩어져 신혼생활의 단꿈도 꾸지 못하고 별거하며 사회로 진출한 첫 출발선상에서 호된 시련을 겪어야만 하였다.

1961년 9월 25일 아내는 경남 진주시 친정집에서 첫딸을 출산했다. 첫 아이를 출산했다는 연락을 받았으나 나는 군사혁명정부의 업무 과다로 다녀올 엄두를 내지 못하였다.

1961년 말 아버지는 경남 동래군청에서 또다시 멀고 먼 하동군청으로 좌천 전보되어, 전 가족이 서울, 부산, 대구, 하동, 진주 등 동서남북으로 흩어져 생활하게 되었다. 고향에서는 어머니 혼자서 어린 자녀를 데리고 홀로 농사일을 감당하셔야 하였으니, 우리 가정은 초비상상태에 처하였다.

당시 서슬 퍼렇던 군사혁명정부에서 모든 공무원은 규정된 규격의 누른색 간소복(簡素服)을 착용하고, 부처 배지(badge)를 달고 다녀야 하는 긴장된 분위기였다. 입고 출근할 마땅한 일반 정장복이 없었던 공무원 초년생인 나로서는 오히려 간편하고 좋았다. 그 후 수년간 간소복만 착용하고 지냈으니 편리하기도 하였었다.

4) 결혼 후 처음 서울의 셋방살이 전전하다

1960년 10월 결혼한 지 1년이 훨씬 지났으며, 첫딸을 진주 처가에서 출산을 하였으나 딸의 얼굴도 보지 못하고, 첫 신혼살림도 차리지 못한 채 각자 멀리 떨어져 생활을 해야 하였으니 답답하고 한스러웠다.

1962년 새해를 맞이하여 추위가 좀 지나고 봄이 되면 신혼생활을 할 월세방을 구하기로 하였다. 일요일마다 월세방을 구하기 위하여 서울의 최변두리 지역인 신촌 인근의 창천동, 노고산동, 신수동 등을 돌아다녔으나 월세가 비싸 내 형편에 맞는 셋방을 구하기가 어려웠다.

동분서주한 끝에 창천동의 허름한 한옥집의 부엌 없는 방 하나를 월세로 싸게 구하였다. 신촌로터리 시장 뒤편에 잠만 자고 지내던 월세방에서 짐을 옮긴 후 의복과 이불 등을 넣어 둘 캐비닛 1개와 작은 찬장 1개를 구입했다. 간소하게나마 신혼 첫 살림살이를 꾸린 것이다.

1962년 4월 봄이 되었다. 1960년 10월 29일 결혼하자마자 별거하여 온지 1년 6개월 만에 진주의 친정집에서 생활하던 아내가 젖먹이 첫딸을 안고 서울로 올라왔다. 늦었지만 처음으로 신혼생활을 시작하게 되었다. 늦은 신혼생활의 단꿈은 날이 가고 달이 갈수록 사라져 가고, 당시에 월 1만 원의 박봉으로 생활하자니 고달프기만 하였다.

박봉인 공무원 직업에 대해 장래 희망보다는 불안감이 점점 쌓여만 갔었다. 월세방은 말이 한옥이지 가구용 목재로 지은 낮고 작은 단칸방이라 캐비닛을 두고 나니 겨우 두 사람이 잘 수 있는 좁은 방이었다. 겨울에는 외풍으로 추워 지내기가 어려웠다.

또한 집주인은 밤에 잠을 잘 자지 않고 울어 대는 어린애를 달래기 위하여 불을 켜면 전기세가 많이 나온다고 했고, '물을 많이 사용한다', '대문을 자주 열고 드나든다'는 등 간섭과 잔소리가 심하여, 난생처음 겪는 셋방살이가 서럽고 무척 고달팠었다.

전셋집마다 어린애가 있는 세입자를 싫어하여 셋방을 구하기가 어려웠다. 한 집에 오래 있을 수가 없어서 6개월마다 셋방을 옮겨 다녀야만 하였다. 이러한 격동기에 창천동을 시작으로 신수동, 연희동, 동교동, 서교동, 노고산동, 서강동 등 그 주변 일대를 1961년부터 1967년까지 7년간 단칸방 셋방살이로 돌아다니며 살았다.

세상물정을 잘 모르는 27세의 젊은이가 초년 살림살이부터 공사 간에 수많은 설움과 모진 세파를 이겨내면서 눈에 보이지 않는 많은 것을 터득하였으나, 그 모든 것이 나에게는 무형의 보물이 되었으나 심신이 한없이 괴로웠다.

한편 고달픈 공직생활과 박봉으로 생계를 지탱하기 어려웠던 나는 장차 민간기업으로 진출할 생각으로 경영학을 공부하기로 결심하였다. 마침 1963년 초 고려대학교에서 우리나라 최초로 경영대학원(석사과정, 연구과정)이 설립 개강되었다.

나는 1963년 경영대학원에 입학하여 연구과정을 수료하고 1964년 8월 '경영진단사'(經營診斷士) 자격증을 획득하였다. 앞으로 민간기업으로 진출할 기회가 오게 되면 활용할 수단을 미리 확보하였던 것이다.

1963년 민정이양을 앞두고 6월 18일 개각이 단행되었다. 공보부장관에 이원우(李元雨) 차관이 승진 취임한 후 군 출신인 장(張)모 씨가 총무과장으로 부임하자 앞서 언급한 장관 차량기사 유류사건의 후유증으로 나는 문화선전국 문화과로 밀려났다.

5) 아내의 초등학교 교사 복직

당시의 박봉으로 생활을 지탱하기가 점점 힘들어졌다. 일반 중견기업 종사자의 봉급에 비교하면 거의 반액 수준에 불과한 실정에서, 부모님으로부터 일부 지원을 받지 못하는 공무원은 기업체로 전직하기를 희망하였고 실제로 기업체로 떠난 동료들도 있었다. 나도 좋은 여건과 기회가 생기면 가고 싶은 마음에 공무원 사직서(辭職書)를 호주머니에 수개월간 간직하고 지냈다.

1963년 10월 3일 둘째 딸(성귀란)이 태어나 두 자녀를 양육하게 되자 생활은 더욱 힘들어졌다. 부부간에 말다툼도 늘어 심신이 괴로웠다. 한때는 이혼 등 극단적인 독한 마음도 일었으나 인내하면서 남몰래 깊은 상념에 빠져 헤매기도 하였다.

특히 아내는 경남 진주에서 고생을 별로 겪어 보지 않고 성장하였고 1956년 3월부터 초등학교 교사 생활을 하던 중에 1960년 10월에 결혼을 하였으므로 고생이라는 것을 몰랐었다.

더구나 당시에 남들보다 젊은 24세의 나이에 일찍 결혼한 후 바로 임신하여 아이를 낳고, 난생처음으로 멀고 먼 타향 객지 서울에서 살림살이를 시작하였으니 여러 가지로 고달프고 매사가 힘들 수밖에 없었다.

시골 농촌의 어려운 가정환경에서 초등학교부터 대학 졸업 때까지 농사일과 집안일에 매달려 온갖 고초와 역경을 겪으면서 단련되어 온 나와는 성장 배경과 과정이 정반대였으니 상호간 뜻이 잘 맞을 리가 없었다.

우리 내외는 몇 달간 깊은 고뇌 끝에, 이런 고난과 시련을 슬기롭게 이겨 나갈 방책을 모색하기로 했다. 진주 처갓집의 도움을 받아 아내의 고향인 경남 의령군 가례면 수성리에 사는 먼 친척의 딸을 도우미로 들이기로 하고 아내는 초등학교 교직에 복직하기로 의견을 모은 것이다.

그 당시에는 초등학교 취학아동들이 많아 교실이 부족하여 2부제 수업을 하였으며, 초등학교 교사도 부족한 상황이었다. 부부가 공직에 근무할 경우, 복직에 유리한 조건이기도 하였다.

1956년 3월 31일부터 1961년 5월 10일까지 5년 2개월간 의령초등학교 교사로 재직하였던 아내는 결혼과 출산으로 사직한 후 약 3년 4개월 만인 1964년 9월 25일 서울시교육위원회 교육연구소 연구원으로 발령을 받아 복직하게 되었다.

아내는 1965년 10월 31일까지 1년 1개월간 교육연구소 연구원으로 근무한 후 1965년 11월 1일부터 서울 신촌의 창서초등학교 교사로 옮겨가게 되었다. 이러한 상황 변화로 그간 힘겨웠던 생활에서 점차 안정을 찾게 되었음에 그저 감사할 뿐이었다.

아내는 창서초등학교를 시작으로 연희, 동교, 연가, 중동, 혜화, 서교, 대신초등학교 등에서 1994년 12월 31일까지 총 36년간 봉직한 뒤 교장 승진을 위한 교육연수를 사양하고, 가사에 전념하고자 사직서를 제출하고 교감(校監)으로 퇴임하였다.

"집안에 여자가 출세하면 남편의 출세를 막는다"는 고정관념에서 사실은 1년 전인 1993년 12월 갑자기 사표를 제출했다가 밤중에 갑자기 밖으로 뛰쳐나가는 등 정신적으로 이상증세(異常症勢)가 발생하여 며칠간 불안하여 견딜 수가 없었다.

다음 날 나는 출근하자마자 곧바로 문교부 친구에게 연락하여 서울시교육위원회에 사표 수리를 보류하도록 부탁한 후 사직서를 되찾아 왔었다. 36년간 장기근속하여 온 직장에 사전에 아무런 마음의 준비 없이 갑자기 사표를 던져 버리고, 불규칙한 생활환경으로 급변하게 되어 아내가 정신적으로 충격이 컸다고 판단하고 우선 마음의 안정을 찾도록 당부하였다. 지금부터 1년 후에 직장을 그만둔다는 계획을 세우고 차분한 마음

가짐으로 마음의 준비를 하는 것이 최선의 방법임을 설득하였다.

아내는 다음 해인 1994년 12월 31일 57세에 교감 직책에서 심적·정신적 부담 없이 편안하게 학교를 떠나게 되었다. 총 35년 4개월에 걸친 교직생활을 정년 3~4년을 앞두고 마감한 것이다.

이렇게 하여 "평생을 2세 교육에 헌신 봉사함으로써 교육 분야 발전에 이바지한 공로"로 대한민국 헌법의 규정에 의하여 1994년 8월 31일 김영삼 대통령으로부터 '국민포장'(國民褒章)을 받고, 젊음을 바쳤던 초등학교 교직생활을 마무리하고 교감(校監)으로 퇴직하였다.

나는 1963년 12월부터 1968년 10월 31일까지 공보부 문화과에서 행정주사로 6년간 장기 근무하는 기간에 공보부장관이 무려 6명이나 바뀌었다. 1961년 8월 14일 공보부 주관 보통전형시험에서 수석(首席)으로 합격한 죄로 보직과 승진에 있어 수많은 견제와 불이익을 당하며 인내하여 왔다.

1961년 12월 31일부터 보도과 근무 중 1962년 4월 11일 또다시 총무과로 이동되어, 규정된 지침에 따라 차량유류 정량제를 담당하여 철저히 준수하였다. 앞에서 언급한 바와 같이 장관 차량기사가 매일 지급하는 유류 일부를 단골 주유소와 현금으로 교환 착복함으로써, 어느 날 장관 차량이 유류 부족으로 도로에 멈춰 버린 일이 발생했다. 총무과장 등이 장관으로부터 호된 질타를 받아 부내가 어수선하였고, 해당 기사는 해고 조치되었다. 정부시책과 부내 규정에 따라 정도(正道)를 실천하여 온 나에게는 아무런 말이 없었으나 마음이 편치 않았다.

그런 일이 있은 후 신임 총무과장이 부임하여 나는 1963년 8월 26일 문화과(文化課)로 옮기게 되었다. 이후 하급공무원으로서 배경 든든한 다른 동료들처럼 희망하는 다른 과로 이동하면서 새로운 업무를 터득할 수 있는 기회를 얻지 못하고, 한 과에서 무려 6년간이나 장기근무토록 하는 인사책임자의 처사에 약자의 설움을 감내하여야만 하였다.

공무원 보통전형시험 수석합격으로 인하여 선임 공무원들과 인사담당자로부터 질투와 질시로 인사나 근무평정에서 불이익을 받아 승진 기회를 박탈하거나 승진시험 일자를 고의로 늦게야 알려 주는 등 수많은 수모를 받았었다.

한편으로는 장관 차량기사의 유류착복 사건으로 윗분과 인사책임자들이 장관으로부터 당한 수모를 나에게 앙갚음하기 위하여 보직인사에서 엄청난 냉대를 자행하였다. 나를 문화과로 전출시킨 장모 총무과장은 그 후 문화과장으로 부임하여 또다시 만나게 되었으나, 매사를 정도(正道)로 실천하려는 나의 생각과 달리하였다.

민정이양 후 미국의 존슨 대통령과 독일의 뤼푸케 대통령 등 외국 대통령의 방한이 많아졌고, 그때마다 서울시민회관에서 행한 환영공연을 문화과에서 담당하였다. 행사는 무용단, 국악단, 교향악단, 합창단 등 약 1천 명이 출연하는 대공연으로서 각 단체별로 출연료를 직접 정산하여 은행으로 송금하였으나, 새로 부임한 문화과장은 출연료를 문화과 특정 직원에게 주어 전하게 하였다. 그 후 김문숙 무용단장이 나에게 전화를 하여 "성 선생님, 이번에는 출연료를 전례보다 반액만 주시나요?" 하는 것이었다. 나는 전액을 다 주었으니 전달받은 그 사람에게 문의하시라고 하였는데, 그 당시의 일들이 지금까지 나의 뇌리에서 지워지지 않는다.

당시에는 문화예술인들의 활동무대가 빈약했다. 이에 문화예술 공연시설의 확충을 위하여 '민족문화센터설립 추진위원회'가 설치되어, 제 1

단계로 장충동 남산 기슭을 절개하여 국립극장(國立劇場)과 국립국악원(國立國樂院)을 건립하는 계획을 수립 추진하는 과정에서 실무자로서 착공식 등 제반사항을 진행하면서 많은 어려움을 당하기도 하였다.

이러한 일련의 공로로 1966년 12월 31일 연말 종무식에서 나는 홍종철(洪鍾哲) 공보부장관으로부터 '장관표창장'(長官表彰狀)을 받는 영광을 갖게 되었다.

또한 공무원 생활 6년 만에 장관표창장을 받은 지 1년 1개월이 된 1968년 1월 15일에는 정일권(丁一權: 제9대 국회의장) 국무총리로부터 "귀하는 공무원으로서 평소 맡은 바 임무를 성실히 수행하여 왔으며 특히 종합민족문화센터 건립사업에서 창의와 열성으로 원활한 행정적 지원을 다함으로써 동 사업의 추진에 기여한 공로가 다대하다"하여 하급직 공무원으로는 파격적으로 '국무총리 표창장'(國務總理 表彰狀)을 받는 영광을 누리기도 하였다.

그러나 공무원이 장관 표창과 국무총리 표창을 받아 본들 무슨 소용이 있으랴. 온갖 견제와 시기질투로 부서이동과 승진 기회는 여전히 박탈당하고 있었으니 차제에 공직을 그만 포기하고 다른 직장으로 떠나야 할 것인지 깊은 고민에 쌓여 실로 만감이 교차하였다.

6) 지원 입대시킨 남동생 부상으로 곤욕

1964년 첫째 남동생(성낙건)이 대학 졸업을 1년 앞두고 있을 때였다. 나는 부모님 몰래 군대 입대영장이 나왔으니 군에 입영하여야 한다고 속이고, 남동생에게 군복무를 필하여야만 공무원 등 취업을 남보다 먼저 할수 있다고 설득하여 논산훈련소에 지원 입소하게 되었다.

논산 육군훈련소에 지원 입영한 지 1개월이 지난 후 동생으로부터 긴급 연락이 왔다. 훈련소에서 야외학과 사격훈련 교육 중 조교의 잘못으로 한쪽 눈 부상으로 육군 후송병원에서 입원 가료 중이라는 통보였다.

부모님 몰래 동생을 지원 입대시켰는데 훈련 중에 부상이라니 눈앞이 캄캄하였다.

당일 퇴근길에 바로 서울역으로 달려가 저녁 7시에 논산행 야간열차를 탔다. 당시 철도시설이 낙후하여 완행열차가 논산까지 무려 12시간이 걸려 다음 날 아침 6시경 논산역에 도착하였다. 곧바로 육군후송병원에서 동생을 면회하여 부상당한 눈을 보고 놀라지 않을 수 없었다.

훈련소 사격연습장에서 조교의 잘못으로 M1총 실탄 케이스가 눈으로 떨어져 한쪽 안구가 파열 손상되어 많은 출혈로 안구 전체가 완전히 흑색으로 변해 있었다. 당시는 의료기술이 열악한 상황이라 걱정이 태산처럼 밀려왔다. 부모님께는 이러한 상황을 알리지도 않고 혼자 애를 태웠다. 당시는 집안에 한쪽 눈이나 수족 불구자가 있을 경우 집안 전체가 혼삿길이 막히는 극히 보수적인 시대상황이라 어떻게 할 바를 몰라 고민만 쌓여갔다.

동생을 강제로 군에 지원 입대시킨 죄책감으로 바쁜 공직생활 중에 수시로 논산으로 달려갔다. 담당 군의관을 찾아 상담을 하였으나 좋은 얘기를 듣지 못하여 걱정이 태산처럼 나의 가슴을 짓눌렀다. 논산의 육군후송병원에 입원하여 6개월이 지나자 안구의 검은색이 차츰 줄어들면서 호전되어, 눈의 초점이 흑색 콩알만 한 크기로 줄어들었다.

전남대학교 의대 출신인 군의관이 미국의 의학서적을 구하여 많은 연구를 하면서 성심성의를 다하여 준 결과였다고 생각되어 한없이 감사했다. 이 기회에 다시금 그분의 정성에 깊은 감사를 드린다.

이렇게 하여 점차적으로 눈의 초점은 정상적으로 호전되어 갔으나 손상된 시력은 완전 회복이 쉽지 않고 많은 시간이 소요될 상황이었기에 의병제대 신청을 하여 1년여 만에 의병제대를 하게 되었다.

결과가 호전되어 천만다행이었으나 부모님을 속여 군 입대를 강요한 나로서는 잠을 이룰 수가 없었다. 동생의 앞날을 위해 저지른 무모한 행동으로 동생이 엄청난 고생을 하였음에 가슴이 아팠으나, 천우신조로 회복이 되었음에 감사하였으며 부모님께도 눈물로 사죄드렸다.

의병제대 후에야 동생으로부터 사격장에서 발생한 사건에 대한 진상을 듣고는 울분을 참을 수가 없었다. 훈련소에서 교육훈련 중에 동생이 중대 서무를 담당하면서 훈련병들로부터 일정 금액을 수금(收金)하여 훈련소의 선임하사에게 상납(上納)하지 않는다는 반감으로 고의적으로 실탄케이스로 동생의 눈에 상처를 입혔다는 것이었다.

동생은 이 사건의 진상을 나를 비롯한 어느 누구에게도 말하지 않았는데, 입원 가료 중에 후송병원에서 보안사령부 요원인 친구를 우연하게 만나 상황을 말하여 달라는 그의 간청에 하는 수 없이 전후 상황을 설명했다고 한다. 그 하사관은 징계를 당하여 다른 부대로 전출당했다는 사실을 의병제대 후에야 나에게 실토함으로써 전후 실상을 알게 되었다.

동생은 의병제대 후 복학하여 대학을 졸업하고, 이내 전국 국가공무원 공개채용시험에 합격하여 건설부에 배치되어 근무하게 되었다. 30여 년간 건설부를 비롯하여 상공부와 내무부의 공무원(국장)으로 봉직한 후 민간기업의 부사장과 사장 등으로 20년간 봉직하였다.

7남매의 장남인 나로서는 동생들이 대학을 졸업하자 남보다 먼저 취업을 시켜야 하겠다는 욕심으로 둘째 남동생(성낙용)에게도 지원 입대를 강요했다. 둘째 남동생은 1971년 대학 졸업을 몇 개월 앞두고 가두시위에 참가했다가 경찰에 연행되어 하룻밤을 새고 귀가하였다. 이 소식을 듣고 나는 당장 군에 지원 입대하라고 강권했다.

그는 졸업을 1개월 앞두고 공군갑종학교 장교시험에 응시해 합격했고, 졸업 후 바로 공군갑종학교에 입교하여 군사교육과정을 수료한 후 공군 소위로 임관, 2~3년간 복무한 후 공군중위로 예편 제대하였다.

둘째 남동생은 공군 제대 후 바로 증권회사 취업시험에 합격하여 유화 증권회사에서 근무한 후 대형 증권회사인 동서증권으로 옮겨 직장생활을 계속하였다. 임원으로 승진 재직 중 1998년 IMF 외환위기 때 동서증권회 사의 폐업으로 30년 가까운 증권계 봉직을 마무리하고 동서펙토링 대표 로 활동하였다.

1973년 셋째 남동생(성낙인)은 대학 재학 중 기관지폐렴으로 인하여 군 입대 불가 판정을 받아 군 입대를 포기하여야만 하였다.

1979년 넷째 남동생(성낙서)은 대학 재학 중 군복무를 마치고 대학을 졸업하자마자 바로 고등학교 교사로 취업했다.

당시는 금력과 권력을 배경으로 군복무를 회피하는 불법행위들이 만연 해 많은 문제들이 제기되던 시절이었다. 그러나 매사에 부정비리를 배척 하며 오로지 정도(正道)만을 추구하는 나의 외고집으로 동생들은 남들보 다 일찍 취업을 하게 되었다.

그들 마음속으로는 추호도 틈을 주지 않는 형의 지나친 독단에 불평불 만이 많았으리라. 한편으로는 동생들에게 미안스럽기도 하다. 형의 지나 친 독단적 결정에 순응해 준 동생들을 생각하면 생각할수록 눈물겹고 그 저 감사하기만 하다. 장남으로서 부모님의 근심을 조금이라도 덜어 드리 려는 마음에서 비롯된 좁은 소견이었다고 반성하면서도 장남인 나에게 주어진 숙명(宿命)이라 생각하였다.

7) 연희동 무허가 집 철거로 쫓겨나다

이승만 대통령은 휴전 후 연세대학과 연희입체교차로 구간 도로변에 6·25전쟁으로 황해도에서 피란 온 고향사람들을 위하여 60여 채의 목조 간이주택을 지어 제공하였다. 휴전 후의 혼란스러운 상태에서 급조한 이 주택은 이후 행정적으로 사후정리가 되지 않은 상태였다.

1961년 5·16 군사혁명 후 도로확장계획이 추진되어, 그 일대 간이주택 전체가 무허가 불법 건물로 철거하도록 강제하는 조치가 내려졌다. 나는 이러한 상황을 확인하지 않고 싼값에 현혹되어 매입하여 거주해 오다 2년 후에야 불법 건축물임을 알고 한탄하였다. 세상물정에 어두웠던 초년의 공직생활 중에 겪은 고난을 평생 잊을 수 없다.

이곳 연희동의 무허가 집에서 약 2년간 거주했는데, 1965년에는 건설부 공무원으로 발령을 받은 첫째 남동생(성낙건)과 경기고등학교에 입학한 셋째 남동생(성낙인)이 함께 살게 되어 두 딸과 함께 7명의 대식구가 되었다.

1년여가 지난 후 첫째 남동생은 결혼하여 신혼살림을 차려 나갔으며, 셋째 남동생은 경기고등학교 학생으로서 고위공직자 댁의 경기중학교 학생 입주 가정교사로 나갔다.

그 후 1966년에는 진주에서 서울의 초등학교 교사로 전보된 첫째 처제(박명자)와 초등학교 교원자격시험으로 상경한 둘째 처제(박길재)가 몇 개월 함께 거주하였다.

이후 첫째 처제는 내외가 부부교사로서 남편(조광호)도 서울로 전보되어 새로 집을 마련하여 나갔으며, 둘째 처제는 결혼을 하기 위하여 진주로 내려갔다.

우리 식구는 서울시의 철거계획에 따라 이 집을 떠나야 했는데, 설상가상으로 나는 연탄가스 사고로 죽을 고비를 겪었다. 다행히도 무사히 회복하게 되었다.

이곳을 떠나기 위하여 전세방을 구해야 하니 난감했다. 주말에는 서울시 변두리에 전셋집이나 싼 소규모 주택을 찾아 수차례 다녀 보았으나 형편에 맞는 집이 없어 답답하였다. 당시 지금의 동교동로터리를 지나 지하철 2호선 홍대입구역 부근 넓은 농토에 신촌전화국(新村電話局) 건물이 신축 중에 있었다. 그 바로 뒤편에는 개천이 흐르고 개천 건너 일대 전체에는 벼를 심는 논이 넓게 펼쳐져 있었다.

신축 중인 신촌전화국 뒤편을 흐르는 개천에서 약 100m 떨어진 논 가운데에, 시멘트 블록으로 급하게 지은 5, 6채의 기와집들이 매물로 나와 있었다. 그중에 제일 규모가 작고 싼 집이 나의 형편상 적당할 것으로 생각하고 매입하기로 하였다.

그러나 막상 집값을 마련하려니 걱정이 태산 같았다. 한편으로는 교통이 불편하여 출퇴근 문제가 걱정되었다. 그 당시에는 시내버스 종점이 신촌로터리에 있었는데 그곳까지는 걸어서 30분이 소요되었다.

신촌에서부터 동교동로터리와 합정동까지는 도로조성 공사가 진행 중이었다. 신축 중인 신촌전화국 뒤편에는 하수처리가 되어 있지 않아 검게 썩은 물이 흐르는 개천에서 악취가 진동하였다. 개천에 다리가 없어 신발을 벗고 건너야 하였으며, 신촌로터리까지 걸어가서 시내버스를 타고 출근을 하여야만 하였다.

그 개천과 매입하려는 시멘트 블록주택 사이에 벼를 심는 논들은 낮은 지대로서 당시 조선호텔을 철거한 폐자재와 서울시내 각종 쓰레기를 그곳에 버리고 있어 아침저녁으로 출퇴근할 때마다 악취와 모기 떼로 곤욕을 치러야 하였다.

그러한 악조건에도 싼 집을 마련하여야 하는 형편이라 좋고 나쁨을 가릴 게재가 못 되었다. 고심 끝에 부모님 몰래 대구에서 '경일양조장'을 운영하시는 이모부께 사정을 말씀드렸더니 쾌히 지원하기로 하셨다. 이모는 어머니의 친동생인데, 언제 어디서나 친자식 이상으로 나에게 지극하신 사랑과 정을 주셨다. 지금도 이모님 내외분을 생각하면 눈물이 앞을 가린다.

1967년 드디어 이모부로부터 빌린 50만 원으로 서울시 마포구 동교동 100-5번지의 약 20평 대지에 영세 건축업자들이 시멘트 블록으로 급조한 방 3개의 볼품없는 집을 샀다. 공직생활 7년 만에 처음으로 내 집을 마련하였으니 감개무량(感慨無量)하여 며칠간 잠을 이루지 못하였다.

1962년 6월 10일 5·16 군사혁명정부가 1963년의 민정이양을 앞두고 '통화관리를 10분의 1로 조절하고, 호칭을 환(圜)에서 원(圓)으로 변경하는 화폐 개혁조치'를 단행한 후 얼마 되지 아니한 시기였으니, 50만 원은 큰돈이었다.

1967년 셋째 딸(성의진)이 동교동 집에서 출생했다. 아들이라고 큰 기대를 하였는데 또 딸이 출생하여 실망이 컸다. 1971년 8월에 다행히 그렇게 소망하였던 아들(성민경)이 출생하여 그간의 소망을 풀어 주었다. 이제 1남 3녀를 둠으로써 모두가 기뻐하였으니 얼마나 고맙고 다행스러운 경사였는지 그저 감사할 뿐이었다.

동교동에 내 집을 마련함으로써 고려대학교에 입학한 둘째 남동생(성낙용)과 경기고등학교 재학 중 입주 가정교사로 있던 셋째 남동생(성낙인)이 대학입시 준비를 위해 가정교사를 일시 중단하고 함께 거주하게 되었다.

단독주택을 마련하여 입주의 기쁨도 잠시, 1968년 여름 대홍수로 마포구 망원동과 서교동 그리고 동교동까지 침수되어 크나큰 피해를 겪었다. 당시의 주택들은 대부분 화장실이 옥외에 설치된 재래식이어서 침수되면 화장실의 분뇨와 하수구의 오폐수를 비롯하여 각종 쓰레기가 뒤섞여 수해지역은 악취로 견딜 수가 없었다.

홍수가 빠져나간 후에는 큰방의 구들장이 내려앉는 등 많은 피해를 입었다. 홍수 속 부유물의 찌꺼기를 청소하고 악취를 제거하느라 곤욕을 치렀으며 각종 질병이 만연하여 많은 고통을 겪었다.

1971년 2월에 둘째 남동생(성낙용)이 고려대학교를 졸업하고 공군갑종학교에 입교하여 떠나고, 1972년에는 막내 동생인 넷째 남동생(성낙서)이 서울 대동상고에 진학하였다.

아내와 나는 얼마 되지 않는 박봉을 최대한으로 절약하여 수년에 걸쳐서 차용금(借用金) 50만 원을 완전히 갚을 수 있었다. 쌀과 된장, 간장 등은 고향에서 농사하시는 부모님으로부터 지원을 받아 큰 도움이 되었다.

당시에는 택배운송제도가 전국적으로 발달되지 않은 상황이라 시골에서 서울까지 화물운송은 대한통운회사가 독점했다. 서울역 구내의 대한통운회사 창고까지만 운송되었는데, 기한 내에 찾지 않으면 보관료를 납부하여야 하였다.

때로는 수하물을 찾고 보면 볏짚 쌀가마니에서 쌀을 한 말 이상을 빼내간 경우도 있었으나 어디 하소연할 수도 없었다. 서울역 후문 구내에서 화물을 인수하여 대기하는 3륜차로 집으로 운반하였다.

이러한 상황에서 아버지는 경남 도내의 각 시·군을 전전하시던 공직생활을 더 이상 계속할 수 없었다. 자녀들이 직장과 학업을 위하여 모두 대도시로 떠나고 보니 어머니 혼자서 농사를 짓기가 어렵게 되었다. 공무원을 사직(辭職)하고 귀향(歸鄕)하여 농사에 전념하시게 됨으로써, 서울에서 생활하는 자식들에게 쌀과 보리쌀을 비롯하여 마늘과 고추 등을 지원하게 되었다.

동교동에 마련한 초라하고 좁고 작은 주택이었지만 부모님의 지원 등에 힘입어 비교적 안정된 생활을 하게 되었다. 하지만 이곳에 입주한 후두 번이나 연탄가스 사고로 죽을 고비를 넘겨야 하였다.

8) 성산중학교와 창녕고등학교 설립허가를 돕다

(1) 성산중학교 설립허가

1960년대 초만 하여도 출산율이 높아 군청 소재지의 중학교는 학생 수용 교실이 부족하였으며, 먼 거리에서 군청 소재지의 중학교로 통학하기가 어려워 면 단위 지역에도 중학교를 신설할 필요가 있었다. 지리적으로 창녕읍에서 멀리 떨어져 있는 성산면 출신으로 나의 동생과 창녕중학교 동기생인 성태동 군이 자기 고향인 성산면에 중학교를 설립하여 인접한 경상북도 달성군 지역의 중학 진학생들도 흡수할 계획을 세웠다.

성산중학교(城山中學校) 설립허가 신청서를 창녕군 교육청에 제출하여 경상남도 교육청을 경유하여 문교부로 송달해야 하는데, 지방 행정력이 미약하여 서류처리가 지연되어 학생응모 기한이 임박하게 되었다. 다급히 상경하여 해결책을 찾아 헤매던 성태동 군은 창녕중학교 동기생인 나의 동생(성낙건)을 우연히 만나 전후의 상황을 설명하였던 것이다.

안타까운 사정을 들은 동생은 "나의 형님 처남이 문교부 공보관 겸 장관 비서관인데, 현재 공보부에 계시는 형님께 자세한 내용을 설명하여 보라"고 당부하였다.

그렇게 하여 1964년 2월경 성태동 군이 중앙청 내 공보부로 나를 찾아와 다급한 상황을 설명하면서 선처를 부탁하였다. 나는 농촌 면민(面民)들의 자녀교육을 위한 육영사업의 필요성에 공감하여 문교부의 처남에게 전후의 사정을 설명하고 조속한 시일 내에 설립허가가 나도록 당부했다.

이렇게 하여 1964년 3월 23일 성산중학교 설립허가를 신속하게 받아 학생을 모집할 수 있게 되었다. 개교 후 성태동 성산중학교 설립자는 그 당시의 급박한 상황을 잊을 수 없어 중학교 교정에 나의 처남 박일재와 나의 이름이 새겨진 작은 석비(石碑)를 세웠다. 기회가 있을 때마다 한번 방문하기를 간곡히 요청하기에 어느 날 고향에 들른 김에 방문하여 격려한 일이 있었다.

(2) 창녕고등학교 설립허가 및 후속지원

1982년에는 창녕 영산면(靈山面)에 사는 이이두(李二斗)라는 생면부지의 향인(鄕人)이 중앙청으로 나를 찾아왔다. 본인은 영산면에서 여자중·고등학교를 설립하여 육영사업을 하고 있으며, 창녕읍내에 인문계 고등학교의 필요성을 절감하고 고등학교를 설립·운영하기 위하여 문교부에 허가신청을 하였는데 어려움이 많으니 좀 도와 달라는 것이다.

창녕고등학교(昌寧高等學校) 설립허가 신청서류는 이미 경상남도 교육청을 경유하여 문교부에 송달되어 있으나 진전이 없다며 전후의 여러 상황들을 설명하였다.

나는 생면부지 향인의 신분과 인품 등에 대하여 알지 못하였으나 고향에 있는 친구들과 지인들에게 물어 웬만큼 상황을 파악했다. 본인은 이미 서울에 있는 몇몇 유력 향인들을 찾아다니면서 협조를 당부하였으나 특별한 도움이 되지 못했다고 하며, 고향에서 여러 향인들로부터 나에게 찾아가면 적극적으로 도와준다는 말을 듣고, 염치불구하고 나를 찾아왔다는 것이다.

사실 당시의 짧은 공직생활 중에도 고향으로부터 여러 향인들이 민원과 애로사항 등으로 나를 찾아왔었다. 나의 사심 없는 노력으로 고향 창녕극장의 하광지 씨의 아들과 서동수 씨 그리고 영산극장과 남지극장에 근무하는 영사기사(映寫技士)들이 영사기사 자격증을 취득하는 데 결정적 도움을 주기도 하였으며, 그 외에도 각 부처에 관련된 향인들의 민원 등을 적극으로 주선 협조하였다.

나는 이이두 향인의 다급한 애로사항을 외면할 수가 없어 우선 문교부에 근무하는 공무원공채 동기생인 국장과 과장들에게 상황을 설명하고 적극적인 협조를 당부했다. 한편으로는 앞서 성산중학교 설립 과정에서 언급한 박일재 처남께서 문교부 국장과 기획관리실장을 거쳐 학술진흥재단 이사장으로 재직하고 있어 측면 지원을 요청하여 1982년에 허가가 나도록 도왔다.

이러한 인연으로 창녕고등학교에 대하여는 그 후에도 학교 도서관 건립을 비롯하여 학교 본관 사무동 건립, 강당 건립과 영산여중의 체육관 건립을 위하여 서너 차례에 걸쳐 각각 13~15억 원의 문교부 보조금을 받도록 도움을 주었다. 그 외에 학교 운영과정에서 야기되는 행정상의 문제와 도교육청과의 행정 등 애로사항들에 대해 문교부 감사실 등에 근무하는 공무원공채 동기생 국장들을 통해 많은 협조를 받도록 하였다.

1970년대의 산업화시대를 맞아 자녀들의 교육을 위하여 너도나도 도시로 진출하는 현상들이 나타나기 시작하였다. 2000년대에 들어서자 농촌에는 젊은 세대는 사라지고 아이들의 울음소리조차 들을 수 없는 쓸쓸한 농촌으로 변모하여 70~80대의 노인들만이 외로이 농가를 지키며 살아가고 있는 실상이다. 고향을 오르내리면서 이러한 현상들을 보며 개선할 방법이 없을까 안타깝기만 하다.

2. 사무관(5급: 계장)으로 승진하다

1) 월권과 견제로 한 많은 설움을 이겨내다

1961년 부내 보통전형시험에서 수석으로 합격하여 남보다 먼저 행정주사로 승진하고 나니 여러 가지로 견제와 질투, 시기가 심하였다. 5·16 군사혁명 후 군 미필 공무원들이 퇴출되자 민정이양에 앞서 중위·대위급 장교들이 예편과 동시에 사무관으로 특채되는 인사가 빈번하였고, 민정이양 이후에는 권력과 재력, 지연과 학연, 친소관계 등 비합리적인 작용으로 승진의 기회가 주어지지 않았으며 계속 견제와 불이익을 당했다.

한번은 인사 담당자가 사무관 승진시험 일정을 고의적으로 뒤늦게 알려 주기도 하였다. 그들의 야비한 행태에 솟구치는 분노를 자제하면서 남은 일주일간의 짧은 기간에 속성으로 시험공부를 하였으나 좋은 성적을 얻을 수가 없었다. 더욱이 그 당시 30대 초반의 젊은 나이에 만성 위장병으로 장기간 고생하던 처지에 갑자기 시험공부에 몰두하고 보니 정신적·육체적으로 많이 쇠약해졌다.

1967년 4월 초 시험 결과 합격선에 들었으나 동점자 두 명에 포함되어 나보다 수년 먼저 공직에 입문한 연장자(年長者)에게 합격이 주어지고, 나는 불합격으로 처리되었다. 그 외에도 근무평가(勤務評價)를 조작하여 승진시험 기회를 박탈케 하는 등 별의별 방법으로 나를 강적으로 배제하면서, 그들은 나보다 먼저 합격하여 사무관으로 승진하였다. 그러나 그들의 공직생활의 말로는 악업(惡業)의 소산인지는 알 수가 없으나 중도에서 퇴출당하는 등 불행을 자초하였다.

2) 공개경쟁승진시험 3차 면접시험 혼자 탈락 설움

1968년 6월경 승진 기회를 수차례 억울하게 박탈당하는 나의 모습을 보아 온 몇몇 동료 친구와 후배들이 총무처에서 매년 1회 전국 공무원을 대상으로 실시하는 3급(사무관) 공개경쟁승진시험이 〈서울신문〉에 공고되었다며 응시하라고 권유했다. 공보부에서는 누구누구 등 4~5명이 응시한다며 계속 강권하기에 동료들의 지극한 성의를 받아들여 응시하기로 결심하였다. 당시에는 공무원의 사무관 직급이 3급 을류(사무관)였으나, 지금은 5급(사무관)으로 되어 있다.

시험일까지 겨우 한 달의 여유가 있던 시점이라, 남보다 조금 일찍 퇴근할 수 있도록 양해를 받아 독서실에서 시험 준비를 나름대로 열심히 했다. 1968년 6월 초순경 당시 중앙청 서편 쪽에 있는 국민대학에서 열린 제1차 시험에 약 1천여 명이 응시하였다. 당일 헌법, 행정법, 행정학, 경제학 과목 등에 대한 제1차 시험인 '객관식 시험'을 무난하게 치렀다. 제1차 객관식 시험에 합격한 자에 한하여 제2차 시험인 '주관식 시험'에 응시할 수 있는데, 제1차 객관식 시험에서는 응시자의 절반 가까운 600명이 합격하였다. 나는 이에 포함되어 제2차 주관식 시험에 응시하게 되었다.

22명의 제2차 주관식 시험 합격자 명단과 제3차 면접시험 일정이 〈서울신문〉에 공고되었다. 공보부에서는 나를 포함하여 6명이 응시하였으나 제2차 주관식 시험에서는 서울의 명문 고등학교와 SKY대 등 일류 대학 출신 동료들이 모두 탈락하고 나 혼자만 합격하여 제3차 시험인 '면접시험'을 보게 되었다.

〈서울신문〉에 공고된 제2차 시험 합격자 22명의 명단에서 나의 이름을 본 고향에서는 군수 시험(郡守 試驗)에 합격했다고 야단법석이었다. 당시 지방 군수의 직급이 사무관이었기 때문이다.

제 1차 시험과 제 2차 시험에 합격하고 아침에 문화과에 출근하자, 김모 과장이 갑자기 나를 향하여 "왜 성낙승 씨 혼자만 자꾸 합격하느냐?"고 언성을 높였다.

나는 전 과원들이 보는 앞에서 "과장으로서 합격을 축하한다는 말도 없이 왜 자꾸 혼자만 합격하느냐는 것이 말이 되느냐. 같은 과에 근무하는 김모 씨는 대학 후배라고 한 달을 출근하지 않고 시험 준비를 위해 특혜를 주었지만, 나는 계속 출근하면서 합격한 것이 잘못된 것이냐"고 즉석에서 항변(抗辯)하였다. 옆에서 그 장면을 보던 최종채(崔鍾彩: 사무관) 계장이 김 과장을 향하여 "축하한다는 말 한마디 없이 출근하자마자 과장께서 이렇게 대하는 것은 부당하고 불미스럽다"고 전 과원들 앞에서 한마디 내뱉어 버렸다.

합격의 기쁨도 가시기 전에 정부중앙청사 총무처에서 제 2차 시험 합격자 22명을 대상으로 제 3차 면접을 보게 되었다. 면접에 앞서 각자에게 주어진 종이에 수험번호와 출신대학, 전공학과를 기록하여 면접 시 면접관에게 제시하고 면접을 받게 되었다. 면접위원들은 대부분 총무처와 가까운 대학교수와 대학교수 재직 중 중앙정부의 고위공무원으로 영입된 인사 등 3명으로 구성되었다.

면접장에 입장하여 출신학교 등을 기록한 종이를 제시하고 면접이 시작되었으며, 첫째 질문이 출신학교였다. 나는 순간적으로 기분이 상하여 "거기에 적혀 있다"고 말하였더니 면접위원의 표정이 싸늘해 보였다. 면접을 끝내고 나왔으나 기분이 좀 무거웠으며 불안감이 들었다.

면접을 마친 후, 공무원공채시험 동기생인 한 친구가 문교부에서 나처럼 혼자 제 2차 시험에 합격하여 면접장에서 만났는데, 면접위원 중에 잘 아는 대학 은사가 있다며 기고만장(氣高萬丈)하는 모습이 나의 뇌리에서 지워지지 않았다.

한편으로는 면접시험 전날 내가 한때 모셨던 군 출신의 장모 국장이 총무처 인사국장(군 출신)에게 면접을 잘 봐주도록 부탁하려는 것을 명색이 공개경쟁시험인데 그럴 수 없다며 거절한 일이 있었기에, 면접 후에 만감이 교차하였다.

더구나 당시는 총무처에서 시행하는 일반직 공무원 공개채용시험을 비롯하여, 승진시험 등에 부정사건(不正事件)이 빈번하게 발생하여 신문방송을 통하여 대서특필되기도 하던 때였다.

정치적으로는 제6대 대통령선거에서 박정희 대통령이 당선되고 1968년 2월 착공하는 경부고속도로 건설에 야당을 비롯하여 언론계 모두가 반대하는 등 국내적으로 정치·사회 분위기가 경색되어, 학생과 시민들의 가두시위가 자주 발생하는 불안정한 정국상황이기도 했다.

면접 때의 답변으로 31세의 젊은 나에 대하여 당시에 유행하였던 이른바 아스피린(Anti Student Power) 세력에 감염된 운동권 불순분자(不純分子)로 여기지 않았을까 하는 온갖 생각이 뇌리에서 감돌았다.

1968년 7월 초에 총무처에서 제3차 면접시험 결과를 발표하였는데, 22명 중 20명이 최종 합격하였다. 다음 날 2명의 불합격자 중 1명은 계산착오(計算錯誤)였다며 추가합격이라고 발표했다. 결국 22명 중 21명이 합격되고 나 혼자만 불합격되는 참담한 일을 겪게 되었다.

나는 울분을 참을 수가 없어 박일재 큰처남에게 처족인 중앙정보부 차장 이모 씨에게 실상을 알려주고 문제를 제기하도록 간청하였다. 이 사건으로 인한 결과인지 총무처는 다음 해인 1969년부터 사무관 공개경쟁승진시험의 제3차 면접시험 제도를 폐지하고, 제1차 객관식 시험과 제2차 주관식 시험만 실시하도록 제도개선을 전격적으로 단행 발표하였다.

이 일로 실의(失意) 속에서 며칠을 보내고 있던 차에, 문교부에서 관장하던 문화 분야 업무를 공보부로 이관하도록 정부조직법이 개정됨으로써 공보부가 문화공보부로 확대 개편되었다.

1968년 7월 24일 문화공보부(文化公報部)가 발족함에 따라 다행스럽게도 승진시험의 기회를 다시 갖게 되었다. 문화공보부는 직제개편으로 발생한 신규 사무관직 정원을 충원하기 위하여 부내 행정주사 서열명부에 따라 3배수를 총무처에 추천하여 특별승진시험을 의뢰했다. 이번에는 억울하게 연이어 응시 기회를 배제당해 온 상황을 안타깝게 여겼는지 원칙에 따라 나를 특별승진시험 대상에 넣어 응시할 기회가 주어졌다. 1968년 7월 31일 나는 특별승진시험에 응시하여 합격을 하였다.

승진과 관련해 나를 괴롭혔던 사람들은 불미스러운 일로 공직을 떠나는 등 말로가 좋지 않았다.

앞서 얘기한 바와 같이 6년이라는 세월을 문화과에서 근속하면서 전보와 승진의 기회 박탈과 견제 등 천신만고의 불운을 극복 인내하여 마침내 사무관으로 승진되어 만감이 교차하였다.

그 당시에 이러한 상황을 남모르게 주시하면서 나를 진심으로 위로하여 주신 분을 수십 년이 지난 지금까지 잊을 수가 없다. 총무과 인사계장을 지내신 최인규 선배님이다. 그분은 업무상 내가 겪은 일들을 잘 알고 안타깝게 지켜보면서 늘 따뜻하게 위로를 해주셨다.

1980년대 초 문화공보부 감사국장과 매체국장 재임 때 오래전에 은퇴하여 계시는 최인규 선배님을 한국방송광고공사 총무이사로 장관께 간곡하게 천거하였으며, 2000년 공보처 기획관리실장 때에는 대학 선배인 김일두(대검찰청 차장) 변호사, 이수성(서울대학교 법과대학 학장) 교수와 함께 행정심판위원으로 위촉하여 모시기도 하였다.

3) 대학 재학 중 설정한 3대 목표 추진

1967년 당시 나는 힘없고 배경 없는 시골 농촌 출신으로서 공직의 길을 계속 갈 것인가, 포기하고 사기업체 등 다른 직장의 길로 갈 것인가, 온갖 상념 속에 몸부림치기도 하였다.

그러나 대학 재학 중에 설정한 3대 목표 중 1단계 목표〔관계(官界) - 국장급〕를 중도에서 포기할 수는 없었다. 이보다 더한 시련에도 굴하지 않고 3대 목표를 관철하여 나갈 것을 다시금 굳게 다짐하면서 한층 모질고 강인한 작심을 하게 되었다.

온갖 고난으로 점철되었던 나의 유소년 시절과 학창 시절에 어머니는 늘 말끝마다 "남에게 적선(積善)을 다하고 불쌍하고 힘없고 어려운 사람에게 베풀며 도와주도록 하라!"고 당부하셨다. 이 말씀을 귀가 따갑도록 들으면서 성장하여 왔다.

자유당 정권의 탄압으로 머나먼 타향 오지의 시군으로 쫓겨 다녔던 아버지의 '한'을 풀어 드리기 위하여 관료의 길을 제 1목표로 설정하였다. 시골 촌놈의 신세에 힘없고 가진 것 없는 처지에 다른 길이 없었다. 과욕(過慾)을 버리고 분수(分數)를 지키면서 오직 정도와 정심으로 나아가기로 굳게 마음먹었다. 불교의 경전에는 "마음이 변하면 욕심이 변하고, 욕심이 변하면 습관이 변하고, 습관이 변하면 드디어 자기의 운명을 그르치게 한다"는 명구(名句)가 있고, 기독교의 성경에는 "욕심이 잉태하면 죄를 낳고, 죄가 자라면 죽음을 부른다"는 말이 있다. 이 명언들을 항상 되새기면서 자기 분수를 지키고 과욕은 과감하게 버리기로 하였다.

대학 시절 이런 결심 아래 다음과 같은 3대 목표를 설정하였다. 이를 달성하기 위하여 치밀하게 준비하고 절치부심 노력하여 왔다. 3대 목표에 필요하고 적합한 자격과 조건을 미리 확보하기 위하여 공직생활 중에 남몰래 틈틈이 주경야독으로 피눈물 나는 갖은 노력을 다하였다.

〈대학 재학 중에 설정한 3대 직업목표〉
- 제 1단계 목표 = 관계(官界 - 국장급)
- 제 2단계 목표 = 기업계(企業界 - 임원급)
- 제 3단계 목표 = 학계(學界 - 교수급)

4) 종무과 종교법인계장으로 부임

1968년 11월 1일 32세에 드디어 "행정사무관으로 승진하여 종무과 종교법인계장으로 보(補) 한다"는 대통령의 '임명장'을 홍종철(洪鍾哲) 장관으로부터 받았다. 종교법인계장으로 부임하여 문교부로부터 인수받은 업무 중 특히 각 종교마다 분규 문제들이 심각하였다. 비구·대처승 간의 불교분규, 기독교장로회와 선교재단 간의 분규 등 제반 문제들이 종합적으로 요약 정리되어야 해결방안을 강구할 수 있다고 판단, 전후 상황을 총정리하기 시작하였다.

한편으로는 사무관 승진에 만족할 것이 아니라, 대학 재학 중에 설정하였던 3대 목표를 관철하기 위하여 필요한 자격과 학위 등 요건을 젊은 시절에 차질 없이 확보해야 했다.

고려대학교 법과대학 재학 때에는 법학분야 외에 선택과목으로 경영학과 부기, 회계학 과목 등을 추가로 이수하였다. 1963년에는 고려대학교 경영대학원이 우리나라에서 최초로 설립되어 개원하였기에 제 1차로 지원 합격하여 경영관리, 관리회계, 회계감사 과목 등을 수강하여 1964년에 '경영진단사'(經營診斷士) 자격증을 획득하였다.

이제부터는 석사·박사학위를 취득하기 위하여 사무관으로 승진되어 보직을 받고 바로 1968년 12월 서울대학교 행정대학원에 응시하여 합격하였다.

5) 위장병 악화에서 기적적으로 회생하다

나의 인생목표를 달성하기 위한 자격과 조건을 젊은 시절 미리 확보하기 위한 욕심으로 힘든 공직생활 가운데서도 경영대학원과 행정대학원에서 연이어 학구에 전념하다 보니 위장병이 생겼었다. 주경야독(晝耕夜讀)의 고된 생활과 불규칙적인 식생활의 장기화로 위장병이 악화된 것이다. 부산에서 위장병 전문의로 소문난 장기려 박사와 서울의 이름난 대·소병원과 한의원의 진료도 받았으나 효과를 보지 못하였다.

1968년 어느 날 마산에서 민원관계로 오신 손상석 목사님이 위장병 전문의사인 세브란스병원 내과과장을 소개하셨다. 즉시 찾아가 진료를 받았으나 '위 무력증'과 '위 하수증'이라며 가볍게 말하고, "나을 생각 하지 말라"면서 하루에 6회 고양이 밥만큼 식사한 후 오른쪽으로 20분간 누워 있도록 하였다.

나는 처방전을 받아 나오면서 명색이 의사라는 자가 "나을 생각 말라"고 한 말에 화가 치밀어 처방전을 찢어 버리고 병원 앞 서점에서 위장병 투병기 책을 구입하여 사무실로 왔다. 당시는 암이라는 용어도 없을 때였다. '혹시나 의사가 불치의 악성 위장병이어서 나을 생각 하지 말고 그냥 살다 저세상으로 가라고 한 게 아닌가' 등 온갖 생각이 머리를 짓눌렀다.

나는 정신을 가다듬고 비장한 결심을 했다. 위장투병기 책을 정독하고 위장에 좋다는 중요한 운동요법과 식단 중에서 몇 가지를 선정하여 사생결단 비장한 각오로 실행하였다. 그동안의 불규칙한 생활습관을 고쳐 엄격하게 관리했다. 매일 새벽 5시에 기상하여 약 50분간 물구나무서기 등

규칙적으로 운동을 철저하게 실행하였다.

두 주일이 지나고 한 달이 지나자 차츰차츰 게으름을 극복하는 과정에서 몸에 체득(體得)이 되어 갔다. 이렇게 새벽운동과 식생활 개선을 시작하면서 그간 상시 복용했던 소화제와 감기약을 완전히 끊어 버렸고 60여년이 지난 지금까지 지속하고 있다. 갑작스럽게 감기약과 소화제를 끊어버린 후 중도에 많은 고생을 하였으나, 사생결단으로 초지일관 버티자 점차 효과가 나타났다.

한편으로는 위장병에 당근이 좋다는 말을 듣고 매일 당근 3~4뿌리를 먹었더니 온몸이 노랗게 되어 황급히 병원진료를 받았다. 당근을 과다하게 먹은 탓이란 진단이 나와 그 이후부터는 매일 아침저녁으로 반 뿌리만 먹었다. 그때부터 먹기 시작한 당근을 88세 미수를 맞이한 지금까지 장장 60년 가까이 먹고 있다.

요즘에 당근이 항암에 효과가 있다는 내용이 신문방송을 통하여 보도되기도 한다. 그 효과 덕분인지 30~40대 청년기보다 80대의 지금이 훨씬 더 건강한 상태를 유지하고 있다.

오랜 생활습관을 하루아침에 개선하기란 결코 쉬운 일이 아니다. 중도에 수십 번 포기하고 싶은 생각이 밀려왔지만 절치부심 비가 오나 눈이 오나 흔들리지 않고 지속했다. 6개월이 지나고 1년이 지나자 자신감이 생겼다. 위장병이 완치되든 아니 되든 간에 죽을 때까지 실천하기로 맘먹고 하였더니 이제는 완전히 체질화되고 습성화되어 버렸다.

위장병이 얼마나 심했는지 이 운동을 장장 6년간 실천하였으나 추호의 효과도 없어 실망하면서도 그동안 이를 악물고 해온 노력이 아까워 중도에 포기하지 않고 나의 생명이 다할 때까지 실천하기로 모진 결단과 결심을 했다. 국내외 출장 중에도 변함없이 실천하였다. 위장병 투병운동을 시작한 지 7년이 되자 하늘도 감동하였는지 효과가 점차 나타나기 시작했다. 감개무량하여 소리 없이 흐르는 눈물을 억제할 수가 없었다.

무려 10여 년간의 끈질긴 집념과 억척스런 새벽운동으로 완치가 되어 현재까지 아무런 이상 없이 건강한 삶을 유지하고 있음에 그저 감사할 뿐이다. 돌이켜 보면 세브란스병원 내과과장이 "나을 생각 하지 마라"면서 1일 6회 소식 식사방법 등을 제시한 것에 대한 반감(反感)이 건강을 회복하게 된 전화위복의 결과를 가져왔기에, 그분을 수소문하였으나 이미 정년퇴직하였기에 감사의 뜻을 전해 드리지 못하여 마음이 안타깝다.

6) 민원인에게 보낸 편지, 금고 보관 소식

1969년 전남 광주시 대한예수교장로회 전남노회재단과 외국선교재단 그리고 수피아학원재단 간에 분쟁이 있었다. 당시로서는 약 1억 원 이상에 달하는 거액의 재산권이 걸려 분쟁이 치열하였다.

분쟁은 외국선교재단이 수피아학원재단에 사용 권한을 준 재산(부동산 토지)을 관련 단체와의 사전 합의나 관련 중앙부처의 승인도 없이 일방적으로 전남노회재단으로 확보하려는 데서 발생하였다.

전남노회재단 측은 각계의 권력을 동원하여 문화공보부의 승인을 얻으려고 민원서류를 냈다. 민원인은 박모 국회의원과 청와대 육모 비서관을 동원하여 나에게 압력을 가하였으며, 청와대 교육담당 비서관이 직접 나에게 전화로 부탁하기도 하였다.

어느 날 민원인이 직접 광주에서 상경하여 나에게 민원서류에 대하여 설명하면서 협조를 당부했다. 나는 민원을 공정하고 합리적, 합법적인 절차에 따라 처리할 것이니 추호도 염려 말라고 당부하여 보냈다.

그날 서울대학교 행정대학원 수업을 마치고 밤늦게 귀가하였더니, 아내가 무슨 편지봉투를 내놓으면서 누가 두고 갔다고 했다. 편지봉투 속에

1970년 2월 서울대학교 행정대학원 졸업 기념사진(앞줄 오른쪽에서 세 번째가 저자)

는 10만 원권 수표 두 장이 있었다. 당시 20만 원이면 큰 금액이라 돌려줄 방법을 생각한 끝에 배달증명 등기우편으로 장문의 편지 속에 수표를 동봉하여 보냈다.

편지 내용 요지는 "민원인께서도 나와 같은 자식이 있지 않으신가요. 가난한 시골 농촌에서 성장하여 온 30대 초반의 젊은 촌놈이 공직에서 올바르게 봉사하여 보겠다는 신념으로 낮에는 공무 속에서 정도(正道)를 지향하고, 야간에는 서울대학교 행정대학원에서 석사학위를 취득하기 위하여 공부하는 등, 약자의 서러움과 냉대를 감수하고 모진 세파를 극복하면서 주경야독의 피눈물 나는 노력을 다하고 있는 모습이 불쌍하게 보이지도 않으십니까.

본 건 민원에 대하여는 대내외적으로 어떠한 압력이 있을지라도 추호도 흔들림 없이 보다 합리적으로 처리할 것이오니, 더 이상 국회의원이나 청와대 고위층을 동원하여 나를 괴롭게 하지 않으시기를 간곡하게 당부드립니다"라는 내용이다.

나는 이 민원서류를 보다 정확하게 합법적으로 처리하기 위하여 학원재단과의 관계를 고려하여 문교부에 확인하는 동시에 가부 의견을 조회한 후 전후 상황을 이춘성 차관에게 설명드리고 결재를 받아 즉각 반송 조치하였다.

민원서류를 반송한 후 민원자로부터 아무런 반응이 없었고 다시는 민원 제기가 없었다. 당시의 민원인은 전남노회 소속의 독실한 기독교 장로로서 지역사회에서 영향력 있는 유지인 이재국이라는 분이었다.

이후 나는 1969년 종교법인계장(사무관) 재직 시에 대한예수교장로회 전남노회재단 분규 처리 외에, 불교 비구·대처승 분규 등 종교계의 크고 작은 분규를 해결하였다.

이어 예술과로 이동한 후 1973년 4월에 과장(서기관), 1979년 4월에 국장(부이사관)으로 승진한 후 1980년 10월 감사담당국장(감사관)으로 재직하고 있을 때였다. 당시 홍보조정실에 근무 중인 정종진(丁鍾振) 과장이 나의 사무실에 와서 "성 국장님, 혹시 10여 년 전에 전남 광주에 있던 이재국 장로라는 분을 아시느냐"고 물었다. 나는 정 과장이 10년 전의 일을 어떻게 알까 의아하여서 "그분을 어떻게 아느냐, 그분은 나를 철천지원수로 생각하고 있을 터인데 …"라고 말하였다.

그분 아들이 정 과장과 광주제일고 동기동창 친구로, 현재 전남대학교병원 의사인데 이번 광주 출장에서 만났다고 하였다. 그가 혹시 문공부의 성낙승 씨를 아느냐고 물어서 종무과에서 모셨던 분인데 지금은 감사담당국장으로 계신다고 말했다는 것이다. 그리고는 "성낙승 그분 덕분에 아버님께서 오히려 전화위복이 되었다"고 하면서 "아버지는 성낙승 그분의 편지를 자식들에게 하나의 교훈(敎訓)이 되게 하고자, 10년이 지난 현재까지 금고(金庫)에 보관하고 있다"고 말했다는 것을 나에게 전하였다.

내가 당시에 이재국 장로의 민원(民願)을 상부의 압력에 들어 주었다면 이재국 장로는 전남지역에서 완전 매장되었을 것인데, 반송 처리한 것이 전화위복이 되어, 숭의여자중·고등학교를 설립하여 학교재단 이사장 등 지역사회의 실세 재력가로 성공하여 명망 있는 유지가 되어 있다는 것이었다.

그 후 1981년 감사담당국장으로서 KBS지방방송국 감사차 광주에 출장 갔을 때였다. 1969년 민원서류를 반송처리 후 12년이 지나서 이재국 장로에게 전화하였더니 반가워하시면서 당장 숙소로 오시려는 것을 지금 밤이 늦었으니 내일 전주방송국으로 가는 길에 아침 9시경 숭의여자고등학교 재단사무실로 직접 찾아뵙겠다고 약속했다. 다음 날 9시경 10여 년 만에 상면하게 되어 실로 만감이 교차하였으며, 한동안 지난날을 회상하면서 많은 대화를 나누었다.

나는 1968년 종무과 종교법인계장(사무관)으로서 일요일에도 사무실에 혼자 출근하여 문교부에서 넘겨받은 불교분규 관련서류를 검토하고 이를 요약 정리하는 데 무려 6개월 이상 소요되었다.

1954년 5월 20일 이승만 대통령의 불교 관련 담화문 발표를 계기로 비구·대처승 간 분쟁이 일어나 16년간이나 계속되었다. 그러자 정치적·사회적 측면에서 정부가 특정 종교에 지나치게 개입한다는 비판 여론이 고조되었다.

나는 이러한 사회 각계의 비판여론을 감안하여 비구·대처승 간의 불교분규 문제를 조속히 해결할 방안을 강구하기로 결심하고 방책을 마련하기 시작하였다.

7) 16년간의 비구·대처 불교분규 역사적 해결

(1) 불교분규의 발단원인과 경위

1954년 5월 4일 이승만 대통령이 "대처승은 사찰에서 물러나라"는 담화문을 발표한 것을 둘러싸고 비구승(比丘僧)과 대처승(帶妻僧) 간 분란이 지속되었다. 대처승은 신앙과 양심의 자유 원칙을 주장하며 반발하고 나섰고, 비구·대처 양측 간 80여 건의 소송전(訴訟戰)이 전개되었다.

대통령 담화를 계기로 비구승의 목소리가 커지면서 대처승과의 감정 대립이 깊어졌다. 불교재산을 불법적으로 처분하여 소송비용으로 사용하는 등 부정비리사태가 생성하여, 불교재산 처분 허가부서인 문교당국의 담당 공무원이 처벌당하는 사태도 발생하였다.

이러한 분규가 16년간이나 이어지면서 사찰이 황폐화하고, 불교재산을 불법적으로 처분하는 행위로 불교문화재의 보존관리에 많은 문제가 생겼다. 한편으로는 사찰 내에 각종 범법자들의 잠입으로 불교의 위상이 추락하고 불교신도의 이탈 현상까지 벌어졌다.

5·16 군사혁명 후인 1961년 11월 4일 국가재건최고회의는 비구승의 정통성을 인정하고, 현실로 보아 대처승의 참여를 용인하며, 분규 주동자와 정치관여자를 제거하는 내용의 분규수습 지침을 문교부(文敎部)에 시달했다. 이어 11월 9일 국가재건최고회의 의장 담화문을 발표하고 불교분규로 인한 사찰재산의 탕진과 불교문화재의 소실을 지적하면서 전체 불교인의 각성을 촉구하였다.

1962년 1월 13일 국가재건최고회의는 제2차 의장 담화문을 발표, 분규수습 지침에 따른 분규수습안을 일단 철회하고, 불교계의 자율적인 재건과 해결 기회를 부여했다. 이에 따라 문교부는 불교분규 수습방안을 마련하여 비구·대처 양측에 다음과 같이 통고하여 기한 내에 자율수습 하도록 시달하였다.

- 불교정신에 입각하여 자율적 재건을 촉구한다.
- 5 · 16 이후의 분규수습 대책은 철회한다.
- 1962년 1월 말까지 불교재건위원회를 구성한다.
- 1962년 2월 말까지 불교비상종회(佛敎非常宗會)를 구성하여 새 종헌(宗憲)을 제정하고, 새 종단(宗團)을 조직한다.

1962년 1월 29일 불교계는 정부의 지침에 따라 자율적으로 비구 · 대처승 각 5명으로 하는 10명의 위원을 선출하여 불교재건위원회(佛敎再建委員會)를 구성하고. 지난 8년간의 분규를 지양(止揚)하고 화합 단결로서 청신한 종단을 재건한다는 재건공약(再建公約)을 발표하였다.

- 1962년 1월 29일 비상종회 회칙(會則)을 제정 통과하고, 1월 31일 비구 · 대처 양측 각 15명으로 하는 30명의 비상종회의원(非常宗會議員)을 선출했다.
- 1962년 2월 12일에는 불교재건비상종회(佛敎再建非常宗會)를 구성하고, 2월 28일에는 새 종헌(宗憲)을 제정했다.
- 1962년 3월 21일 불교재건비상종회를 비구승, 대처승, 사회인사 각각 5명으로 한 총 15명으로 개편했다.
- 1962년 4월 6일 종단의 간부를 선출하고, 4월 12일 통일종단(統一宗團)을 정식으로 발족(發足)했다.
- 1962년 8월 3일 불교재건비상종회를 비구, 대처 각 5명과 사회인사 6명으로 한 총 16명으로 개편(改編)하였다.

또한 중앙종회의원 선출방안으로는 비구 · 대처 양측이 200명의 명단을 상호교환, 상대방에서 40명씩 선출하고, 자기 측에서 10명씩 선출하여 양측에서 각각 50명, 도합 총 100명 중에서 중앙종회(中央宗會)가 50명을 선출하는 방안을 의결하였다.

- 1962년 8월 20일 중앙종회(中央宗會)가 종회의원 선거를 실시하여 비구 32명, 대처 18명으로 총 50명을 선출했다.
- 1962년 12월 14일 통일종단은 불교재산관리법에 따라 대한불교조계종(大韓佛敎曹溪宗)으로 문교부로부터 종단등록을 받았다.

그러나 1962년 10월 3일 대처승 측에서 중앙종회의원 선출비율 등에 불만을 품고 통일종단을 탈퇴하며 탈퇴성명서를 발표하였다. 다음 날 10월 4일에는 통일종단의 종헌무효소송을 제기하고, 10월 16일에는 서대문에 대처 측 총무원을 설치한 뒤 5 · 16 군사혁명 이전으로 환원하였다고 주장하며 다음 사항을 건의하였다.

- 비상종회(非常宗會) 구성이 비합법적이다.
- 문교부의 승려자격에 대한 관여는 정교분리의 원칙상 부당하다.
- 사찰재산권 분규는 법원의 판결에 따라 처리되어야 한다.
- 비구 측 두둔을 지양하고 비구 · 대처를 평등하게 인정하라.
- 분종(分宗)을 하여 달라.

이후 대처 측은 1963년에 들어서 집단 농성을 하였다.

1963년 9월 28일에는 시민회관에서 신도대의원대회(信徒代議員大會)를 개최하여 다음사항을 요구하였다

"정부는 불교에 대한 간섭을 지양하라.""불교재산관리법(佛敎財産管理法)을 철폐하라.""분종등록을 하여 달라."

통일종단 측은 1963년 8월 20일과 8월 31일 두 차례에 걸쳐 미등록 사찰들에 대하여 불교재산관리법에 따라 즉각 등록하라고 발표하였다.

1963년 11월 7일 그간 대처 측의 요구에 따라 비구·대처 양측의 온건파를 중심으로 화동약정방안(和同約定方案)을 마련하여 추진해 왔으나 양측 간 합의가 성사되지 아니하여 실효를 거두지 못하였다.

이상과 같이 지난 10여 년간 다각도로 방안을 모색하여 불교분규를 해결하기 위해 정부 측과 불교계가 노력했다. 그러나 별다른 성과를 거두지 못하고 불교계 내부적으로 분란만 누적되고 감정만 격화되어 사회적으로 불교에 대한 높은 불만을 자초하였다.

한편으로는 정부 측의 신중하지 못한 종교에 대한 개입, 서투른 정책과 행정조치로 불교계와 일반 국민으로부터 불신만을 초래하였다.

(2) 불교분규의 해결방안 마련

1968년 7월 24일 정부조직법이 개정되어 공보부가 문화공보부로 확대 개편되었다. 그간 문화행정의 일원화 문제가 행정개혁위원회에서 검토되고, 문화계에서 일원화를 강력하게 요구함에 따라 문교부에서 관장했던 문화재관리국, 국립박물관과 예술·출판·종무행정 업무가 문화공보부로 이관되었다.

앞서 이야기한 바와 같이, 당시 공보부 문화과에 근무하던 나는 1968년 11월 1일 행정사무관으로 승진하여 신설된 종무과의 초대 종교법인계장(宗敎法人係長)으로 발령받아 문화공보부에서 처음으로 종무행정 업무를 담당하게 되었다.

당시의 시대상황은 5·16 군사혁명정부 이후 1963년 말 민정이양이 되자 정계와 사회의 양상이 또다시 지난날의 구시대적 상태로 되돌아가는 조짐들이 나타나기 시작했다.

그간 정부는 헌법상의 정교분리 원칙을 외면하고 불교분규에 개입하여 불교재산관리법을 제정, 불교재산의 처분 등에 대한 지나친 규제와 간섭을 했다. 이에 기독교와 천주교 등 여타 종교계에서도 심각하게 우려하고 동요의 조짐을 보이는 상황으로 나타났다.

특히 불교는 당시 3천만 인구 중 1천만 명 이상의 신도를 포용하여 국내 최대의 교세였다. 1천여 명의 삭발 비구·대처승과 비구니승(여승) 그리고 수많은 불교 신도들이 광화문 네거리에서 연일 시위하는 모습을 처음으로 목격한 수많은 시민들은 심각하게 우려하는 표정들이 역력하였다.

더욱이 당시는 1967년 5월 3일 실시된 제6대 대통령선거에서 집권당인 민주공화당 박정희 후보와 야당인 신민당 윤보선 후보 간의 격돌에서 약 15만 표의 근소한 차로 야당이 패배하여 여·야 간 긴장이 고조되던 시국이었으며, 한편으로는 1971년 4월 27일 실시될 제7대 대통령선거를 대비하여 야당에서는 김영삼, 김대중 등의 젊은 후보들을 내세워 바람을 일으키고 있었다.

같은 해 5월 25일 실시될 제8대 국회의원선거에서도 야당은 설욕을 벼르며 절치부심하는 상황이었다. 더구나 군사독재정권을 타도하자는 학생들의 반정부시위가 지속되고, 덩달아 일부 종교계와 사회 일각에서도 정국에 대한 불신과 불만이 고조되고 있었다.

이렇게 1971년의 대선(大選)과 총선(總選)을 한두 해 목전에 둔 민감한 정국상황 속에서 16여 년간 지속된 불교분규를 해소하지 않으면 심각한 위기상황으로 확산될 것으로 예상되었다.

나는 이러한 시대적 상황 등을 종합적으로 분석 고려하여, 과감한 결단으로 해결책을 마련해 대처해야겠다고 비장한 결심을 하였다. 나는 지난 10여 년간 문교부에서 실시하였던 미온적인 해결방식을 지양하고, 일시

적 혼란을 초래하더라도 주어진 법령에 합당하고 정치, 사회, 종교, 행정적, 법적인 제반 상황을 고려한 분규해결 방책을 수립하여, 공직을 걸고 과감하게 추진하기로 작심하였다.

먼저 분규해결의 기본방침(基本方針)을 다음과 같이 설정하였다.

- 법적·행정적인 면에서 현행 불교재산관리법에 따라 신규 종단등록 허용 원칙을 계속 준수하고, 통일종단에서 탈퇴한 대처승단이 분종(分宗)이 아닌 새로운 창종등록(創宗登錄)을 신청할 경우 법적 요건에 합당하면 즉각 등록 조치함으로써 새로운 종무행정의 일관성으로 누적된 불신을 해소한다.
- 종교적인 면에서 등록거부에 따른 행정소송 등을 해소하고 전체 종교계에 대한 지나친 정부간섭 여론의 확산을 예방한다.
- 사회적인 면에서 특정 종교, 즉 불교를 대상으로 시도된 단체조직과 재산에 대한 각종 규제가 사회 전반으로 파급 확대되는 심각한 민심과 여론 악화를 사전에 차단 예방하는 효과를 거양할 수 있다.
- 정치적인 면에서 1967년 대선과 총선에서 패배한 야당과 재야세력들이 불만을 증폭하여, 1971년에 실시될 대선과 총선을 앞두고 정략적으로 이용하려는 반정부적 시위 확산을 사전에 차단할 수 있다.
- 문교부에서는 1962년 12월 4일 통합종단인 대한불교조계종단의 등록 이후 1968년 7월 종교업무를 문화공보부로 이관 직전까지 총 11개의 불교종파단체를 등록 수리하면서, 유독 불교 통합종단의 대처승에 대한 차별조치로 탈퇴한 대처승들이 분종이 아닌 새로운 종단을 창립하여 법에 따라 등록하려는 요구마저 거부하는 것은 법의 형평상 부당함이 명백하다는 점을 지적하고 개선책을 마련하여야만 하였다.

1968년 11월 종무과 종교법인계장으로 부임한 후 1969년 9월까지 1년간, 문교부로부터 이관된 지난 10여 년간의 불교분규 관련서류를 면밀히 검토하였다. 이 결과를 토대로 전후 경위와 현재의 상황을 종합적이고 엄밀하게 분석하여 작성한 기본방침을 확정하고 불교계를 설득하기 위하여 상부에 보고할 기본계획안을 완성하였다.

상부에 이 안을 보고하여 승인을 받기 위하여 종무과장과 문화국장에게 설명하였으나 난색을 표명하였다. 하지만 홍경모(洪景模) 기획관리실장과 이춘성(李春成) 차관의 긍정적 반응을 얻은 후, 신범식(申範植) 장관께 소상하게 설명드려 동의를 받았다. 이를 기본으로 나는 비구·대처 승단 양측의 중요 인사들을 극비리에 접촉, 설득하며 이해를 구하기 시작하였다.

(3) 비구·대처 양측의 공감 형성

1969년 9월부터 본격적으로 극비리에 통합종단인 대한불교조계종단과 탈퇴한 대처승단의 영향력 있는 주요 간부 몇 사람만을 사전 접촉하여 양측 분위기를 탐지하는 한편, 점차적으로 본안에 대한 의견을 청취하고 관심을 고조시켜 나갔다.

1962년 12월 등록된 통합종단인 대한불교조계종 측은 분종(分宗)은 반대하지만 대처 측의 새로운 창종(創宗)에는 자기들의 종단과 무관하다면 반대하지는 않을 것으로 생각되었다. 이청담(李青潭) 총무원장 스님과 총무부장 등 몇몇 간부 스님을 대상으로 성의 있게 설명하면서 이해와 설득을 해나갔다.

그간 통합종단에서 탈퇴한 대처승 측은 불교조계종, 한국불교조계종 등의 이름으로 활동하면서 통합종단과 유사한 명칭으로 분종등록을 요구하고, 분쟁소송 중인 사찰을 기본 사찰로 삼았다. 이런 점과 더불어 종조, 종풍, 법맥, 종헌종법의 유사점이 많아 통합종단인 대한불교조계종단이 적극 반대하여 왔던 것이다.

한편 대처승단(帶妻僧團) 측은 정부가 통합종단 결성 당시에 비구 측을 우대하는 편파적인 행정조치를 시정하지 않아 탈퇴하여 대처승단의 분종 등록을 요구하게 된 것이며, 정부의 책임을 모면할 수 없음을 인정하여야 한다는 것이었다.

나는 특별히 대처승단의 중진이며 핵심인 윤종근(尹鍾根) 교무부장 스님을 초기에 집중적으로 만나 허심탄회하고 진솔하게 현시대의 주어진 상황에서 보다 현실적이며 미래지향적인 방안들을 나누었다. 동시에 대한불교조계종의 총무부장 스님들을 접촉하면서 종단 측의 우려에 안도할 수 있는 사항들을 설명하면서 성의 있게 대처하여 나갔다.

약 3개월 이상의 끈질긴 설득작전으로 다수가 수용할 수 있는 합리적인 방향으로 공감대가 형성되어 갔다. 진심 어린 수십 차례의 만남에서 서로 간 두터운 친분 속에 신뢰가 형성됨에 따라 정부 측의 진심을 이해하게 되고, 안도하는 기색이 역력하였다.

당시에는 대처승단 내부에서도 '한국불교조계종'을 고수하려는 측과 새로운 창종을 주장하는 양 기류가 조성되어 있었다. 차제에 박차를 가하여 대처승단의 고위 간부들을 접견하기 시작했다. 먼저 윤종근(尹鍾根), 이남채(李南采), 안흥덕(安興德) 스님을 비롯하여 박대륜(朴大輪) 스님(후에 한국불교태고종 초대 종정)과 한국불교조계종의 국성우(鞠聲祐) 종정스님을 방문하여 협조를 당부하면서 진정성 있는 방안을 상세히 설명했다. 중책을 위임받은 윤종근 스님과 수시로 만나 구체적 사항까지 협의하면서 많은 부분에서 상당한 공감이 이루어졌다.

새로운 창종을 할 경우 우선 종단의 명칭이 큰 문제가 되었다.

나는 새로운 명칭을 찾기 위하여 동국대학교 불교대학의 황성기(黃晟起) 교수를 수차례 만나 불교 문헌을 구하는 한편, 나의 모교인 고려대학교 중앙도서관에 달려가서 한국불교의 법맥과 종파에 관련된 불교서적을 찾던 중 6, 7년 전인 1963년 고려대학교 경영대학원에 재학 중일 때 보았던 〈고대신문〉(高大新聞)이 뇌리에 떠올랐다.

고려대학교 도서관에 보관된 1963년도 발간 〈고대신문〉을 모두 찾아내어 면밀하게 살펴보다가, 드디어 1963년 5월 25일 자 〈고대신문〉 제 344호를 발견했다. 1면에 조지훈(趙芝薰) 교수가 집필한 "한국불교의 종파변천(韓國佛敎 宗派變遷) : 주로 그 법맥과 종파분합에 대하여"라는 논문 전문이 실려 있었다.

고려대학교에서 〈고대신문〉 제344호 보관 분을 사정하여 한 부를 받아 왔다. 이 논문을 수십 번 정독하고 내 나름으로 대처승단 측에 적합한 새로운 창종 종파의 명칭과 법맥을 찾아내니 실로 감개무량하였다. 이를 바탕으로 대처승단을 설득함으로써 결정적 호응을 받게 되었다.

불교 조사선(祖師禪)의 법맥도(法脈圖)를 살펴보니 달마(達磨) 대사 이후 많은 분파를 거듭하여 왔음을 알 수 있었다. 달마(達磨)─도신(道信)─홍인(洪忍)─혜능(慧能)─남악(南岳)─마조(馬祖)에서 분파하여, 서당(西堂)─도의(道義)─체증(體證)─가지산(迦智山)을 '대한불교조계종단'의 법맥(法脈)으로 하였으며, 한편 종조를 도의(道義) 국사로 하고 있었다.

나는 고심 끝에 대처승단의 새 종단 명칭을 다음과 같이 하는 것이 최선책일 것으로 판단되었다. 마조(馬祖)에서 분파하여, 백장(百丈)─임재(臨齋)─석옥(石屋)─태고(太古)를 대처승단의 법맥(法脈)으로 하여 종명을 '한국불교태고종'(韓國佛敎太古宗)으로 하고, 종조를 태고국사(太古國師)로 하는 안이었다. 이렇게 불교법맥의 역사적 문헌을 통하여 새로운 종단의 종조와 종명을 찾아서 대처승단에 적극적으로 제시하며, 〈고대신문〉 제344호를 보여 주면서 대한불교조계종단도 마조(馬祖)에서 분파되었음을 확인시키며 설득을 함으로써 동의를 받아냈다.

그동안 통합종단인 대한불교조계종단 측에는 대처승단의 새로운 종단을 창종할 경우에 아무런 영향이 없도록 하겠다며 수차례나 이해와 협조를 당부하면서 안도시키고자 노력하였다. 한편 대처승단 측에서도 일부 대처승단을 중심으로 나의 새로운 제의에 공감하여 새 종단 창종을 서둘렀다.

이렇게 양 승단을 대상으로 3, 4개월 이상에 걸친 나의 정성어린 설득과 진솔한 이해를 바탕으로 하여, 지난 16여 년에 걸친 불교 비구·대처 승단 간 분규가 해결될 절호의 계기가 조성되어 최종 종합보고서를 작성 중이었다.

그런데 1970년 4월 초에 문화공보부의 직제가 일부 변경되어 종무과가 폐과(廢課)되고 문화과로 통합(統合)되어, 나는 폐과되는 종무과의 전체 업무를 총괄하여 문화과 종무계장으로 보직발령을 받았다. 중차대한 불교분규 문제를 해결하기 위한 주요 시점에서 나는 1개 과 전체 업무를 총괄하게 되어 고달프고 실로 난감하였다.

(4) 분규 해소계획 수립 최종확정

1954년 5월 4일 이승만 대통령의 "전국의 사찰에 있는 대처승은 물러나라"는 담화문이 발단이 되어 16년간 끌어 온 비구·대처승 간 분규였다.

문교부가 오랜 기간 해결하지 못한 불교분규 문제를 두려움 없이 해결하여 보겠다고 결심하고, 문교부로부터 인수한 장기간의 불교분규 관련 서류를 수개월간 요약정리하고 세밀하게 검토한 후에, 내 나름의 해결방안을 마련하여 기본방향을 상부에 보고하고, 비구·대처 양측을 오가며 설득하여 왔었다.

지난 세월 비구·대처 간의 분규로 얻은 실익은 전무하며, 사회 전체의 불교에 대한 실망과 외면으로 불교신도가 이탈해 다른 종교로 개종하는 현실을 설명하면서 "지금도 늦지 않으니 새로운 태고종을 창종하여 전국의 수많은 사설 사암(寺庵)들을 포용하면 제 2의 대종단(大宗團)으로 급성장할 수 있음"을 특별히 강조하였더니 대처승단 측도 점차 동감하였다.

나의 진솔하고 정성어린 설득에 감복하였는지 우여곡절 끝에 드디어 대처승단의 공감과 동의를 확보하게 되어, 지난 세월 장기간의 불교분규 문제가 해결되는 최종 대책안을 마련하여 확정하였다.

(5) 불교분규 해결, 태고종 등록

그러나 아직 갈 길이 멀었다. 일단 대통령께 올릴 불교분규 해결안을 작성하여 보고하는 과정에서 새로 부임한 문화과장과 문화국장 또한 처음 시작할 때처럼 이번에도 우려하며 반대했다. 하기야 과거 문교부에서 비구·대처 불교분규 문제로 장관이 물러나고 주요 고위간부들이 불미스럽게 물러나는 일들이 있었으니 과장과 국장이 반대하는 심정을 이해할 만도 하였다.

나는 홍경모 기획관리실장과 이춘성 차관에게 그간의 경위를 소상하게 설명했다. 이번 기회에 이 문제를 해결하지 않으면 앞으로 우리 문화공보부가 문제가 아니라 국가적·사회적으로 엄청난 혼란과 위기를 가져 올 것으로 예상되는 만큼, 내가 공직을 그만두기로 작심하고 어떠한 희생을 감수하는 한이 있어도 이번에 반드시 관철해야 함을 밝히면서 거듭 호소했다.

그렇게 하여 실장과 차관의 동의와 결재를 받아 신범식 장관께 그간의 추진상황과 반응 등을 소상하게 설명드리면서 대처승단 측은 창종등록 방안에 찬성하며, 그간의 분종등록 입장을 포기하고 창종등록을 준하는 것으로 판단된다고 보고하였다.

대학교 정치학 교수로, 언론사 논설위원으로 폭넓게 활동하고 청와대 공보수석을 역임하여 시대상황에 남달리 민감한 신 장관은 숙고 끝에 결재를 하여 주서서 감사했다.

불교의 비구·대처 분규문제는 종교계와 사회 일각에서도 관심이 큰 사건이므로 사전에 대통령께 보고한 후 조치함이 상책일 것으로 판단되었다. 1970년 1월 중순 다음과 같은 기본 요지의 제1차 보고서를 작성하여 장관께 드렸다.

〈제1차 보고내용 요지〉

① 불교대처승단의 분종(分宗) 등록은 종단명칭, 종헌, 종법내용 등이 통합종단인 대한불교조계종단과 유사하며 기본사찰도 통합종단과 관련된 사찰임으로 절대로 불가.

② 불교대처승단의 창종(創宗) 등록 권유 설득하여 동의 합의 결정.
- 종단명칭: 한국불교태고종(韓國佛敎太古宗)
- 종조: 태고국사(太古國師)
- 법맥: 달마(達磨) – 마조(馬祖)에서 분파된 백장(百丈)의 법맥
- 기본사찰: 극락사, 승가암 등
- 조건: 각서 징구(현재 쟁송 중인 사찰은 법원결정 수용 승복)

③ 검토의견
- 법적 측면: 불교재산관리법상 모든 종단과 사찰은 등록규정. 단, 타 종단과 유사중복 불가.
- 행정적 측면: 법적 요건 구비 신청 시 등록 거부 불가. 등록 거부시 행정소송에서 정부 측 패소 확실.
- 종교적 측면: 불교단체에 대한 정부의 과도한 규제 불만 고조, 여타 종교로 정부규제 확대 우려.

제 1차 대통령께 보고는 "좀더 검토하여 보라"면서 거부되어 나는 몹시 불안하고 당황하여 난감하였다. 홍경모 기획관리실장으로부터 그간 고생 많이 하였는데 좀더 깊이 숙고하며 검토해 보라는 위로의 말을 들었다.

나는 고심 끝에 제 2차 보고안을 마련하여 실장과 차관께 보고하면서 몇 차례 수정 보완하여 또다시 장관께 보고했다. 장관은 불편한 심기가 가득했다. 1970년 3월 중순 제 2차 보고안에는 다음과 같이 '종교적 측면과 사회적 측면'에서 예상되는 내용을 추가하여 보고하였다.

〈제 2차 보고내용 요지〉

• 종교적 측면: 유독 불교에 한하여 불교재산관리법을 제정하여 불교재산의 처분 등을 규제하고, 승려단체와 일반 신도단체까지 등록 규제함으로써 전체 불교계와 신도들의 정부에 대한 불평불만이 확산 고조되는 현 실상을 고려할 필요성 강조.

헌법상 규정된 정교분리의 원칙을 벗어난 특정 종교에 대한 광범위한 규제가 향후 기독교 등 기타 종교단체들에게도 확대될 것으로 우려하는 여론이 고조되고, 정부의 종교정책과 종무행정에 대한 비판과 불신여론 확산될 위기 초래 예상.

• 사회적 측면: 지난 10년간 불교에 대한 규제조치가 일반 사회단체에까지 확대될 것으로 우려하는 사회 분위기 고려. 일부 정치성향의 사회단체들의 자활 예방을 위하여 정치권과 연계확산 우려.

제 2차 대통령께 보고 결과는 "현재의 시대상황을 신중하게 고려하여 대처하라"는 지시였다. 나는 불안하고 난처하였으나 정신을 가다듬고 마지막 최종안을 구상하면서 윗분들에게 사죄드리며, 최종적으로 제 3차 보고안을 다시 마련하는 데 전심전력을 다했다.

1970년 4월 하순 제3차 보고안을 마련할 당시의 시대상황을 다시 검토했다. 1967년 5월 3일 제6대 대통령선거에서 신민당의 윤보선 후보가 민주공화당의 박정희 후보에게 약 15만 표 차로 낙선한 데 이어 6월 8일 제7대 국회의원선거에서 민주공화당이 일방적으로 압승하고, 신민당이 대패함으로써 정치적 불만이 극도로 고조되어 정치적으로 험악한 분위기에서 학생들의 가두시위가 연일 계속되고 있는 상황이었다.

한편으로는 1971년 4월에 실시될 제7대 대통령선거와 5월에 실시될 국회의원선거를 불과 1년 앞둔 시점에서 당시까지는 국내 최대 종교교세인 불교세력의 분규를 방치(放置)하여 그 불만이 재야 정치세력과 그에 동조하는 기타 종교단체를 비롯한 일반 사회단체와 시민들의 불평불만세력으로 연대 확산될 경우, 엄청난 국가적·정치적 혼란을 초래할 우려가 예상되었다.

특히 날로 고조되는 이러한 종교계와 사회 분위기를 정치적으로 악용하려는 일부 정치세력들의 발호를 사전에 제압 차단할 필요성을 강조하였었다.

고심 끝에 이 한 몸 희생할 결기와 각오로 어떠한 난관이 닥치더라도 관철해야겠다고 작심하고 장관께 소상하고 진솔하게 설명하며 간청했다. 정치적 감각과 판단력이 남다른 장관은 숙고 끝에 다시 동의하여 주셔서 눈물이 날 지경이었다.

제3차 보고안에는 법적, 행정적, 불교적, 전종교적, 사회적 측면에다 정치적, 시대상황적 측면을 강조하는 내용을 추가하여 장관께 드렸다. 1970년 4월 하순경 신범식 장관께서 대통령께 보고하여 드디어 **"박정희 대통령의 동의 재가"**를 받아 오셨다. 실로 감개무량하였다.

동일 안건으로 2, 3개월간 한 분의 장관이 3차에 걸쳐 대통령께 연이어 보고한 사례는 우리나라 행정역사상 처음 있는 일일 것이다. 1차, 2차 부결된 사안을 3차까지 대통령께 보고할 용단을 가진 분은 신범식 장관이 유일무이하여 한국 행정사(行政史)에 길이 남으리라 생각한다.

1970년 5월 8일 오전 10시에 불교분규 해결 단행을 전격 발표했다. 이리하여 16여 년간 세간의 관심 속에 끌어 온 불교의 비구·대처 분규문제가 최종적으로 타결 해소되었다. 장관의 결재를 받아 다음과 같이 당일 동시에 전격적으로 등록수리 조치를 단행하였다.

① 대한불교조계종단의 간부 초청 상황설명
  • 일시: 1970년 5월 8일 오전 10시
  • 장소: 문화공보부장관실
  • 참석: 신범식(申範植) 장관
  • 초청대상: 이청담(李青潭) 대한불교조계종 총무원장과 총무부장
  • 상황설명: 성낙승(成樂承) 종무담당 사무관
  • 중요요지: 한국불교태고종 등록과 참고자료 제공 설명
② 불교 대처승단 측의 한국불교태고종단 등록 통보
  • 등록조치: 1970년 5월 8일 오전 10시
  • 등록통보: 한국불교태고종단에 등록 통보, 등록증 교부
③ KBS 특별대담프로 분규해결 발표 특별방송
  • 일시: 1970년 5월 8일 오전 10시
  • 대담설명: 김진영(金振煐) 문화공보부 문화국장
  • 대담인사: 황성기(黃晟起) 동국대학교 불교대학 학장, 허영환(許英桓) 〈한국일보〉 문화부장
  • 중요요지: 불교분규 경위와 해결, 태고종 등록 설명
④ 언론사에 보도자료 제공
  • 일시: 1970년 5월 8일 오전 10시

- 제공대상: 중앙청 출입기자단과 각 언론사 논설위원, 문화부장
- 제공자료: 불교분규 경위와 태고종 등록 관계자료, 〈고대신문〉
  제344호(조지훈 교수 논문 "한국불교의 종파변천") 복사본 등.

〈한국불교태고종 등록 관계자료 요지〉

① 불교분규 경위
- 1954년 이승만 대통령이 대처승 불인정 담화를 발표함으로써 분쟁이 발
  단되어 지금까지 16년간 비구·대처로 갈라져 분규 지속.
- 1962년 군사혁명정부에서 분규 수습을 위해 불교재건비상종회를 구성
  (비구승, 대처승, 사회인사 각각 5명)하도록 하여 통합종단인 대한불교
  조계종 발족(1962. 4. 12).
- 1962년 5월 31일 불교재산관리법을 제정 공표하여 불교재산관리의 합리
  화를 기하고자 동법에 의거 통합종단인 대한불교조계종의 법적 등록 조
  치(1962. 12. 14).
- 불교계는 종지와 종파에 따라 각기 불교재산관리법에 의거 종파 등록 조
  치(1970년 2월까지 16개 종단 등록).
- 1962년 4월 12일 군사혁명정부에 의하여 발족한 통합종인 대한불교조계
  종단에 참여한 대처승 측은, 중앙종회가 의원수를 비구·대처(32명 대
  18명) 간 편파적 배분에 불만, 통합종단 탈퇴(1962. 10. 3).
- 동시에 종헌 무효소송을 제기하며 불교조계종 총무원을 별도 설치, 법
  적 등록을 하지 못하고 존속하여 왔음.

② 한국불교태고종 등록신청 경위
- 1962년 10월 3일 통합종단인 대한불교조계종에서 탈퇴한 대처승 측은
  불교조계종(1967년), 한국불교조계종(1969년) 등으로 명칭변경을 하

며 등록신청을 하였으나 종지, 교리, 종조 등이 유사하다는 이유로 등록 거부를 당하여 옴.

- 1968년 7월 정부조직개편으로 종무행정 업무가 문교부(사회교육과)에서 문화공보부(종무과)로 이관됨.
- 문화공보부 종무과는 오랜 불교분쟁으로 불교신도들이 이탈, 다른 종교로 개종하고, 불교에 대한 일반 시민들의 불신만 누적되는 분쟁을 지양하고 새로운 종단 창단 등의 발전을 제시하며, 장기적인 설득을 전개하여 결실을 맺게 됨.
- 1970년 새해 초에 대처승단 내부에서는 불교조계종 사수파(死守派)와 새로운 종단 창종파(創宗派)로 일시적인 파쟁이 생성되었으나 최종적으로 이득 없는 분쟁을 지양하고 새롭게 발전적인 한국불교태고종 창종으로 합의, 출발하게 됨.

③ 한국불교태고종단의 법적 등록수리 조치
- 종단등록 신청
  - 1970년 초에 창종과 동시에 종헌을 선포하고 동년 2월 문화공보부에 신청하였으나 반려되고, 미비서류를 보완하고 쟁송 중인 사찰에 대하여 판결에 승복한다는 각서를 첨부, 법적 절차에 따라 서울특별시를 경유하여 다시 접수되었음.
- 종단 임원
  - 종단소재지: 서울시 서대문구 충정로 1가 62-15
  - 임원현황: 종정 박대륜, 총무원장 박갑득, 교무부장 윤종근, 총무부장 송병수, 재무부장 김규선
- 창종내용
  - 종조: 태고국사(太古國師)
  - 소의경전: 《금강경》(金剛經)

- 법맥계통: 달마(達磨) ─ 도신(道信) ─ 마조(馬祖)에서 분파되어 백장(百丈) ─ 임제(臨齊) ─ 석옥(石屋) ─ 태고(太古)로의 법맥을 선택함.
- 기본교세
  - 기본사찰(극락사, 승가암) 승려 250명, 신도 5,000명
- 태고종단 등록
  - 1970년 5월 8일부로 불교재산관리법에 의거 등록 조치. 종단명, 종조, 종지, 종통, 기본사찰이 타 불교 종단과 상이함. 법맥은 달마(達磨) ─ 마조(馬祖)에서 분파된 태고(太古) 국사 법맥으로서 타 종단과 유사성 없음.

④ 참고사항
- 우리나라 불교계에는 비구·대처의 2개 종파로 분파등록된 것으로 착각하기 쉬우나 이미 16개 종단이 등록되어 있어 태고종단이 17번째로 등록된 것임.
- 현재 등록된 16개 불교종단 중에는 대처승만 있는 종단도 있으며, 비구·대처승이 함께 하고 있는 종단도 있음.
- 통합종단인 대한불교조계종단이 우려했던 종단 명칭, 종조, 법맥, 기본사찰 등이 모두 유사하거나 동일하지 않으므로 다른 이의 제기나 반대 명분이 배제되었음.
- '대한불교조계종'은 종조를 도의국사(道義國師)로 하였으며 법맥은 달마 ─ 마조에서 분파되어 온 도의(道義) 법계를 택하였음.
- '한국불교태고종'은 종조를 태고국사(太古國師)로 하였으며 법맥은 달마 ─ 마조에서 분파되어 온 태고(太古) 법계를 택하였음.

이렇게 하여 1954년 5월 4일 이승만 대통령의 "대처승은 사찰에서 물러나라"는 대처승 불인정 담화로 야기된 불교 비구·대처 분규는 장장 16년 만에 종식되는 역사적 사건으로 기록을 남기게 되었다.

대통령의 특정 종교에 대한 담화문 개입과 이후 정부의 원칙 없는 안일한 행정으로 불교계 내부의 분파 분란이 증폭되어 장기화되었을 뿐만 아니라, 종교계와 사회·문화 등 각계로부터 정부에 대한 엄청난 불신을 자초하였다.

한편으로는 문화재가 많은 불교재산을 보호·관리하기 위하여 불교재산관리법을 제정하면서 불교의 신도단체, 승려단체 등 불교관계 단체와 종단 그리고 전국에 산재한 사찰과 사설사암 그리고 주지마저 모두 이 법에 의하여 등록하도록 함으로써 유독 불교에 대한 지나친 차별조치라는 세간의 비판 여론이 확산되어 왔었다.

이러한 심각한 상황에서 정부의 종무행정을 맡은 실무책임자인 나로서는 문교부에서 14년간 행정 처리한 불교분규 관계서류를 6개월간 정밀하게 검토한 결과 불교분규 문제를 더 이상 방치할 수 없다고 판단하고 공직을 걸고 해결하기로 작심, 일부 반대에도 추진 강행하였던 것이다.

추진과정에서 윗분으로부터 소신을 굽히지 않는 외고집으로 많은 질책을 받는 등 수모도 당하였으나 인내하였다.

그때마다 현재의 시대상황과 1971년 4월과 5월에 실시되는 제7대 대통령선거와 제8대 국회의원선거 기간에 예상되는 위기상황을 설명하며, 이번이 문제해결의 적기이며 절호의 기회임을 주장하면서 결단의 필요성을 강조하였다.

한편으로는 불교 비구·대처 양측을 교차해 극비리에 접촉하면서 최선의 대처방안을 제시하며 약 5개월간 끈질기게 설득하고, 성심으로 이해와 협조를 요청하여 대처승단의 동의와 합의를 이끌어 냄으로써 결실을 맺었던 것이다. 1970년 5월 8일 한국불교태고종단의 창종등록 조치로 불교 비구·대처 분규는 일단락되었다.

지나온 15년간 비구·대처의 길고 긴 분규과정에서 수백 명의 승려와 수천 명의 불교 신도들의 광화문 가두시위, 연좌농성, 시민회관 집회농성 등의 사건들이 신문과 방송을 통하여 수일간 대대적으로 보도되자 나는 며칠간 몹시 불안하였었다.

5월 8일 10시 장관실에서 한국불교태고종단 등록에 대한 설명과정에서 대한불교조계종 총무원장 이청담(李青潭) 스님이 일방적인 반대의 뜻을 밝히자 신범식 장관은 나를 향하여 "당장 파면이다"며 고함을 지르셨으니 실로 난감하였다.

나는 사전에 불교태고종단 등록에 관련된 일체의 서류 복사본을 미리 준비하고 있었기에 즉석에서 이청담 스님께 관련서류를 제시하며 검토하시고 추호라도 문제점이 있으면 즉시 행정소송 등을 제기하시라고 하였더니 더 이상 다른 언급이 없어 무난하게 끝이 났다.

한국불교태고종단의 등록 조치에 따라 16년에 걸친 비구·대처 간의 분규가 해소되자 국내 언론매체들이 앞다퉈 대서특필을 하고 특집방송을 내보냈다. 나는 만감이 교차하여, 차제에 공직을 그만둘 결심을 하고 심신을 달래며 깊은 고민에 빠져 있었다.

이러한 가운데 〈조선일보〉가 사설에서 "정부의 처사는 현명한 처사다"라는 제목으로 긍정 평가해 나는 조금 위로가 되고 마음의 안정을 찾았다.

어려운 고비를 넘어 한국불교태고종단이 등록되자 그간 내부적으로 창종에 불응하며 일시 존속했던 가칭 한국불교조계종도 해산하고 새로이 창종 등록된 태고종에 통합을 선언하고 합류하게 되었다.

1970년 5월 8일 창종 등록된 한국불교태고종(2개 사찰, 250명 승려,

5,000명 신도의 교세)은 이후 빠르게 안정되고 성장하였다.

1971년 말경 등록된 지 1년 만에 나의 예상대로 1,500개의 사찰 및 2,600명의 승려와 148만 명의 신도를 확보하며 급속도로 성장함으로써 명실공히 한국불교계 제2의 대종단(大宗團)으로서의 위치를 확보하였으며, 매년 교세가 확장하여 놀라운 정도로 성장 발전했다.

이후 한국 불교계는 점차 안정된 분위기로 정착해 갔다. 나는 5개월간 대처승 측을 설득하면서 "분종을 포기하고 새로운 창종을 택한다면 단기간에 제2의 대종단으로 급성장할 것임"을 누누이 권유하며 설득했는데, 놀랍게도 그대로 된 것이다.

불교 비구·대처 분규를 해결하는 과정에서 나는 무모하리만큼 지나친 고집과 끈질긴 주장, 애원간청으로 윗분들, 특히 신범식 장관께 많은 심려를 끼쳐 너무나 죄송하였다. 늦게나마 다시금 진심으로 감사드린다.

그리고 대처승단 내부의 여러 가지 난제들을 극복하고 시종일관 인내하며 첩첩한 난제들을 적극적인 이해와 설득으로 협조하여 주신 윤종근 교무부장 스님께도 다시금 깊은 감사를 드린다.

세월이 흐르고 흘러 지금은 두 분 모두 작고하셨기에 마음속 깊이 명복을 빌고 또 빈다. 역사적인 비구·대처 불교분규 문제 해결을 위하여 직접 또는 간접적으로 협조하여 주신 분들이 다 작고하시고, 90세가 가까워오는 나만이 당시의 비구·대처 불교분규 해결의 실무주역과 산증인으로 생존하고 있음에 만감이 교차할 뿐이다.

한때 비구·대처 양측 일부에서 중앙정부의 고위층에서 강압적인 권력으로 개입했을 것이라는 유언비어(流言蜚語)가 잠깐 나돌기도 하였으나 나의 진솔한 당시의 상황설명 등으로 곧 사라져 버렸다.

나는 정부의 종무행정을 담당하였던 실무책임자로서 15년 동안 지속하여 왔었던 불교의 비구승과 대처승 간의 장기분규를 해결하여 보려는 사명의식을 가지고 1년간 불철주야 고심하며 피나는 노력을 다 바쳐, 우여곡절 끝에 드디어 1970년 5월 8일을 기하여 16년 만에 불교분규를 타결하게 된 것이다. 나는 당시의 종무행정 실무자로서 이 역사적인 분규타결의 실상들을 추호도 가감 없이 진솔하고 상세하게 기록하여 역사적 자료로 남겨 두려는 욕심에서, 나의 보잘것없는 회고록에 수록하게 되었음을 밝혀 둔다.

8) 전국모범공무원 선정 포상, 대통령표창

이렇게 불교분규를 해결한 공로로 나는 많은 혜택을 받았다.

1970년 12월 31일에는 문화공보부 연말 종무식에서 신범식 장관으로부터 표창장을 받았다.

1971년 12월 17일에는 박정희 대통령으로부터 전국모범공무원으로 선정되어 대통령표창장과 3년간 매월 포상금을 지급받는 포상증서(褒賞證書)를 경복궁 안에 있는 중앙청 석조전 대강당에서 김종필 국무총리로부터 받는 행운을 갖게 되었다. 대통령표창장을 받는 나의 실황장면이 당시에 신문방송으로 보도되고 〈대한뉴스〉를 통하여 전국의 극장에서 동시 상영되기도 하여 감개무량하였다.

나는 당시에 포상금으로 향후 장학재단을 만들어 모교인 대지초등학교의 학생들에게 노트와 연필이나마 제공하기 위하여 약 2년간 매월 포상금을 적립했다. 그러나 박봉인 공무원 봉급만으로는 도저히 생활비와 자녀 학비 등을 감당하기 어려워 중도에 그만 포기하고 말았다. 60년이 지난 지금까지도 가끔 그때를 회상하면 안타까움에 눈물이 앞을 가린다.

한편 1970년 5월 불교분규 해결 후 종무과 부활의 필요성을 장관께 역

1971년 12월 17일 문화공보부 사무관 재직 시 전국모범공무원으로 선정되어 수상한
박정희 대통령표창장(왼쪽)과 김종필 총리로부터 대통령표창을 받는 모습(오른쪽).

설하며 간청한 결과, 그해 연말인 12월 18일에 드디어 문화공보부의 직제
가 일부 변경됨으로써, 1970년 4월 10일 폐과되어 문화과로 통합된 지 8
개월 만에 종무과가 다시 부활하게 되었다.

1971년 1월 1일 나는 문화과에서 부활된 종무과로 또다시 발령되어 종
무행정 업무를 연달아 3차례 담당하게 됨으로써 다른 분야의 업무를 배울
기회를 갖지 못하는 불이익을 당한 셈이어서 크게 실망하였다.

9) 예술과 예술행정계장으로 새마을활동 전개

1971년 4월 27일 제7대 대통령선거에서 박정희 대통령이 재선되었다.
이어 5월 29일 실시된 제8대 국회의원선거에서 집권당인 민주공화당이
113석을 확보하였고, 신민당은 제7대 총선 때의 배가 되는 89석을 확보
하는 큰 성과를 거두었다.

총선 직후인 6월 4일 단행된 개각으로 2년 이상 재임한 신범식 장관이

물러나 〈서울신문〉 사장에 선임되었고, 윤주영(尹冑榮) 청와대 대통령 공보수석이 신임 장관으로 취임하였다.

윤 장관 취임 후인 8월 19일 부내 인사이동으로 나는 오랜만에 종무과를 떠나 예술과(藝術課)로 이동 발령되었다. 1968년부터 1971년까지 4년간 3번이나 담당한 후에야 간신히 종무행정 업무를 벗어나 예술행정 업무 분야를 맡게 된 것이다. 새 업무를 맡고 보니 생소하여 답답하기도 했다. 지난 10년간 방송, 보도, 총무, 문화, 종무분야 업무만을 담당하여 왔으며 예술분야 업무는 처음이었기 때문이다.

1970년 4월 22일 박정희 대통령은 지방장관회의 유시(諭示)를 통하여 "농민, 관계기관, 지도자 간의 협조를 전제로 한 농촌 자조노력(自助努力)의 진작방안을 연구하라"고 지시했다. '새마을운동'이 전개되기 시작한 것이다. 농촌근대화의 관건이 우리 농민들의 자조 자립 협동의 노력에 있다고 보고 앞으로 새마을 운동을 전국적으로 파급시켜야 한다고 강조하였다.

대통령은 '새마을운동'은 한마디로 '잘살기운동'이며, 조국근대화의 '행동철학'이며, 우리 민족의 '통일지향운동'으로서 결국 조국근대화와 통일을 지향하는 범국민적인 일대 약진운동임을 강조하면서 '새마을운동'의 개념을 분명하게 밝혔다. 문화공보부는 '새마을운동'을 조국근대화와 민족중흥의 국민운동으로 승화 발전시키고 항구화하기 위해 갖가지 홍보활동과 계도사업으로 지원하기로 하였다.

10) 문화예술인 새마을 답사 작품발간 배포

문화공보부의 홍보방침과 홍보계획에 따라 예술과에서 나는 문화예술인의 협조를 받아 새마을 현지답사를 실시하고, 농촌 지역의 새마을운동 현장을 소재로 한 수필과 시 그리고 단편소설을 발간하여 전국 새마을에 배포 활용토록 하였다.

1971년 7월 초순경 약 1주일간 김동리(소설가), 서정주(시인), 조경희(수필가), 김소희, 박영준, 조연현(작가) 등 문화예술인 10여 명을 안내하여 전라남북도의 새마을운동 현장을 답사했다.

전라북도 지역에서는 이춘성(李春成: 전 문화공보부 차관) 전북도지사의 안내로 무주, 진안, 장수, 남원 지역의 새마을운동 마을들을 방문, 그간의 노력으로 변화한 실상 등을 살펴보았다. 전라남도 지역에서는 전남도지사의 안내로 곡성, 구례, 승주, 순천 지역의 새마을운동 상황과 모습 등을 답사하였다.

1972년 4월 11~15일 전라도 지역 새마을 답사. 새마을운동 현장을 배경으로 문학작품을 발간하기 위해 서정주·백철·조경희 씨 등 문화예술인과 함께했다(오른쪽 첫 번째가 저자).

새마을운동 현장 마을들의 성공적인 사례를 소재로 한 새마을운동 단편소설과 수필, 시 등을 수록한 《새마을문고》를 1만 5천 부 발간하여 전국 시·군과 마을에 배포하여 성공사례로 활용함으로써 새마을운동이 더욱더 활성화되도록 했다.

한편으로는 김정현, 천경자 등 동양화가 10여 명을 초청하여 새마을운동 현지 마을들을 둘러보게 하고 화폭에 담아 대한민국미술전람회(國展)에서 전시하기도 하였으며, 〈새마을의 노래〉를 보급하기도 하였다.

11) 월남전 시찰답사 참전기록화 제작전시

1972년 6월 14일부터 7월 2일까지 약 20여 일간 자유월남(自由越南)을 방문하여 한국군 참전현장을 직접 답사하고, 월남전 참전기록화(參戰記錄畵)를 제작 전시하여 이를 영구히 보존하도록 하였다.

1972년 6월 14일 군용기에 우리 일행, 화가들만 탑승하여 김포공항을 출발했다. 군용기 내부의 뒤쪽에는 월남전 참전 부상병(負傷兵)을 후송하기 위한 야전용 목침대가 가득 실려 있었다.

공무원들도 당시에는 군용기 편으로 월남에 출장가는 것을 꺼려하였다. 나는 장관의 명에 따라 출장 가게 되었으나, 사지(死地)로 가는 듯 긴장되고 초조한 기분이었다.

참전기록화 제작을 위한 10명의 화가는 이마동(李馬銅: 홍익대학교 미술대학 학장), 김기창(金基昶), 김원(金源), 박광진(朴洸鎭: 서울교육대학교 교수), 박서보(朴栖甫: 홍익대학교 교수), 박영선(朴泳善: 중앙대학교 교수), 오승우(吳承雨), 임직순(任直淳: 조선대학교 교수), 장두건(張斗建: 성신여자대학교 교수), 천경자(千鏡子)였다.

군용기는 비행 도중 먹구름을 만나면 갑자기 수십 미터 급강하하면서 물컵이 비행기 천장으로 날아오를 정도여서 혼비백산했다. 수시로 앞을 가로막는 먹구름을 피해 나아갔으나 순식간에 부닥치는 상황은 어쩔 수 없었다. 연로한 일부 화가들은 순간적으로 실신하기도 했다.

그때마다 군조종사가 이 군용기는 바다에 떨어져도 24시간을 견뎌 낸다며 안심하라는 당부만을 하였다. 나는 군용기 창가에 앉아 저 멀리 지나가는 배가 보이거나, 육지나 섬들이 보일 때마다 이제 살았구나 하며 가슴을 졸이기도 하였다.

아침 8시 정각에 김포공항을 출발한 군용기는 장장 9시간 만에 오후 5시 필리핀 '클라크' 비행장에 도착했다. 그곳의 '트레일러하우스'(Trailer house)에서 1박을 한 우리는 다음 날 6월 15일 오전 11시 다시 '클라크' 비행장을 출발하여 3시간 30분 만인 오후 2시 30분 월남 사이공(Saigon)의 '탄손 누트' 공항에 도착하였다.

사이공의 미라마 호텔에 여장을 풀고, 오후 5시경 주월사령부를 방문하여 이세호 주월사령관, 윤응정 소장, 임용주 대령을 접견한 후 주월 한국군 각 부대와 전선현장을 직접 답사할 일정을 협의했다.

제일 먼저 주월사령부 임용주 대령의 안내로 사이공 근교에 주둔한 백구부대(해군수송전단, 단장 엄언열 대령)와 건설지원단(비둘기부대, 부대장 곽응철 소장)을 6월 16일에 시찰하고 주월 한국대사관을 방문하여 유양수 대사와 권경국(權敬國) 주월 한국공보관장을 예방하였다.

6월 17일부터 19일까지 붕타우에 주둔한 201이동외과병원(원장: 김재권 중령), 나트랑에 도착하여 다시 군 헬기로 백마사단(사단장: 김영선 소장, 참모장: 조주태 준장)을 방문 시찰하였으며, 닌호아로 이동하여 연대포진지 폭파실전을 참관한 후 나트랑으로 이동하여 십자성부대(부대장: 신윤정 준장)를 시찰하고, 군용기 편으로 푸캇 비행장에 내려 군 헬기 편으로 맹호사단(사단장: 정득만 소장, 박재룡 부사단장)을 방문하고 군 막사

1972년 6월 14일~7월 2일 자유월남 방문 당시, 천경자 · 장두진 · 박광진 등 10명의 월남전 시찰답사 참전기록화 작가단과 함께(아랫줄 오른쪽 첫 번째가 저자).

에서 1박을 하였다.

6월 20일부터 25일까지 맹호사단장의 안내로 최대 격전지로 수많은 한국군이 전사한 피의 능선 안케페스 진지를 답사한 후 군용차로 638고지를 둘러봤다. 이어 19번로를 따라 벙커 등을 살펴본 뒤 닌호아에 주둔한 28, 29, 30연대를 각각 방문했다.

6월 26일에는 주월 한국공보관 주관으로 국립도서관에서 한월작가(韓越作家) 간담회를 개최하고, 6월 28일에 주월 한국대사관과 주월 한국군사령부(사령관: 이세호 중장)를 방문하였다.

6월 30일 모든 일정을 마친 우리 일행은 귀국하기 위하여 사이공을 떠나 탄손 누트 비행장으로 이동했다. 아침 8시 정각에 군용기에 탑승, 필리핀 클라크 비행장을 향하여 출발하였으나 10시 30분경 갑자기 군용기의 고장으로 탄손 누트 비행장으로 황급히 회항하였다.

군용기에는 우리 일행 화가 10여 명과 주월 한국군 위문연예인 30명이 탑승하였다. 아무에게도 구명조끼가 없었는데, 연로하신 이마동 홍익대학교 미술대학 학장은 실신하여 쓰러지기도 하였고 일부 연예인들은 울부짖는 등 탑승자 전원이 공포에 떨었다.

군용기 조종사인 공군 대령은 기수를 돌려 사이공으로 회항하려 하였으나 어쩔 수 없어 중도에 캄람 공항에 11시 30분경 불시착한 후에 다른 군용기로 대체하여 오후 3시 40분경 사이공 탄손 누트 공항으로 되돌아왔다.

다음 날인 7월 1일 다시금 사이공을 떠나 필리핀의 클라크 비행장에 안착하여 비행장 내에 있는 트레일러하우스에서 1박 하고, 7월 2일 한국으로 18일 만에 귀국하였다.

당시 월남(越南)은 월맹(越盟)보다는 경제적으로 훨씬 우월한 나라였으므로 어느 누구도 자유월남의 패망을 예상하지 못했다. 하지만 우리 월남전 기록화 작가단 일행이 자유월남을 방문했을 당시 월남의 국내 질서는 안정되지 못하였으며, 낮에는 민주주의, 밤에는 공산주의 세상이라는 말들이 많았다. 월맹은 월남의 국방부, 언론사, 학계, 재계 등에 침투하여 잘못된 사상과 이념을 전파하였으며, 월남의 정치인과 재계인사 중에서도 월맹과 극비 내통하여 암암리에 돕는 자들이 있다고 했다.

이러한 상황에서 월맹 측이 평화협상을 끊임없이 제의한 것은 결국 월남에 주둔한 미군을 축출하기 위한 술책이었다. 1973년 1월 27일 드디어 평화협상이 체결되었다. 그러나 평화협상을 맺은 지 2주 만에 공산월맹이 자유월남을 기습 침공했다. 1973년 3월 29일 월남의 정부군이 궤멸되고, 호치민 작전에 의하여 사이공이 함락되었다. 1975년 4월 주월남 미군이 철수했고, 4월 30일 자유월남은 완전히 패망하여 지도상에서 사라져 버렸다.

월남전 참전기록화 작가단은 1972년 10월에 개최되는 대한민국미술전람회에서 함께 전시하기 위하여 월남에서 스케치한 초안을 중심으로 각자 2점식 대형기록화(규격 3~4 × 4~5m) 제작에 착수했다. 당시 미술용 국산 화포(畵布)와 물감의 품질이 낮아 프랑스 화포와 물감 등을 구입하여 제공하였다. 전시 이후에는 국방부에 영구 보존하도록 조치하였다.

12) 10월 유신 선포 당일 국전 개막 준비 곤욕

월남전 참전기록화 제작 전시를 위하여 월남 파병 한국군 부대를 현지 답사하고 귀국한 지 한 달가량 지난 1972년 8월 주무과장인 예술과장(이영회)이 1년간 해외연수를 위하여 출국했다. 나는 예술과장 직무대행을 하면서 10월에 개최할 예술분야 최대행사인 대한민국미술전람회의 심사위원 선정, 작품 공모와 심사, 전시와 시상을 준비하는 한편, 월남전 참전기록화 전시 준비를 위해 동분서주하였다.

당시의 국내 상황도 긴박하게 돌아갔다. 1971년 12월 6일 국가안보에 대한 위기상황을 타개하고, 경제 위기상황을 극복하기 위하여 국가비상사태가 선포되었다. 다음 해인 1972년 8월 3일에는 전 세계적 불황 속에서 기업의 과중한 사채 부담을 덜어 주기 위해서 전격적으로 '사채동결조치'(私債凍結措置)를 단행 발표했다.

야당과 일부 언론은 이에 대해 독재라며 박정희 대통령을 비난했고 사채업자들의 저항도 거셌다. 그들과 연결된 정치인, 조직폭력배 등도 합세하고 나서 대한민국은 극심한 혼란에 빠지고 말았다. 이렇게 된 상황에서 나온 것이 1972년의 10월 유신(維新)이다.

1972년 10월 17일 국전 개막식을 예년과 같이 경복궁 내 국립현대미술관에서 오전 10시 박정희 대통령이 참석한 가운데 열기로 확정하고, 중요 인사와 주한 외국대사에게 초청장을 발송하였다. 국전 전시장에 월남전 참전기록화도 함께 전시하도록 만반의 준비를 하였다.

그런데 청와대로부터 갑자기 국전 개막식 시간을 당일 오전 10시에서 오후 2시로 변경하도록 지시가 내려왔다. 갑작스런 개막식 시간 변경을 각계 인사들에게 통보할 시간적 여유가 없어 황급히 KBS 방송을 통하여 변경 내용을 보도하는 한편, 주요 참석인사들에게는 일일이 전화로 시간 변경을 알렸다.

그 후에 청와대로부터 또다시 오전 11시로 시간을 변경하도록 지시가 내려왔다. 나는 다시금 황급히 KBS 방송을 통하여 각계 인사들에게 알리는 한편, 전화로도 변경된 시간을 다시 통지했다. 이렇게 우여곡절 끝에 오전 11시 정각 박정희 대통령이 참석하여 국전 개막식이 성대하게 거행되고 잘 마무리되었다.

국전 개막식이 끝난 이날 오후 7시 박정희 대통령이 국가비상조치(國家非常措置)를 발표했다. 민족의 염원인 평화통일을 실현하기 위하여 민족진영의 대동단결을 촉구하면서 오늘의 이 역사적 과업을 강력히 뒷받침할 민족주체세력 형성의 대전기(大轉機)를 마련하기 위해 다음과 같이 국회를 해산하고 헌법 일부조항의 효력을 정지한다는 내용이었다.

① 1972년 10월 17일 19시를 기하여 국회를 해산하고, 정당 및 정치활동의 중지 등 현행 헌법의 일부조항의 효력을 정지시킨다.

② 일부 효력이 정지된 헌법조항의 기능은 비상국무회의(非常國務會議)에 의하여 수행되며, 비상국무회의의 기능은 현행 국무회의가 수행한다.

③ 비상국무회의는 1972년 10월 27일까지 조국의 평화통일을 지향하는 헌법개정안을 공고하며 이를 공고한 날로부터 1개월 이내에 국민투표에 붙여 확정시킨다.

④ 헌법 개정안이 확정되면 개정된 헌법절차에 따라 늦어도 금년 말 이
　전에 헌정질서를 정상화시킨다.

　국가비상조치 선포와 함께 국회가 해산되고 헌법개정안에 대한 국민투
표가 다음 달 21일 실시되었다. 이어 12월 27일 유신헌법(維新憲法)을 공
포함으로써 유신체제가 시작되었다. 이에 따라 지하에 숨어 있던 돈이 은
행으로 들어갔으며, 1973년 1분기 GNP 성장률은 전년 대비 19% 상승하
였다.

　이런 악폐로 인하여 국가발전을 가로막고 국민생활을 저해하는 암적
요소들을 소탕하고 사회정화를 위하여 피를 흘리며 발전을 하였다. 국가
의 백년대계를 위하여 모든 비판을 감수하고 국가와 국민을 위한 정책을
과감하게 추진함으로써 부국강병의 대한민국을 이룩하였다.

　1960~1970년대 가난에 몸부림치며, 처절한 '보릿고개'를 거치면서 겪
은 배고픔과 슬픔들을 뒤돌아보면서 마음을 가다듬고 차분히 깊은 상념
에 잠겨 본다. '한강의 기적'을 이룩하기 위한 전 국민의 철통같이 단합된
의지로 전력을 다하였던 그 시대를 몸소 겪어 온 나는 뼈에 사무치는 역사
의 한 장을 기록으로 조용히 남겨 두려 한다.

3. 서기관(4급: 과장)으로 승진하다

1) 문예진흥담당관을 거쳐 종무과장으로 전보되다

1927년 2월 16일 첫 방송을 시작한 경성방송국은 8·15 해방 후인 1947년 '국영방송' 서울중앙방송국으로 재출발하였으나, 1973년 3월 3일 '공영방송' 한국방송공사(KBS)로 개편되었다. 1년 6개월간 재직한 문화공보부 홍경모 차관이 3월 3일 KBS 초대 사장으로 취임하였다.

1973년 2월 21일 홍경모 차관(문화국장, 기획관리실장 역임)은 문화공보부를 떠나면서 나에게 그간 예술과장 부재중 과장직무대행으로 고생을 많이 하였는데 승진하는 것을 보지 못하고 떠나 미안하다면서 곧 승진이 될 것이라고 말하였으나 나는 귀담아 듣지 아니하였다.

한 달 후인 3월 중순경 김석룡(金石龍) 총무과장이 나에게 "서기관으로 승진"이 되었다고 말하였다. 그런데 오후 늦게 다시 불러서 갔더니 사정이 생겨 이번은 승진이 안 되고, 한 달 후에 장관께서 승진시켜 준다고 말씀하셨다고 하면서 위로하였다.

후에 알고 보니 내가 예측한 대로 당시 청와대 정무수석 정모 씨와 허모 씨의 친인척이란 배경이 전격적으로 작동하여 나보다 나이가 많은 허씨로 전격 교체되었다는 것이다. 그 소문이 부내에 파다했다. 이렇게 되어 당시 서기관 승진 예정자 4명 중 나만이 탈락하는 쓰디쓴 아픔을 맛보았다.

4월 17일 대통령이 참석하는 이충무공탄신기념일 행사 준비를 위하여 4월 5일 식목일에 이규현(李揆現) 차관, 김재중(金載中) 기획관리실장, 김석룡 총무과장을 비롯한 간부들과 함께 전용버스로 충남 아산 현충사(顯忠祠)에 내려가서 온종일 나무를 심고 귀경하였다.

식목일 다음 날 아침 일찍 출근하니 문서접수 직원이 "성 계장님, 서기관 승진 축하한다"고 소리쳤다. 나는 어느 누가 또 거짓 장난을 쳤느냐고 하였더니, 서기관 승진 공문을 보여 주었다. 3월에 있었던 서기관 승진 번복사건을 의식해 이번에는 문서로 정식 통보되기 전에는 극히 조심하느라 차관, 실장, 총무과장은 알고 있으면서도 식목일에 전용버스로 함께 왕복하면서까지 어느 누구도 나에게 말하지 않고 함구하였던 것이다.

1973년 4월 6일 이렇게 우여곡절 끝에 38세에 서기관(書記官)으로 승진하여 문화예술진흥담당관(文藝振興擔當官)으로 근무하던 중 6월 11일자로 다시 종무과장(宗務課長)으로 전보되었다.

1968년 사무관(事務官) 승진 때에는 문화공보부 내부에서 경쟁관계에 있는 선배·동료들의 견제와 시기, 질투와 방해로 수차에 걸쳐 곤욕과 수난을 당하였는데, 이번 서기관 승진 때에는 청와대 권력자와의 친인척 관계라는 힘의 작용으로 또 불이익을 당하고 보니 이것이 나의 인생행로에 있어 힘없고 배경 없는 약자에게 주어진 운명이며 숙명인 양 생각되어 만감이 교차하였다.

종무과장으로 전보된 후 장모 씨가 문화국장으로 부임하여 또 만나는 악연을 갖게 되었다. 문제가 많은 종교단체에 대하여 부정한 방향으로 처리할 것을 강요하니 더 이상 감내할 수가 없었다. 지난 10여 년간의 공직생활에서 정도(正道)로 죄 없이 당한 여러 가지 견제와 수난을 겪고 보니 힘없는 시골 출신으로서는 공직에서 더 이상 성장하기 어려울 것 같다는 생각이 들면서 공무원으로 봉사하고 싶은 의욕이 점점 상실되어 갔다. 진로를 놓고 고뇌가 깊어질 수밖에 없었다.

그러한 상황에서 고향 창녕의 친지 되는 재일교포 재력가 손무상(孫茂尙) 회장에게서 연락이 왔다. 갑자기 현재 운영하는 창녕공업고등학교와 서울에 있는 경미염색회사의 총책을 맡아 달라는 요청이었다. 나는 며칠간 생각한 후에 지금 여러 가지 앞날에 대한 문제로 고민 중이어서 당장 그곳으로 가기는 어렵다고 말씀드렸다.

손무상 회장이 1961년부터 고향 창녕에 고등학교 설립 장소를 물색하고, 문교부로부터 설립허가를 취득하고, 학교를 설립 운영하는 과정에서 외국차관(外國借款) 문제 등에 이르기까지 나는 모든 정성을 다해 도와드렸었다. 창녕공업고등학교는 설립 초기에는 잘 운영되었으나 그 후 몇몇 친척들의 운영 부실로 학교재단과 기업체를 안타깝게도 타 법인과 단체 등에 넘겨주어 버렸다.

당시 내각 개편으로 홍성철(국무총리 비서실장) 청와대 정무수석이 내무부장관으로 취임하게 되었다. 나는 내무부 본부로 전출을 희망하였으나 본부에 자리가 없어 당분간 경남도청 내무국장(內務局長)으로 갔다가 후에 본부로 전입하도록 하라고 하였다.

나는 내무부 관료에 대해 아는 것이 없어, 당시 서울시청 인사과장으로 있는 대학동기생인 백상승(白相承: 서울시 부시장, 민선 경주시장 역임)과 상의했다. 그 친구는 대뜸 너나 나나 시골 촌놈이 특별한 배경도 없는 처지에 한번 지방으로 내려가면 내무부 본부로 올라오기 어려우며, 홍 장관이 언제까지 내무부장관으로 재직할지 누가 알 수 있느냐며 포기하는 것이 좋겠다고 강조하였다.

나는 친구의 의견에 따라 경상남도 내무국장 전출계획을 단념했다. 나 개인적으로는 지방 도청에서 성장하면서 지역기반을 튼튼하게 구축하여 정계로 진출할 생각도 해보았다. 그러나 나의 분수에 지나친 과욕임을 깨닫고 과감하게 단념했다. 그리고 매사에 성실하면서 과유불급(過猶不及)의 정신으로 정도(正道)를 걸어 나가기로 거듭 다짐하였다.

2) 비리 종교법인 취소로 소송을 당하다

종무과장 재임 시에는 각 종교별로 교파 간 갈등과 내부 분파, 법인의 분규 등 각종 불법과 비리가 많았다. 이를 과감하게 척결하는 과정에서 필설로 다 표현할 수 없는 많은 중상모략과 고통을 안팎으로부터 당하였으나, 슬기롭게 인내하면서 극복하여 나갔다.

부산에 있는 '태극도'(太極道) 교단이 내부 분규로 갈라졌다. 탈퇴한 일파가 상경하여 별도로 서울에서 교단을 설립하고 검찰 등 고위층을 동원하여 종교단체 법인 설립을 강요하여 왔다. 나는 불가하다고 판단되어 반송 조치하였으며, 이로 인하여 많은 고통과 곤욕을 당하였다.

1974년 초 서울에 있는 '기독교 외국선교재단(外國宣敎財團)'에서 분란이 일어났다. 선교재단의 지원을 받아 온 각 교회들이 선교재단의 재산을 찬탈하기 위하여 소수의 장로들이 민원을 제기하면서 중앙정보부 요원을 동원하여 압력을 가했으나 단호하게 거부하고 반송처리하여 버렸다.

그 후 1979년 12월 12일에 이른바 12·12 군사반란 사건이 발생하였으며, 그 당시 이 사건의 배후에서 조종하였던 중앙정보부의 백모 요원은 1980년 신군부 정권하의 중앙정보부 내부 숙청과정에서 쫓겨났다. 그는 1974년 당시 "성낙승 종무과장의 비리를 찾기 위하여 6개월간 미행했으나 허사였다"고 당시 종무과에 근무하였던 박상덕 씨에게 실토했다고 한다.

한편 '기독교개혁 장로교단'은 몇 차례의 신도 안찰기도(按擦祈禱) 사망사건으로 각 언론에 대서특필 보도되었으며, 교단 총무의 전과 5범 논란에다 사이비 기독교라는 비판여론이 비등하는 등 문제가 많아 교단 법인을 취소 조치하였다.

나는 문제의 교단들 중 연이 있는 직속상관인 문화국장의 청탁과 압력을 뿌리치고 소신 있게 정도(正道)로 행정조치를 취함으로써 많은 눈총을 받고 인사상의 불이익과 곤욕을 당하기도 했다.

또한 법인 취소된 교단의 악랄한 보복과 전과 5범인 교단 총무의 농간 등으로 소송(訴訟)을 당하여, 약 2개월간 직위해제(職位解除)를 당하는 등 엄청난 고통을 겪었다.

나는 재판과정에서 전과 5범의 말보다는 모범공무원로 선정되어 대통령표창장을 받고 3년간 정부로부터 매월 포상금을 받은 공직자의 말을 신뢰하는 것이 정도가 아닌가 반문하면서 재판관에게 항변하기도 했다.

나는 법원으로부터 무혐의 처분을 받아 직위를 회복하게 되었으며, 법인 취소를 당한 문제의 교단은 해체되고 국내 기독교계의 거센 비판 등으로 자멸하여 다시는 재기불가능하게 되어 버렸다.

3) 3대 종교 지도자 육영수 영부인 국민장 집전안내

1974년 8월 15일 오후 우리나라에서 처음으로 서울에 건설된 지하철 1호선이 개통될 예정이었다. 이에 앞선 이날 오전 장충동 중앙국립극장에서는 박정희 대통령 내외분과 국내외 주요 귀빈들이 참석한 가운데 8·15 광복절 경축 기념식이 열리고 있었다.

그런데 이날 박정희 대통령이 경축사를 낭독하는 도중 재일교포 문세광이 대통령을 향하여 쏜 총탄으로 대통령 영부인 육영수(陸英修) 여사가 사망하는 참사가 일어났다. 정부는 대통령 영부인 육 여사의 장례를 '국민장'(國民葬)으로 치르기로 결정했다.

8월 19일 오전 경복궁 내 중앙청 석조전 건물 앞 광장에서 장례식이 거행되었다. 장례 행렬은 광화문광장을 거쳐 동작동 국립묘지까지 이어졌다. 육영수 여사 시신은 200만 명이 넘는 추모인파 속을 지나 국립묘지에 안장되었다.

나는 종무과장으로서 하관의식을 집전할 한국 3대 종교의 대표 지도자인 불교의 이청담(李靑潭) 대종사 스님과 개신교의 한경직(韓景職) 목사 그리고 천주교의 김수환(金壽煥) 추기경 세 분을 모시고 중앙청 광장에서 영구차의 뒤를 따라 국립묘지까지 안내한 후 하관식 현장에서 종교의식을 집전하도록 모든 주선(周旋)을 다하였다.

4) 동교동에서 연희동으로 이사하다

나는 1961년부터 서울시 서대문구 창천동, 신수동, 노고산동, 연희동과 동교동 등에서 셋방살이를 7~8년간 전전했다. 그러다 1968년 당시 서울의 최변두리 신촌로터리에서 마포구 동교동과 합정동으로 이어지는 신설도로 조성공사가 시작되는 초기에 현재의 동교동 신촌전화국 뒤편 들판에 '대지 20평, 건평 15평'의 초라한 간이주택을 50만 원에 매입하여 처음으로 내 집을 마련하여 이사하게 되었다.

그러나 동교동의 좁은 집에서 생활하는 6년 동안 1남 3녀의 자녀와 고향에서 학업을 위하여 상경한 4명의 동생 등 식구는 계속해서 늘어나 조금 더 넓은 집으로 이사해야 하였다.

당시에 거주하던 마포구 동교동에서 서대문구 연희동 변두리 철로 변쪽으로 집을 한 채 보았으나 750만 원을 요구했다. 1968년에 50만 원에 매입한 동교동 주택의 매매가는 6년이 지나 600만 원으로 올라 있었으나, 새 집을 구하기에는 150만 원이 부족하였다.

이에 1974년 3월경 조흥은행 남대문 지점장으로 있는 대학 동기생 이두정(李斗淨: 남양상호저축은행장 역임) 친구의 도움으로 150만 원을 담보대출받아 서대문구 연희동 561-60번지 '대지 50평, 건평 35평'의 주택을

750만 원에 매입하여 이사하게 되었다. 이곳은 내가 이사한 후에 다시 마포구 연남동으로 행정구역이 변경되었다.

서울의 변두리 지역으로 더 물러나고 보니 교통은 한층 불편하였으나 방이 여유가 있어서 조금 편리했다. 건설부에 재직 중인 첫째 남동생(성낙건)은 결혼하여 살림을 차려 나갔고 둘째 남동생(성낙용)은 대학을 졸업한 후 공군장교로 입대하였으며, 서울대학교 대학원에 재학 중인 셋째 남동생(성낙인)과 고등학교에 재학 중인 막내 넷째 남동생(성낙서)이 함께 생활하게 되었다. 그래도 아내와 1남 3녀의 자녀, 2명의 동생 등 8, 9명의 대가족이었다.

5) 국장 승진 거절, 법무담당관과 신문과장으로 이동

1974년 초 종무과장 재임 중 종무행정에 따른 업무량이 과중하여 종무국(宗務局) 신설의 필요성을 건의하였으며, 이것이 받아들여져 문화공보부의 직제가 개편되었다.

1974년 7월 어느 날 김영권 문화국장실에서 결재를 받고 있을 때 국장께서 통화하는 중 나의 이름이 거론되었다. 통화 후에 국장께 누구의 전화이며 왜 나의 이름이 거론되었느냐고 문의하였더니, 윤주영(尹冑榮) 장관의 전화로, '성 과장'을 신설되는 종무담당국장(부이사관, 종무관)으로 승진시키려 한다고 말하였다.

나는 국장에게 지금은 승진을 원하지 않으니 장관께 잘 말씀하여 달라고 당부드렸다. 그 후에 장관 호출이 있어 들렀더니 "자네는 왜 국장 승진을 거절하느냐"며 크게 호통을 치셨다. "다른 사람들은 행정고시를 합격하고도 국장 한 번 못 하고 물러나는데 무슨 사유로 국장 승진을 거절하느냐"고 노발대발하신 것이다.

나는 장관께 "감사합니다, 죄송합니다"라고 한 뒤 사유를 말씀드렸다. "종교법인계장과 종무과장으로서 종무행정에서는 부내에서 최장기간 근무경력을 가졌으나 선배동료들보다 먼저 국장으로 승진하여 뒷말을 듣고 싶지 않습니다. 저는 공직생활에서 순리에 따라 정도(正道)를 지향하면서 선배들의 뒤를 따라 천천히 무리 없이 승진하여 공직생활을 오래 유지하고 싶은 생각에서 승진을 사양하였을 뿐입니다." 장관님은 아무 말씀이 없었다. 이렇게 하여 나는 국장 승진을 면하게 되었다.

1974년 9월 18일 개각으로 윤주영 장관이 물러나고, 문화공보부장관에 〈합동통신〉 이원경(李源京) 사장이 취임했다. 경북 경주 출신인 이원경 장관은 처가가 내 고향 경남 창녕군 창락면(昌樂面)이며, 장인 되실 분은 창락면의 면장 출신으로서 나의 아버지가 창녕군청에 근무하고 있을 때 각별하게 지낸 사이였다.

나는 종무과장 재임 중 문제 종교단체들에 대한 척결 과정에서, 당시에 모시고 있던 장모 국장(局長)과 인연이 있는 종교단체에 대한 선처 요청을 받아 주지 않고 정도(正道)로 강행 처리함으로써 상호간 불편하기에 차제에 다른 과로 이동할 생각을 하고 있었을 때였다.

1975년 4월 1일부로 부내 간부들에 대한 인사이동이 있었다. 나는 종무과장에서 법무담당관(法務擔當官) 과장으로 전보되어, 나의 정도행정(正道行政) 업무처리로 인해 온갖 모함과 중상을 받아 왔던 종무행정 업무에서 오랜만에 벗어나게 되었다.

법무담당과장 재임 중 법제처(法制處)에서 각 부처 소관의 법령 중 현실에 맞지 않는 법령과 규정을 정비 보완하기 위하여 '법령정비추진위원회'를 설치하고 각 부처 법무담당과장을 실무추진위원으로 위촉하여 참여하게 되었다.

나는 법령정비추진위원회 위원으로 참여하여 중앙정부의 각 부처마다 법인 설립허가 기준과 요건, 절차 등이 상이한 문제점 등을 제기하고, 통일된 기본 법령을 제정할 것을 건의했다. 나의 건의안이 각 부처의 찬성으로 받아들여져 "공익법인의 설립 및 운영에 관한 규정"이 대통령령(大統領令)으로 제정되었고, 각 부처의 법인 설립허가 절차와 운영규정 등의 통일을 기하게 되었다.

이에 따라 새로이 제정된 법령에 근거하여 나는 "문화공보부 소관 비영리법인의 설립 및 운영에 관한 규정"을 새로이 제정하고, 동시에 "사단법인과 재단법인의 정관준칙(定款準則)"도 새로 만들어 시행하도록 함으로써 보다 합리적이며 효율적으로 법인의 설립 운영과 지도감독을 할 수 있도록 개선하였다.

법무담당과장으로 재임 중인 1975년 12월 18일 단행된 개각에서 이원경 장관이 물러나고 청와대 대통령 비서실 김성진(金聖鎭) 공보수석비서관이 12월 19일 문화공보부장관에 취임하였다.

1977년 3월 31일 나는 법무담당과장으로 만 2년간의 최장수 기록을 남기고 신문과장(新聞課長)에 전보되었다.

신문과에서 제일 큰 민원문제는 신문, 잡지 등 정기간행물의 등록에 관한 것이었다. 문제의 민원들은 대부분 배후에 고위권력자, 특히 국회의원들의 청탁에 의한 것이 많았으며, 법적으로 규정된 민원처리 기한을 초과하여 수년간 누적 방치되어 온 서류들이 무려 50~60건이나 쌓여 있었다. 우선 모든 민원서류를 면밀히 재검토한 후에 과감하게 반송하기로 작심하고, 장관께 전후 상황을 상세하게 설명하여 반송 조치하겠음을 보고하고, 전격적으로 일시에 모두 반송 처리하여 버렸다.

반려된 민원서류 중 한 건은 담당 실무직원이 뇌물수수를 스스로 실토하면서 자신이 민원인을 직접 만나 수습하겠으니 용서하여 달라고 간청하기에, 나는 며칠간 시간을 주며 소리 없이 신속하게 해결하도록 했다. 향후 이러한 작태를 다시 자행할 때에는 파면 조치할 것임을 명시한 각서 (覺書)를 징구하는 등 부정부패 예방을 위한 철저한 기강을 강구하였다.

4. 부이사관(3급: 국장)으로 승진하다

1) 홍보조정담당국장(홍보조정관)으로 임명되다

1974년 7월 종무과장으로 재임 중 신설되는 종무담당국장인 '종무관' 승진 권유를 거부한 후, 법무담당과장과 신문과장으로 각각 2년간 재임 하면서 4~5년이란 세월이 흘러갔다.

1979년 3월이 되자 또다시 종무담당국장인 '종무관'으로 승진이 내정 되었다는 소문이 들려왔으나, 약 일주일이 지난 후에 다시 차관 직속의 홍보조정담당국장인 '홍보조정관'으로 승진이 내정되었다고 하였다.

1979년 4월 21일 44세에 드디어 국장으로 승진하여, 박정희 대통령 명 의의 '홍보조정관(弘報調整官) 임명장'을 김성진 장관으로부터 받고 문화 공보부차관 직속의 홍보조정담당국장(홍보조정관)으로 근무하게 되었다.

유신정권하의 정국상황이 평온하지 않은 가운데 1979년 7월 6일 박정 희 대통령이 제9대 대통령으로 취임했다.

이어 10월 15일 부산지역에서 유신헌법 철회와 유신정권 퇴진을 요구 하는 민주항쟁(民主抗爭)이 일어나 급기야 부산과 마산지역으로 확산되 자 정국은 초긴장상태로 돌변하여 갔다. 10월 18일에는 부산지역 일원에 비상계엄(非常戒嚴)이 선포되고, 부산과 마산 일원에 위수령(衛戍令)을 발동하여 강경 진압이 전개되었다.

2) 10 · 26 박정희 대통령 시해사건 발생

1979년 10월 26일 저녁 청와대 안가에서 만찬 중 부마사태(釜馬事態) 진압을 둘러싸고 차지철 경호실장과 김재규 중앙정보부장이 논쟁을 벌이다가 김재규 부장이 박정희 대통령과 차지철 경호실장을 권총으로 살해하는 시해사건(弑害事件)이 발생하였다.

11월 3일 고 박정희 대통령의 국장(國葬) 영결식이 중앙청 광장에서 열렸다. 운구 행렬이 광화문 거리를 지나 동작동 국립묘지로 향하는 도로변에는 300만 명의 인파가 인산인해(人山人海)를 이루었으며 시민들의 통곡으로 눈물바다가 되었다.

박 대통령은 공산주의와 빈곤 그리고 부정부패를 3대 적(敵)으로 설정하고, 조상 대대로 내려온 찌든 가난을 물리치고, 근면자립 정신을 확립하여 국부(國富)를 창출하고 국가안보를 강화하는 데 전력을 다했다.

대통령 시해사건으로 유신정권(維新政權)은 막을 내리고 정국은 극도의 혼란에 빠졌다. 최규하(崔圭夏) 국무총리는 대통령 권한대행으로서 제주도를 제외한 전국에 비상계엄(非常戒嚴)을 선포하였다. 1979년 12월 6일 통일주체국민회의에서 최규하 국무총리를 제10대 대통령으로 선출하여 제4공화국 정부가 출범했다. 12월 13일 개각으로 김성진 장관이 물러나고 최규하 국무총리 비서실장인 이규현(李揆現: 전 문화공보부차관) 씨가 다음 날 문화공보부장관에 취임하였다.

정국이 불안정한 가운데 향후 대권을 노리는 3김 씨(김영삼, 김대중, 김종필)의 정치세력들이 기세를 올리면서 사회적 분위기는 더욱더 불안하게 흘러갔다.

1979년 12월 12일 보안사령관 전두환(全斗煥) 장군을 비롯한 신군부 세력이 주동하여 이른바 '12 · 12 사태'라는 군사반란(軍事叛亂)을 일으켰다. 이에 신군부의 독재를 막기 위하여 서울에서부터 시작된 시위가 부마항쟁(釜馬抗爭)으로 이어지고, 전국적으로 확산되어 가자 정국이 더욱 불안정해지고 공직사회도 혼란스러웠다. 비상계엄하에서 전국에서 발간되는 주간, 순간, 월간, 격월간 등 모든 정기간행물과 출판물에 대한 납본과 검열 업무가 서울시청에 마련된 비상계엄사령부 검열실에서 시행되었다.

3) 아버지의 별세

1980년의 새해가 되었으나 비상계엄하의 정국은 여전히 혼란스럽고 공직사회도 불안한 가운데, 나는 문화공보부 홍보조정담당국장으로 재직하고 있었다. 그런데 4월 30일 고향으로로부터 부친별세(父親別世)라는 비보(悲報)가 날아왔다.

계엄정부하에서 아버지의 오랜 병상에도 불구하고 명색이 장남으로서 병문안도 제대로 하지 못하고 임종마저 못한 불효자로서 갑작스러운 비보에 가슴이 찢어지도록 아팠으며 흐르는 눈물을 억제할 수 없었다.

1913년 1월 21일 3남 중 막내로 출생하시어 1980년 4월 30일(음력 3월 16일)에 저세상으로 가셨으니, 당년 68세의 짧은 생을 마감하셨기에 마음이 쓰리고 깊은 슬픔에 몸부림쳤다.

5월 3일(음력 3월 19일) 청명한 봄 날씨에 '4일장'으로 마을 친지들의 도움으로 전통적인 꽃상여로 운구하여 고향마을 뒷산에 안장하여 모셨다.

아버지는 당시 67세의 어머니와 5남 2녀를 남겨 두고 가셨으니, 45세의 장남인 나로서는 무거운 책임감에 어찌할 바를 몰라 망연자실(茫然自失)하고, 몹시 당황하기도 하였다.

동생들은 모두가 고향을 떠나 대구와 서울로 흩어져 있었고, 더욱이 2

명의 남동생은 아직 미혼 상태였으므로 나는 무거운 책임감에 앞일이 걱정스럽고 막막하였다.

여동생 두 명은 출가하여 대구에서 생활하고 있었고, 남동생 4명 중 2명은 결혼하여 서울에서 건설부와 동서증권에 각각 재직(在職) 중이었다. 미혼인 두 명의 남동생 중 대학교 교수로 있는 동생(성낙인)은 서울에서 생활하고 있었으며 막내 동생(성낙서)은 군복무 중이었다.

나는 아버지께서 떠나신 후에 고향에 홀로 계시는 어머니의 농사를 위하여 매 주말마다 고향으로 향해야 했다. 당시에는 서울에서 창녕으로 가는 직행버스가 없었기에, 토요일 오후 기차로 서울을 떠나 동대구역에 도착하여 시내버스로 시외버스터미널에 내린 뒤, 다시 창녕행 버스로 고향 땅 창녕읍에 도착하고, 이어 택시나 보행으로 밤중에야 고향집에 겨우 도착하였다.

하룻밤을 어머니와 함께 보내고 일요일 온종일 농사일을 도운 후 저녁 늦게 대구를 들러 밤중에 서울에 도착하였으니 때로는 몸살로 고생을 하기도 했다.

이렇게 2년간 고달픈 세월이 흘러간 후 1982년 초 대구 종숙모(양준희)께서 중국 흑룡강성(黑龍江省)에서 한국에 오신 친척(양자술)이 시골에서 홀로 농사일을 하시는 어머니를 도와 함께 지낼 수 있도록 도와 주셔서 큰 도움이 되었다. 어머니보다 5, 6세쯤 적었으나 친구처럼 어머님을 보살펴 주어서 크게 안심이 되었다. 2000년부터는 나는 매월 1회 고향을 오르내리면서 어머니를 보살피게 되었다.

7남매 모두가 서울, 대구로 떠나고 어머니 홀로 농사하시는 상황을 생각하면서 장남으로 태어나 주어진 책무를 다하지 못하여 가슴이 미어졌다. 아픈 가슴을 부여잡고 〈불효자는 웁니다〉를 수없이 부르며 남몰래 눈물을 흘리기도 많이 하였다.

4) 감사담당국장(감사관)으로 전보되다

1980년 5월 3일 부친의 장례를 마치고 5월 8일경 상경하니 정국은 더욱 악화되고 있었다.

1980년 5월 17일 최규하 대통령이 비상계엄을 전국적으로 확대 선포한 게 기폭제가 되어 전라남도 광주지역에서 시위가 격화되었다. 1980년 5월 18일에는 드디어 '광주사태'가 폭발하였다.

5월 21일 개각이 단행되어 이규현 장관이 물러나고 다음 날 문화공보부 장관에 이광표(李光杓) 차관이 승진하여 취임했다. 새 장관이 취임하고 3~4개월 후인 10월 4일 부내 인사이동으로 나는 홍보조정담당국장에서 감사담당국장인 감사관(監査官)으로 전보되었다.

그에 앞서 1980년 5월 31일에는 '1979년 10·26 박정희 대통령 시해사건'으로 인한 사회적 혼란을 수습하기 위하여 전국비상계엄하에서 유신정권 붕괴 후 등장한 신군부가 '국가보위비상대책위원회'(國保委)를 설치하였다. 안보태세 강화, 경제난국 타개, 정치 발전, 사회악 일소를 통한 국가기강 확립 등의 기본목표를 실현하기 위하여 공직자 숙청, 중화학공업 투자 재조정, 졸업정원제와 과외 금지, 출판 인쇄물의 제한, 삼청교육 실시, 지배구조 재편 등을 위한 제반조치들이 신속하게 실행되었다.

공직사회의 기강을 확립하기 위하여 감사기능이 강화되고 고위공무원에 대한 숙청(肅淸)이 시작되어 공직사회가 초긴장상태로 변했다. 정국대변혁(政局大變革)이 발생하여 개각이 단행되고 뒤이어 정부 각 부처의 국장급 이상에 대한 대대적 숙청이 진행되었다. 문화공보부에서도 예외 없이 국장급 이상 실장급 등 고위공직자 상당수가 퇴출(退出) 당했다.

다행히 나는 1979년 12월 12일 군사반란이 발생한 그해 4월에 국장으로 승진하여 이제 겨우 7~8개월밖에 되지 않아 숙청 위기에서 살아남았다. 지난날을 회상하면 1974년 장관의 뜻을 거역하고 "승진에 과욕을 버리고 오로지 정도(正道)만을 택하여 온 것"이 백번 잘한 결단이었다.

아버지 살아생전에 "절대로 빨리 승진하지 말라"는 말씀이 항상 나의 뇌리에 각인되어 있었다. 한편으로는 당시에 선배보다 앞서 승진하는 것이 공직사회에서 정도가 아니기에 동료들과 함께 승진하고 싶은 마음뿐이었다.

당시 윤주영 장관의 말씀처럼 공직생활 30년간 국장도 못 하는 이가 수없이 많은데 그 절호의 권유를 거절하였으니 당연히 나를 특이한 인간으로 여겼을 것이다.

1980년 8월 16일 최규하 대통령이 하야하고, 8월 27일 제11대 대통령에 전두환 국보위 위원장이 통일주체국민회의에서 선출되었다. 이어 10월 23일 개정 헌법이 확정되자 국회, 정당, 통일주체국민회의가 해산되고 국보위는 국가보위입법회의(國家保衛立法會議)로 개편되었다. 국가보위입법회의는 제반 법과 제도를 정비하며 제5공화국 출범을 위한 기반을 마련한 후 제11대 국회 개원과 더불어 해산되었다.

1980년 10월 27일 이른바 '10·27 법난'이라는 불교법난(佛敎法難)이 일어났다. 계엄사령부 합동수사단은 불교계 정화를 명분으로 대한불교 조계종 등의 승려 및 불교 관련자를 강제로 연행 수사하고, 포고령 위반 수배자 및 불순분자를 검거한다는 명분으로 군경합동(軍警合同)으로 전국의 사찰에 대해 대대적인 수색작전을 펼쳤다.

사회정화를 앞세워 승려 150여 명이 연행되고, 전국의 사찰을 수색하는 과정에서 1,700여 명이 추가로 연행되어 각종 폭행과 고문을 받았다. 일부 승려는 삼청교육대 또는 교도소에 수감되거나 순화교육을 받기도 하였다.

1980년 11월 11일 신군부는 이른바 '언론통폐합' 조치를 단행했다.

11월 14일 한국방송협회와 한국신문협회 등이 총회를 열고 방송, 신문 통합 등 이른바 대한민국 언론개혁을 골자로 하는 "건전언론 육성과 창달에 관한 결의문"을 발의했다.

이에 따라 중앙지 신문은 7개에서 6개로, 지방지 신문은 14개에서 10개로 감축되었다. 〈합동통신〉과 〈동양통신〉이 해체 통합되어 〈연합통신〉이 되었다.

방송계에서는 KBS가 민간방송인 서울지역의 동아방송과 동양방송을 비롯하여 지방의 전일(全日)방송, 서해(西海)방송 등을 인수합병하고, 민영방송인 MBC의 주식 65%를 인수함으로써 한국 최대의 언론기관이 되었다.

MBC는 제휴 민영방송사인 부산, 대구, 광주, 대전 등 지방의 전 MBC 지분 35% 이상을 MBC로 강제 양도시키고, KBS에 자사의 주식 65%를 넘김으로써 법적으로 공영방송(公營放送)으로 전환되었다.

이러한 언론통폐합 조치로 언론계 종사자들의 대거 퇴출사태가 벌어졌으며 해직기자(解職記者)가 속출하였다.

한편으로는 일간신문을 비롯하여 주간신문, 월간신문과 월간·주간·격월간 잡지 등 정기간행물의 폐간조치가 대대적으로 단행되었다.

1981년 2월 25일 제 12대 대통령에 전두환 대통령이 당선됨으로써 제 5공화국 정부가 출범했다. 한 달 후인 3월 25일에는 제 11대 국회의원선거가 실시되었다.

1981년 초에 이광표 장관께서 감사국장인 나에게 보국훈장을 상신하고 과장급에는 보국포장을 상신하였다.

그 후 4월 2일 이상하게도 훈격이 바뀌어 국장인 나에게 보국포장이 수

여되고 이모 과장이 보국훈장을 받는 기이한 일이 발생하였으며, 힘없고 배경 없는 약자의 서러움을 또다시 겪고 보니 만감이 교차하였다.

그 후에 여러 가지 말들이 있었으나 당시의 서슬 퍼런 군부정권에 어떻게 하랴…. 그러한 비정상적인 상급기관을 통한 작용으로 차지한 그자의 공직상의 말로는 좋을 리가 없었다.

1982년 5월 20일 개각으로 이광표 장관이 물러나고 이진희(李振羲) MBC 사장 겸 〈경향신문〉 사장이 문화공보부장관에 취임했다.

1982년 7, 8월경 각 부처 산하기관이 외국에서 기자재(機資材)를 도입하여 활용하지 아니하고 또 다른 기자재를 도입하는 등 예산낭비가 많으므로 각 부처가 그 실태를 특별감사(特別監査)하여 보고하라는 대통령의 특별지시가 하달되었다.

당시 감사담당국장인 나는 장관의 지시에 따라 KBS와 MBC를 비롯한 중앙과 지방의 전 방송국에 대하여 외국으로부터 도입된 방송기자재 현황과 활용실태 감사를 실시하였다.

외국 기자재 도입시 항공운송은 엄청난 예산이 소요되어 각 방송사는 예산절약을 위하여 주로 해운운송수단을 이용할 수밖에 없었다. 때문에 미국에서 새로 개발된 방송기기를 도입하면 4~5개월 후에나 방송국에 도착했다. 그런데 그 사이에 또 새로운 방송기기가 개발 출시되자 이를 다시 구매 도입하는 사례들이 발견되었다. 이러한 방송기자재 도입과정에서 어떤 기기는 포장된 채로 개봉도 하지 않고 창고에 보관되어 있었다.

당시의 실상과 문제점 및 방책 등을 종합한 특별감사보고서를 작성하여 청와대에 보고한 후, 각 방송국의 직무담당 관련자에 대한 징계조치를 취하도록 했다. 또한 방송기자재 도입과 이용관리 등에 대한 시정과 효율적인 사용 방안을 강구하도록 각 방송국에 통고하였다.

1982년 11월경 정부 각 부처의 조직을 대국대과(大局大課) 체제로 개편하라는 정부 방침에 따라 1983년 1월 초 문화공보부의 직제개편(職制改編)이 단행되었다. 기존의 문화국, 예술국, 공보국, 보도국, 방송관리국 등 6개국을 통폐합하여 문화예술국(文化藝術局), 공보국(公報局), 매체국(媒體局)의 3개 대국체제(大局体制)로 전환 개편했다. 하부조직의 각 과단위(各課單位)도 대과체제(大課体制)로 개편됨으로써 부내 간부에 대한 대대적인 인사가 단행될 상황이었다.

5. 이사관(2급: 국장)으로 승진하다

1) 초대 매체국장에 임명되다

1982년 5월 20일 부임한 이진희 장관은 1983년 1월 15일부로 문화공보부 본부를 비롯한 소속기관의 실·국장급에 대한 대대적인 인사를 단행하였다.

나는 1월 15일 자로 부이사관(副理事官)인 감사담당국장에서 이사관(理事官)으로 승진하여 신설된 매체국장(媒體局長)으로 보임되었다. 매체국은 신문과(新聞課), 방송과(放送課), 출판과(出版課) 등 3개의 대과체제(大課體制)로 편성되었다.

매체국은 종전의 방송관리국 방송관리과와 방송시설과의 전체 업무를 비롯하여 공보국 신문과와 보도과의 일부 업무 그리고 문화국의 출판·인쇄 등과 연관된 막중한 업무를 총괄하게 되었다.

아무런 배경이나 힘도 없는 나로서는 그간 홍보조정관과 감사관이란 국장으로 전전했으니 이번에는 대국체제하의 국장 중 어느 직책이라도 주면 달게 받고 기꺼이 감수하겠다는 생각에서 그저 관망하여 왔었다.

그런데 부이사관에서 이사관으로 승진과 동시에 요직인 매체국장으로 발령받게 된 것이다. 지난날 온갖 시기와 견제, 냉대와 박해를 감수하고 인내하면서 절치부심하여 왔던 눈물겨운 공직생활 22년 만의 일이어서 실로 감개무량하였다.

권력을 배경으로 요직을 획득하려는 일부 동료들이 뜻을 이루지 못하자 내외부의 권력자들을 통해 죄 없는 나를 공사 간에 정신적으로 괴롭히기도 하였다. 나는 모든 것을 감수, 인내하면서 오로지 맡은 바 책무에 가일층 분발하며 나아갔다.

나는 생면부지(生面不知)의 신임 이진희 장관께서 부임한 후 대통령의 특명에 의하여 각 방송국의 외국산 방송기자재 도입과 관리과정에서 발생하는 부정불법과 부당비리를 감사하고 개선 방책을 마련하여 보고하라는 작업을 좌고우면(左顧右眄) 하지 않고 철저하고 과감하게 추진 실천함으로써 장관으로부터 두터운 신임을 받게 되었다.

이러한 감사과정과 그 후 처리과정에서 수감 방송사들로부터 다소의 불평불만과 변명의 소리들이 터져 나왔으나 일축하고 과감하게 정도(正道)로 정면 돌파함으로써 감사의 실효를 거둘 수 있었다.

2) 중국항공기 춘천비행장에 불시착 사건 발생

매체국장으로 재임 중이던 1983년 5월 5일 어린이날에 중국 항공기가 우리나라의 휴전선을 넘어 춘천(春川) 비행장에 불시착하는 사건이 발생했다. 항공기에는 기장을 비롯한 승무원 10명과 승객 96명, 도합 109명이 탑승하고 있었다. 당시는 한국과 중화인민공화국이 수교(修交) 되어 있지 않은 상태였다.

항공기가 휴전선을 넘어 춘천비행장에 불시착할 때에 경고방송이 일부 지역에 동시 작동을 하지 않은 문제가 발생하였다.

청와대의 지시에 따라 당시 매체국장으로서 이기백 육군대장(합동참모회의 의장 역임), 이상배 내무부 민방위본부장(청와대 행정수석, 경기도지사 역임), 정종택 청와대 비서관(충북도지사, 농수산부장관 역임)과 함께 주한 미 8군 사령부에서 헬리콥터에 탑승하여 오산의 '공중레이더' 관측통제(觀測統制) 센터(TACC)를 방문하여 현장 상황을 조사하였다.

그리고 경기도의 화악산 정상에 헬리콥터로 이동하여 고산 정상(高山頂上)의 군용 송신소와 방송용 송신소 등의 상황을 답사점검(踏查點檢) 했다. 당시 국내 주요 산 정상에는 방송 및 통신용 송신소가 각 기관별로 난립되어 있어 보안상 또는 효율성 면에서 문제점이 많았다. 설치운영 면에서도 사방으로 무질서하게 각각 독자적, 독립적으로 운영 관리하며 경비를 하고 있었다.

이러한 문제점과 해소방안 등을 종합한 고산 정상의 '송신탑 통합계획'을 수립하고 대통령께 보고한 후, 관련 부처와 협조하여 전부 통합조치 함으로써 보안경비의 안전성과 운영관리의 효율성 및 인력과 예산 절감 효과를 이룰 수 있었다. 고산 정상의 주변 환경도 깔끔하게 정비정화(整備淨化) 되었다.

3) '셀마' 태풍과 대홍수로 피해를 당하다

1984년 8월 31일부터 9월 4일까지 서울·경기·강원지역에 제7호 태풍 '셀마'의 강풍과 엄청난 폭우로 한강이 범람하는 대홍수가 발생했다. 서울 마포구 망원동, 서교동, 동교동과 성산동 쪽은 이미 침수되고 내가 거주하는 연남동 근처까지 한강물이 범람하여 들어오는 다급한 상황에서 각 방송국은 침수 예상지역의 도면을 작성 방영하면서 해당 지역 내에 거주하는 주민들에게 긴급 대피하라는 방송을 계속하였다.

동사무소에서는 직원들이 총동원되어 연남동의 우리 집을 비롯하여 가가호호를 방문하며 신속히 대피하도록 독촉했다.

급박한 상황에서 대피할 곳이 없어 당황하고 있던 밤 11시경에 문화공보부 당직실에서 비상소집 연락이 왔다. 긴박한 상황에서 대학생 동생으로 하여금 방마다 전등을 켜 놓고 집을 지키도록 하고, 아내와 자녀들은 연희동에 있는 손아래 동서(同壻) 집으로 대피시켜 놓은 후 황급히 심야에 사무실로 달려갔다.

당시의 상황이 급박하여 매체국장으로서 이진희 장관의 지시에 따라 밤 12시까지의 정규방송 시간에 구애받지 말고 철야방송을 실시하도록 각 방송국에 긴급 통고하였다.

각 방송국의 철야방송 상황을 확인한 후 밤 1시경 귀가하였으나 우리 마을은 집집마다 다른 곳으로 대피하였는지 적막강산처럼 조용하였으며 몇몇 가옥들만이 불이 켜져 있었다. 그러한 한밤중의 상황에서도 불량배와 도적들이 무리를 지어 다니면서 빈집을 털어 가는 사건들이 발생하고 있었다. 당시 우리 집 주변은 거의 대부분 소형 단독주택들이 밀집해 있는, 지역적으로 허전한 상황이었다.

해가 바뀌어 1985년 2월 12일 제 12대 국회의원선거가 실시되었다. 이어서 2월 18일에는 개각(改閣)이 단행되었다. 집권당인 민주정의당(民主正義黨)은 1987년 12월 실시될 제 13대 대통령선거 대비태세에 들어갔다.

이때 개각으로 약 3년간 재임한 이진희 장관은 〈서울신문〉 사장으로 부임하고, 2월 19일 이원홍(李元洪) KBS 사장이 신임 장관에 취임했다.

3월 초 이원홍 장관의 호출이 있어 장관실에 들렀더니 "성 국장, 당신

청와대와 집권당에 누구 아는 이가 있느냐"며 퉁명스럽게 물었다.

나는 "아는 사람이 없다"고 하였더니, "청와대에서 대통령의 재가가 났으니 성 국장을 민주정의당 전문위원(專門委員)으로 보내라는 통보가 왔다"고 하면서 속히 당에 가도록 하라고 했다. 그리고 "후임 매체국장은 성 국장이 추천해 달라"고 하였다.

나는 갑작스런 일방적 조치에 불쾌하여 "후임은 장관께서 잘 아는 이를 택하도록 하십시오" 하고 장관실을 박차고 나와 버렸다. 내심(內心)으로는 내가 감사국장으로 재임 시 대통령 특명에 의한 KBS 특별감사에 대해 반감이 작용된 것으로 생각되었다.

사무실로 돌아오자 서삼수(徐三守) 감사국장이 황급히 달려와서 "성 국장, 무슨 일이 있느냐"고 하면서 방금 "청와대에서 성 국장에 대하여 출신 대학과 업무능력 등을 문의하여 왔다"고 나에게 말했다. 나는 방금 장관으로부터 집권당인 '민주정의당'으로 가라는 통보를 받고 왔다는 사실을 설명하여 주었다.

이리하여 나는 23년간 봉직했던 문화공보부를 타의에 의하여 사퇴하게 되었다. 힘없는 약자의 서러움을 또다시 당하고 보니 한없이 슬프고도 마음이 착잡하였다

4) 타의로 공무원 사직, 집권당 전문위원으로 차출

1985년 3월 6일 자로 민주정의당 정책조정실 문화공보담당 전문위원 (專門委員)으로는 내가 처음으로 가게 되었는데, 앞날이 암담했다.

1960년 11월 집권당인 민주당의 장면 내각 정부가 처음으로 시행한 '전국공무원 공개채용시험 사무계 1부'에 합격하여 1961년 1월부터 국립공무원훈련원에서 공무원 교육을 이수하고, 국무원사무처 방송관리과의

하급공무원으로 출발하여 25년간 청춘을 바쳐 봉직하여 왔는데, 일방적인 강권에 의하여 공무원을 사직(辭職)하고 떠나려니 만감이 교차했다.

공직생활 22년이 되는 1983년 1월 15일 천신만고(千辛萬苦) 끝에 이사관으로 승진하여 매체국장에 보임된 지 2년 2개월 되는 1985년 3월 6일 사직서를 제출하고 민주정의당 정책조정실에 당도하고 보니 모든 것이 생소하고 전도가 암담하였다.

대학을 졸업하고 군에서 제대한 후 국가를 위하여 평생 봉사하여 보겠다는 신념으로 26세에 공무원으로 출발하여 25년간 온갖 유혹과 청탁과 압력에 굴하지 않고 오로지 국가를 위하여 정도(正道) 한길로 봉사하여 왔는데, 왜 하필이면 힘없는 내가 찍혀 서글프게 물러나야만 하나 깊은 상념에 잠겨 며칠간 잠을 이루지 못하였다.

공무원의 정년 60세까지 봉직하지 못하고 48세 중도에서 공무원의 신분을 청산하게 되니, 전도가 암담하였으며 힘없는 신세를 원망하고 한탄하며 약자의 서러움을 삼켰다.

1985년 3월 집권당의 전문위원으로 부임한 후 7월경 문화공보부에서 나를 괴롭혔던 장모 국장이 모종의 사건으로 공직에서 퇴출당한 후에 많은 것을 느꼈는지 나를 찾아왔다. 그간 공직에서 물러나 지나간 공직생활을 회상하고 뉘우치면서 기독교에 귀의했다는 등 나에게 미안함을 간접적으로 표현하고 가셨으나 몇 년 후 짧은 인생으로 타계했다.

이것이 나의 타고난 운명인가. 최하위 직급에서 시작하여 천신만고 끝에 국장직에 오르기까지 온갖 견제와 냉대, 방해와 질시 속에서도 인내해 온 25년간의 파란만장(波瀾萬丈)하였던 공직생활을 청산하고 약자의 서러움을 삼키면서 새로운 앞날을 개척하기 위하여 피나는 도전과 응전을 감행하기로 작심하였다.

오로지 국가를 위하여 일편단심 정도(正道)로 봉직하였던 힘없는 공직자가 공무상 집행한 일에 대하여 자신들의 비위에 거슬렸다는 반감으로 천추의 한이 될 만행을 자행한 권력자들은 언젠가는 스스로 그 대가를 받게 될 것으로 확신한다. 죄 없는 나는 가벼운 마음으로 25년간 청춘을 바쳤던 문화공보부와 동고동락한 동료들을 뒤로하고 피눈물을 삼키면서 새로운 길을 향해 소리 없이 떠나야만 했다. 그 당시의 상황과 이내 심정을 그 어느 누가 알겠는가.

한 맺힌 지난 세월의 악몽들이 주마등처럼 스쳐 지나가니 나의 눈에는 하염없이 눈물이 흘러내렸다.

6. 관리관(1급: 차관보)으로 승진하다

1) 문화공보부로 복직, 종무실장으로 임명하다

타의에 의해 문화공보부에 사표를 제출하고, 집권당인 민주정의당으로 가게 된 나는 정책조정실에서 3년 1개월을 전문위원으로 근무했다.

1985년 이전까지는 각 부처의 국장급 국가공무원을 공무원의 신분을 보유한 채로 차출하여 집권당에서 활용함으로써 야당으로부터 거센 항의를 받았다. 이러한 문제로 1985년부터는 현직 공무원을 사직토록 한 뒤 집권당에 보내 활용한 후에 복직시키는 변칙이 이용됐다.

1985년 3월 몇 개 부처의 국장을 차출하여 전문위원으로서 대선(大選) 정책 개발에 활용한 후, 1987년 대통령선거에서 집권당인 민주정의당 후보가 당선될 경우 원 소속 부처의 기획관리실장으로 복직시켜 정부와 집권당 간의 원활한 정책수행을 도모하려는 의도였다.

노태우 대통령 후보가 당선되지 못하였다면 나는 40대 말에 완전 실업자로 전락하였을 것이다.

그리하여 1988년 2월 25일 노태우 대통령이 취임한 후 대통령 지시에 따라 동년 3월 중에 거의 대부분의 전문위원들은 원 소속 부처의 1급으로 승진하여 기획관리실장으로 복직하였다. 그러나 나 혼자만 3월 말이 가까워도 복직하지 못하고 있었다.

배경을 알아보니 노태우 정부의 초대 문화공보부장관에 취임한 정한모(鄭漢模) 장관은 대통령의 지시에 따라 기획관리실장 인사를 하려고 하였으나 김윤환 정무장관이 자기의 고교 후배를 기획관리실장으로 천거하여 장관이 난처하게 되었다는 것이다.

나는 김윤환 장관을 찾아가서 1년 전에 본인 스스로가 나에게 몇 번이나 말씀하였음에도 불구하고, 지금에 와서 갑작스럽게 고교 후배를 천거한 것에 대해 불만을 토로하고 나와 버렸다.

다음 날에는 정한모 장관을 찾아뵙고 저 때문에 고심이 많으실 텐데 김윤환 장관의 요구대로 그의 고교 후배를 기획관리실장으로 임명하시고 저에게는 장관께서 적절한 직책으로 조처하여 주시기를 당부했다.

이렇게 하여 정한모 장관은 나의 순수한 뜻을 받아들여 종무실장으로 발령하게 되었다. 1988년 4월 3일 53세에 "1급 관리관으로 승진하여 종무실장에 보(補) 한다"는 노태우 대통령의 임명장을 정한모 문화공보부장관으로부터 받았다.

25년간 젊은 청춘을 불태우면서 멸사봉공하며 재직하여 온 공직자를 하루아침에 사직시켜 집권당인 민주정의당으로 차출하는 정부의 작태에 대한 분노를 삭이면서 문화공보부를 떠난 지 만 3년 1개월 만에 불귀(不歸)의 신세가 다시금 복귀복직(復歸復職) 하게 되어 실로 감개무량하였다. 정한모 장관은 그간의 많은 협조와 양보에 감사했다고 하면서 앞으로도 많은 협조를 당부하였다.

사실은 정 장관이 문화예술진흥원(文化藝術振興院) 원장 재직시에 나는 공익자금의 배분에 있어 언론 관련 단체에 편중 지원했던 문제점을 지적하고 문화예술 분야에도 지원되어야 한다고 주장해, 문화예술진흥원에도 지원될 수 있도록 지원정책을 개선한 바 있다. 이후 많은 지원을 하여 온 인연으로 남달리 친밀한 관계를 유지해 왔던 것이다.

제3공화국의 박정희 정부 당시에는 헌법상 정교(政敎) 분리의 원칙에 따라 청와대의 수석비서관들과 각 부처 장관들이 종교인을 방문하지 않는 관례가 지속되었다.

1968년 종무행정(宗務行政) 업무가 문교부에서 문화공보부로 넘어온 이래 청와대에서 중요 사안이 있을 경우 종무행정 담당 부처인 문화공보부장관을 통하여 이루어졌으며, 당시 종무 담당 계장, 과장이었던 나는 장관의 명에 따라 가톨릭의 김수환(金壽煥) 추기경, 불교의 이청담(李靑潭) 스님과 개신교의 한경직(韓景職) 목사를 직접 찾아뵙고 정중하게 전달하여 왔다.

2) 종교계 대표 성직자와 젊은 목회자의 등장

(1) 3대 종교계의 존경받는 성직자

나는 약 10년간 각 종교계의 지도자를 수없이 접촉하여 온 정부 종무행정의 실무자로서 우리들 마음에 지워지지 않는 발자국을 남긴 종교계의 큰 어르신으로 다음 세 분을 꼽는 데 이견(異見)이 없을 것이라 생각한다.

개신교의 한경직 목사(1902~2000), 불교의 이성철 스님(1912~1993), 가톨릭의 김수환 추기경(1922~2009) 세 분은 각기 다른 종교를 떠받치는 큰 기둥이었다. 이분들을 한데 묶는 공통된 단어는 철저하게 변함없는 청빈(淸貧)이었다.

한국 대형 교회의 원조인 영락교회를 일으킨 한경직 목사가 남긴 유품은 달랑 세 가지뿐이었다. 휠체어와 지팡이 그리고 겨울 털모자였다. 집도 통장도 남기지 않았다. 성철 스님은 기우고 기워 누더기가 된 두 벌의 가사(袈裟)를 세상에 남겨 두고 떠났다. 김수환 추기경이 세상을 다녀간 물질적 흔적은 신부복과 묵주(默珠) 뿐이었다.

한경직 목사 작고 후 개신교는 또 한 차례의 중흥기(中興期)를 맞아 신도 수가 크게 증가했다. 성철 스님 열반(涅槃) 후에는 스님의 삶이 알려지면서 불교를 바라보는 세상의 눈길이 많이 달라졌다. 천주교 또한 김수환 추기경이 이끌던 시절에 신도 수가 크게 증가했다.

이 세 분은 예수님의 말씀과 부처님의 가르침을 전하면서 그분들의 삶을 그대로 살아 보고자 하였던 분들이다. 그리고 온몸으로 실천하며 보여 주었다. 세상을 떠난 다음, 세 분의 향기는 신도들의 울타리를 넘어 일반 국민들 사이로 깊고 멀리, 넓게 번져 나갔다.

세 분은 자신이 믿는 종교의 가르침을 널리 펴고 실천하면서도, 다른 종교에 대하여 이렇다 저렇다 말씀한 적이 없다. 한경직 목사는 교파의 경계를 넘어서는 교회 일치운동을 강조하였다.

성철 스님은 여러 종교의 경전에도 두루 관심을 보였다. 젊은 시절 남달리 일찍 결혼하여 첫딸(불필)이 출생한 후 뜻한 바 있어 출가득도(出家得道)하여 산사(山寺)로 입산, 승려가 되었다.

그 후 딸은 어머니의 품속에서 성장하여 진주사범학교를 졸업하고 바로 여승(女僧)의 길로 입산하고, 어머니도 입산수도하며 평생을 여승(女僧)으로 생을 마감함으로써 전 가족이 불가(佛家)에 귀의하여 승려(僧侶)가 되었다.

딸 불필 스님은 해인사의 말사인 금강굴(金剛窟)에서 평생을 불교에 귀의하고 있다. 불필 스님은 나의 처와 진주사범학교 동기동창생이란 인연으로 종무행정을 담당하면서 해인사를 방문한 바 있다.

이러한 종교계의 대 성직자 세 분이 변함없이 숭고하게 걸어온 무욕과 청빈과 관용의 높고 고귀한 정신이 각 종교계를 비롯하여 수많은 사람들의 가슴 속에 깊이깊이 새겨져 평화롭고 안락한 극락정토가 되어 주기를 간절히 합장하여 기원하며 소망하는 바이다.

(2) 젊은 목회자의 등장

1960년대의 한국 종교계, 특히 개신교계에는 기독교대한감리교단의 윤창덕 감독, 대한예수교장로회(통합파)의 한경직, 강신명 목사, 대한예수교장로회(합동파)의 김창인 목사, 한국기독교장로회의 강원용, 김관석 목사, 대한성공회의 이천환 주교, 대한구세군의 전용섭 사령관 등 기라성 같은 원로 성직자들이 포진하고 있었다.

그런데 1960년대에 접어들면서 일부 종교계에서 이합집산과 분파가 거듭되는 와중에 신흥종교와 사이비종교가 우후죽순(雨後竹筍)처럼 생겨 사회가 극도로 혼란스러워졌다.

대형 교단들은 원로 목회자들로 넘쳐나 정규 신학대학을 졸업한 젊은 목회자들은 설자리가 없어 새로운 신생 교단·교파들이 급속도로 생겨났다. 이러한 틈을 기회로 하여 신흥종교 단체와 유사종교들이 난립하여 사회 도처에서 막대한 문제들을 야기하고 사건사고들이 빈번하게 발생하여 언론에 대서특필되기도 하였다.

1969년 나는 당시 종교법인계장(사무관)으로서 전국의 신흥종교와 유사종교 실태를 조사하여 대처하기 위한 '신흥유사종교실태 조사연구회'를 구성하여 전국 실태조사에 착수했다. 신흥유사종교실태 조사연구회는 각 대학의 종교학 교수들을 위원으로 위촉하여 구성했다.

회장은 이기영 동국대학교 교수, 위원으로는 장병길 서울대학교 교수,

서남동 중앙대학교 교수, 문상길 연세대학교 교수, 이강오 전남대학교 교수, 유병덕 원광대학교 교수 등이었다.

종교학 교수들이 방학을 이용하여 종교학을 전공하는 대학원생과 학부생들을 참여토록 하여 전국적으로 신흥종교와 유사종교에 대한 실태조사를 하도록 보조금을 지원하였다.

종무과에서는 실태조사결과를 종합 정리하여 〈신흥유사종교실태조사보고서〉를 발간하였다. 이를 바탕으로 종합대책을 강구함으로써 신흥유사종교의 생성을 예방하는 데 큰 도움이 되었다.

1970년대에는 각 종교계가 교세를 확장하는 데 활력이 넘쳤고 각 교단 간에 선교 경쟁도 가열되기 시작했다.

1973년 5월 30일에는 당시 여의도비행장이 김포비행장으로 옮겨 간 직후로 미개발 상태의 허허벌판이었던 여의도 광장에서 세계적으로 저명한 미국의 전도사 빌리 그레이엄 목사의 전도대회가 개최되었다.

100만 명의 기독교 신도들이 운집한 가운데 김장환(金長煥) 목사 특유의 유창한 영어통역으로 성대하게 열려 한국 기독교 선교의 역사적인 한 획을 그었다. 당시 여의도 광장에서 펼쳐진 '빌리 그레이엄' 목사의 전도대회 장면들은 미국의 저명한 신문매체에서 대서특필하기도 하였다.

김장환 목사는 당시 한국기독교침례교단 소속의 34세의 젊은 목사로, 수원시 외곽의 들판에 개척교회(開拓敎會)를 세우고 미국을 왕래하면서 남달리 국제선교에 전념했다.

일찍이 방송선교에도 전력투구하여 극동방송국을 설립하여 성공적으로 운영해 온 김장환 목사는 90세가 가까워 오는 오늘까지도 국내외를 누비면서 선교활동에 전심전력을 경주하고 있어, 실로 감동하지 않을 수 없다. 마음속 깊이 존경하면서 만수무강을 기원하는 바이다.

김장환 목사는 특출한 국내외 선교활동으로 침체되었던 국내 침례교단에 새로운 활력을 불어넣음으로써 한국침례교회의 발전과 성장에 눈에 보이지 않는 많은 성과와 빛나는 업적을 남겼다. 또한 국내 기독교계 전체의 성장과 발전에도 크나큰 영향을 미쳤다. 30대 초반의 젊디젊은 목회자의 활발한 국내외 선교활동이 자극제가 되어, 기존의 국내 대형 기독교 교단에서도 40~50대 목회자들의 활동이 두드러지기 시작한 것이다.

1970년대 초 조용기라는 32세의 젊은 목사는 1973년 세계 오순절 대회를 한국에서 유치하여 수만 명이 운집하는 선교 성과를 이룩하였다. 서대문로터리에 있는 순복음교회의 목회자로, 서대문구 영천 일대의 신도들이 몰려오는 대성과를 거둔 것이다. 그리고 당시 어느 누구도 관심이 없었던 허허벌판 여의도에 대형 교당을 건립하느라 동분서주하고 있었다.

이 두 젊은 목회자는 이러한 국내·외적 선교·포교활동을 활발하게 하기 위하여 자연히 문화공보부 종무과를 출입하게 되었다. 1973년 당시 두 목회자의 중간인 나는 33세, 김장환 목사는 34세, 조용기 목사는 32세로서, 남달리 돈독하게 지내게 되었다.

두 목회자의 해외 선교활동상 필요한 해외여권 추천 문제, 수원과 여의도에 각기 대형 교당을 건립·확충하기 위한 지방자치단체 협조 요청 등의 각종 민원에 있어, 당시에는 보기 드문 두 젊은 목회자의 활동에 감명을 받아 적극적으로 지원과 협조를 다했다. 이러한 인연으로 50여 년이 넘게 변함없이 친형제처럼 친교하고 있음에 그저 감사할 뿐이다.

30대 초반의 젊은 목회자인 김장환 목사의 수원침례교회와 조용기 목사의 여의도 순복음교회가 수천, 수만 명의 신도를 포용하는 대형교회로 확장 성장하면서 진취적인 활동이 국내·외적으로 전개되자 현실에 안주하던 국내 기독교계에도 바람이 불기 시작했다.

서울의 강남지역을 비롯하여 곳곳에 중년급인 40~50대의 목회자들이 중대형 교당을 경쟁적으로 설립하면서 적극적인 포교·선교활동이 전개되고 교세 확장이 이루어지게 되었다.

특히 김장환 목사는 30대 초반 어려운 시절 음으로 양으로 미약하나마 도움을 주었던 나의 보잘것없는 도움을 잊지 않고 60년이 가까워 오는 오늘날까지도 추수감사절과 성탄절을 맞이하면 변함없는 따뜻한 우정의 표시를 해와 90세를 내다보는 지금도 눈물겹도록 감사함을 잊을 수 없다.

1988년 4월 종무실장으로서 수십 년간 서대문구 봉원동에 소재한 봉원사(奉元寺)의 소유권 문제로 대한불교조계종단(曹溪宗團)과 한국불교태고종단(太古宗團) 간에 치열한 쟁송(爭訟)이 계속되었기에 이 문제를 해결하여야 했다.

당시 서의현(徐義玄) 조계종 총무원장과 태고종의 박 총무원장을 지속적으로 설득하여 당시의 현실 시점에서 소유권 등의 논쟁을 종식하도록 상호 합의케 함으로써 타결 종결하였다.

1988년 12월 5일 단행된 개각(改閣)에서 문화공보부 정한모 장관이 물러나고, 최병렬(崔秉烈: 전 〈조선일보〉 편집국장) 청와대 정무수석이 후임으로 취임했다.

나는 1983년 매체국장 시절 〈조선일보〉 편집국과 업무상 사소한 오해로 최병렬 편집국장과 좀 껄끄러운 사이가 되었다. 그 후 1985년 3월부터 당의 전문위원으로 재직할 때 최 장관이 당의 국책연구소장을 맡고 있어 업무상 가끔 만났다. 이제 세 번째로 문화공보부에서 만나는 인연을 갖게 되었다.

3) 10·27 불교법난 해결

1979년 12월 12일 군부반란으로 권력을 장악한 군부세력이 보안사령부의 주도하에 1980년 10월 27일에 수많은 사찰에 난입하여 법당을 짓밟고 명상하던 스님의 승복을 벗기는 등의 사건이 발생했다. 1988년 나는 종무실장으로 부임 후 이른바 '10·27 법난' 사건을 해결하기 위하여 불교계의 협조를 당부하면서 해결방안을 강구하기로 작심하였다.

노태우 대통령이 1988년 2월 25일 취임함으로써 제6공화국 정부가 출범하자 야당에서는 '10·27 법난'에 대한 국회청문회 등을 강력하게 거론했다. 불교계 일부에서도 청문회 개최를 주창하는 등 정국이 어려운 상태에 놓여 있었기에, 나는 어렵고 민감한 이 문제를 선제적으로 앞장서 타결하고자 모든 노력을 다하였다.

'10·27 법난'은 불교계에 엄청난 충격과 피해를 끼친 사건이었다. 나는 엄청난 피해에 대해 현재 시점에서 개개인 보상이 어려운 만큼 범불교적 차원에서의 보상책을 강구하는 것이 보다 효율적이며 현명한 방책임을 불교계에 계속 설득했다.

'10·27 법난'은 노태우 대통령이 국군보안사령관으로 재직시 발생한 사건이다. 따라서 불교계와 협의하면서 진행상황과 타협 대책방안을 수시로 청와대 이연택(李衍澤) 행정수석비서관에게 보고하였다.

나는 이연택 수석과 수시로 협의를 계속하면서 차제에 불교계의 발전을 위한 숙원사업을 수렴해 정부가 획기적으로 보상 차원에서 지원방책을 조속히 선제적으로 강구하는 것이 효과적임을 최병렬 장관과 청와대 이연택 수석에게 보고하면서 강력하게 건의했다.

이렇게 하여 당시 대한불교조계종 서의현 총무원장을 비롯하여 전 총무원장 송월주 스님과 김정휴 스님 등 불교계 중진 스님들을 지속적으로 만나 끈질긴 설득 끝에 드디어 타협안(妥協案)에 대해 합의하였다.

1988년 12월 중 타협방책을 관철 종식한다는 목표 아래 모든 해결안을 협의 완결하도록 하였으며 주요 요지는 다음과 같다.

① 불교계 주요 스님들을 총리공관에 초청하여 국무총리께서 사과하고, 사과 담화문을 발표하도록 한다.

② 불교승가학교를 정규 4년제 대학교로 승인토록 한다.

③ 불교계의 숙원인 불교방송국 설립을 허가토록 한다.

④ 불교 규제 각종 법령인 불교재산관리법, 군승법, 산림법, 건축법, 도시계획법 등을 완화하도록 개정한다.

⑤ 10·27 법난과 관련된 군부 주요 실무 간부와 불교계 피해 스님들이 함께 청문회를 갖도록 하여 불교계에 정중히 사과토록 한다.

⑥ 1988년 12월 마지막 주에 총리공관에서 발표, 시행하도록 한다.

상기한 일련의 사항들을 관철하기 위하여 나는 국방부와 보안사령부를 방문하여 실무협의를 수차례 하였다. 모두 처음에는 냉담하였으나 계속 설득한 결과 어느 정도 접근하였다. 쉽게 풀리지는 않았다.

국방부 기획관리실 권영해(權寧海: 국방부차관, 장관, 국가안전기획부장 역임) 실장과 전창열(全昌烈) 법무실장 등을 수차례 만나 실무협의를 하여 겨우 타협을 보았다.

다음은 보안사령부 측과 수차례 실무협의를 하였으나 잘 진전이 되지 않아 나는 보안사령부 회의실에서 참모장 주재로 실무협의회의를 갖게 되었다. 보안사령부 측에서 참모장, 보안처장, 수사 1, 2, 3, 4, 5국장 등이 참석하였으며, 국방부 측에서 전창열 법무실장이 참석했다. 문화공보부 측에서는 종무실장인 나와 종무실의 이용부 불교담당종무관이 참석

248

했다.

회의에서 전후 상황을 설명하고 논의하였으나 보안사령부 참모장은 종교관계는 문화공보부 소관사항이니 정부에서 할 일이라면서 자기들은 더이상 할 수 없다는 것이었다.

나는 화가 치밀어 "보안사령부는 대한민국 정부의 보안사령부가 아니고 어느 나라 정부의 보안사령부이냐. 당신들이 협조하여 주지 않으면 나혼자라도 끝까지 할 것"이라고 쏘아붙이고 나오려 하자, 국방부의 법무실장인 전창열 장군이 안절부절 당황하면서 만류하였다. 보안사령부 참모장은 미안스러운지 자기 방에서 차나 한 잔 하자는 것을 나는 거부하고 나와 버렸다.

나는 회의결과를 최병렬 장관께 보고한 후 중대한 사안인 만큼 청와대에서 최종협의회를 개최한 후 추진할 것을 건의했다. 그리하여 1988년 12월 하순경 아침 8시 청와대 안가에서 홍성철 대통령 비서실장 주재로 관계기관장 회의를 개최하였다.

〈참석자〉
청와대 홍성철 대통령 비서실장, 최창윤 정무수석, 이연택 행정수석
민정당 정책위원회 의장대신 김중위 정책실장
내무부장관 이한동, 국방부장관 이상훈
문화공보부장관 최병렬, 종무실장 성낙승

회의 안건자료를 본 후 홍 비서실장은 관계되는 내무부장관과 국방부장관의 의견을 물었으나 두 장관 모두 반대의사를 표했다. 최병렬 문화공보부장관은 취임한 지 20일도 되지 않아 중도적 의견을 표시했다.

홍성철 비서실장은 실무책임자인 종무실장의 의견을 물었다. 나는 여

소야대의 불안한 정국상황에서 야당과 불교계의 일부 스님들이 국회청문회를 주장하고 있는 등의 실상을 비롯하여 불교계의 누적된 대정부 불신과 불만에 대한 전후의 상황 등을 상세히 설명했다. 이러한 상황에서 1989년 새해가 되기 전인 1988년 12월 말에 정부가 선제적으로 불교계와 타결, 선처하는 것이 상책임을 강조하였다.

최창윤(崔昌潤) 정무수석은 성낙승 종무실장의 의견에 전적으로 찬동한다면서 하루빨리 하는 것이 좋다는 뜻을 밝혔다. 이어 홍성철 비서실장도 그렇게 하는 것이 상책이라고 생각된다고 하여 모두 찬동(贊同)으로 합의 결정되었다.

동시에 나는 실무책임자로서 이를 추진하려면 치안본부와 보안사령부의 협조가 필요하니 내무부장관과 국방부장관이 협조 지시를 하여 주기를 당부하였고, 이로써 당일 회의는 순조롭게 종료되었다. 청와대 당정청(黨政靑) 협의 이후 불교계와도 최종 합의가 되었다. 나는 스님들이 새해를 앞두고 지방 사찰로 내려가기 전인 12월 말일 직전에 대책방안을 확실하게 공표하도록 요구하였다.

그리하여 1988년 12월 30일 오전 10시에 총리공관(總理公館)에서 강영훈 국무총리 참석하에 불교계와의 회합이 순조롭게 개최되었다.

당시의 진행상황을 정리하면 다음과 같다.

① 불교계 원로 중진스님 등 30명을 총리공관에 초청하여 강영훈 국무총리께서 '10·27 법난'에 대한 사과내용의 담화문(談話文)을 발표하였다.
② 최병렬 문화공보부장관께서 불교계와 합의된 불교계 숙원사업 등 실천계획을 불교계에 상세하게 설명하였다.
　- 불교승가학교를 4년제 정규 불교승가대학교로 승인.
　- 불교방송국 신설 허가.

- 불교 규제 법령인 불교재산관리법을 비롯하여 군승법, 산림법, 건축법, 도시계획법 등의 개정완화.
- 10 · 27 법난 당시의 군수사 주요 간부와 피해 스님들과의 청문회 행사 개최 등.

1989년 새해가 시작되자 불교계의 숙원사업인 불교방송국 설립이 허가되었으며, 교육부 협조로 4년제 불교승가대학교(佛敎僧家大學校)의 설립이 신속하고도 순조롭게 승인되었다.

불교 규제 관련 법령은 국방부, 농림부, 건설부 등의 관련 부처와 규제완화 협의절차를 거쳐 정기국회에서 통과됨으로써 불교계의 숙원사업이 속전속결로 완결되었다.

10 · 27 법난 당시의 군수사 주요 간부와 피해 스님들과의 청문회는 1989년 5월경 국방부의 협조를 얻어 육군회관에서 오전 10시부터 오후 5시까지 개최되었다.

〈참석자〉
국방부차관, 군보안사령부 수사 1, 2, 3, 4, 5국장
문화공보부 강용식 차관, 성낙승 종무실장
불교계 피해자 김경우 스님 등 30여 명

군 수사 간부들로부터 당시의 전후 실상을 소상하게 설명을 듣는 중간에 스님들로부터 거센 항의도 있었으나 상세한 해명과 진심어린 사과로 당일의 청문회 행사는 무사히 종료되었다.

이렇게 하여 불교계의 숙원사항들이 조기에 성실하게 해결됨으로써 그동안 '10 · 27 불교법난' 사건에 따른 불교계의 불만과 정부에 대한 반감과

불신을 해소하고 화합하는 전환의 계기를 마련하였다.

4) 공보처 기획관리실장으로 이동하다

1986년 민주정의당 문공담당 전문위원 재직 당시에 나는 문화공보부를 문화부와 공보부로 분리하는 대선공약을 주창하여 대통령선거공약으로 확정되었다. 1989년 하반기가 되자 대통령선거공약인 "문화공보부를 문화부와 공보부로 분리"하는 작업이 추진되기 시작하였으나, 12월에 문화공보부를 문화부(文化部)와 공보처(公報處)로 분리하는 정부조직법 개정안이 최종적으로 확정되었다.

1989년 12월 말경 아침 8시 최병렬 장관 주재로 문화공보부로서는 마지막 간부회의가 끝나자 최 장관은 나를 장관실로 불렀다. 간부회의 중 노 대통령의 전화가 왔는데, "10·27 불교법난문제가 잘 해결된 것에 크게 만족하면서 극찬(極讚)하였다"는 것이다.

그리고는 "혹시 성 실장이 적십자 회비를 적게 낸 일이 있느냐"고 물으면서, "초등학교 교사인 부인과 둘이서 직장생활 하는데 적게 납부했다는 말이 있는 것 같다"고 했다.

나는 어이가 없어 한동안 말문이 막혔다. "장관님! 나의 앞집 이선기 동자부장관이 당시 적십자 회비를 1만 원 납부하였으며, 차관급도 아닌 실장인 내가 동회의 반장이 방문하여 5천 원을 요구하여 납부한 것인데, 적십자 회비를 적게 납부한 것이라니 그것이 무슨 문제가 됩니까" 하면서 반문하였다.

이것은 분명히 문화공보부의 문화부와 공보처 분리를 눈앞에 둔 시점에서 어느 편에서 차관 물망에 오른 나에게 약점이 없자 오죽했으면 이것을 문제 삼아서 저지른 모함임이 틀림없다고 항변했다. 그리고 이것은 내가 철저히 규명해 보겠다고 했더니, 최 장관은 이미 지난 일이니 더 이상 관심을 가지거나 신경 쓰지 말라고 당부하였다.

그리고 최 장관께서는 어디로 급히 또 전화를 하셨다. "김 사장! 혹시 강남에 단골 술집이 있느냐"면서 무슨 내용을 말하니, 상대 쪽에서 장관실로 오려고 하는지, 이미 지난 일이니 참고로 알고 있으라고 하면서 오지 말라며 전화를 끊었다. 나는 통화 내용을 직감하고 "영화진흥공사 김동호 사장이냐?"고 물었더니 그렇다고 하였다.

한편으로는 청와대에 있는 지인으로부터 당시에 이수정(李秀正) 공보수석이 무슨 말끝에 "문화공보부의 성낙승 실장은 다혈질이라는 등의 말을 하더라"는 것을 어느 누구가 나에게 알려 왔었다.

장관실을 나와서 곰곰이 생각하니 그때가 1989년 12월 말이 임박한 시점이며, 곧 1990년 1월 2일을 기하여 문화공보부가 문화부와 공보처로 분리 발족하기 직전이라, 차관 물망에 오른 3인 중에 2명인 나와 김동호 사장에 대한 모처의 첩보를 통보한 것이라는 느낌을 받았다.

1990년 1월 3일 드디어 일부 개각이 단행되어 장·차관에 대한 인사 발표가 있었다. 특히 그간 나와 함께 '10·27 불교법난' 관련 업무를 협의타결하였던 이연택(李衍澤) 행정수석은 총무처장관으로 영전되었다.

문화부와 공보처의 발족과 동시에 장관, 차관 인사도 발표되었다. 문화부장관에 이어령(李御寧), 공보처장관에 최병렬 문화공보부장관이 임명되었다. 문화부차관에는 허만일 문화공보부 기획관리실장이 승진 임명되었으며, 공보처차관에는 강용식 현 문화공보부차관이 전보되었다.

김동호(전 문화공보부 기획관리실장) 영화진흥공사 사장과 문화공보부 종무실장인 나는 승진에서 탈락되었다. 나는 문화공보부에서 2년간 종무실장으로 재직한 후, 1990년 1월 3일 개각 직후인 1월 9일 자로 새로 발족하는 공보처의 초대 기획관리실장(企劃管理室長)으로 전보되었다.

문화공보부 공보처(왼쪽, 현 대한민국역사박물관)와 공보처 실장(차관보) 집무시 사진(오른쪽)

새로이 발족하는 공보처의 조직부서와 인력배치 및 소요 예산운용과 사업계획 등을 새롭게 편성 수립하였다. 새로운 공보행정체제를 확고하게 구축함으로써 홍보효과를 극대화하기 위하여 국내홍보와 해외홍보의 유기적 체제로 재정비하는 데 심혈을 경주했다. 이렇게 하여 신설 공보처로서의 새로운 체제와 위상을 확보하게 되었다.

(1) 홍조근정훈장 수훈

1990년 연말이 되자 나는 '10·27 불교법난' 해결과 공보처 발족 등 그간의 공로가 인정되어 12월 26일 노태우 대통령으로부터 홍조근정훈장(紅條勤政勳章)을 최병렬 장관을 통해 받게 되었다.

공무상의 공적과 능력보다 배경과 지연, 고교학연 등이 우선하는 공직사회의 현실 속에서 30여 년간 직업공무원으로서 수없이 견제와 냉대를 당했다. 그때마다 아무런 도움도 되지 않는 장관표창 4회, 국무총리표창 1회, 그리고 전국모범공무원으로 선정되어 3년간 매월 정부로부터 포상금을 받게 된 대통령표창 1회, 보국포장 1회를 받았다.

그런데 이번에 또 홍조근정훈장을 받고 차관 승진에서 배제되고 보니 실로 착잡한 심정이었으며, 절치부심 힘없는 약자의 뼈에 사무친 설움을 말없이 홀로 삼켜야만 하였다.

1990년 12월 26일 연말을 앞두고 일부 개각이 단행되어 최병렬 공보처장관이 물러나고, 최창윤(崔昌潤) 대통령 비서실 정무수석이 공보처장관에 임명되었으며, 최병렬 장관은 노동부장관으로 임명되었다.

최창윤 장관이 취임한 후 1991년 새해가 되자 간부들의 인사이동에 필요한 인사안을 지시하면서 해외공보관의 외보분석관(外報分析官)에 대한 문제를 제기했다. 외국어에 약한 서종화와 진병무 외보분석관에 대하여 사표를 받도록 하라는 것이다.

나는 3급 부이사관인 2명의 외보분석관을 구제하기 위하여 고심 끝에 구제방안을 마련하여 장관께 보고했다. 첫째는 총무처로부터 1년간 해외대학 연수파견 국장급 T/O 1명을 확보하는 방안과, 둘째는 대전엑스포(EXPO) 조직위원회 홍보부장에 1명을 파견하는 방안이었다.

이 구상안을 장관께 보고하면서 직업공무원을 특별한 잘못 없이 일방적으로 사표를 강요하는 것은 국가공무원법상 사후에 법적인 쟁송문제가 발생한다고 설명했다.

장관께서 이 방안에 대하여 허용하여 주시면 과거 공무상 인연으로 이연택(李衍澤) 총무처장관(전 청와대 행정수석), 오명(吳明) 대전엑스포조직위원장(전 체신부장관, 과기처장관 겸 부총리, 건국대학교 총장)과는 친밀한 관계를 유지했기에 가능할 것으로 판단되니 허용해 달라고 간청하였다.

이리하여 최창윤 장관의 승낙을 받자마자 나는 먼저 이연택 총무처장관을 찾아뵙고 부내의 애로사항을 설명하고 간청하여 국장급 해외연수파견 1명의 T/O를 어렵게 승인받아 새로이 확보하게 되었다. 그리고 대전으로 내려가서, 오명 대전엑스포조직위원장을 뵙고 과거 KBS 월남특파원 경력이 있는 국장을 홍보담당 책임자로 활용하시면 홍보효과를 높이는 데 크게 도움이 될 것임을 하소연하여 겨우 승낙을 받아 2명의 외보분석관의 사표를 방어하고 구명(求命)하게 되었다.

지금까지도 이연택 장관과 오명 회장 두 분의 은혜에 진심으로 감사하고 있다. 언제나 나의 뇌리에서 지워지지 않으며 가끔 전화나 카톡으로 문안을 드리고 있다.

이렇게 하여 해외연수 파견자 선정을 위해 대상자 물색으로 고심하고 있는 차에, 때마침 정종진(丁鍾振) 감사담당국장(감사관)이 서류결재를 받으러 나에게 왔다. 나는 국장급 1명을 해외연수 파견자로 선정하여야 하는데 적당한 사람이 누가 있을까 하였더니 갑자기 자기를 천거해 달라는 것이었다. 곰곰이 생각하여 보니 정 국장을 해외로 파견하면 외보분석관 한 명을 감사관 자리로 발령해 순조롭게 인사가 해결될 것으로 판단하여 최창윤 장관께 내가 구상한 생각을 말씀드렸다.

정종진 감사관을 미국 하와이대학에 1년간 해외연수생으로 보내고, 해외공보관의 진병무(陳炳茂) 외보분석관을 감사관으로, 서종화(徐鍾和) 외보분석관을 대전엑스포조직위원회 홍보부장으로 파견, 발령하는 것이 좋겠다는 인사안을 제시하였다. 장관은 잠깐 생각한 후 그렇게 하라고 하여, 즉각 인사발령 조치를 단행함으로써 2명의 외보분석관에 대한 사표 문제는 없던 것으로 되고, 공직을 계속 유지할 수 있게 되었음에 안도하며, 아량이 넓으신 최창윤 장관께 감사를 드렸다.

1991년 당시 외보분석관 2명에 대한 사표방어와 보직을 위하여 극비리에 동분서주하였던 나의 노력을 최 장관 이외에는 아는 이가 없다. 나 또한 본인들에게 생색 삼아 추호도 언급한 바가 없으며 전후 상황을 일체 말하지 않고 지금까지 지내 왔으니 본인들도 이러한 전후 상황과 경위를 모르고 있을 것으로 생각된다.

1992년 새해가 되자, 3월 24일 실시되는 제 14대 국회의원선거가 임박하여 정국은 총선 열기로 혼란스러웠다. 국회의원 총선 결과 과반수를 확보하지 못한 노태우 정부는 6월 7일 일부 개각을 단행했다. 최창윤 공보처장관이 물러나고, 손주환(孫桂煥) 대통령 비서실 정무수석이 장관에 취임했다.

그 후 1992년 12월 16일의 대통령선거를 몇 개월 앞두고 선거 열기로 정국이 극도로 긴장되는 상황이었다. 10월 9일 노태우 정권의 마지막 개각(改閣)이 단행되어 손주환 장관이 물러나 〈서울신문〉 사장으로 취임하고, 유혁인(柳赫仁: 전 정무수석) 씨가 공보처장관에 임명되었다.

나는 1990년 1월 새로이 신설되어 발족한 공보처 기획관리실장으로 임명되어 노태우 정권의 여소야대(與小野大) 정국하에서 3년간 정기국회와 임시국회를 통하여 업무상 엄청난 곤욕을 겪었다.

노태우 정권 말기를 약 3개월 앞두고, 1992년 12월 16일에 실시되는 제 14대 대통령선거에 출마하는 각 정당 후보자로 민주자유당의 김영삼(金泳三), 민주당의 김대중(金大中), 통일국민당의 정주영(鄭周永) 씨가 결정되어 본격적인 대통령선거전이 전개되었다. 치열한 선거전 결과 민주자유당의 김영삼(金泳三) 후보가 42%를 획득하여 제 14대 대통령으로 당선되었다. 나는 1993년 1월 15일 현승종(玄勝鍾) 국무총리로부터 제 14대 대통령 취임행사 실무위원회 위원으로 위촉되어 취임 준비에 참여했다.

1993년 2월 25일 김영삼 대통령의 취임과 동시에 개각이 단행되어 국무총리에 황인성 씨가 임명되었다. 공보처장관에 오인환(〈한국일보〉 주필 역임) 씨가 임명되고, 유혁인 장관이 5개월 만에 물러났다.

(2) 차관 승진에서 탈락

개각에 이어 2월 말에는 각 부처 차관급 인사가 예정되어 3월 초에는 발표 하루 전에 내정자 명단이 언론에 일부 보도되고 나의 이름도 포함되어 있었다.

국무총리 비서실장에 내정되었던 김영삼 대통령의 측근이자 김명윤(金命潤) 국회의원의 이질(姨姪)인 이원종(李源宗) 씨가 공보처 차관을 희망하여 차관급 인사가 하루 연기되어 3월 3일에 발표되었다.

나는 1990년 1월 3일 공보처 발족 당시 노태우 정권의 측근 실세들에 의한 지연과 고교학연 등의 보이지 않는 작용에 따른 좌절에 이어, 이번에는 김영삼 정권의 측근 실세들에 의한 작용으로 차관 승진의 문턱에서 또다시 좌절되었다.

이러한 고난과 원망 속에서 심적 고통과 절망을 인내 감수하면서, 공무상 변함없이 일관되게 정도(正道)의 길만을 소리 없이 걸어가기로 작심하고 또 작심하고 있었다. 어느 날 이원종 차관이 나에게 취임인사차 자기 이모부(姨母夫)인 김명윤 의원을 방문하였더니 "성낙승 기획관리실장이 사돈관계이니 잘 모시라"고 하셨다고 말했다. 나는 듣기만 하며 아무런 말도 하지 아니했다.

사실은 김명윤 의원은 오준석 국회 상공위원장의 처남이며, 오준석 의원은 나의 손위 처남인 박일재 씨와 친사돈 간이다. 부연하면 나의 처남 박일재 씨의 셋째 딸이 오준석 의원의 며느리이고, 오준석 의원의 아들이 나의 처남인 박일재 씨의 셋째 사위(女壻)로, 나의 처질서(妻姪壻), 즉 처조카사위이다. 이러한 인연으로 나는 평소에 오준석 의원, 김명윤 의원과는 공무상 또는 사적으로 친밀한 관계를 유지해 왔었다.

차관 인사가 발표된 후 6일이 지나자 오인환 장관이 아침 출근할 때마다 뜬구름 같은 말로 3일간 세 차례나 나에게 "생각해 보았느냐"고 했다.

가뜩이나 상심하여 폭탄선언을 하고 사표를 던져 버릴까 고뇌하고 있는 때라 기분이 상하여 작심하고 장관실에 들러 "도대체 아침마다 무슨 뜻인지 확실하게 말하지 않고 막연하게 '생각해 보았느냐'고 말하느냐"며 한마디 내뱉고는 나와 버렸다.

생각건대 〈한국일보〉 출신인 오 장관이 나와 〈한국일보〉 장강재(張康在) 회장이 사돈관계임을 알고 청와대로부터 모종의 지시를 받았으나 나에게 말하기가 어려워서 며칠간 망설이며 겨우 말한 것이 "생각해 보았느냐"라는 것으로 느껴졌다. 사실 민주당 총재와 국회의원이었던 유진산(柳珍山) 씨의 질서(姪壻), 즉 조카사위인 성낙현 국회의원과 〈한국일보〉 설립자인 장기영(張基榮) 경제부총리가 친사돈관계이다. 장기영 부총리의 막내아들 장재근 〈한국일보〉 사장이 성낙현 의원의 사위이며, 나는 성 의원과는 먼 친족 간이어서 장씨가(張氏家)와는 사돈관계였다.

다음 날 오인환 장관은 청와대로부터 인사 관련 안건을 받았는지 나를 찾기에 장관실에 들렀더니 한국방송공사(KBS) 부사장 또는 한국방송광고공사(韓國放送廣告公社, KOBACO) 사장 중에서 선택하는 것이 어떠냐는 것이었다.

나는 KBS 홍두표 사장은 나와는 1960년 민주당 정권 당시 실시한 전국 국가공무원 공개채용시험 동기생이며, 손영호 부사장은 문공부에서 함께 근무하였던 동료친구인 관계를 고려하여, 한국방송광고공사 사장을 선택하겠다고 말했다.

이렇게 새로 집권한 김영삼 정권이 들어서자, 33년여의 공무원 생활에 종지부를 찍고 당년 58세에 집권세력에 의하여 억울하게 타의로 물러나야만 하였다.

7. 문민정권 강요로 관료생활 청산

　1961년 1월 당년 26세에 청운의 뜻을 품고 말단 하급공무원으로 출발하여 국가를 위하여 봉사하여 온 33년간의 기나긴 관료생활을, 1993년 3월 김영삼 정권의 강권에 의하여 법적으로 보장된 공무원 정년 3~4년을 앞두고 갑작스럽게 청산하게 되면서 지난날을 회고하니 만감이 교차하여 깊은 상념에 잠겼다.

　공직의 길로 들어선 뒤 일관되게 국가와 국민을 위하여 정직과 성실로 양심에 따라 정도로 봉사했으나 힘없고 배경 없는 시골 출신으로서는 관료사회에서의 성공이나 출세의 희망은 날이 갈수록 기대하기 어려웠다.

　앞에서도 언급했지만 이러한 상황을 예상하고 일찍이 내 나름의 인생 3모작과 3대 직업목표의 평생설계를 다시금 점검하면서 과욕(過慾)을 버리고 분수(分手)에 맞게 일관할 것을 내 스스로 굳게 다짐하고 철저하게 준수하며 실천하여 왔다.

　3대 직업목표를 달성하기 위하여 기업 경영상 필요한 경영진단사 자격증과 대학교육계 진출을 위한 석사 및 박사학위 등 필요한 조건들은 관료생활 중에서도 시간을 절약하여 틈틈이 유비무환(有備無患)의 정신으로 착실하게 쌓으며 확보하였었다.

　33년간의 관료생활을 회고하여 보면 실로 격동기(激動期)의 수난 속을 헤치면서 힘겹게 걸어왔다.

　1961년의 5·16 군사혁명과 3년간의 군정(軍政), 1972년 10월 유신(維新), 1974년 8·15 광복절 기념식에서의 육영수 영부인 피격사건, 1979년 10·26 박정희 대통령 시해사건, 1979년 12·12 신군부 반란사건, 1980년 4월 부마사태(釜馬事態)와 5·18 광주민주화운동, 1980년 10·27 불교법란(佛敎法亂)과 11·11 언론통폐합 조치, 1987년 6·10 민주항

쟁과 6 · 29 선언 등 암울한 격동의 시대를 겪었다.

이러한 상황에서도 초지일관 공직 초임부터 설정한 목표를 관철하기 위한 조건과 자격을 미리 확보하기 위해 불철주야 쉬지 않고 애썼다. 여러 가지 제약과 열악한 환경을 극복하면서 좌절하지 않고 필사의 노력을 다하며, 정도로 일관되게 묵묵히 정진하여 왔다.

1961년 26세에 중앙부처 말단 하급공무원인 촉탁(囑託)으로 출발하여 서기(書記: 8급)에서 관리관(管理官: 1급, 실장, 차관보)에 이르기까지 33년을 성심으로 봉직하였으며, 공무원 정년 3년을 눈앞에 남겨두고 1993년 2월 25일에 들어선 김영삼 정권의 강권에 의하여 안타깝게도 58세에 강제로 물러나야만 하였으니 그렇게도 쓰라리며 가슴 아픈 심정을 그 누가 알겠는가.

정권에 대한 울분을 소리 없이 삼키면서, 제2의 인생목표를 설계하고 성취하기 위하여 "정신일도 하사불성"(精神一到 何事不成)이라는 고어를 되새기며 새로운 길을 개척하기 위하여 불굴의 의지를 불태워야만 했다.

이것으로 '인생 3모작' 중 1모작인 '관료생활'을 33년간 봉직하면서 '3대 직업 희망목표' 중 1단계 목표인 '관계에서 국장을 넘어 실장(차관보)까지 승진 봉직'하고 보니 목표를 초과달성하여 큰 여한은 없었다.

국무원사무처, 공보부, 문화공보부, 공보처로 직제와 명칭이 바뀌면서도 오직 본청에서만 시종일관 장기 근속하면서 언론홍보행정(言論弘報行政) 10년, 문화예술행정(文化藝術行政) 8년, 종무행정(宗務行政) 8년, 그 외 법무 · 감사 · 기획예산행정 7년, 도합 33년간 봉직하였다.

앞에서도 잠깐 언급한 바와 같이 그간에 보직(補職)과 승진(昇進) 등 여러 면에서 눈에 보이지 않는 지연 · 혈연 · 학연에 얽힌 인맥(人脈)과 집권세력들의 권세와 압력 등에 의하여 말로 다 설명할 수 없을 만큼 견제와 냉대와 수모를 당하였다.

최말단 촉탁과 8급의 서기로 출발하여 1급의 관리관(차관보)에 이르기까지 7, 8단계를 승진할 때마다 숱한 견제와 박해를 받으면서도 좌절하지 않고 오기와 인내로 극복했다. 지나온 이러한 실상들을 회상할 때마다, 가슴속 깊이 끓어오르는 약자의 힘없는 울분을 삼키면서 내일을 위하여 인내하고 절치부심(切齒腐心)하여 왔었다.

그렇게도 자기들 눈앞의 이익을 위하여 앞뒤와 물불을 가리지 않고 힘없고 배경 없는 나를 괴롭혔던 그들은 중도에서 모두 퇴출과 불운을 당하는 말로를 나는 눈여겨보아 왔다.

부모님으로부터 평생 귀가 따갑도록 들었던 "과욕을 버리고 힘없고 어려운 사람들을 보살피고 배려하는 등 적선(積善)을 다하라"는 말씀이 항상 나의 뇌리에 각인되어 있었다.

부모님의 간절한 소망에 따라, 그간에 힘없고 불우한 직장동료와 후배 그리고 공무상 수없이 접촉한 민원인(民願人)들에 대하여 내 나름의 배려(配慮)와 선업(善業)을 조용하게 실천하여 왔음에 그저 고개를 숙이면서 모두에게 깊은 감사를 드릴 뿐이다.

"착하고 선한 일을 한 집안에는 반드시 경사가 있으며, 좋은 일을 많이 한 사람은 자신뿐만 아니라 후손에 이르기까지 크나큰 복덕(福德)을 누리게 된다"고 하였다. 《주역》(周易)의 중심개념인 "적선지가 필유여경"(積善之家 必有餘慶)을 다시금 되새기면서 초년에 설정하였던 나의 인생목표를 성취하기 위하여 추호도 변함없이 힘차게 남은 인생을 정심(正心)과 정도(正道)로 슬기롭게 개척해 왔다.

특히 노태우 정권하에서 학연과 지연에 의한 대통령 측근세력들에 의하여 보직과 승진에서 견제와 불이익을 당하고, 김영삼 정권하에서 오랜 관료생활을 청산하고 타의에 의하여 물러나야만 하였으니, 힘없는 약자의 한 맺힌 설움이 뼈에 사무쳐 몽매(夢寐)에도 잊을 수가 없다.

천신만고의 피눈물이 솟구치는 참담한 심적 고초를 감수하여야만 하였던 33년 관료생활상의 악몽(惡夢) 같았던 사건과 사실들이 수십 년이 지난 지금까지도 나의 뇌리에 깊숙이 각인(刻印)되어 지워지지 않고 있다.

한편으로는 나의 지나친 청렴결백의 정도로 인하여 각 부서에서 나와 함께 동고동락하였던 많은 동료와 후배들에게 죄송하였음을 지금이나마 뒤늦게 사과드리며, 마음속 깊이 진정으로 감사를 드린다. 넓은 아량과 용서와 깊은 이해를 바란다.

"물이 너무 맑으면 고기가 살기 어렵다"는 것을 뒤늦게야 알게 되었다. "정직(正直)과 정도(正道)는 외롭다"는 사실도 늦게야 절감하게 되었음에 그저 부끄러울 뿐이다.

공자(孔子)는 "물이 너무 맑으면 고기가 살 수 없는 것처럼 사람도 남의 옳고 그른 것을 너무 살피다 보면 친구가 남아 있지 않는다"고 했다. 때로는 약간 엉성하고 빈틈이 있어야 함께 어우러지기도 하고, 동화도 될 수 있을 터인데, 나의 타고난 천성이 둥글지 못하고 매사를 완벽주의와 정심정도(正心正道)로 일관하려다 보니 주변을 잘 살피지 못하였음을 뒤늦게야 알게 되어 가슴이 아프다.

특히 33년간의 관료생활 중 25명의 장관을 모시면서 몇몇 장관님의 지시사항을 나의 지나친 정직과 정도의 언행으로 면전에서 거부 항명하여 깊은 심려와 격노를 일으키게 한 것, 국장 승진을 끝까지 거부한 것 등의 사건들을 지금까지도 잊지 않고 있다. 늦게나마 사죄드리고 용서를 구하면서 깊은 감사를 드린다.

정계(政界: 집권당 전문위원) 봉직

1. 전문위원 차출 경위

1985년 3월 6일 문화공보부 매체국장 재직 중 타의에 의하여 공무원직을 사직하고 집권당인 민주정의당 전문위원으로 차출되어 만 3년 1개월이 지난 1988년 4월 3일 문화공보부로 복직하게 되었다.

문화공보부 매체국장으로 재직 중인 1985년 2월 18일 개각으로 이진희 장관이 〈서울신문〉 사장으로 취임하고, 이원홍 KBS 사장이 신임 장관으로 취임한 지 16일 만에, 나는 3월 6일 자로 갑자기 집권당인 민주정의당 정책조정실 문화공보담당 전문위원으로 가게 되어 실로 앞날이 암담했다.

25년간 봉직한 공직자에게 사전에 일언반구(一言半句) 아무런 언질도 없이 갑작스레 본인의 의사도 묻지 않은 일방적인 인사 조치였다. 48세의 젊은 나이에 공무원 정년 60세를 봉직하지 못하고 중도에서 공무원의 신분을 박탈당하고 보니, 세상이 원망스러웠고 약자의 서러움을 뼈저리게 절감하였다.

일방적인 강압적 조치에 불만을 품고, 문화공보부에 사표도 제출하지 않고 그냥 종로구 인사동에 있는 집권당 민주정의당 당사(黨舍)에 출근해 보니 몇몇 부처에서도 1명씩 차출되어 와 있었다. 당의 정책조정실 나웅

배(羅雄培: 재무·상공부장관, 경제부총리 역임) 실장과 현홍주(玄鴻柱: 법제처장, 주 유엔대사, 주미대사 역임) 차장이 각 부처에서 차출된 전후 경위를 소상하게 설명했다. 이전까지는 각 부처로부터 국장급을 추천받아 공무원 신분을 보유하면서 일정기간 파견근무 후에 소속 부처로 승진, 복귀 조치하였으나, 야당의 비판여론이 거세지자 차출방법을 이번처럼 하게 되었다며 많은 협조를 당부하였다.

이번에는 당에서 각 부처의 유능한 국장을 선정하여 대통령의 재가와 관련 부처 장관의 협조를 받았으며, 차출되는 국장은 공무원직을 사직하고 일정 기간 근무한 후에 1급으로 승진, 원래의 소속 부처로 복직 조치토록 한다는 설명이 뒤따랐다.

1987년 12월 실시되는 제 13대 대통령선거를 19개월 앞두고 집권당인 민주정의당에서는 대선에 대비한 정책개발을 위하여 각 부처의 국장을 차출하였던 것이다. 사전에 당사자들의 양해나 동의도 없이 집권당에서 일방적으로 불법적이며 비합리적인 방법과 절차에 의해 차출해 버린 처사에 대하여 힘없는 공직자로서 비애를 감수하여야만 하였다.

1) 문화공보부 종무실장 승진 제의 사절

1985년 3월 6일 문화공보부 매체국장(媒體局長)을 사직하고 민주정의당 전문위원으로 온 지 6개월 되는 9월 초에 김윤환(金潤煥) 문화공보부 차관으로부터 전화가 왔다. 전화를 받자마자 김 차관은 대뜸 "지금 종무실장으로 오겠느냐"고 하면서 종무행정(宗務行政)에 밝은 자네가 적임자이니 오도록 하라는 것이었다.

나는 "감사합니다만 정중하게 사양하겠습니다"고 말했다. "집권당의 전문위원으로 부임한 지 이제 겨우 6~7개월에 불과한데 지금 되돌아가는 것은 당에도 미안하고 양심상 받아들일 수 없습니다"라며 사양한 것이다.

1986년 8월 28일 개각이 단행돼 이원홍 장관이 물러나고 이웅희(李雄熙) MBC 사장이 문화공보부장관에 취임했다. 이 개각에 이어 1986년 8월 29일 김윤환 차관은 전두환 대통령 비서실 정무수석으로 발탁되어 문화공보부를 떠나게 되었다. 내가 전화를 하여 정무수석 영전을 축하드렸더니 "자네는 금년 연말에 기획관리실장으로 오도록 할 것이니 그렇게 알라"고 말했다.

내가 문화공보부 매체국장으로 재직 시에 MBC 사장으로서 업무상 남달리 가깝게 지내 온 이웅희 장관이 업무파악을 위하여 1986년 12월 말 문화공보부 간부급에 대한 인사가 늦어지게 되었다. 1987년 새해가 되자 대통령선거를 눈앞에 두고 김윤환 정무수석이 대통령 비서실장으로 임명되어 대선 체제로 급전환하였다.

그러나 정국상황이 급속도로 혼란스럽게 진전하여 연일 극렬한 가두시위(街頭示威)가 확산되어 갔다. 이렇게 정국상황이 급박한 상태에서 나역시 문화공보부로 복귀하기 어렵게 되어 버렸다.

2) 6·29 선언, 언론·문화예술 자율화정책 수립

1987년 6월 10일 전두환 대통령이 제13대 대통령선거 민주정의당 후보로 노태우(盧泰愚) 당 대표를 선정 발표하자 "간선제(間選制)에서 직선제(直選制)로 헌법을 개정하라"는 국민들의 민주화 요구가 폭발했다. 학생들과 시민들의 가두시위가 연일 대규모로 확산되었으며, 6월 26일에는 전국 37개 도시에서 100만 명 이상이 참여한 과격한 시위가 발생하여 정국상황이 크게 악화되었다.

연일 시위가 계속되자 1987년 6월 29일 대통령 직선제를 비롯한 8개 항의 '6·29 선언'이 발표되었다. 그 대략의 내용은 다음과 같다.

① 여야 합의하에 조속히 대통령 직선제로 개헌(改憲)하고, 새 헌법에 의한 대통령선거를 통해 1988년 2월 평화적으로 정권을 이양한다.
② 자유로운 출마와 공정한 경쟁이 보장되는 대통령선거법으로 개정한다.
③ 국민적 화해와 대단결을 도모하기 위하여 사면복권과 극소수를 제외한 시국사범을 석방한다.
④ 인간 존엄성을 존중하기 위해 개헌안에 기본권(基本權) 강화 관련 조항을 보완한다.
⑤ 언론자유의 창달을 위해 관련 제도와 관행을 획기적으로 개선하며 언론의 자율성을 최대한 보장한다.
⑥ 사회 각 부문의 자치와 자율을 최대한 보장하고 지방자치 및 교육자치를 실시하며 대학의 자율화를 기한다.
⑦ 정당의 활동을 보장하고 대화와 타협의 정치 풍토를 조성한다.
⑧ 밝고 맑은 사회 건설을 위해 사회정화 조치를 강구한다.

6·29 선언에 따라 나는 집권당인 민주정의당 문화공보담당 전문위원으로서 6·29 선언 제5항과 제6항에 관련한 '언론자유의 창달'과 '문화예술의 자율화' 대책을 수립하는 한편, 관련 법률의 제정과 개정 및 폐지안 작업에 착수하여 수일간 철야작업 끝에 대책 안을 마련했다.

당시에 문제되었던 언론기본법(言論基本法)의 폐지안과 새로운 방송법 제정안, 신문통신 등의 등록에 관한 법률안 및 출판사 인쇄소 등록에 관한 법률안을 비롯하여 언론자유의 창달 대책안과 문화예술의 자율화 대책안을 수립하여 먼저 중앙당 정책위원회에 상정하여 심의 의결하였다.

1987년 7월 초순에 중앙당 중앙집행위원회에 상정하여 심의 가결함으로써 '6·29 선언' 8개 항 중 제5항과 제6항에 관한 대책안이 제일 먼저 확정되었다. 또한 '언론기본법' 폐지안과 '방송 및 언론관계법'의 개정 및 제정안 등은 신속하게 국회로 이송하여 의결 통과되었다.

3) 제 13대 대통령선거공약 개발

1987년 10월 29일 대통령 임기를 5년 단임으로 하고 국민의 직선제로 하는 헌법(憲法)이 개정 공포, 시행됨에 따라 각 정당이 대통령선거전에 돌입하였다.

문화공보부에서 언론 분야 행정업무를 10년 가까이 담당했던 나로서는 제일 먼저 뇌리에 떠오른 것이 당시에 감사담당국장으로서 옆에서 봐왔던 이른바 1980년 신군부에 의한 '언론기관 통폐합 조치'와 더불어 기독교방송(CBS)에 대하여 보도방송과 상업광고방송을 7~8년간 중단해 온 조치였다. 차제에 이 조치를 즉각 해제하도록 중앙당과 정부 측에 강력하게 건의했다.

나는 대통령선거전에 돌입한 이 중차대한 시점에서 중앙정보부와 문화공보부 등 정부의 반대를 배척하고, 당에서 모든 것을 책임지고 당의 주도하에 강력하게 속전속결로 처리함으로써 대통령선거전을 초기에 유리한 국면으로 전환하여 선제 제압할 수 있음을 강력하게 주창하며 건의하였다. 나의 끈질긴 주장이 당의 중진들로부터 공감을 받게 되고, 노태우 당 대표 겸 대통령 후보의 결단을 받아 실현되었다.

1987년 10월 19일 나는 문화공보부에서 종교행정업무 담당 때 친숙하였던 표용은(表用垠) CBS 이사장과 김관석(金觀錫) CBS 사장에게 급히 연락하여, 당 대표실에서 노태우 후보를 면담토록 하고, 오늘부터 즉시 뉴스보도방송과 상업광고방송을 실시하도록 즉각 조치했다.

한편으로는 대통령선거공약에 언론자유의 창달과 문화예술의 자율화

정책의 효율적인 방책을 반영하기 위하여 문화공보부를 '문화부'와 '공보부'로 분리하도록 하는 방안을 강력하게 건의함으로써 대통령선거공약으로 확정하게 하였다.

1987년 10월 29일 개정 공포된 새 헌법에 따라 11월 16일 대통령선거일을 1개월 후인 12월 16일로 확정 공고하자 각 정당 간에 대통령선거전이 치열하게 전개되었다.

민주정의당 중앙당에서는 대선유세반(大選遊說班)을 편성하고 대형버스를 활용, 전국을 순회하며 선거유세 활동을 전개했다. 나는 12월 초순에 광주·전남지역과 대구·경북지역 유세반에 동참하였다. 유세전용 버스에는 노태우 대통령 후보를 비롯하여 찬조연설인사와 국회의원 그리고 전문위원과 경호, 실무요원 등이 동승했다.

광주 유세장에서는 노태우 후보의 연설 중에 연단으로 계란과 돌 그리고 화염병이 날아와서 투명 방패막으로 경호하는 경호원의 얼굴에서 피가 흘러내렸다. 연단에는 불이 붙어 한쪽으로 기우는 등 험악한 상황 속에서 유세를 간신히 끝내고 신속하게 광주지역을 떠나 대구지역으로 출발하였다.

대구시 수성천 변의 선거유세장에 도착하니 수십만 명의 인파가 수성천 전면을 가득 매웠고 노태우 후보를 연호하는 소리가 하늘 높이 울려 퍼졌다. 얼굴이 상기된 노태우 후보의 연설이 끝나자 수십만 대구시민의 함성과 박수소리가 천지를 진동하는 듯했다.

유세장을 나오는 도중 일부 반대세력들이 유세차량에 최루탄을 투척하였으나, 투명 방패막으로 받아넘겨 위기를 겨우 모면했다. 나는 그날 난생처음으로 최루탄가스 세례를 당하여 일시 주저앉았으나 다행히 큰 피해 없이 위기를 벗어났다.

1987년 12월 16일의 대선 투표결과 노태우 후보가 제 13대 대통령으로 당선되어 제6공화국의 노태우 정권이 출범하게 되었다.

대통령 당선 선포와 동시에 정권인수위원회가 구성되고 청와대 옆 삼청동에 있는 금융연수원에서 정권 인수를 위한 업무가 시작되었다. 나는 정권인수위원회에 파견되어 새로 출범하는 정부에서 활용할 400명에 달하는 각계 인사 명단을 극비리에 작성하여, 인쇄소에서 인쇄한 뒤 보안 감시하느라 며칠간 밤을 지새웠다.

해가 바뀌어 1988년 새해가 되자 2월 25일 대통령 취임일을 1개월 앞두고 집권당과 정부에서는 대통령 취임식 준비에 분주했다. 2월로 접어들자 노태우 대통령 당선자는 전문위원들에게 그간의 노고에 대하여 위로하고, 함께 기념사진을 촬영하였다.

2월 25일 대통령 취임일자와 전문위원의 이름이 새겨진 "노태우 대통령 취임 기념" 백자도자기를 당선자 이름으로 전문위원들에게 보내왔다. 한편으로 노태우 대통령 당선자는 2월 25일 취임식을 앞두고 당직자들에게 전문위원들을 전원 원래 소속부처의 기획관리실장으로 승진 복귀시켜 당과 정부 간의 원활한 정책조정 역할을 기할 수 있도록 지시하고 당을 떠났다.

1988년 2월 25일 여의도 국회의사당 앞 광장에서 거행된 노태우 제13대 대통령 취임식에는 전직 대통령을 비롯하여 3부 요인과 외교사절, 국내외 귀빈 등 수많은 축하객들이 참석하여 광장은 대만원이었다.

취임식 후 2월 25일 당일 개각이 단행되어 문화공보부장관에 정한모(鄭漢模) 한국문화예술진흥원 원장이 취임하고, 김윤환 전두환 대통령 비서실장은 정무장관에 임명되었다.

4) 미혼인 두 남동생의 성혼으로 무거운 짐을 벗다

1979년 10월 26일 박정희 대통령 시해사건에 이어 12월 12일의 이른바 '12·12 군사반란' 사건으로 정국이 긴장된 가운데 1980년의 새해를 맞았다. 비상시국하의 정국이 극도로 악화되어 가는 상황에서 고향으로부터 4월 30일 새벽 아버지가 별세하셨다는 비보가 날아왔다.

당시에 45세였던 나는 문화공보부 홍보조정담당국장으로 재직 중이었다. 5남 2녀의 장남으로 아래로 두 남동생(성낙인, 성낙서)이 아직 미혼인 상태에서 아버지 별세로 나에게 한층 무거운 짐이 지워졌다.

5월 3일 고향의 선산에 조용히 아버지를 모신 후 상경하였으나 지난 2, 3년간 병상에서 고생하시는데도 병문안을 자주 못 드리고 임종마저 지켜보지 못한 죄책감에 가슴이 찢어지는 듯한 아픔에 몸부림쳤다. 정신을 가다듬고 다급한 두 동생의 혼인을 성사시켜 돌아가신 아버님께 성혼의 기쁜 소식이나마 아뢰기 위하여 백방으로 노력을 다하였다.

(1) 다섯째 동생(성낙인)의 결혼

아버지가 돌아가신 지 1년여가 지나 당시 영남대학교 법과대학 교수로 있던 동생에게 국무총리의 질녀를 비롯하여 모 부처의 장관 딸, 그리고 대구 출신의 의과대학 재학생 등의 혼처가 연이어 들어왔다.

무거운 책임감을 가진 큰형으로서 비록 고향에서 홀로 농사를 하시는 어머니로부터 전권을 위임받았으나 막상 눈앞에 당하고 보니 동생이 평생을 동고동락할 배필을 결정하는 중대한 문제를 내 마음대로 쉽게 결정하기가 실로 난감하였다.

어느 날 동생을 만나 "우리 집안은 그저 시골 농촌의 평범한 가정으로서 특별하게 내세울 것도 없는 형편이다. 우리 가문과 가정에 비교하여 조금 과분한 규수는 형제간 또는 동서 간에 불화를 초래할 수도 있으니 과욕을 버리고 평범한 집안의 규수를 선택하는 것이 좋겠다"고 말했다.

그리고 부모 덕분으로 해외 유학한 규수나 고위직 가문에서 성장한 규수는 우리 집안에 동화되기 어려울 것으로 예상되니 심사숙고하도록 당부하면서, 큰형인 내가 보기에는 그중에 평범한 가정에서 성장한 규수가 무난할 것 같다고 의견을 밝혔다.

그 후 1980년 10월 나는 문화공보부 홍보조정담당국장에서 감사담당국장으로 이동하여 근무 중이었는데, 어느 날 동생이 한 여성과 함께 나의 사무실로 찾아왔다. 보기에 첫인상이 온순하고 수수하게 보여 우리 집안과 잘 조화가 될 것으로 생각되어 동생에게 결정권을 주었다.

이렇게 하여 다섯째(5남 2녀 중) 동생이 드디어 1981년 대구에서 31세에 결혼식을 갖게 되었다. 장남으로서 짊어진 중책이 조금이나마 가벼워져서 그저 동생들에게 감사하였다.

(2) 여섯째 막내 동생(성낙서)의 결혼

1980년 4월 아버지께서 돌아가실 당시 1년 전인 1979년 대학을 졸업하고 바로 자원입대하여 군복무 중이던 여섯째 막내 동생이 1981년 만기 제대를 하였다. 나는 막내 동생의 취업을 고심 끝에 우선 고향의 창녕고등학교 설립자인 친구 이이두 이사장에게 사정을 이야기했다. 국문학을 전공하여 고등학교 교사 자격증을 취득한 막내 동생을 창녕고등학교 교사로 취업시켜 당분간 홀로 계신 어머니를 모시게 하였다.

그 몇 년 후 경일대학교, 대구보건전문대학, 대구영송여자중·고등학교를 설립한 김종옥(金鍾玉) 이사장의 도움으로 창녕고등학교 교사인 막내 동생은 결혼 후에 대구영송여자고등학교 교사로 전근되었다.

김 이사장은 나와는 특별히 친숙한 사이이다. 막내 동생은 이 학교에서

30년간 봉직한 후 교감을 거쳐 교장(校長)으로 정년퇴임하였다.

두 여동생들은 대구로 출가하여 모두 대구에서 생활하고 있으면서 동생들의 성혼을 위하여 많은 노력을 하여 막내 동생의 결혼도 쉽게 성사되었다.

그간에 나는 문화공보부 감사국장을 거쳐 매체국장 재임 중에 전두환 정권의 일방적 조치로 1985년 3월 공무원의 신분을 사직하고 당시 집권당인 민주정의당의 전문위원으로 근무하고 있었다. 아무런 항변도 하지 못하고 허탈한 심정으로 집권당에서 전문위원으로 근무하고 있던 기간인 1986년 7월 10일 당년 31세인 막내 동생이 대구에서 결혼식을 갖게 되어 감개무량하였다.

서울에 멀리 떨어져 있는 장남인 나를 비롯하여, 두 남동생들과 대구에서 생활하는 두 여동생들의 합심협력으로 아버지 별세 후 미혼이었던 두 남동생들의 결혼을 무난하게 성사시켜 우리 형제들에게 주어진 무거운 짐을 벗어나게 되었음에 모두에게 감사하였다.

2. 전문위원을 사직하고 문화공보부로 복직하다

1988년 2월 25일 노태우 대통령이 취임하고 각 부처 신임장관이 취임하자, 당에서는 대통령의 지시에 따라 고위당직자들이 그간 당에서 봉직하여 온 전문위원들을 원래 근무했던 소속부처의 기획관리실장으로 승진 발령하도록 촉구하였다. 대부분의 전문위원들은 2월과 3월 초에 당을 떠나, 원래 소속 부처의 실장으로 승진 복귀하였다.

그러나 나 혼자만 2월이 지나고 3월 말이 다가와도 신임 정한모 장관으로부터 인사 발령을 받지 못하였다. 3월 말경 새로 취임한 문화공보부 강용식 차관이 나에게 전화를 했다. 그는 대뜸 "성 위원은 왜 고위당직자를 동원하여 정한모 장관에게 인사압력을 가하게 하느냐"고 말하였다.

나는 화가 나 "강 차관! 고위당직자인 그분들이 내가 정한모 장관에게 전화하라고 하면 내 말을 들을 인사들이요?" 하고 쏘아 버렸더니 한동안 아무 말이 없기에 전화를 끊었으나 그 후 아무런 반응이 없었다.

내가 당 측에 사실 여부를 문의하였더니 노태우 대통령이 당의 고위당 직자들에게 각 부처 장관으로 하여금, 전문위원들을 소속 부처 기획관리 실장으로 승진 복직시키도록 하라는 지시를 내려, 그에 따라 전화한 것이라고 그간의 상황을 설명하였다.

다음 날 나는 출근길에 정부종합청사의 김윤환 정무장관을 방문하고 문화공보부차관과 정무수석 재임 당시에, 다음에 나를 기획실장으로 오도록 한다고 하셨는데, 지금에 와서 고교 후배를 특정하여 지원하는 것은 사리에 맞지 않는다고 항변하였다. 나는 그 후로는 김윤환 장관을 만나지 않았다.

그다음 날 나는 문화공보부 정한모 장관을 찾아뵙고, 나의 보직에 대하여 너무 신경 쓰지 마시고 김윤환 장관의 고교 후배를 기획관리실장으로 발령하시고, 나에 대한 보직은 장관님께서 적절히 처리하시라고 한 후에 정중히 물러나왔다.

정한모 장관은 나의 진심에 감동하셨는지 다음 날 이정배 홍보실장을 통하여 나에게 전화가 왔다. "성 위원, 장관께서 이번 주 토요일에 특별한 일이 없으면 만났으면 한다"고 하였다. 정한모 장관이 강용식 차관, 김동호 기획관리실장과 함께 운동을 하자는 연락이었다.

이렇게 하여 나는 4월 1일 토요일 뉴서울 골프장에서 정 장관, 강 차관 그리고 물러나게 되는 김동호 기획관리실장과 함께 4명이 골프 운동을 하게 되었다.

4월 3일 (월요일) 나는 종무실장으로 발령을 받아 만 3년 1개월 만에 문화공보부로 복직하였다. 김동호 기획관리실장은 타의에 의하여 문화공보부를 물러나온 후에 영화진흥공사 사장으로 취임하였다.

오랜 공무원 생활에서 타의에 의하여 물러나는 김동호 실장과 집권세력의 외압에 의하여 의외의 직책인 종무실장직을 맡게 된 나는 또다시 힘없고 권력 배경 없는 약자의 서러움을 맛보면서 서글프고 착잡하였다.

이렇게 하여 문화공보부 매체국장직을 끝으로 25년간의 공직생활을 청산하고 타의에 의하여 공무원 신분을 사직한 후 집권당인 민주정의당 정책조정실 문공담당 전문위원으로 전출된 지 만 3년 1개월 만에 1988년 4월 3일 문화공보부 종무실장으로 발령을 받아 공무원 신분으로 복귀하게 되었다.

국가공기업계(國家公企業界) 봉직

(한국방송광고공사 사장)

    1993년 3월 10일 58세에 33년간의 관료생활을 타의에 의하여 청산한 나는 국가공기업인 한국방송광고공사(KOBACO) 사장으로 임명되어 3년을 근무하고, 1997년 3월에 임기만료로 퇴임하였다.

    1981년 이전의 방송광고 영업과 방송매체 현황을 살펴보면, KBS는 국내 유일의 공영방송사로서 광고방송 영업을 할 수 없었다. TV 방송광고 영업은 민영방송인 MBC(본사 및 8개 지방사 전국망)와 TBC(수도권 방송)만 하였다.

    라디오 방송광고 영업은 민영방송인 MBC(AM, FM은 본사, 19개 지방사 전국망), TBC(AM, FM, 수도권), 동아방송(수도권)이 하였다. 지방방송인 전일방송(광주권)과 서해방송(군산권)은 지역 방송광고 영업을 하였으며, 종교방송인 CBS는 수도권 및 4개 지역망 방송광고 영업을 하였다.

    방송광고 판매물량은 연간 약 1천억 원(1980년 기준)이며, 방송광고 판매율은 TV는 60~70% 수준이며, 라디오는 30~45% 수준이었다. 방송광고회사는 모두 3개사(제일기획, 연합광고, 오리콤)이며, 광고회사 방송광고 영업거래 대행률은 25~30%에 불과했고, 70~75%를 방송사가 직접 거래하였다. 영업정책의 부재, 은폐, 비공개로 직거래 확보를 위한 불공정 영업이 자행됨으로써 방송광고 영업상 부조리가 발생했다.

    이러한 방송사와 지방 방송망을 통한 방송광고 영업의 폐해(弊害)와 부조리를 제도적으로 개혁시정(改革是正) 하기 위하여 서구 제국의 방송광고 영업제도와 방식의 장점을 적용한 한국방송광고공사가 1981년에 탄생하게 된 것이다.

1. 한국방송광고공사의 탄생과 출범

한국방송광고공사는 1980년 12월 신군부에 의한 언론통폐합 조치의 산물로, 1981년 1월 22일 설립되었다. 한국방송광고공사는 방송광고 질서를 정립하고 방송광고 영업대행에 의한 방송광고 수탁 수수료를 재원으로 하여 우리나라 방송과 문화예술 진흥사업을 지원함으로써 국민의 건전한 문화생활과 방송문화의 발전 및 방송광고 진흥을 목적으로 설립된 무자본 특수법인(無資本 特殊法人)이다.

우리나라 전파매체인 KBS, MBC, SBS의 TV, 라디오 방송과 CBS, PBC, BBS 등 모든 방송에 방송광고를 하려는 광고주(광고회사)들은 한국방송광고공사의 창구(窓口) 단일화를 통하여 방송광고를 할 수 있으며, 각 방송사가 방송광고 영업을 직접하는 대신 한국방송광고공사가 방송광고 영업을 수탁대행하여 주었다.

각 방송사는 방송광고 수입 중에서 80%를 방송사 운영자금으로 사용하고, 20%는 수탁수수료(受託手數料)로 방송광고공사에 지급했다.

방송광고공사는 20%의 수탁수수료 수입 중에서 약 절반인 10%는 일반 광고회사에게 광고대행수수료로 지급하고, 나머지 10%의 수입 중에서 방송광고공사의 연간운영비 180억 원과 법인세 170억 원 등을 공제한 후 잔금을 공익자금으로 조성하여 방송, 문화예술과 방송광고, 언론문화 발전을 위한 지원금으로 사용도록 하였다.

2. 공사 설립 후의 방송광고 영업상황과 문제점

1) 방송광고 영업 방송매체 현황

TV 방송광고 영업 대상은 공영방송인 KBS 1 · 2 (전국망) 방송과 MBC (전국망) 방송, 민영방송인 SBS (수도권) 방송이다. 라디오 방송광고 영업 대상은 공영방송인 KBS 2R (전국망) 과 MBC AM, FM (전국망) 방송, 민영방송인 SBS (수도권) 와 종교방송인 CBS (수도권, 5개 지방), BBS, PBC (수도권) 방송이다.

방송광고료는 12년간 4회, 7~14% 인상되었다 (신문광고료는 매년 8~10% 인상). 방송광고 영업에 있어 방송광고 판매물량은 연간 7천억 원 (1990년 기준) 이며, 방송광고주 수는 2,981개이다. 방송광고 판매율은 TV 98%, 라디오 70%이며, 광고회사 수는 60개 사이다. 광고회사 방송광고 영업대행률은 96%, 광고회사 방송광고 영업대행수수료는 평균 8.9%이며, 광고회사 방송광고 후 광고요금 납부기한은 90일 이내였다.

2) 방송광고 영업상의 문제점

방송광고 영업정책을 비공개함으로써 권위주의적인 방송광고 영업을 자행했다. 대기업이 황금시간대의 고정물 광고를 독점하고, 법적 근거 없이 방송광고회사 인정제를 실시하여 특정 광고회사에 광고 영업 독점의 특혜를 부여하였다.

광고회사의 광고품목 대행을 제한하고, 방송광고 대행수수료의 차등 지급제도를 실시했다. 방송광고 시간을 규제 (8/100) 하고, 공익자금을 친목성 단체에도 지급 (50여 개 단체 대상 지원) 하였다.

노태우 정부 마지막 해인 1992년도의 방송광고 매출실적은 9,630억 원에 불과했다. 전두환·노태우 정부하 12년(1981~1992년) 간의 운영과정에서 권위주의적 자세와 불합리한 제도와 운영으로 문제가 많아 내외로부터 부정비리의 온상으로 지탄을 받아 왔다.

3. 공사 운영의 혁신 단행. 새로운 위상을 확립하다

　1993년 2월 문민정부인 김영삼 정권의 출범과 동시에 33년간 젊음을 불태웠던 관료생활을 타의에 의하여 청산하고, 내 인생의 3대 직업목표 중 제 1의 목표였던 '관료생활'을 무난하게 끝내고 보니 아쉬움이 많았다.

　정권교체 때마다 권력을 쟁취한 세력들이 관료사회의 고위공무원에 대해 강압적 사퇴를 압박하는 행태는 변함이 없어 보여 안타까울 뿐이다. 이게 나만의 생각일까.

　이제 내 인생의 제 2의 목표인 '기업체 임원'의 새로운 이질적 행보를 개척해야만 하는 현실 앞에 서고 보니, 온갖 상념에 젖어 들면서 만감이 교차하였다.

　1993년 3월 12일 한국방송광고공사 사장에 취임하면서 대내외적으로 많은 사람들에게 회자되었던 한국방송광고공사에 대한 나쁜 이미지를 어떻게 바로잡을 것인가에 대하여 깊이 생각했다.

　오랜 관료생활에서 물러난 후 공기업체에 와서 임기 3년간을 의미 없이 근무할 생각은 없었다. 공사에 대한 새로운 이미지를 바로잡기 위하여 과감한 개혁(改革)과 혁신(革新)을 단행할 각오를 굳게 다지고 실천하여, 뚜렷한 족적과 성과를 남겨두고 임기만료 전에 공사를 미련 없이 용퇴할 결심으로 과감하게 추진할 생각이었다.

한국방송광고공사 사옥(왼쪽)과 한국방송광고공사 사장 집무 시 사진(오른쪽)

1) 공사의 인력 · 조직 감축 및 경영혁신 단행

1993년 3월 사장에 취임한 후 과거 부정부패의 온상으로 치부되었던 공사의 조직체계를 과감하게 개편했다. 인력감축을 단행하며 임원 전원을 사퇴, 재편하는 한편, 공사 스스로가 허리띠를 졸라매어 자체의 경상경비 지출을 감축 절약하는 모범을 대내외적으로 각인시켰다.

1993년 8월부터 1994년 9월까지 전산교육을 실시하여 사무자동화 능력을 배양, 영업운행 신탁통합 전산시스템을 비롯하여 수금 · 회계 업무의 통합으로 업무처리의 신속성과 정확성을 제고했다.

한편 매월 어려운 사원 5명을 선정하여 포상하는 등 사원복지를 향상하고 경영혁신을 단행함으로써 방송광고 부조리를 척결정화(剔抉淨化)하여 잘못된 관행을 타파하고 공사에 대한 대내외적 시각을 바로잡고 새로운 위상을 정립하였다.

1995년 12월 30일 이러한 개혁을 과감하게 추진함으로써 국민생활 유공자로 선정되어 이수성 (李壽成) 국무총리로부터 '국무총리 표창'(기관단체) 을 받게 되었다.

2) 방송광고 영업의 개선, 질적 향상

방송광고료는 3년간 1회 5% (1993년) 인상하였으나, 신문은 매년 20~30% 인상되었다. 방송광고 판매물량은 연간 1조 5천억 원(1990년 7천억 원) 으로 대폭 증액 달성하였다. 방송광고 판매율은 TV 99%, 라디오 75%, 광고회사 수는 147개 사(대기업 소속 46, 일반 광고회사 101개 사) 였다. 광고회사 방송광고 영업대행률은 98%이며, 광고회사 방송광고 영업대행수수료는 평균 11% 지급했다. 광고회사 방송광고 후 광고요금 납부기한을 90일 이내로 조정하였다.

3) 공사에 대한 위상 향상과 이미지 개선

1993년 6월 12일 방송광고의 국제경쟁력을 제고하기 위하여 '한국방송광고 자율심의위원회'를 새로 설치했다. 방송광고의 질적 향상과 광고단체 간 원활한 업무협의 교류를 통하여 방송광고의 국내외적 위상을 제고하기 위하여 사단법인으로 설립 출범하고 공익자금을 지원하였다.

광고주협회 등 12개 회원단체로 구성되어 운영하게 함으로써 광고의 자율 심의, 광고분쟁의 상담 심의, 광고표현에 대한 상담 자문, 광고조사 연구 윤리 확립 등의 기능을 수행토록 했다.

또한 유능한 광고인력 육성책을 강구하여 추진했다. 방송광고공사 광고교육원을 통해 연 1,500명 이상을 대상으로 16개 과정 교육을 실시하고, 우수 수료자에 대한 장단기 해외연수 특혜를 부여하였다.

광고연구지를 발간하고 해외 최신 광고정보와 광고기법을 신속하게 입수하여 광고계와 광고학계 등에 제공 활용토록 했다. 1994년 9월부터 1995년 12월까지 '방송광고 연구총서'를 최초로 발간, 광고계, 학계에 배포 활용토록 하였다.

방송광고공사 광고연구소 연구위원(방송학 박사)과 직원 각 1명씩 2인 1조로 구성된 5개 팀을 독일, 영국 등 5개국에 1개월간 파견 상주시켜, 방송광고와 관련된 운영제도와 법령 등을 종합적으로 조사 연구하여 총서를 발간, 전국 도서관과 대학에 최초로 배포 활용토록 했다(독일, 프랑스, 영국, 이탈리아, 네덜란드의 방송광고 연구총서 출판, 1994. 9~1995. 12).

광고산업 육성을 위한 사업지원도 확대했다. 외국광고 실무전문가 및 저명학자 초청사업과 지원 대상사업의 다양화 및 지원기금의 확대 조치를 단행했다. 1994년 멕시코 칸쿤에서 개최되는 'IAA 94 세계광고대회'에 참가하도록 지원하였다(1994. 5. 15~18).

방송광고 제작시설을 건립하여 효율적으로 이용할 수 있도록 지원체제를 강구했다. 국내 광고회사의 광고제작 여건을 개선하기 위해 광고영상제작시설(스튜디오, 녹음, 편집제작, 복사시설)을 편리하게 사용할 수 있도록 한국방송영상주식회사 사옥을 착공 건립하였다(1993. 5. 18 착공: 지상 14층, 지하 7층, 1996년 완공).

공익자금을 투입하여 목동에 방송회관 건립계획을 마련하여 방송계와 방송광고계가 유기적으로 활용할 수 있도록 추진하여 한국방송회관 건립을 착공했다(1994. 9. 3 착공, 지상 23층, 지하 7층).

방송광고 개방화에 따라 방송광고 판매제도 개혁을 단행했다. 방송광고 영업정책을 공개 실시함으로써 지금까지 비공개였던 방송광고 영업정책을 광고회사와 광고주에게 사전공개하고, 광고판매의 투명성을 확보하고, 광고관계자의 여론을 적극 반영토록 하였다.

◇방송회관 기공식에 참석한 權晤景 成樂承 辛卿植 吳隣燠 洪斗杓 金泰吉 趙完圭 金昌悅 姜成求씨(왼쪽부터).

한국방송회관 기공식… 97년 완공계획

洪斗杓 한국방송회관 회장(KBS사장)은 3일 오전10시 서울 양천구 목동 오목공원 앞 공사부지에서 한국방송회관 기공식을 가졌다.

이 자리에는 吳隣燠 공보처장관, 辛卿植 국회문공위원장, 金昌悅 방송위원장, 李相河 프레스센터 이사장, 成樂承 한국방송광고공사 사장, 金泰吉 KBS이사회이사장, 趙完圭 방송문화진흥회 이사장, 姜成求 MBC사장, 尹世榮 SBS회장, 權晤景CBS사장, 金泰鎬BBS사장, 朴範珍민자

담대변인과 시공회사인 현대산업개발의 沈鉉榮대표, 설계자인 종합건축의 尹錫玷대표 등 1백여명이 참석했다.

공익자금 6백49억 6천만원을 투입, 오는 97년 9월에 완공될 방송회관은 지상 21층, 지하 6층 건물에 방송단체사무실을 비롯 방송박물관, 국제회의장, 스튜디오시설 등을 갖춘 대규모 방송타운이다. 회관에는 방송위원회, 방송개발원, 방송협회 등 30여 방송유관단체가 입주할 예정이다.　　　　〈秦聖昊기자〉

"한국방송회관 기공식 …
97년 완공계획"
(〈조선일보〉1994. 9. 4),
사진 왼쪽에서 두 번째가 저자.

　특정 방송광고회사에게 방송광고 영업의 특혜를 인정했던 특혜제도를 과감하게 폐지하였다(1994. 1, 《한국방송광고공사 20년사》, 2001. 1. 21 발행 참조). 방송광고 시장 진입을 위한 고정물을 완전 철폐하였다(1단계 - 자막광고 고정물 폐지: 1994. 5. 1, 2단계 - 토막광고 고정물 폐지: 1995. 5. 1, 3단계 - 방송순서광고 고정물 폐지: 1995. 10).

　중소기업에 방송광고 참여기회를 부여하여 방송광고 판매의 공정성을 확보 조치하고, 광고회사의 광고품목대행 제한제도를 폐지하였으며, 광고주(기업)가 제품을 광고할 경우 광고품목을 2개 광고회사로 제한하는 규제를 완전 철폐 자율화 조치하였다(1995. 1).

　방송광고 대행수수료 차등지급제도를 폐지하고, 대기업계열 광고회사와 비계열 광고회사에 대한 방송광고 대행수수료 차등지급제도를 완전 철폐하였다(1995. 1). 방송광고 시간규제를 완화 조치하고, 방송광고시간을 확대(8/100 - 10/100)하여 방송광고 물량의 적체 해소에 기여했다

(1994. 10). 방송광고 판매기준을 개선 조치하고, 중소기업 광고참여 기회를 확대하고, 각종 우월적 규제조항을 폐지하였다(1995. 4).

한편 대기업과 중소기업의 분류기준을 명확히 하고, 대기업과 중소기업군을 분리하여, 공정하고 균형 있게 판매 시행토록 했다.

1993년 5월부터 1995년 4월까지 방송광고 영업제도를 획기적으로 개선(改善)하였다. 횟수 청약제도를 확대 실시하여 TV-SA시급 광고청약의 적체에 따른 광고판매의 공정성과 형평성을 반영했다(1993. 5. 1). 연간 스포츠 판매 정산제도를 실시하여 연말 결산 시 방송광고를 하지 않은 광고료는 광고주에게 환불조치토록 하였다(1994. 1. 1). 신규판매 선수금 제도를 개선하여 직거래 신규 광고주의 선수금 환불 시 이자를 가산하여 지급하도록 했다(1994. 4. 1). 라디오 시보요금 판매제도를 개선하여 각 매체 간 불균형했던 라디오 시보요금을 통일하였다(1994. 6. 1).

한편 TV 토막광고 판매방식을 기존 30초 3건을 20초 3건과 30초 1건으로 판매개선 시행하여 광고시간의 다양화로 광고주들의 선택 폭을 확대하였다. 특집방송순서 판매가 산정기준이 광고주에게 불리하게 적용됐던 일부조항을 개정하여 공정하고 합리적인 특집 판매가 산정기준을 마련하여 시행했다(1994. 10. 1). MBC-AM의 전국판매 로컬 방송순서를 해당 지사별 판매로 전환 개선하여 영세한 지방 광고주에게 방송광고 기회를 제공하였다(1995. 4. 1).

공익자금(公益資金) 지원제도를 개혁 조치했다. 공익자금 관리와 지원의 합리화 조치(1994. 1)로 무원칙적인 친목단체 지원을 지양하고, 국가 공익사업단체에 중점 지원토록 하여 지원의 효율성을 도모하였다. 한편 50개 단체 지원에서 20개 단체 지원으로 감축 단행하고, 30개 단체에 대하여는 과감하게 지원중단 조치하였다.

문화예술 관련사업은 문화예술진흥원으로 창구를 일원화(1995. 1)하여

◇왼쪽부터 權晧景 趙完圭 尹世榮 柳赫仁 金昌悅 洪斗杓
金斗鉉 成樂承씨. 【崔鍾昷기자】

방송위원회(위원장 金昌悅·김창열)는 21일 프레스센터 내셔널프레스클럽에서「이달의 좋은 프로그램」의 금년도 수상자들을 초청, 축하와 격려의 뜻을 전하는 모임을 열었다.

행사에는 金昌悅방송위원장과 劉赦天부위원장을 비롯, KBS 洪斗杓사장 MBC 姜成求사장, SBS 尹世榮회장 尹赫基사장, CBS 權晧景사장등 방송사대표, 柳赫仁종합유선방송위원장 金斗鉉언론중재위원장 成樂承방송광고공사사장 趙完圭방송문화진흥회이사장 金東虎공연윤리위원장 李敬在공보처차관등 방송관계인사와 1월부터 11월까지「이달의 좋은 프로그램」으로 선정된 작품들의 연출자 출연자들 2백여명이 참석했다.

이날 모임에서는 KBS 제1라디오의 다큐멘터리「소리 100년 생활 100년」이 방송담당 기자들이 선정한 94년도 특별상수상작으로 뽑혔다.
【張寅鐵기자】

"방송委 〈이달의 좋은 프로〉 수상자들 초청연"(〈한국일보〉 1994. 12. 22).
사진 가장 오른쪽이 저자.

문화예술 관련단체에 대한 지원행정의 간소화와 공익자금 지원의 효율성을 극대화했다. 문화예술진흥사업에 지원한 공익자금의 사용 잔액과 예치금 이자 등을 문예진흥기금에 적립하여 문화예술진흥사업에 기여하도록 개선 조치하였다(1995. 1).

광고진흥사업을 한국광고단체연합회에 일괄 지원으로 개선함으로써 공익자금 지원행정의 간소화와 광고진흥사업 지원의 효율성을 제고하였다(1995. 1).

방송광고공사 주관으로 시행했던 방송광고대상 제도를 '대한민국방송광고대상'으로 격상 확대하고, 한국광고단체연합회가 주관하도록 이관 조치하고, 필요자금을 공사에서 적극 지원하도록 조치했다(1994. 5. 3).

회계검사 실시방법을 개선 조치하여 감사원과 공보처 등 감독부처의 수감단체는 서면검사로 중복감사를 지양하고, 문화예술 관련단체에 대한 회계검사는 1995년 1월에 문화체육부로 이관함으로써 전문성, 효율성을 제고하였다(추진실적:《한국방송광고공사 20년사》참고).

1993년 3월에 사장으로 취임하여 끊임없는 개혁으로 방송광고공사에 대한 새로운 시각과 위상을 확립하는 한편 대외적으로는 방송광고 영업제도의 획기적인 개선으로 광고계에 새로운 활력을 깊게 심어 주었다.

이렇게 하여 1992년도에 9,600억 원에 불과하였던 방송광고 매출실적을, 내가 사장으로 취임한 1993년도에 공사 창설 후 처음으로 1조 원을 초과한 1조 3천억 원을 달성하였다. 그리고 1996년 3월 임기만료로 퇴임하기 직전 연도인 1995년도에는 무려 1조 5천억 원의 놀라운 방송광고 매출실적을 달성하였다.

이에 힘입어 1996년 초에 국제화시대에 대응하기 위한 새로운 추진전략을 수립하여 실천 중에 1996년 3월 10일 임기 만료로 한국방송광고공사 사장직에서 퇴임하였다.

4. 한국방송광고공사 사장 재임 중 일화

1) 장관의 방송영상주식회사 사장 사표 요구

1993년 2월 25일 김영삼 정권 출범으로 공보처장관에 〈한국일보〉 출신 오인환(吳隣煥) 씨가 취임한 지 3개월 되는 1993년 5월 하순경이었다. 오 장관은 나에게 전화하여 느닷없이 한국방송광고공사의 자회사인 한국방송영상주식회사 "이기흥(李基興) 사장의 사표를 받아 달라"고 하였다.

나는 이기흥 사장을 불러 오인환 장관의 이 사장 사표 요구 사실을 전달하고 사표를 받아 공보처로 보냈다. 이리하여 이기흥 사장은 김영삼 정권하에서 물러나고 민주산악회(民主山岳會) 소속인 백영기(白榮基) 씨가 한국방송영상주식회사 후임 사장으로 취임하게 되었다.

그 후 약 1년여가 지난 어느 날 오인환 장관실에 들렀더니 오 장관은 느닷없이 나를 향하여 "성 사장이 박관용(朴寬用) 대통령 비서실장과 짜고 이기홍 사장의 사표를 받게 한 것 아니냐"고 나에게 따지듯 말을 했다. 나는 즉석에서 반박했다. 그 당시에 오 장관이 나에게 직접 전화로 이기홍 사장의 사표를 빨리 받아 달라고 하여 그렇게 된 것 아니냐고 했더니 묵묵 부답이었다.

"이기홍 사장은 오 장관의 고등학교 선배이지만, 나 또한 고려대학교 출신으로서 나의 후배요. 내가 무슨 이유로 죄 없는 후배를 그렇게 하겠어요. 그리고 박관용 실장은 나와 별로 친분이 없어요. 단지 내가 공보처 기획관리실장 때에 국회 문공위원회 소속 국회의원으로서 아는 것뿐입니다. 장관께서 1년이 지난 지금 이 시점에 와서 이 문제를 나에게 말하는 그 의도를 분명하게 말하여 주세요" 하고 버티자, 오 장관은 얼굴이 창백해지면서 어찌할 바를 몰라 당황했다.

나는 오 장관에게 "오늘 나에게 한 말을 박관용 실장에게 말해도 될까요" 하고는 그냥 나와 버렸다.

그 후로는 오 장관이 일체 그 사건에 대하여 말이 없었기에, 몇십 년이 지난 지금까지도 나는 박관용 실장에게는 그 사실을 말하지 않았다. 이기홍 사장은 지금까지도 오 장관이 나에게 말한 것처럼 내가 박관용 실장과 공모하여 사퇴하게 된 것으로 오해하고 있을 것으로 생각하니 가슴이 아프다. 그저 이기홍 사장이 오해 없기를 바랄 뿐이다.

한마디로 말한다면, 방송광고공사의 자회사인 방송영상주식회사 이기홍 사장의 후임자가 김영삼 정권의 친위세력 출신임을 생각하면 고위층에 의하여 이루어진 것임을 삼척동자라도 알 수 있을 것으로 생각된다. 나 또한 법적으로 보장된 공무원 정년을 3, 4년 앞두고 33년간 근속했던 공무원 신분을 박탈당하고 공사로 밀려온 정황을 생각하면 그 경위를 누구나 쉽게 감지할 수 있을 것으로 확신한다.

이 사건 이외에도 당시 한국방송광고공사 본사 이사 임원으로 3명이 김영삼 정권에 의하여 입사(入社)하여 방송광고공사 노조(勞組)가 여러 날 농성(籠城)하였던 상황은 내외적으로 모두가 다 알고 있는 사실이다.

2) 방송광고공사 노조와의 격돌

1993년 김영삼 정권의 문민정부가 출범하자 도처에서 노조활동이 극성을 부렸다. KBS, MBC 노조를 비롯하여 방송광고공사 노조 또한 다름이 없었다. 공사 사장으로 취임한 후 김영삼 정권에 의한 외부 인사가 공사의 임원으로 3명이나 진입했으니 노조원들의 심정도 좋을 리가 없었을 것으로 생각된다. 공사 내부 사원들의 승진 기회가 박탈되는 상황을 보고만 있을 리가 있겠는가.

특히나 깐깐한 신임 사장이 취임하여 공사 내부의 조직과 운영체제를 개편하고 경영혁신을 단행하면서, 한편으로는 방송광고 영업제도를 혁명적으로 개선하기 위하여 속전속결로 추진하는 상황을 눈여겨보면서 불안한 감을 느꼈으리라 생각되었다.

사장에 취임한 후 김영삼 정권 입김으로 몇몇 인사들이 방송광고공사 임원으로 진입하자 공사의 노조는 꽹과리를 치면서 며칠간 철야농성을 하였으나 일절 개의치 않고, 예의 주시하면서 그냥 내버려 두었다.

어느 날 노조 측이 노사 간 회의 개최를 요구하여 사장 취임 후 처음으로 노사회의에 참석했다. 노사회의가 원만하게 잘 진행되면서 양측의 희망과 요망사항을 개진하고 논의하는 가운데 갑자기 노조 측에서 사장이 하지도 않은 말을 했다고 계속 우기면서 트집을 잡고 나섰다. 이러한 허황된 주장에 나는 더 이상 참을 수가 없었다.

그 순간 나의 뇌리에서 온갖 생각이 솟구쳤다. 문화공보부 감사국장과 매체국장 재임 당시에 방송광고공사에 대한 정기적인 업무 감사와 지도 감독 업무를 수행하는 과정에서 냉정하고 철저하게 하였던 신임 사장에 대하여 하나의 시험을 해보려는 모종의 심리적 작전이 아닐까 하는 생각도 들었다.

한편으로는 사장에 취임하자 거침없는 개혁과 부조리 척결을 강행함에 따른 불안 심리에서 계획된 반사적 전략일까 별의별 생각에 울분이 솟구쳤다. 더 이상 허위 주장을 그냥 넘겨서는 아니 되겠다고 생각하며 차제에 잘못된 허위주장에 대하여는 강력하게 대응하여 다시는 재발하지 않도록 초전박살을 내야겠다는 결심을 하게 되었다.

나는 순간 벌떡 일어나서 회의탁상을 주먹으로 내리치면서 "어디에서 사장이 하지도 않은 말을 했다고 거짓으로 우기느냐!"면서 소리를 질렀다. 모든 찻잔이 흐트러지고 난장판이 되자, 노조대표 모두가 황급히 도망쳐 버렸다. 이렇게 첫 대면한 날의 노사회의는 무산되고 말았다.

사무실로 돌아와 있으니 서충관 전무로부터 노조 측에서 앞으로는 "노사회의에 사장께서는 참석하지 않도록 해 달라"고 하였다고 보고했다. 나는 "잘되었다"고 말한 후 앞으로 한 번만 더 노조 측이 오늘과 같은 짓을 하면 노조대표 몇 명은 해고조치하고 나는 즉시 공사를 사퇴할 것임을 노조 측에 분명히 통고하라고 전무에게 지시하였다.

그리고 앞으로 노사회의가 있을 때에는 미리 노조 측 요구사항을 제시하도록 해서 사전에 '수용사항'과 '검토사항', '절대불가' 3개 사항으로 구분하여 체크할 것이니 그에 따라 노사회의에 대처하도록 강력하게 지시하였다. 셋째 사항인 '절대불가' 사항은 사장이 자의 또는 타의에 의하여 물러나는 등 어떠한 경우에도 불가함을 분명하고 강력하게 노조 측에 밝혀 각인시키도록 지시했다.

　이러한 사건 이후 사장 임기 3년을 마치는 날까지 노사 간 갈등 없이 원만하게 상호협력하면서 잘 지내 왔었다. 연말에는 노조 측이 사장에게 감사하다며 선물까지 하는 흐뭇한 분위기가 조성되었다.

3) 방송광고공사 후임사장 수시 거론

　1993년 3월 방송광고공사 사장으로 취임한 후 1년이 지나는 기간에 물불을 가리지 않고 그간에 누적된 부정비리와 손상된 이미지를 척결정화하기 위하여 고군분투하는 사이에 공사의 안팎으로부터 나에 대한 별의별 소문과 유언비어가 나돌았다. 나는 추호도 관심을 갖지 않고 본연의 목표와 목적을 달성한 후에는 임기 전에 미련 없이 박차고 떠날 작심을 하며 속전속결로 강행하였다.

　그간 세간에서는 나의 단호한 공사개혁과 인사개편, 그리고 방송광고에 대한 과감한 정책개혁 추진을 놓고 논란이 분분했다. 공사 내외에서 일부 세력들의 불만이 고조되자, 사장 교체설도 수시로 나돌았다.

　후임 사장으로는 김영삼 정권의 실세인 전직 장관과 전직 국회의원들의 이름이 거론되기도 하였으나 나는 추호도 관심을 두지 않았다. 나는 원래 공사 사장을 희망하지도 아니하였고, 타의에 의하여 취임하였기에 공사 사장 자리에 연연하지 않았다. 개혁을 단행한 후 미련 없이 떠나고 싶은 생각뿐이었다.

　1995년 12월 30일 나는 이수성 국무총리로부터 과감한 부정부패 척결과 개혁 추진으로 국민생활 향상에 기여한 공로로 기관단체 표창인 국무총리 표창을 받았다. 국무총리 표창을 수상한 이후부터는 방송광고공사 사장의 후임인사의 말들이 소리 없이 사라지고 말았다.

4) 국회의원 출마 권유 사절

1996년 4월 11일 제 15대 국회의원 총선거를 1년여 앞둔 1995년 3월경 어느 날 당시 서석재(徐錫宰) 총무처 장관이 프레스센터에서 과거 민주 관련 단체의 행사에 참석한 후, 사전에 아무 연락도 없이 나의 사무실을 방문하였다.

당시 김영삼 정권의 실세였던 서 장관은 나와 1935년생 동갑내기이며 기이하게도 생일은 나보다 3~4일 앞이라 항상 형과 동생 사이로 친숙하게 지냈으며, 언제나 나에게 깊은 관심을 가졌다. 특히 서 장관은 나의 숙모님 손위 언니의 아들이며, 나의 숙모님은 서 장관의 이모이기에 누구보다 돈독하게 지냈다.

서 장관은 나에게 1996년 4월 11일 실시되는 제 15대 국회의원선거에서 고향 창녕지역구(단일구) 국회의원 출마를 권유했다.

창녕 성씨 본바탕의 대 성씨 씨족(大成氏氏族)인 데다 창녕중학교 총동창회 회장이며, 창녕 출신 공무원 동우회(昌公會) 회장으로서 막강한 인맥과 관록을 보유하였으니 적임자라고 하면서 출마를 강권하였다. 그러나 나는 정치는 적성에 맞지 않는다면서 일언지하에 정중히 사양하였다.

앞서 1987년 초 민주정의당 정책조정실 문화공보담당 전문위원으로 재직 중일 때에도 유진산(柳珍山) 전 신민당 총재의 아들 유한열(柳漢烈) 민한당(民韓黨) 사무총장이 나에게 수차례 찾아와서 민한당 소속으로 1988년 4월 제 13대 국회의원선거에 창녕에서 출마할 것을 권유하였다.

그때도 문화공보부로 다시 복귀복직(復歸復職)하기 위하여 끝까지 거절했던 것도 서 장관에게 상세하게 얘기하였다. 창녕 출신 성낙현(成樂炫) 전 국회의원이 유진산 총재의 조카사위인 인연으로 유한열 의원과는 친숙한 관계에 있었음을 설명하면서 나에 대하여 관심을 가지고 배려해 주심에 깊이 감사드리며, 정치에는 추호도 생각이 없음을 서 장관에게 설명하고 극구 사양했다.

솔직하게 말하자면 실제로 나는 정치에는 별로 관심이 없었다. 아버지 돌아가신 뒤 고향집이 퇴락하여 항상 부모님께 불효막심하고 마을 친지들 보기에도 민망해서 빠른 시일 안에 고향의 본가 수리를 우선적으로 추진해야겠다는 강박관념에 자나 깨나 사로잡혀 다른 공직 등에 관심이 별로 없었다.

1996년 당시에 창녕지역은 단일 선거구로, 출마를 희망하는 이가 별로 없었다. 고려대학교 출신으로 당시 동서증권회사의 임원인 나의 넷째 동생(성낙용)과 창녕중학교 동기생이며 부산대학교 출신으로 금강공업 사장으로 있는 노기태 군이 출마하고자 창녕군 지역에서 활동하고 있는 정도였다.

당시 나는 창녕중학교 총동창회 회장으로 있었는데, 어느 날 창녕중학교 후배인 노기태 군이 상경하여 나의 한국방송광고공사 사무실을 갑자기 방문했다.

창녕군 내 가는 곳마다 한국방송광고공사의 성낙승 사장이 출마할 것이라는 말을 많이 듣고 선배님이 출마하실 것인지를 확인하려 왔다는 것이다. 나는 일언지하에 정치에 관심을 가져 본 적도 없으며 추호도 국회의원에 출마할 생각이 없으니 안심하고 선거운동이나 열심히 하라고 당부하였다.

그 후에 또 노 군이 사무실을 찾아와 출마 여부를 문의하기에 명색이 내 동생과 창녕중학교 동기생이며 친구지간인데 내가 어떻게 동생 친구에게 거짓말을 하겠는가, 서석재 총무처 장관도 나에게 찾아와 국회의원 출마를 권유했으나 사절했음을 설명하면서, 내가 그렇게 거짓말이나 할 인간으로 보였나 하면서 돌려보냈다.

그리고 한동안 뜸하더니 집권당의 공천이 임박한 어느 날 세 번째로 노군이 찾아와 공천에 불안하였던지 또다시 출마 여부를 묻기에 화가 치밀어 어느 놈이 자기 동생 친구에게 두 번 세 번 거짓말하겠느냐, 그렇게 나의 말을 못 믿겠다는 것이냐며 나무랐다. 절대로 출마하지 않는다고 그렇게 진솔하게 말해도 믿지 않는 자네와는 더 이상 말하고 싶지 않으니 다시는 찾아오지 말라며 보냈다. 그 후 그는 다행히 공천을 받아 국회의원에 당선되었다.

5) 창녕중학교 총동문회 명부 발간 고충

한국방송광고공사 사장 재임 중인 1993년 봄 창녕중학교 총동문회 정기총회에서 총동문회장으로 선임되어 무거운 책임감을 갖게 되었다.

총동문회가 우선적으로 하여야 할 사항을 장고한 끝에 창녕중학교 총동문회 명부를 발간하기로 하였다. 창녕중학교는 1945년에 개교하여 1948년 제1회 졸업생을 배출한 이래 제46회 졸업생을 배출했다. 창녕중학교가 개교한 지 48년이라는 긴 세월이 흘렀으며 그간에 수많은 창중(昌中)의 인재들을 배출했으나 총동문회 명부를 발간한 바가 없었다.

다가오는 1995년 창녕중학교 개교 50주년을 맞이하여 총동문회 명부를 처음으로 발간할 계획에 착수했다. 모교 졸업생 학적부를 기본 자료로 하였고, 한문과 한글로 작성된 학적부 원본을 그대로 활용했다. 시간이 다급하여 기별 졸업생 명단을 가나다순으로 정리하지 못하고 학적부에 기록된 그대로 두었고, 현주소가 확인되지 못한 졸업생에 대하여도 학적부상의 주소를 그대로 실었다.

명부 발간 예산을 확보하기 위하여 기별로 몇몇 동문들의 광고협찬을 받았다. 특히 고향을 남달리 사랑하는 (주)동서그룹의 김재명(金再明) 회장, ㈜ 유림의 이윤채(李潤采) 회장, ㈜ 중앙투자금융의 윤장수(尹章洙) 사장의 도움으로 동문명부를 발간할 수 있게 되었기에 이 모든 분들에게 다시금 깊은 감사를 드리며 건승을 기원한다.

드디어 창녕중학교 개교 50주년이 되는 1995년을 맞이하여 5월 21일 총동문회 명부를 발행하여, 5월의 정기동문총회에서 동문들에게 나누어 주었다. 실로 크나큰 보람을 느끼고 가슴이 벅찼다.

개교 이후 최초로 발간된 총동문회 명부는 가로 17.5cm, 세로 25cm의 지면에 1만 3천여 명의 동문회원 명단, 주소, 직장, 전화번호 등을 820여 면에 수록한 4cm의 두터운 규격으로, 서울의 유수 명문 중학교의 동창회 명부와 비교하여도 추호의 손색이 없었다.

총동문회 명부는 고도의 정보화 사회로 급변하던 당시 동문 상호 간의 정보교환은 물론 인화와 유대·결속에 밑거름이 되고, 오랜 세월 속에서 연락이 두절되었던 동문 상호 간에 기쁜 소식을 전달하는 매체로서 크나큰 가교 역할을 하였으며 동문회 발전에도 크게 기여했다고 본다.

지난날을 회고하여 보면, 당시 2년간 총동문회 명부 발간을 위하여 졸업생 1회부터 48회까지의 수많은 학적부를 뒤져 가면서 그 많은 자료를 찾아 복사, 취합, 정리하는 데 최선의 노력을 다한 당시 창녕중학교 성민광 선생님과 성일천(成一天) 교장 선생님께 다시금 깊은 감사를 드린다.

자료 수집에 노력한 총동문회 이장사 사무국장과 각 기별 대표동문 그리고 동문명부를 개교 50주년 적기에 발간하여 준 우창문화사 사장 김석훈(金晳勳) 동문에게도 다시금 감사를 드린다. 특히 프레스센터빌딩에 있는 나의 사무실에 출입하면서 비서실 직원과 함께 교정을 위해 많은 협조를 한 강용득(姜龍得) 동문과 비서실의 유태경 실장과 직원들에게도 감사를 드린다.

6) 나의 인생목표 3모작 추진요건 완비

1993년 2월 25일 이른바 문민정부의 김영삼 정권이 등장하자 나는 공무원 정년을 3년 앞두고 58세에 타의에 의하여 33년간의 오랜 관료생활을 마감하고 동년 3월 10일 한국방송광고공사 사장에 취임했다.

앞에서 언급한 바와 같이 나는 제대 후 아버지의 한을 풀어 드리기 위하여 관료의 길을 선택하였다. 밑바닥에서부터 시작하였으나 온갖 냉대와 견제로 힘없고 배경 없는 시골 출신으로서는 관계에서 성공하기 어려울 것으로 판단되어, 내 인생에 있어 과욕을 버리고 평범하게 '인생 3모작과 3대 직업목표'를 설정하고 출발했던 것이다.

33년간의 관료생활을 청산한 후에, 국가공기업인 한국방송광고공사 사장을 맡아 임기 3년 만료를 눈앞에 두고 내 인생 3모작과 3대 직업목표를 중간 점검을 하여 보았다.

인생 3모작 목표 중에서 첫 번째 목표인 국가에 봉사하는 관료생활에 있어서는 이미 설정하였던 목표인 국장직을 넘어 실장(관리관: 차관보)까지 승진했다. 희망한 목표를 초과 달성하였기에 여한은 없었다. 다만 정권 실세들에 의하여 중도에 타의로 떠나게 된 뼈아픈 아쉬움만 한스럽게 남아 있어 가슴이 아플 뿐이다.

내 인생의 두 번째 직업목표인 사회에 봉사하는 여타 직장생활을 대비하기 위하여 사전에 공무원의 신분으로 '경영진단사' 자격증을 획득하였다. 남들이 소유하지 못한 비장(秘藏)의 무기를 소유한 나로서는 국공영기업체이거나 민간기업체이거나 경영자로서 두려워할 것이 없었다.

1993년 한국방송광고공사 사장 취임 후 첫 1년간의 방송광고 매출실적과 결산 보고서를 작성하여 전무와 담당이사 그리고 담당국장이 종합보고 설명을 하였다. 보고서에 별첨한 대형 정산표(精算表)에 공사 창립 후 최초로 1년간 실적 1조 2천억 원을 초과한 방대한 내용이 깨알처럼 기록돼 있었다. 거기에서 잘못된 숫자와 오류를 적발 지적하고 재작성을 지시하면서 호통을 쳤더니 모두가 당황하며 놀란 기색으로 안절부절하였다.

법과대학 출신으로서 경영대학원에서 회계감사, 관리회계 등을 전공하여 경영진단사 자격증까지 소유하고 있는 줄 모르고 결산서류를 적당히 작성하여 쉽게 결재를 받으려다 큰 봉변을 당한 것이다. 이후부터는 간부직원과 임원들이 세밀하게 재삼재사 검토하고 완벽하게 공부한 후에 결재를 받으러 오게 되었다.

국가공기업인 한국방송광고공사의 사장으로 재직한 것은 내 인생의 두 번째 목표인 사회에 봉사하는 기업체 임원(이사)을 초과 달성한 셈이니 그 이상 더 큰 욕심을 가질 생각이 없었다.

이제 내 인생의 세 번째 목표인 학계에서의 봉사를 위한 교수 자격과 요건을 확보하는 것이 당면과제로 마음속에 자리하고 있었다.

석사학위는 이미 서울대학교 행정대학원에서 획득한 상태였기에 이제 박사과정을 이수해야 할 상황이라 업무상 시간이 가능할 것인가 많은 고민을 하였다. 틈틈이 준비해 나가던 중에 방송광고공사 사장 취임 1년이 지나 1994년 2월 성균관대학교 대학원 신문방송학과에 응시하여 합격하였다.

출석수업 시간이 큰 문제였기에 학교 당국으로 찾아가 교수와 석·박사과정 학생들을 만나서 수업시간을 오후 5시 이후에 시작할 수 있도록 협조를 구해 다행스럽게도 모두가 양해하여 준 덕분에 열심히 수업에 참여할 수 있게 되었다. 수업시간이 끝나면 사무실로 와서 남은 업무를 처리하고 매일 저녁 8~9시가 지나서 퇴근했다. 방송광고공사 사장 재임 3

년간은 지금까지 걸어온 내 인생의 직장생활 중에서 가장 힘들고 고달픈 기간이었다.

이러한 와중에도 시간은 흘러가고 임기 만료일은 다가오고 있어 남은 업무를 정리하며 퇴임 준비를 서둘렀다. 드디어 1996년 2월 내 나이 환갑(還甲)을 맞이한 후 3월 10일 한국방송광고공사 사장 임기 3년을 마감하고 조용히 물러나게 되어 감사하였다.

이제 홀가분한 마음으로 내 인생의 세 번째 목표를 달성하기 위하여 박사학위 과정을 수료하고 논문을 작성하여 학위를 획득한 후, 학계로 진출하기 위하여 진력하여야 할 절호의 시간을 갖게 되어 한편으로는 기쁘기도 하고 행복하기도 하였다.

방송광고공사 사장 퇴임 직후 1년간 남은 박사과정을 마치고, 1997년 2월 61세의 진갑(進甲)을 맞이하여 성균관대학교 대학원에서 3년간 (1994. 3~1997. 2)의 박사과정을 수료하자 바로 3월에 동국대학교 겸임교수로 임명되었다.

그동안 박사학위 논문 초안을 보완 수정하고 재정리하여 수차례에 걸친 심사와 재심사, 인쇄와 인쇄를 거듭한 끝에 드디어 최종적으로 학위논문이 통과되었다. 그리고 1997년 8월 성균관대학교 후기 졸업식에서 정치(언론)학 박사학위를 받게 되었다.

내 인생 3대 직업희망 목표 중 첫째 목표인 관료계(官僚界)에서 차관보, 둘째 목표인 기업계(企業界)에서 사장(社長)으로 봉직함으로써 모두 초과달성을 하였다. 이제 마지막으로 셋째 목표가 남아 있을 뿐이었다.

셋째 목표인 학계(學界)에서의 희망 직위인 교수직에 헌신 봉사하기 위하여 석사·박사학위를 이미 확보하였으니, 자만하지 않고 동국대학교 겸임교수직에 봉직하면서 목표를 초과 달성하기 위하여 끈질기게 전심전력을 다할 것을 굳게 다짐하면서 전진하고 또 전진하였다.

방송언론계(放送言論界) 봉직

1. 국제방송교류재단(아리랑국제방송) 이사장

1996년 3월 한국방송광고공사 사장 임기 만료로 퇴임하고 동국대학교 겸임교수로 근무 중인 1997년 9월경 어느 날 공보처 이진배 기획관리실장의 전화를 받았더니, 오인환 장관이 성낙승 사장을 한국국제방송교류재단 이사장으로 천거하였으니 연락하라는 지시를 받았다는 것이다.

이사장직이 상근 이사장직이라 하기에, 나는 학교 일에 전념해야 하기 때문에 사양하면서, 비상근 이사장직이면 고려해 보겠다고 하였다.

사실은 당시에 방송광고공사 사장 퇴임 후 동국대학교 겸임교수로 있으면서 고향의 본가 수리를 준비 중이었으므로 국제방송교류재단의 상임 이사장직을 사양하였고, 비상근 이사장직은 고향집을 수리하는 데 큰 지장이 없을 것으로 생각했던 것이다.

1997년 11월 오인환 장관의 요청을 외면할 수 없어 이를 수락하고 비상근 이사장으로 취임하고 보니, 국회 국정감사에서 제기된 교류재단의 내부비리 등 문제를 척결 정화하고 운영의 정상화를 기하기 위하여 고향집 수리계획을 일단 보류하기로 했다.

이사장으로 취임한 후 상근 이사장이 사용하였던 사무실은 당분간 그대로 사용하기로 하고 이사장 전용 승용차는 폐지하였다.

국제방송교류재단 건물(왼쪽)과 국제방송교류재단(아리랑TV방송) 이사장 집무시 사진(오른쪽)

　국제방송교류재단의 전신은 한국방송영상주식회사로서, 한국방송광
고공사에서 한국 광고계의 숙원인 국내 광고회사의 열악한 광고제작 여
건 개선·지원을 위하여 광고영상 제작시설을 마련, 편리하게 사용할 수
있도록 출발했던 것이다.
　내가 한국방송광고공사 사장으로 취임하자 바로 서초동에 대형건물을
신축하여 관련 시설을 완비하였던 것이다.

1) 국제화시대, 종합영상센터를 건립 활용하다

　나는 1993년 5월 초에 공익자금(公益資金)을 투입하여 스튜디오와 녹
음·편집·제작시설 그리고 복사시설 등을 완벽하게 갖추어 영세한 광고
업계에서 저렴하고 편리하게 활용할 수 있도록 서초동의 국립국악원 건
너편에 대지를 마련하여 지하 7층 지상 14층의 거대한 종합영상센터를 건

립 완공하였었다.

이렇게 완벽하고 확고한 지원체제하에서 국내 광고업계가 언제든지 각종 시설들을 편리하고 저렴하게 이용할 수 있도록 하자 국내광고계에서는 대대적으로 환호했다.

그런데 어떤 이유인지 1996년 한국방송광고공사 사장을 퇴임한 후에 한국방송광고영상주식회사는 광고영상 제작시설 운용 1년도 되기 전에 해체되고, 1997년 초에 국제방송교류재단으로 발족해 버린 것이다.

국제방송교류재단의 설립 목적은 방송의 국제교류협력 사업을 통하여 한국에 대한 국제사회의 올바른 이해와 국제적 우호친선 증진을 도모하는 것이다. 또 방송영상물의 질적 향상을 위한 사업을 수행 지원함으로써 방송영상 광고산업의 진흥과 문화예술의 선양에 이바지하고, 한편으로는 해외위성방송을 실시하며 외국어 종합편성 채널과 방송 프로그램의 제작공급 및 방송광고영상 오디오 서비스를 제공하는 등 국제방송의 역할을 한다는 것이었다.

1997년 11월 국제방송교류재단(아리랑TV방송) 이사장에 취임하고 임원들을 접견하여 보니 전체 임원 중 문화공보부 출신은 해외공보관장을 지낸 이찬용 사장뿐이고, 나머지 임원 감사와 전무, 2명의 이사 등은 모두 김영삼 정권의 인사로 구성되어 있었으며, 중간 간부사원들도 대부분 청와대 등 외부의 특별한 연줄과 배경으로 채용되어 있는 실정이었다.

문민정권이라며 출발한 이 정권하에서 그간에 영세한 국내 광고산업의 성장과 발전을 위하여 마련한 한국방송영상주식회사가 발족 운영한 지 1년도 되기 전에 국내 광고산업의 발전을 외면하고 폐사(廢社) 하고 한국국제방송교류재단을 신설하여 해외방송을 위한 '아리랑 텔레비전방송' (ArirangTV 외국어방송) 을 개시한 것이다.

이렇게 급조하여 출발한 국제방송교류재단이, 조직 내부에 경영 경험이 별로 없는 인력으로 구성되었으니 정상적으로 작동되기 어려운 것은 당연했다. 내부갈등과 청탁 부조리, 부정비리가 많아 정기국회 국정감사에서 논란이 됐고, 오 장관이 많은 질책을 받았다. 재단 비리상황들도 각 신문 방송에 보도되었다.

오 장관은 평소 나를 향해 "깐깐하기로 둘째가라면 서러울 만큼 깐깐하다"고 말한 바 있었다. 오 장관은 국제방송교류재단 운영의 정상화를 고심한 끝에, 문민정권 초기에 비리의 온상으로 치부되었던 한국방송광고공사를 단기간에 과감한 개혁으로 정상화한 나를 떠올렸을 것 같다. 그래서 개혁이 시급한 국제방송교류재단 이사장의 적임자로 생각하고 천거한 게 아닌가 짐작했다.

2) 재단의 경영 부정비리 혁파로 정상화하다

당시에 나는 동국대학교 겸임교수로서 매월 급료는 정부에서 지급했다. 따라서 두려움 없이 내부기강을 확고하게 바로잡고 예산지출과 경영관리 부문에 철퇴를 가하면서 문제의 일부 인력과 비리부적격 인력을 해고조치하고, 단시일에 사내에 새로운 기강(紀綱)과 질서를 확립하여 정상화를 확보하는 성과를 이룩하였다.

비록 비상근 이사장이지만 대학에 출강하는 날 이외에는 상근함으로써 조직이 본연의 기능을 정상적으로 실현할 수 있도록 관리감독을 철저하고 엄격하게 함으로써 단기간에 확고한 안정기반을 구축했다.

특히 '아리랑TV 외국어방송'을 특화하기 위하여 미국 명문대학에서 박사학위를 취득한 유능한 젊은 인재들을 공개채용 충원함으로써 국제외국어방송의 위상을 새롭게 격상시켜 국내외에 과시하게 되었다. 이러한 노력의 결과로 주한 외국인들과 특히 주한 미군(美軍)의 청취율이 급격하게 상승하는 성과를 거뒀다.

이렇게 한국국제방송교류재단의 건전한 성장과 발전을 위하여 동분서주하는 동안 1997년 말에 불어닥친 외환위기(外換危機) 사태로 국내 각 방송사에도 비상사태가 발생하였다. KBS, MBC 등 대형 방송사를 비롯하여 특히 종교방송인 CBS와 평화방송 그리고 불교방송이 엄청난 부채 속에서 존립 자체가 위기에 처하는 긴박한 상태에 직면하였다. 더욱이 김영삼 정권은 임기 3개월을 앞두고 외환위기 극복을 위해 전력을 다하고 있으나 역부족 상태였다.

이러한 경제난국(經濟難局)의 위기 속에서 1997년 12월 18일에 실시되는 제15대 대통령선거를 앞두고 정국은 선거열풍으로 혼란스러운 국면이었다. 대선 결과 김대중 후보가 당선되었다.

이러한 때에 한때 문화공보부에서 종교행정 업무로 인연을 쌓아 오면서 친숙하게 지냈던 종교계 인사, 특히 불교방송 관련 인사들로부터 외환위기에 처한 방송국의 당면한 애로상황을 설명하면서 구원의 요청이 강하게 들어왔다. 나는 불교방송을 살려 달라는 불교계의 애원을 각박하게 외면할 수 없어 실로 난감했다. 고향의 본가 수리계획은 또 어떻게 해야 하는가도 문제였다.

며칠을 고민한 끝에 1988년 문화공보부 종무실장 재직 시에 불교방송 설립을 위하여 결정적 역할을 한 실무책임자로서 그 인연을 외면할 수 없어 불교방송을 올바르게 살리기로 작심했다. 국제방송교류재단의 정상화를 위한 나의 임무는 끝났으므로 이제 떠나기로 결심하였다.

1998년 새해가 되어 국제방송교류재단 비상근 이사장직은 사퇴하지 않고 당분간 겸임하기로 하고, 불교방송을 살리기 위해 그곳으로 가게 되어 양쪽을 오가면서 일시 봉직하게 되었다. 이렇게 되고 보니 고향의 본가 수리계획은 또다시 보류되어야만 했다.

2. 불교방송(BBS) 사장

대한불교조계종 총무원장 송월주(宋月珠) 스님과 동국대학교 재단이
사장 오녹원(吳綠園: 전 총무원장) 스님 그리고 불교방송 이사장 김도후
스님과 대한불교진흥원 이사장 서돈각(徐燉珏: 전 서울대학교 법과대학 학
장, 경북대학교 총장) 박사의 간청을 매정하게 거절할 수 없어 불교방송
(BBS) 사장직을 수락해 1998년 1월 12일 취임하였다.

나는 문화공보부에서 종무행정(宗務行政) 업무를 10년 가까이 담당하
면서 오녹원 스님, 송월주 스님과 공사 간에 업무상 수없이 만나 친숙하
게 지내온 인연이 있다. 그래서 그분들의 요청을 외면할 수가 없었다.

1) 불교방송의 설립경위와 인연

1988년 2월 25일 노태우 정권이 출범하였을 때 문화공보부 종무실장으
로서 나는 이른바 '10·27 불교법난' 사건을 해결하기 위해 선제적으로 불
교계에 진심 어린 사과를 하고 당면한 요구사항을 무조건 수용할 것을 간
곡하게 상부에 건의하였다.

불교계와의 합의가 성사되어 1988년 12월 말경 불교계 중진스님 30명
을 총리공관에 초치하여 각 언론사 보도진이 지켜보는 가운데 강영훈 국
무총리가 진심어린 사과성명을 발표했다.

불교방송은 '10·27 불교법난'에 대한 정부 측 보상차원의 일환으로
1989년 3월 2일 문화공보부의 허가로 설립되어, 1990년 5월 1일에 개국
(101.9Mhz)하였다.

1988년 당시 나는 실무책임자였던 종무실장으로서 특히 불교방송 설립
추진 과정에서 불교계 중진인사들과의 깊은 인연으로 당면한 외환위기의

국면에서 불교방송의 존폐 위기를 외면할 수 없었다. 이것이 불교방송 사장 취임을 받아들인 나의 진솔한 사정인 것이다.

2) 경영부실 부정사건 척결

사장에 취임하고 보니 실로 아연실색하지 않을 수 없었다. 누적된 경영 부실에 80억 원의 금융부정사건과 외환위기에 따른 광고수입의 급감으로 직원 봉급과 퇴직금도 지급하지 못하는 최악의 재정상태로 존폐 위기에 놓여 있었다.

나는 이러한 비참한 상황에서 사장 취임 초 무보수 봉사를 선언하고, 과감한 구조조정 개혁에 착수했다. 먼저 경영관리 예산회계제도를 혁신하고, 초긴축 경비절감 정책을 강력하게 추진하는 비상경영체제를 긴급히 마련하여 가동하였다.

어느 토요일을 기하여 금융비리 임원과 관련 직원을 고발 구속되게 하고, 전무·상무 등 전체 임원과 국장들을 전격 해임하는 한편, 부정비리 직원을 색출하여 속전속결로 사퇴·해고 조치하였다.

불교방송 개국 후 7년간 상습화되고 누적된 각종 부정과 비리, 부조리를 척결하고 독자적인 생존전략을 수립하기 위하여 속전속결로 잇단 조치를 취했다.

조직·인사·경영관리, 예산·경비지출 등 전 부문에 대한 철저한 경영진단과 제도개혁(制度改革)으로 조직체제 개편을 단행하여 인력을 감축하고 경비지출 항목을 대대적으로 축소하였다.

한편 불요불급한 경비지출을 최대한 억제함으로써 예산관리와 경영관리의 효율성, 능률성을 제고해 불교방송의 성장과 발전을 위한 확고한 안정 기반을 짧은 기간에 구축했다(《불교방송 10년사》 참고).

불교방송 건물(왼쪽)과 불교방송 사장 집무 시 사진(오른쪽)

과거 불교방송의 연간 총운영경비로 180억 원이 지출되었으나, 내가 취임한 후에는 70~80억 원만 지출된 놀라운 경영성과를 내자 불교계 내외부로부터 감탄과 환성의 소리가 들렸다. 이러한 1년간의 성공적인 결산으로 미루어 볼 때 과거 수년간 운영과정에서 매년 약 80억 원이 낭비되었음이 명확하게 밝혀지고 증명되었다.

전임 사장들이 매월 1천만 원 이상을 봉급과 활동비로 사용하였으나 나는 매월 300만 원만 봉급 겸 활동비로 지급받아 공적·사적 활동에 사용하였다. 사장 명함 인쇄를 비롯하여 승용차의 시내 주차료, 시내터널 통행료, 고속도로 통행료 등 모두 개인연금에서 사용하였다. 업무상 관계되는 기관단체 임원과의 식사비도 나의 연금으로 충당하면서 봉사했다.

33년간 정부에 봉직하면서 국가의 녹만 받아 왔으니 이제는 우리 사회를 위하여 봉사하기로 결심한 결과이기도 하였다.

1988년 8월 25일 기존의 불교방송후원회를 확대 개편하여 효율적으로 운용하는 한편, 방송 프로그램 편성방향을 새롭게 개편했다.

'일요초대석' 프로를 신설하여 사회 각계의 저명인사를 초대하여 방영함으로써 불교방송이 종교적 차원을 초월하여 각박한 우리 사회의 모든 사람들의 마음을 순화하는 데 기여하도록 노력하였다. 이는 불교방송의 대내외적 위상을 높이는 데도 기여했다.

이 프로그램에 당시 박준규 국회의장, 고건 국무총리, 박근혜 한나라당 대표, 최병렬 서울특별시장, 박홍 서강대학교 총장 등 각계 저명인사들이 출연해 많은 호응을 받았다.

나는 자기관리를 철저히 함으로써 전 직원들에게 모범을 보이며, 불교방송 파탄의 위기국면을 타개하고 회생하기 위한 전체 구성원들의 냉철한 각성과 단합을 촉진하는 자극제가 되었고, 외환위기 속에서 불교방송의 회생(回生)을 향한 합심협력을 이끌어 냈다.

불교방송의 새로운 수입원을 개발하기 위하여 전국의 주요 사찰 해설과 순회홍보 프로를 신설하고, 각 종단과 사찰을 순회하면서 고승 대덕 스님과 주지스님의 법문을 녹화 방송하였다. 그리고 이를 카세트테이프로 제작하여 사찰과 불자들에게 배포 판매하는 등 새로운 수입원을 다양하게 개발 창출하여 수입증대를 달성했다.

한편으로는 그간 소외되었던 각 불교 종단과 사찰 그리고 불교방송국 본부와 각 지방 불교방송국 간에 새로운 연대협력의식을 구축하여 상부상조하는 상호협력관계가 강화되었으며, 불교방송에 대한 대내외적 시각이 확연하게 달라졌다.

이러한 재정수입 창출을 위하여 지금까지의 사내 근무를 가급적 지양하고 기자, PD, 아나운서, 방송기술자로 구성된 사찰순례 팀을 구성하여 전국 산야의 주요 사찰을 순방·취재·촬영하는 활동을 적극적으로 전개하였다. 이러한 활동의 결과물을 방송 프로그램에 방영 활용하고 한편으로는 카세트테이프로 제작 판매함으로써 재정수입이 증가하고 방송

종사자들의 사찰에 대한 깊은 식견과 새로운 아이디어를 창출하게 하는 등 일석이조의 효과를 거두게 했다.

이렇게 함으로써 단기간에 금융부정사건으로 발생한 약 100억 원의 부채를 청산하고, 과거 퇴직한 직원의 미지급 퇴직금도 지급 완료했다. 과거에 쌓였던 부채를 완전히 청산하고, 20억 원의 흑자재정 체제로 전환하는 기적을 이룩함으로써 외환위기를 극복하고, 안정된 기반 위에서 불교방송이 본연의 포교활동에 전념할 수 있는 튼튼한 토대를 구축하였다.

그동안 불교방송을 재건하기 위하여 동분서주하는 사장의 초췌한 모습이 애처롭게 보여서 그랬을까. 경기도 어느 사찰 주지스님을 비롯하여 수원 대승원의 김정애 스님, 인천 지역 모 사찰의 김정자 · 김정안 스님, 서울 서대문구 대현동의 송명자 보살님 등 많은 스님과 보살님, 불자님께서 사장의 건강을 보전하라며 100만 원, 50만 원, 30만 원을 직접 또는 간접으로 보내 왔기에 실로 눈물겨웠다.

불사(佛事)에 대한 크나큰 보람을 느끼게 되어 당시의 상황들은 수십 년이 지난 지금까지 나의 뇌리에 깊이 각인되어 지워지지 않는다. 나는 정성스럽게 보내온 성금 전액을 불교방송후원회에 입금시켜 불교방송 운영비로 활용하도록 하였다.

3) 흑자경영으로 방송운영의 안정화 확립

당초 불교방송을 회생시켜 보겠다는 결심을 하고 무모하게 사장에 취임하였으나, 모진 고난을 극복하며 희생 봉사한 결과에 값진 보람을 안겨 준 그 당시의 상황이 한없이 기쁘고 감복하여 잊을 수 없다.

나의 어머니는 못난 자기 자식이 불교방송을 되살려 놓은 소식을 고향 땅 시골의 병상에서 전해 들으시고 그렇게도 기뻐하셨는데, 2000년 2월 불교방송 사장 임기 만료를 불과 1개월 앞둔 1월 20일 향년 87세에 타계하셨다. 그날을 회상하니 만감이 교차하여 소리 없이 흘러내리는 눈물을 억제할 수가 없다.

1998년 당시 불교방송이 존폐 위기에 봉착한 결정적 요인은 불교방송사의 '어음 위조변용(僞造變容)' 사건이었다.

나는 1988년 4월 1일부터 1990년 1월까지 문화공보부 종무실장 재직 시 불교계의 숙원사업인 불교방송국 설립에 주도적인 역할을 한 종무행정의 실무책임자로서, 1989년 3월 2일 불교방송국을 설립허가하여 개국하게 하였던 남모르는 인연이 있다.

이러한 인연으로 1993년 3월 10일부터 1996년 3월 10일까지 3년간 한국방송광고공사 사장 재임 때에는 개국한 지 겨우 3~4년에 불과한 불교방송국에 깊은 관심을 가지고 매월 방송광고 매출액 8~10억 원을 방송광고공사 사장 명의로 발행한 어음으로 지급하였다. KBS, MBC, SBS, CBS, PBC(평화방송) 등 모든 방송사들도 각 방송국의 방송광고 매출액을 매월 어음으로 지불했다.

불교방송 사장으로 취임한 후 철저하게 재정상태를 점검하고 방송광고공사 사장 재임 시에 지급한 어음을 보관한 은행을 조사하여, 천인공노할 부정비리 사건을 적발하였다. 사건의 내용은 이러하다.

당시 한국방송광고공사 사장인 나의 이름으로 발행하여 불교방송으로 보낸 어음을 불교방송 임원들이 현금으로 인출하고, 방송광고공사 발행 어음과 같은 '위조어음'을 작성하여 은행에 보관하면서, 매월 방송광고공사에서 보낸 방송광고 수입금 8~10억 원의 어음을 무려 10개월간 변조하는 부정불법을 저질렀던 것이다.

이렇게 하여 80~100억 원에 달하는 부채가 쌓이도록 한 것이 불교방송이 존폐 위기에 처한 결정적 요인임을 밝혀 낸 후, 전체 임원과 간부를 전원 해고 축출하였으며, 핵심 관련자는 고발 구속하는 등 강력한 조치를 취하였다.

과감한 비상조치와 부정비리에 대한 발본색원으로 경영상태가 호전되자 노조들이 고개를 들기 시작했다. 처음으로 노사(勞使) 간 회의가 개최되었으나 사장이 몇 분 늦게 참석한 것을 트집 잡았다.

나는 급한 용무로 늦었음을 사과한 뒤, 방송국의 그간 실상과 조치들에 대하여 설명하고, 앞으로 방송국의 새로운 발전을 위하여 노사가 합심하여 과거와 같은 불미스러운 사건들이 재발하지 않도록 우리 모두가 노력하자는 다짐을 하였다.

나는 또한 "불교방송국의 주인은 여러분들이며 여러분들이 주인으로서 앞으로 여러분들의 직장은 여러분들 스스로가 수호하며 발전시켜 나가야 함"을 강조하면서 "사장과 임원들은 잠시 있다가 지나가는 나그네에 불과함"을 새롭게 인식하도록 강조했다.

또 한편으로 나는 불교방송국의 설립, 허가, 개국과정에서뿐만 아니라 초기의 운용자금 조성과 공급지원에 이르기까지 관여한 산 증인(證人)이며, 그러한 인연으로 불교계의 간청을 외면할 수가 없어 방송국의 위급한 운영난을 타개하기 위하여 봉사하려 왔음을 명백하게 밝혔다.

이러한 목적과 목표를 가지고 왔기 때문에 이를 달성하기 위하여는 구성원들의 적극적인 협조가 필요하며, 운영난을 해소하고 안정기반이 구축되거나 또는 그 반대의 상황이 되면 언제든지 떠날 각오로 취임하였기에 "나에게는 임기가 필요 없음"을 명백히 밝혔다.

그 이후에도 노조의 행태가 불합리하여 부득이한 경우 극단적인 조치를 단행하려는 마음으로 매일 노사협의회를 개최하여 지난날의 부정비리를 설명하면서 협조를 당부했다. 그리고 매일매일의 노사협의회 결과 보고서를 작성, 결재한 후에 보관했다.

어느 날 총무국장이 "저 많은 노사협의회 결과 서류를 어떻게 하실 겁니까" 하고 나에게 물었다. 사장이 방송사의 안정된 기반을 완전하게 구축하기 위하여 노력하는 이러한 상황에서 사사건건 비협조적일 경우 노조원 몇 명을 해고조치하고, 내가 떠나고 난 후에 소송을 제기하면 법원에 증거자료로 활용하기 위하여 사전에 대비 자료를 마련하는 것임을 설명해 주었다.

생각건대 총무국장이 노조 측에 사장의 은밀한 계획을 알리면서 '한국방송광고공사 사장 재직 시의 노사회의 탁상 난장판 사건 내막' 등을 참고로 이야기하면서 조심하라고 당부했는지, 그 이후로는 사장이 정년퇴임하는 그날까지 매사에 협조적이었다.

또 한편으로는 취임 후에 인력감축으로 해고된 직원이 노조 측의 사주를 받아 사장을 상대로 서울서부지방검찰청에 고발하여 수차례 호출되었다. 나는 담당 검사에게 전후의 상황을 상세하게 설명했다.

외환위기와 더불어 방송국 내부의 부정비리 사건으로 존폐 위기에 빠진 상황에도 불구하고 재벌회사들 임직원들은 퇴직금도 받지 못하고 해고되는 이러한 판국에 불교방송국은 그 어려운 상황에도 그간 밀려 있었던 봉급과 퇴직금마저 지급하게 되었음에 감사하여야 할 것임을 설명함으로써 이 고발고소 사건은 무사히 해결되었다.

1998년 2월에 접어들자 김대중(金大中) 대통령 당선인으로부터 2월 20일경 불교방송국을 방문하겠다는 연락이 왔다.

당시 외환위기로 특히 종교방송사인 CBS와 평화방송이 수백 수십억 원의 적자에 허덕이는데, 유일하게 불교방송만이 위기국면을 짧은 기간에 극복하고 흑자방송으로 전환되었다는 소문을 입수하고 특별하게 불교방송국 방문을 결심한 것으로 생각되었다.

4) 김대중 대통령 불교방송 방문 특강과 특정직 제의

나는 대통령 당선 후 첫 번째 대외활동으로 우리 방송국을 선택하여 주심에 감사하며, 송월주(宋月珠) 대한불교조계종 총무원장 스님과 김도후(金度吼) 불교방송 이사장 스님을 비롯한 원로스님들에게 통보하고 영접 준비를 하였다.

1998년 2월 20일 오후 김대중 대통령 당선인께서는 2월 25일 대통령 취임식을 5일 앞두고 취임식 준비로 바쁜데도 불구하고 김종필 자민련 명예총재와 권노갑, 한광옥, 한화갑, 김옥두, 박지원 의원 등 수행원 30여 명을 대동하고 마포구 마포동 다보빌딩의 불교방송국을 방문하였다.

나는 현관에서 직접 영접을 하여 나의 집무실로 모신 후 송월주 총무원장 스님, 김도후 이사장 스님 등과 함께 환담을 하며 외환위기의 어려움 속에서도 불교방송이 위기를 극복한 과정의 실상을 설명했다.

환담 후 김대중 대통령 당선인은 불교방송국 대법당에서 열린 경제난국 극복과 국민화합을 위한 기원법회에서 수많은 불자들이 참석한 가운데 약 1시간 30분의 특별 강연을 끝내고 우레와 같은 박수갈채를 받으면서 떠났다.

그 후 1998년 6월 중순경 대통령 비서실 박지원(朴智元) 공보수석으로부터 연락을 받고 오랜만에 반갑게 만났는데, 대통령의 명을 받아 느닷없이 특정 자리를 권유했다. 나는 식사 중에 일언지하에 거절하였다.

송월주 총무원장 스님과 오녹원 동국대학교 이사장 스님의 "성 사장이 아니면 불교방송국이 회생할 수 없으니 살려 달라"는 요청을 거절할 수가 없어 사장에 취임하여 부정비리를 척결하고 경영개혁을 추진한 지 이제 겨우 7~8개월밖에 되지 않은 때였다.

이러한 중요한 시점에서 내 일신의 영달을 위하여 지금까지 30여 년간

1998년 2월 20일 불교방송을 방문한 김대중 대통령(우측 뒤편에 저자)

맺어 온 불교계와의 인연을 매정하게 버리고 떠날 생각은 추호도 없다면서 단호하게 사절(謝絶)한 것이다.

이후 20여 일이 지난 7월 초순경 김중권(金重權) 대통령 비서실장이 오찬회동을 제의하여 오랜만에 만났다. 김중권 비서실장은 고려대학교 법과대학 후배로서 민주정의당 전문위원으로 재직시에도 젊은 법조인 출신 국회의원으로서 친숙하게 지낸 사이라 허심탄회하게 대화를 할 수 있는 남다른 분위기였다. 김 실장은 자신은 사실 모 대학교 총장으로 내정되었는데 국민의 정부 김대중 대통령의 권유를 거절할 수 없어 비서실장을 수락했다는 일화를 소개하면서 방송언론사 사장 등 몇 자리를 나에게 권유하였으나 또한 거절하였다.

불교계의 간청을 외면할 수 없어 내 인생 말년에 무료봉사로 뚜렷한 족적을 사회에 남겨 두려는 결심을 하고 불교방송 사장에 취임하였으므로 고마운 제의를 거절할 수밖에 없음을 설명한 것이다.

첫째로, '일신의 영달만을 위해서 어떠한 것도 사양하지 않고 배반하는 비양심적인 인간이 되고 싶지 않다', 둘째로, '불교계 원로 중진 스님들과 맺어 온 인연과 그분들과의 약속을 저버리는 추한 인간이 될 수가 없다', 셋째로, '불교방송의 누적된 부정비리를 척결하고 재정 악화 요인을 발본색원(拔本塞源)하여 이제 안정화 단계에 들어선 이 시점에서 무책임하게 중도에서 하차하는 매정한 인간이 될 수 없다'는 점을 설명하였다.

마지막으로, 불교방송 사장의 임기가 끝나면 부모님께서 남겨 두신 고향집이 퇴락하여 조속히 수리하여야 하는 상황을 설명하면서 이해를 당부하였다.

나는 원칙에 강한 성격이라 매사를 대함에 있어 정도(正道)로 일관성 있게 속전속결로 확답하는 습성이 있어 상대의 면전에서 바로 거절하게 되어, 인간적으로는 미안했었다.

지난날 청와대 측과의 이러한 일련의 실상들을 곰곰이 뒤돌아 생각하여 보니 몇몇 상황들이 나의 뇌리에서 회상되었다.

첫째로는 경남 사천 삼천포 출신으로서 5선 국회의원과 민주당 장면(張勉) 내각의 교통부장관과 국무원사무처장을 역임한 정헌주(鄭憲柱) 의원이 김대중 대통령의 정치적 동지로서 오른팔 역할을 했으며, 한편으로는 사위인 한양대학교 석좌교수 이영작 박사의 고모가 이희호 영부인으로서 김대중 대통령 내외분과는 사돈관계이다.

그리고 나와의 관계는 정헌주 장관의 처가가 경남 함안군 군북으로서 함안 조씨(咸安 趙氏) 집안이며, 나의 장모님은 경남 의령군 가례면의 밀양 박씨 집성촌인 박씨 가문으로 출가하였으나, 역시 친정이 함안군 군북의 같은 마을이며, 함안 조씨로서 가까운 친족인척(親族姻戚)의 특수한 관계이다.

정헌주 장관의 부인이 장모님의 친정 재종질녀뻘이 되며, 나의 처의 외가 재종 언니뻘이 된다. 정 장관은 나의 처외종 동서지간뻘이 되는 가까운 인척관계인 것으로 안다. 이러한 인연으로 문화공보부 재직 시에 방문할 때마다 "성 서방도 장·차관을 해야 하지 않느냐"며 격려하셨다.

김대중 대통령 취임 후에는 나의 이력서를 요구하여 드렸더니 청와대의 원로정치인 대표로 참석하는 기회에 나의 이력서를 김대중 대통령께 직접 전한 것으로 생각된다.

김 대통령이 이력서를 보니 문화공보부 출신이라, 국회 문화공보위원회 소속 국회의원이었던 박지원 공보수석을 불러 이 사람을 아느냐고 물으니 박 수석이 잘 안다고 답하자 불교방송 성 사장을 만나서 이러이러한 제의를 하여 보라고 지시해 나에게 인사 제의를 한 것으로 생각되었다.

김대중 대통령이 당선자 시절 불교방송국을 방문했을 때 나는 송월주 스님 등 불교계 중진 스님들도 참석한 가운데 외환위기 속에서도 방송광고 수입 격감과 80억 원의 어음위조 사건의 극한적인 위기를 슬기롭게 극복해 가는 상황을 상세히 설명드린 바 있다.

김 대통령은 외환위기의 와중에서 어음위조 사건 등의 부정사건을 척결 극복하기 위하여 불교계와 불교방송이 협력하여 가는 상황을 경청하고 감명을 받은 것으로 생각되었다.

외환위기의 상황하에서 수많은 실업자가 속출하는 시기에 청와대로부터 두 번의 권유를 과감하게 뿌리치고 불교방송을 위하여 끝까지 사수(死守)하겠다는 나의 의지에 감동하였는지 한동안 연락이 뜸했다.

그 후 어느 날 대통령 취임 후 처음으로 언론사 사장들을 청와대 만찬에 초청하여 참석했는데, 그날 리셉션장에서 대통령께서 유달리 나에게 접근하여 한동안 웃으시면서 대화를 나누었다. 여기에 참석한 많은 분들 중에 KBS 박권상, 〈중앙일보〉 홍석현, 〈문화일보〉 남시욱 사장이 그 광경을 유심히 보고 있었다. 잠시 후 만찬장으로 이동한 후에도 김대중 대통령께서 제일 먼저 불교방송 성 사장께서 한 말씀 하라고 하여 대통령 취임 축하와 더불어 깊은 감사를 드렸다.

5) 고향집 수리 위해 사장 연임 정관개정 거절

1997년에 불어닥친 외환위기와 더불어 경영비리 사건 등으로 위기에 처한 불교방송을 재건 회생하려는 결심을 하고 1998년 1월 12일 불교방송 사장에 취임하여 2년 1개월간 천신만고 끝에 80여억 원의 부채를 완전 청산하고 경영 안정화를 이룩하여 20여억 원의 흑자경영을 이룩한 뒤 정관에 규정된 65세의 정년퇴임이 임박했다.

송월주 총무원장 스님과 김도후 불교방송 이사장 스님 등이 정관을 개정하여 임기 3년을 보장하거나 정년규정을 연장하자는 등의 논의가 있었으나, 나는 취임 당시에 밝힌 대로 본연의 임무와 목적을 완수하고 달성했기에 이제는 고향집 수리를 위하여 극구 사양하였다.

이렇게 하여 2000년 2월의 불교방송 사장 만 65세 정년임기 2개월을 앞두고 다시금 고향집 수리를 위하여 만반의 준비를 계획하고 있었다.

6) 어머니의 별세

2000년 2월 12일의 불교방송 사장 정년퇴임을 한 달 앞두고 고향에 계신 어머니께서 2000년 1월 20일 향년 87세에 별세하셨다. 아버지는 어머니보다 한 살 위였으나 1980년 4월 30일 향년 68세에 어머니보다 20년 먼저 아쉽게 세상을 먼저 떠나셨다.

어머니는 일본 식민통치시대였던 1914년 10월에 시골 농촌의 비교적 유복한 가정에서 4남 2녀의 셋째로 태어나셨다. 유학자이신 아버지의 고

집으로 초등학교에 진학하지 못하고 보수적인 가정에서 현모양처의 수련을 엄하게 받으면서 성장하는 동안 독학으로 한글을 터득하셨다. 양반 가문이라는 창녕 성씨 문중의 빈한한 집안으로 출가하여 모진 세월 속에서 온갖 풍상을 겪으면서 80여 년의 한평생을 고생만 하시고 한 많은 세상을 하직하셨으니 7남매의 장남인 나로서는 몽매에도 잊을 수 없어 언제나 마음이 답답하고 가슴이 아프다.

시골 촌놈이 상경하여 출세하겠다고 직장에 얽매여 따뜻한 효도 한 번 못한 것이 이렇게도 뼈에 사무치도록 가슴이 아프다. 그저 생각할수록 소리 없이 눈물이 흘러내린다.

무정한 세월은 소리 없이 흘러 내 나이 산수(傘壽: 80세)를 지나 미수(米壽: 88세)가 되고 보니 만감이 교차한다.

처절하고 모진 세파를 겪어 오시면서도 7남매를 잘 키워 성혼(成婚) 시키면서, 자식들에게 자나 깨나 변함없이 당부하는 말씀은 오로지 "남들에게 해 되는 짓 하지 말고 항상 베풀면서 특히 힘없고 불쌍한 사람들을 배려하려는 적선(積善)을 하라"고 하셨다. 이 말씀을 귀가 따갑도록 하시면서도 "공부 열심히 하라"는 말씀은 한 번도 하시지 않았다.

나는 어머니가 당부한 말씀을 명심하고 내 나름대로 실천하기 위하여 오랜 공직생활 중에 약자들에게 도움을 주면서도 본인에게는 남들처럼 생색을 내거나 가급적 말하지도 않고 소리 없이 베풀면서 적선(積善)을 다하여 왔다.

어머니는 가족의 건강과 자식들의 성공을 위하여 1년 365일 하루도 빠짐없이, 마지막 가시는 날까지 새벽 기도를 지속하셨다. 평생 남들에게 싫은 일을 삼가시고 그저 남들을 조금이라도 도와주시려는 지극정성의 자비심으로 가시는 곳마다 많은 사람들로부터 존경과 찬사를 받으셨다.

한평생 병원에 입원한 일 없이 건강하게 지내셨으나 돌아가시기 3일 전에 갑자기 기력이 쇠약하여 2000년 1월 16일경 창녕병원에 입원하셨다는 연락을 받고 주말인 1월 18일 토요일 고향으로 달려갔다. 입원 요양 중이신 어머니를 뵈었는데 그날따라 유난히도 퇴원하여 집으로 가고 싶다고 간청하였으나, 병원장이 며칠간 더 요양 후에 퇴원해야 한다고 하여 병원장의 말만 듣고 그렇게 하도록 하고, 1월 19일 일요일 밤에 나는 서울로 올라왔다.

내가 떠난 후에 막내 외삼촌이 누님을 문안차 병원에 왔는데 동생을 붙잡고 퇴원하여 집에 가고 싶다고 하소연하자, 할 수 없이 병원 측의 양해를 받고 잠깐 집에 들렀다 오기로 하고 집으로 가셨었다. 그날 밤을 집에서 편하게 잘 주무시고 다음 날인 1월 20일 새벽 5시 30분경에 조용하고 편안하게 잠 주무시듯 향년 87세로 운명하셨다.

이렇게 하여 한 많은 이 세상에서 모진 고생만 하시고 마지막 떠나가시는 어머니의 운명을 곁에서 지켜보지 못한 불효를 하였기에, 내 마음 한 구석에 뼈아픈 상처로 남아 있다.

1월의 추운 겨울 날씨에도 불구하고 고향 창녕을 비롯하여 서울, 대구, 부산, 마산 등 각지로부터 많은 친인척과 지인들의 조문(弔問)이 이어졌고, 정계, 관계, 학계, 종교계 등 사회 각계로부터 보내온 100여 개의 조화(弔花)가 고향집 안팎을 장식했으며, 많은 분들이 500여 통에 달하는 조전(弔電)을 정성으로 보내 주셨음에 실로 감개무량하였다.

특히 김대중(金大中) 대통령은 친필로 쓰신 장문의 조문(弔文)과 금일봉을 비서관으로 하여금 머나먼 창녕 상가 집까지 보내 정성 어린 조의(弔意)를 전하셨다. 이러한 그분의 특별배려는 평생 잊을 수 없고 한없이 감사했으며, 2009년 8월 23일 나는 김대중 대통령의 장례 영결식에 장례위원으로 위촉, 참석하여 깊은 조의를 올렸다.

불교방송국에서는 방송국합창단(김정남, 채혜숙, 성윤숙 등 30여 명)을

2000년 1월 23일 어머니 장례식.

머나먼 창녕까지 참여케 하여 장례식을 더욱 빛나게 하여 주셨음에 가슴 깊이 감사하였다.

어머니께서 운명하신 지 3일째 되는 1월 22일 새벽에 하얀 서설(瑞雪)이 내려 온 산야가 백옥처럼 빛났으나, 따뜻한 아침 햇볕을 받으면서 소리 없이 녹아내리고 있었다. 1월 23일 장례 당일, 하늘에는 구름 한 점 없는 봄 같이 화창한 날에 장례를 치렀다. 장례절차에 따라 전통적인 상여(喪輿)에 모시고 그간 살아오신 정든 집을 떠나, 마을회관 앞에서 동민들이 주관하시는 노제(路祭)를 거쳐, 마을 뒷산에 계신 아버지의 묘소 옆에 정성스럽게 조용히 안장(安葬)하여 모셨다.

한동안 밤잠을 이루지 못하고 남몰래 혼자서 소리 없이 눈물로 지새우며 〈사모곡〉을 수없이 부르면서 찢어지는 듯 쓰라린 가슴을 쓸어내리기도 하였다.

어머니가 떠나신 후 한 달이 소리 없이 흘러갔다. 1998년 1월, 부도 직전의 존폐 위기에 처한 불교방송을 회생시키기 위하여 재직 중인 국제방송교류재단(아리랑TV방송) 이사장직을 떠나 불교방송 사장으로 취임한 지 벌써 2년이라는 세월이 흘러갔다.

7) 불교방송 사장 정년퇴임

그간 부정비리와 어음위조 사건 등을 척결하여 안정 기반을 구축하기 위하여 많은 고생을 한 끝에 불교방송의 대내외적 위상을 새롭게 확보한 후 떠나게 되었다. 고생한 보람이 있으니 감개무량하였다.

2000년 2월 14일 65세에 정년퇴임식을 끝으로 많은 분들의 축복을 받으면서 흐뭇하고 가벼운 마음으로 불교방송 사장직에서 물러나게 되었음을 감사하게 생각했다. 이제는 드디어 부모님이 두고 가신 고향집을 수리할 기회가 왔기에 황급히 고향으로 내려가 본가 수리계획을 추진할 수 있게 되었다.

사장 재임기간에 물심양면으로 도와주셨던 각계 인사와 특히 불교방송을 회생시키기 위하여 동분서주하는 사장의 건강을 염려하여 성금을 보내주신 불교계 스님과 신도님들의 깊은 정성에 한없는 감사를 드린다.

특히 불교방송에 몸담고 계시는 임원과 사원 여러분들의 헌신적인 노고에 대하여 다시금 무한한 감사를 드리면서 불교방송의 영원무궁(永遠無窮) 한 발전과 성장을 기원하고 또 기원한다.

3. 방송언론단체 임원활동

1) 한국언론인금고 융자심의위원

문화공보부에서 33년간 재직 중, 특히 신문과장으로 재직 시에 한국언론인금고 융자심의위원회 위원(1978. 2~1980. 3)으로 당시 〈동아일보〉 김원기(金元基: 국회의장) 조사부장과 함께 공익자금을 지원받아, 기금을 조성하여 언론인들에게 저리 융자금을 지원하는 활동을 하기도 하였다.

2) 한국방송공사 · 한국통신공사 이사

또한 KBS 이사(1983. 2~1985. 3)와 한국통신공사(KTA) 이사(1984. 8~ 1988. 5)로 참여하여 공영방송 경영과 운영의 효율화와 합리화를 위하여 방송광고 영업과 송신소 운영 및 관리의 효율적인 방안을 창출하여 공영 방송으로서의 새로운 위상을 확립하는 데 협력했다.

3) 문화방송 · 한국교육방송 자문위원 등

1986년 문화방송 황선필(黃善必) 사장 요청으로 문화방송(MBC) 자문 위원(1986. 4~1988. 4)으로 참여하였다. 그리고 한국교육방송(EBS) 자문 위원(1986. 4~1988. 4)으로도 참여하여 방송광고 영업 합리화와 방송 효 율성을 제고하는 새로운 방안을 모색하며, KBS로부터 독립된 교육방송 으로서 신선하고 실효성 있는 방송 내용을 개발하기 위하여 노력하였다.

한국방송광고공사 사장 재임 시에는 한국문화예술진흥원 이사(1993. 5 ~1996. 3)로 참여하여 문화예술계의 발전을 위하여 공익자금을 보다 효 율적으로 지원하여 운용의 효율성을 기하도록 했다.

불교방송 사장 재임 중에는 한국방송협회 이사(1998. 2~2000. 2)로 참 여하여, 군사정부 시대의 임원 선임과 운영 방식을 탈피하고 문민정부하 에서 민주적 방식으로 개선하여 협회장도 특정 방송 사장이 당연직으로 하는 것을 지양하고 순차적으로 선임하는 방식을 건의하여 개선하였다.

민간기업계(民間企業界) 봉직

1. 주식회사 동서(東西) 감사

2000년 2월 불교방송 사장을 정년퇴임한 후에 고향을 오르내리면서 부모님께서 남겨 두신 고향집을 수리하기 위하여 집 안팎을 정리하면서 천안대학교 초빙교수로 출강하였다.

2002년 새해가 되어 2월 중순경 고향에 내려와서 제2단계 고향집 수리를 위하여 수리업체와 인력 등을 협의하고, 창녕읍의 하천정비사업 후에 남은 자연석을 수거하여 고향집 수리에 활용하기 위하여 우선 창녕고등학교 운동장 한쪽에 옮겨 놓았다.

2월 19일 ㈜동서의 김상헌(金相憲) 회장으로부터 "아버님께서 좀 만나시기를 원하신다"는 전화를 받고 지금 고향 창녕에 와 있는데 금명간 상경하여 찾아뵙겠다고 했다.

김상헌 회장의 부친 김재명(金再明) 명예회장님은 동서식품회사를 창업하셨으며 삼성(三星) 그룹에서 제일모직 사장을 비롯하여 주요한 직책들을 두루 섭렵하시면서 근면·정직·성실성과 책임감으로 삼성그룹의 성장과 발전에 크게 기여하신 분이시다.

언제나 변함없이 얼굴에 미소를 담은 겸손하고 인자하신 어른이며, 특별히 나를 막내 동생처럼, 때로는 아들처럼 여겨 한없는 사랑과 따뜻한 정을 주시는 고향 어른이셨다.

2002년 2월 21일 상경하여 김재명 명예회장을 찾아뵈니 반갑게 맞이하시면서 요즘 어떻게 지나느냐고 물으셨다. 이제 고향에서 부모님 묘소를 새롭게 단장하고 부모님께서 두고 가신 고향집이 퇴락하여 무너진 담장과 집을 새롭게 수리하려고 고향에 내려가서 준비 중에 있다고 말씀드렸다. "아직 60대 청년이 벌써 시골 고향을 찾느냐"고 하시면서 '(주) 동서'의 감사(監事)를 맡아 달라고 하셨다.

나는 민간기업에 근무한 경험이 없어 잘 모르기 때문에 적합하지 않다고 말씀드렸더니 그냥 있으면 된다고 하시면서 권유하셨다. 김 회장님의 깊은 성의에 감사하여 사양하지 못하고 수락했다.

2002년 3월 15일 '(주) 동서'의 주주총회에서 감사로 선출되었다. 출퇴근을 위한 승용차 배차를 사양하고 지하철을 이용하기로 했다. 나의 집과 회사가 마포구 지역 관내이며, 지하철로 한두 정거장밖에 되지 않는 가까운 거리여서 출퇴근이 편리하였다.

관계(官界)와 국가공기업계(國家公企業界) 그리고 방송언론계(放送言論界)의 경영에는 경험이 있었으나 민간기업계(民間企業界)는 처음이라 회사에 누가 되지나 않을지 몹시도 염려되고 걱정도 많았다.

이러한 상황에서 달이 가고 해가 바뀌면서 나도 모르게 새로운 분야를 터득하게 되고 많은 것을 배우며 익혀 나갔다. 그러나 항상 마음 한구석에는 별로 하는 일 없이 자리를 차지하고 있으면서 매월 급료를 받는 것이 죄송스럽기도 했다.

아직 활동할 수 있는 60대 중반에 공직에서 물러나와 고향에 내려가 있으니 남달리 깊은 마음에서 불러 주신 그 지극하신 은혜에 그저 눈물겹게 감사할 뿐이었다.

1979년 문화공보부 홍보담당국장으로 재직할 때에 창녕 동향 출신 몇

명과 함께 모여 창녕 출신 현역 사무관급 이상 공무원을 규합하여 재경창녕출신공무원 동우회〔약칭 창공회(昌公會)〕를 결성하기로 합의하고 여러 방면으로 수소문하여 회원을 찾아 규합하였다.

1979년 6월 20일 회원 20여 명이 모여 창공회 창립총회를 개최하여 초대 회장에 농림부 하용주(河龍珠) 국장, 부회장에 문화공보부 성낙승(成樂承) 국장 그리고 간사에는 건설부 조승환(曹昇煥) 사무관을 선출했다.

그리고 자문위원으로 당시 김재명(金再明) 동서식품(주) 회장, 남상묵(南相默) 신진자동차학원 사장, 이윤채(李潤采) 유림통상(주) 대표이사 세 분을 모시기로 결정하면서 김 회장과의 인연이 시작되었다.

그 후 1979년 10월 26일 박정희 대통령 시해사건으로 정국이 극도로 불안한 가운데 이른바 '12·12 군부사태'가 발생하여 공직사회의 숙청 등 혼란스러운 정국(政局)으로 모든 집회가 금지된 후 1980년 12월 약 1년 만에 일시 해제되었다.

그간에 창공회 하용주 초대회장이 농림부에서 퇴직하여, 회장 공석으로 동년 12월 24일 창공회 총회를 개최하고, 30여 명의 회원이 참석하여 회장단을 새로 선출했다.

제2대 창공회 회장으로 당시 문화공보부 매체국장인 내가 선출되고, 부회장에 김정기(金正基) 문화재연구소장과 전석후(全石厚) 체신부 부국장을 선출하였다.

1979년 6월, 나는 창공회 부회장으로서 김재명 회장님 사무실을 처음 방문하여 인사드리고, 40대 초반의 젊은 혈기에 사전 언약도 없이 무례하게 창공회 자문위원으로 모시기로 간청하여 승낙을 받음으로써 인연을 쌓게 되었다.

이후 1980년부터 1985년까지 창공회 회장으로서 만 6년 동안 수시로 찾아뵈면서 창공회의 발전을 위하여 많은 지원과 협조를 받아 왔음에 실로 한없이 감사하였었다.

그 후에 1993년 3월 문화공보부 기획관리실장직에서 물러나서 한국방송광고공사 사장으로 1996년 3월까지 재직하면서 창녕중학교 총동문회 회장으로서 1995년 창녕중학교 설립 50주년을 맞이하여 최초로 〈창녕중학교 총동문회 명부〉 1천 부를 발간할 때에도 김재명 회장님으로부터 큰 도움을 받았다.

1998년 1월 불교방송 사장 재직 때에는 1998년 5월부터 1999년 5월까지 2년간 재경창녕향우회 회장으로서 향우회 기금 3,500만 원을 조성하는 과정에서뿐만 아니라, 매년 봄과 가을에 향우회 정기총회를 개최할 때마다 물심양면으로 너무나 많은 도움을 받아 한없이 감사하였다.

지난날 공직에 재직 중일 당시 명절에 김재명 회장이 보내 주신 사과상자를 무례하게 반송한 일이 회상되어, 뵐 때마다 싱긋이 웃으시는 모습을 보면서 항상 죄송하고 미안스러웠다. 당시에는 설·추석 명절을 기하여 공직사회 정화를 위해 기강확립을 위한 활동이 극심할 때여서 가족들에게 어느 누가 보내오는 선물도 받지 못하도록 주의를 시켰더니, 아내가 학교에 출근하고 없는 시간에 아들과 딸들이 집에서 친척과 지인들이 보낸 선물까지도 모두 돌려보냈다. 참으로 죄송스러워 무슨 말씀을 드릴 수가 없었다.

이제는 민간기업의 감사로서 '경영관리 확인 점검 대처사항' 등을 스스로 설정하여 업무상 직접 또는 간접적으로 점검하면서 중요한 사안들에 대하여 합리적 대안을 건의하거나 제시하여, 회사의 건전한 성장과 발전을 이룩하도록 돕는 것이 그간의 은혜에 보답하는 길이라고 결심했다.

내가 설정한 점검 및 대처사항은 다음과 같다.

① 건물관리
- 회사 홍보효과 거양: 회사 간판 및 이미지 홍보성 간판 설치
- 방문인사들에 대한 신뢰도 제고: 시설장비 상시 정돈정비 및 청사 내외 청결 정화
- 안정성 확립: 화재예방시설 점검 및 사고예방 안전경고 표지 확인

② 물자관리
- 물자수불 관리의 합리화: 재고품, 원자재 등 보관 정리정돈 및 물량 수시점검
- 사무용품, 소모품 등 절약

③ 경영관리
- 역동적인 경영시스템 확보:

  행정관리 - 문서의 정리 보존관리 철저, 실내조명 측정, 절전 소등 장치, 수입지출 관련 자금일보 확인 철저

  인력관리 - 일반관리 업무량 간소화, 인력 최소화, 제조, 영업, 연구분야 보강

  영업관리 - 영업 기동성 확보, 영업거래정보, 거래리스트 보안 철저

④ 각종 회의 보고
- 생산적 회의, 아이디어의 수렴
- 보고서 작성의 형식성, 시간 부담 해소:

  월간결산보고 - 자유토의, 심층분석,

  임원회의보고 - 주요 현안 중심 간략 보고, 시간 단축,

  일일간부회의 - 보고서 생략, 구두보고 협의

⑤ 생산품 등 대처

• 책임의식 고취, 품질향상 및 불량품 생성 예방 :

　예방적 차원 - 깨끗한 환경 조성, 소재의 유해성 확인, 하절기 변질위
　　　　　　　　생, 법 기준 첨가물 사용 점검, 설계결함, 표시사항 기준
　　　　　　　　철저, 지속적 교육

　방어적 차원 - 리콜, 소송 배상, 보험 등 대처, 부서 간 긴밀 협조체제
　　　　　　　　구축

　나는 감사로 재직 중에 가끔 시간을 내어 계열회사와 제조공장들을 현
지 방문하여 간부사원들을 격려하면서 운영 상황과 제품 보관상태 등을
살펴보았다.

　서울시 마포구 독막로(도화동)에 있는 (주)동서 본사의 10층 건물은 주
변 건물들에 비하여 규모가 작지만, 경기도 시화지구 등에 있는 제품 공
장들은 상상외로 큰 규모에 좀 놀랐었다.

　자동차나 버스를 타고 지나다 보면 출입문 지주에 작은 글씨의 회사 간
판이 있었으나 잘 보이지 않아, 무엇을 제조하는 공장인지 알 수 없어 안
타까웠다.

　현대사회는 홍보의 시대이며 소비자로부터 자신의 제품에 대한 두터운
신뢰를 확보하기 위해서는 외관상 대규모의 건물과 시설이 우선 소비자
의 뇌리에 각인되어야 하는데 홍보에 무관심한 것으로 느껴졌다.

　특히 식품생산 제조업은 소비자들로서는 위생문제에 대하여 제일 관심
을 많이 가지므로, 생산식품에 대한 신뢰를 확실하게 심어 주기 위해서는
제품에 대한 믿음도 중요하지만, 그 제품을 생산하는 업체가 소규모가 아
닌 대규모의 제조업체임을 뇌리에 심어 주어야 하였다.

　나는 소비자에게 위생에 대한 확실한 믿음과 생산제품에 대한 안심을

(주)동서 건물(왼쪽)과 (주)동서 감사 겸 성재개발주식회사 회장 집무 시 사진(오른쪽)

갖게 하는 등 식품에 대한 안정성을 각인시켜야 한다고 생각되었다. 나는 임원들에게 홍보의 중요성을 강조하면서 옥상에 대형 홍보간판(弘報看板)을 설치하여 지나가는 자동차나 버스 또는 보행자로 하여금 이 거대한 공장이 그들이 애용하는 '커피와 녹차' 등을 생산하는 동서식품회사임을 보고 더욱더 신뢰애용(信賴愛用) 할 것임을 강조하면서 조속히 설치하도록 건의했다.

또한 감사로 취임하여 매주 월요일 오전 8시 30분에 지난 일주일간의 제품생산과 판매실적 등의 분석보고서를 작성하여 설명하는 회의에 계속 참석하고 보니 회의의 실효성에 의문을 갖게 되었다.

몇 개월이 지나 실효성 등 문제점을 제기하여 매주 분석보고 회의를 지양하고, 2주에 1회 분석보고서를 작성하여 회의를 갖도록 함이 효율적임을 건의했다.

매주 1주간의 짧은 기간에 제조판매 보고서를 작성하는 데 많은 시간을 빼앗겨 본연의 업무에 전념하기 어려운 실상이었으므로, 그 후로는 2주에 1회 개최하도록 하여 15일간의 제품과 판매에 대한 정확한 흐름과 시장동향 등을 가늠하여 대응할 수 있는 방책을 강구하도록 하였다.

2003년 국세청에서 회사에 대한 정기감사를 위해 세무감사팀 10여 명이 와서 3개월간 세무감사를 한다고 하였다.

나는 (주)동서의 감사로서 수시로 감사장에 들러 감사상황을 지켜보면서 감사반장과 대화를 나누며 몇 가지를 건의했다.

정부의 각 부·처·청은 감사원으로부터 정기감사를 받고나면 우수 수감부처와 공무원에 대하여는 단체 기관표창과 개인표창을 하는데, 국세청도 우수수감 민간기업에 대해 단체표창과 개인표창을 하거나 특단의 혜택을 부여하여 민간기업에 대한 사기진작 방안을 강구할 필요성을 강조하며 건의하였다.

성실하게 세무관리를 잘한 우수한 기업이나 그렇게 하지 못한 기업에 대하여 특별한 사후 차별관리가 없으면, 어느 기업이 성실하게 기업의 세무관리를 하겠느냐며 심사숙고하여 주기를 당부했다.

또한 수시로 감사팀장을 만나 문화공보부 감사국장 재직시 KBS와 한국방송광고공사, 예술의 전당, 영화진흥공사 등을 감사한 실무경험 등을 설명하면서 감사 실무에 참고하도록 여러 가지를 조언하면서, (주)동서처럼 투명하고 정도(正道)로 기업경영을 하는 회사는 드물 것임을 강조했다.

문화공보부 언론담당국장과 기획관리실장 출신으로서 KBS 이사와 MBC 자문위원, 아리랑TV방송 이사장, 불교방송 사장을 거쳐 현재 김대중 정부의 방송개혁위원회 위원으로 활동하는 감사(監事)가 매일 수시로 감사장을 들락거려서 몹시 신경을 쓰는 눈치가 느껴졌었다.

수감 회사도 너무나 투명하고 정확한 세무관리와 경영관리에 특이한 점이 없어서인지, 당초 선언한 3개월간의 감사기간을 접고, 1개월 만에 국세청 감사팀이 스스로 철수하였다.

나는 이러한 국세청의 민간기업에 대한 눈에 보이지 않는 심리적 위압으로 느껴지는 3개월간의 세무감사 선언에 대하여 많은 것을 생각하게 되었다. 33년에 걸친 나의 관료생활 경험들을 통하여 그들의 행태에서 새로운 것들을 예감 예지할 수 있었다.

2. 성재개발주식회사 회장

2006년 9월 11일 성재(成齋) 개발주식회사 회장으로 선임되어 재임 중, 2007년 2월 8일 충남 금강(金剛) 대학교의 운영상 문제가 생겨, 총장이 구속되는 등의 사건으로 후임 총장을 공개 공모한다는 광고가 신문에 보도되었다.

주변 지인들로부터 관직 퇴임 후 국가공기업과 방송사의 경영비리를 척결 정상화시킨 경력으로 보아 최적임자이니 공모에 응하도록 성화가 많았다.

나는 지난 5년간 (주)동서에서 특별하게 하는 일 없이 지내온 것에 항상 미안하여 심적 부담이 쌓여만 갔었다. 이제는 더 이상 신세 지지 않는 것이 상책이라는 생각에서 총장 공모에 참여한 결과, 다행하게도 선출이 되어 총장으로 취임하게 되었다.

이리하여 2002년 3월 15일 (주)동서 주주총회에서 감사로 선임되고, 그 후에 성재개발주식회사 회장으로 봉직하여 왔으나 금강대학교 총장으로 취임함에 따라 2007년 2월 초에 물러나야 하였다. 김재명 회장님께 실로 죄송하고 미안하여 무어라고 말씀드릴 수 없어 심신이 몹시 괴로웠다.

3. (재)동서식품장학회 이사 및 (주)동서 사외이사

2002년 3월 (주)동서의 감사로 취임한 후 동년 5월 9일에 재단법인 동서식품장학회 이사로 선임되어 겸임하여 왔으나 중도에 금강대학교 총장으로 가게 되어 죄송스러웠다.

이러한 배려의 덕분으로 오랜 기간 장학재단 이사로서 특별하게 기여한 것도 없는데, 또다시 특단의 배려로 2020년 3월에 (주)동서의 사외이사(社外理事)로 주주총회에서 선임됨으로써, 깊고 깊은 인연을 갖게 되어 무한한 감사를 드렸다.

나는 김재명 회장님의 깊은 배려로 (주)동서와 길고 긴 인연을 쌓아 온데 대해 한없는 감사를 드릴 뿐, 그 크나큰 은혜에 보은(報恩)할 길이 없음에 항상 죄송스럽기만 하였다.

특히 (주)동서에 재임 중에도 고향집과 묘소를 정비단장하기 위하여 수시로 고향을 오르내려야 하는 사적인 일들과 정부기관의 공적인 대외활동 등으로 업무상 공백이 많았음에도 불구하고 넓은 아량으로 배려하여 주신 그 은혜는 몽매(夢寐)에도 잊을 수가 없다.

나는 지나온 세월, 중앙정부에서 33년간의 관료생활과 만 3년간의 집권당 당료생활 그리고 방송언론사, 국공영기업체, 정부기관과 학계를 비롯하여 민간기업체에 이르기까지 총 60여 년간 이질적인 직장에서 다양한 업무를 두루 섭렵하면서 새로운 조직관리와 경영기법을 터득하는 특이한 행운을 가져 왔었다.

특히 민간기업인 (주)동서에서 여타 조직에서 느껴 보지 못하였던 인간관계의 새롭고 특이한 점을 발견했다. 권위주의적인 관료조직체에서 오랜 세월을 보낸 탓인지, 이러한 민주적인 조직 속에서 상하 간에 부드럽게 소통하고 교류되는 새롭고 좀 특이한 장점들이 나도 모르게 나의 몸과 마음속으로 승화되고 생성하여 자연스럽게 흘러나왔다.

　지난 세월 깊은 상념 속에서 숙고하여 보니 분명 이것은 진정으로 창업주의 바다처럼 넓은 아량과 하늘처럼 고귀하신 성품과 인자하신 덕성이 위에서 아래로 물 흐르듯 자연스럽게 시간과 공간을 따라 조직의 전체 구성원에게 소리 없이 스며들어 동화(同化)된 결과라고 생각되었다.

　김재명 명예회장님과 함께 사욕과 사심 없이 국가와 사회에 기여하려는 대기업을 창출하면서 온유한 성품을 간직하신 또 한 분을 발견했다.

　어려운 격변기에 (주)동서식품을 창업하신 김재명 회장님을 보좌하기 위하여 〈중앙일보〉와 동양방송의 상무직을 과감하게 사퇴하고, 1974년 동서식품 창업 대열에 동참하여 (주)동서식품 부사장, 사장, 회장과 고문을 거쳐 지금은 동서식품장학회를 맡고 계신 이홍희(李泓熙) 이사장님이시다.

　임원, 간부를 비롯하여 말단사원에 이르기까지 부드러운 존칭으로 대하시는 그 인품을 눈여겨보면서, 오랜 관료생활과 국공영기업체 및 방송 언론사의 관료적 체제 속에서 벗어나 새로운 민간기업에서 내 스스로도 모르게 많은 것을 배우면서 반성하고 자각을 하여 왔다.

　지난 2002년 3월부터 (주)동서 감사, 동년 5월부터 (재)동서식품장학회 이사로 참여하고, 2022년 3월 (주)동서 사외이사로 오늘에 이르기까지 긴 세월 동안 김재명 명예회장님과 이홍희 이사장님을 가까이 모시게 되었음을 한없는 영광으로 생각하면서 두 분의 만수무강을 기원하며 깊은 감사를 드린다.

　두 분의 고귀하신 인품과 온유하신 인성은 오늘의 이 거대하고 탄탄한 대(大)동서그룹의 토대를 구축하신 원동력이 되었다고 확신한다. 두 분을 뵈올 때마다 친동생처럼 따뜻한 정의(情誼)로 대하여 주심에 항상 눈물겹도록 감사하여 몽매에도 그 깊은 은혜를 잊을 수가 없어 마음속 깊이 간직하고 있을 뿐이다.

　훌륭하신 두 분의 앞날에 하나님의 가호로 영원무궁한 행운이 함께하시고 만수무강하시기를 다시금 기원하고 또 기원한다.

정부관계기관(政府關係機關) 봉직

1. 대통령자문 방송개혁위원회 위원

1998년 11월 초순경에 박지원 공보수석비서관으로부터 방송개혁을 위한 방송개혁위원회를 구성하는데 위원으로 참여해 달라는 연락을 받았다. 위원장은 강원용(姜元龍) 목사, 위원은 전 통일원장관 한완상(韓完相) 씨와 전직 대사 한병기 씨 등이라고 하였다.

나는 당시 불교방송 사장으로서 비상근이면 승낙하겠다는 뜻을 전했다.

1998년 12월 14일 청와대에서 김대중 대통령으로부터 위촉장을 받고 2000년 2월 28일까지 대통령자문 방송개혁위원회 위원으로 2년간 참여하여 활동했다.

1998년 김대중 대통령으로부터 방송개혁위원회 위원 임명장을 받은 후 기념사진(청와대에서)

2. 방송위원회 방송광고심의위원회 위원장

2003년 7월에 방송위원회 노성대(전 MBC 사장) 위원장과 이효성 부위원장으로부터 방송광고심의위원회 위원장 제의를 받고, 2003년 8월부터 2004년 7월까지 위원장으로 활동하였다.

당시 위원으로는 숙명여자대학교 한영실(韓榮實: 숙명여자대학교 총장) 교수와 김진국(청와대 민정수석비서관) 변호사, 손준철 국회 문공위원회 전문위원 등으로 구성되어 심의활동을 하였다.

방송광고의 내용과 문제점들을 철저하게 심의 점검함으로써 소비자를 보호하는 한편, 방송광고 내용의 질적 향상과 방송광고 질서 확립에 기여토록 했다.

3. 민주평화통일자문회의 상임위원, 자문위원

1999년 7월과 2001년 7월 2차에 걸쳐 김대중 대통령 비서실로부터 평화통일자문회의 자문위원 제의가 있어 이를 수락하고, 청와대에서 김대중 대통령으로부터 위촉장을 받았다.

1999년 8월 중순경 민주평화통일자문회의 상임위원 제의를 수락한 후, 8월 25일 청와대에서 김대중 대통령으로부터 위촉장을 받았으며, 2007년 7월 초에는 노무현 대통령 비서실의 민주평화통일자문회의 자문위원 제의를 수락하고, 노무현 대통령으로부터 위촉장을 받아 활동하였다.

교육·학계(敎育·學界) 봉직

1. 금강대학교 총장

나는 2002년 3월부터 (주)동서에서 감사로 재직한 데 이어, 2006년 9월부터는 성재개발주식회사 회장을 겸직하였다. 그런데 동년 하반기에 지인들이 금강(金剛)대학교 총장 공개공모 신문광고 내용을 전하면서 한 번 응모해 보라고 간청하여, 기한이 임박해서 겨우 구비서류를 작성하여 우편으로 발송하였다.

신청접수 현황을 알아보니 전직 대학총장과 대학원장 그리고 전직 국회의원 등 18명이 신청했다고 한다. 선출 절차는 1차는 서류심사, 2차는 향후 추진계획 발표와 면접심사, 3차는 이사회 투표로 결정한다는 것이다.

2006년 12월에 제1차 서류심사 결과 18명 중 나를 포함하여 최종 3명으로 압축되었으며, 다른 2명은 전직 대학 총장과 대학원장 출신이었다.

2007년 1월에는 제2차 추진계획 발표를 개별로 실시하여, 나를 포함 2명을 마지막 후보로 선정하였다. 2월 9일 열린 제3차 이사회 투표에는 이사장을 비롯하여 총 14명이 참석, 투표 결과 10대 4로 압도적으로 내가 선출되어 총장으로 취임하게 되었다.

2007년 2월 15일 총장 취임식 후 2월 26일에 졸업식을 거행하고, 2월 27일부터 28일까지 학교업무 현황보고를 받았으며, 3월 2일에는 대학 입학식을 거행하는 등 바쁜 일정을 보냈다.

2011년 2월 금강대학교 총장 집무사진

충남 계룡산 기슭에 자리한 금강대학교 전경

금강대학교 총장 사택(舍宅)

1) 총장 취임사 요지(2007. 2. 15)

　여러 가지로 부족한 사람이 금강대학교 총장이라는 막중한 책무를 맡게 된 것을 영광스럽게 생각하면서도 한편으로는 무거운 책임감이 가슴에 엄습함을 금할 길이 없습니다.

　초창기의 어려운 여건에도 불구하고 지난 4년 동안 교직원과 학생 여러분들이 굳게 쌓아 놓은 터전 위에서 이제 본격적으로 제2의 도약을 위한 화합과 전진의 대열에 동참하여 성실하고 정직한 '심부름꾼'으로 봉사하겠다는 약속의 자리라고 생각합니다.

　오늘 우리는 급격한 변화와 개혁의 시대를 살아가고 있으며, 세계화, 정보화, 개혁과 개방의 거센 물결에 직면해 있습니다. 대학사회도 예외가 아니라고 생각되며 대학의 현주소는 한마디로 위기에 처하여 있다고 생각됩니다.

　국민들이 대학사회를 보는 눈빛이 많이 변해 버렸습니다. 출산율의 저조, 고등학교 졸업생의 감소, 조기 해외유학 풍조의 확산 등으로 대학은 입학정원 미달사태를 빚고 있어 학생유치 경쟁이 치열하게 전개될 것으로 예상되며, 대학에 대한 신인도 저하와 대학교육의 보편화로 학사학위에 대한 신인도는 계속 하락하고 있습니다.

　학생 수의 감소에 따른 재정압박이 가중되자 각종 구조조정과 통폐합을 강구하는 등 뒤늦게야 대학의 경쟁력을 강화한다고 야단법석이며, 상아탑 속에서 변화와 개혁을 외면하고 안주하다가, 경영능력과 검증된 경영자형 총장을 필요로 하는 시대로 변하고 있는 추세입니다.

　교육시장 개방의 거센 변화와 파고 속에서 대학교육의 다양화와 질적 발전의 필요성 등 변화의 바람이 위급하게 닥치고 있다는 현실입니다.

　이러한 대학의 위기 속에서 역사가 짧은 금강대학교는 다른 대학과는 달리 강점도 있고 약점도 가지고 있습니다.

다른 대학과 비교하여 강점을 요약하면, 전교생에 대한 외국어교육의 특화, 소수정예의 교육과 전교생에 대한 전액장학금의 지원, 전교생에 대한 2인 1실의 기숙사 제공입니다.

금강대학교의 약점이라면, 설립 역사가 짧은 소규모 대학이라는 점, 지방 시 단위에 소재한 지방대학이라는 점과 재단 지원의 한계 등으로 요약할 수 있을 것 같습니다.

이와 같이 우리나라 대학사회의 현실적 위기 속에서 약점을 초월하여 지방대학으로 존립하기 위하여, 종단과 재단 그리고 대학교가 삼위일체의 단합된 체제하에서,

첫째로, 우수한 교수와 학생을 유치하고 다양한 장학제도와 외국어 특화교육 그리고 면학풍토 조성 등을 통한 소수정예 교육을 강력하게 추진하여 인성과 창의성을 갖춘 '역량 있는 인재를 양성'해야겠습니다.

둘째로, 외국인 학생 유치와 외국 대학과의 자매결연, 학생교류, 학점교환, 복수전공과 복수학위 졸업 등 다양한 방법으로 국제교류 교육을 강화하여 '국제적 전문인력을 양성'하겠습니다.

셋째로, 윤리 도덕성 함양, 지역사회에 기여하는 봉사활동 등 공동체 봉사교육을 통하여 '지역사회에 필요한 리더를 양성'하는 등 생존 전략적 교육을 강력하게 추진해야 합니다.

이를 실천하기 위하여 최선의 노력을 다하겠습니다. 먼저 행정체제를 정비하여 대학의 기본토대를 새롭게 구축하고, 근검절약을 통한 운용의 효율성을 확립하여 내실화를 통해 경쟁력을 고양하며, 학교재정의 안전기반을 조성하는 데 역점을 두고자 합니다.

교육개혁의 성공 여부는 대학의 역할에 크게 좌우된다고 생각합니다. 대학이 지식과 정보의 산실이며 경쟁력 창출의 원천이기 때문입니다.

금강대학교의 경영책임을 맡으면서 우리가 처한 시대적 상황과 당면한 과제들에 비추어 건학정신과 교육여건을 감안하여 나아가야 할 몇 가지 사항을 언급하고자 합니다.

첫째, 총장을 중심으로 교직원과 학생이 일심동체가 되어 주어진 여건 하에서 학교의 발전을 위하여 전심전력을 다하여야 하겠습니다.

둘째, 대학의 학사, 인사, 재무 등 행정제도를 재정비하고 부조리 생성 요인을 과감하게 차단하여 공정하고 투명하게 실천함으로써 구성원 모두가 상호협력하고 신뢰하는 아름다운 분위기를 조성해야 하겠습니다.

셋째, 대학발전의 잠재력과 교육경쟁력을 대내외적으로 홍보하며 부정적 평가에 대하여는 획기적으로 개선되도록 전체 구성원이 열정적인 노력을 다하여야 하겠습니다.

넷째, 대학이 새롭게 태어나기 위한 우리들의 몸부림치는 노력에 대하여 종단과 재단에서는 아낌없는 지원과 격려를 하여 주기 바랍니다.

우리 대학의 성장과 발전을 위하여 우리 구성원들은 과욕을 버리고 차분하고 진지한 자세로 순리와 원칙에 따라 착실하고 성실하게 이룩하여 나가겠다는 결의를 다시금 다짐합니다.

종단과 재단, 대학 가족 모두의 적극적인 참여와 협조 그리고 지역사회의 전폭적인 협조와 지원이 전제되었을 때 우리 대학의 제2의 도약이 성공적으로 이룩될 수 있다고 확신합니다.

지금까지 우리 대학의 운영과정에서 생성, 노출된 장단점을 재점검하고 단점을 새롭게 개선, 보완하여 신뢰와 협력과 화합이 넘치는 아름다운 분위기 속에서 애교심이 더욱 분출되도록 최선의 노력을 다하여야 한다고 생각합니다.

우리 앞에 놓여 있는 대내외적 어려움을 전화위복의 계기로 삼아 제2의 도약을 할 수 있는 절호의 기회이기도 합니다.

본인은 우리 대학의 발전을 위하여 사심 없이 헌신적인 노력을 다할 것이며 임기에 연연하지 않고 언제든지 물러갈 각오가 되어 있음을 천명합니다. 이 지역에 자리 잡은 우리 대학이 이 지역사회에 기여하고, 이 지역사회에서 절대적으로 필요한 '작지만 강한 대학'으로 힘차게 뻗어 나가면서 성장과 발전을 거듭할 수 있도록 변함없는 지도편달과 아낌없는 성원을 당부드립니다.

2) 대학발전과 경영에 대한 소견발표 요지

(1) 총장의 기본자세

중앙정부에서의 오랜 관료생활을 포함하여, 언론기관, 국공영기업, 민간기업 등 이질적인 기관단체에서 경영관리와 노조관리 등 다양한 업무를 폭넓게 섭렵하면서 새로운 경영기법을 터득하였으며, 축적된 경험을 바탕으로 대학을 경영하는 경영자로서 사심 없이 헌신적인 봉사를 하고자 총장 공모에 참여하였다.

단, 본인의 능력이 부족하거나 종단에서 불가피하게 필요로 할 경우에는 임기와는 관계없이 언제든지 미련 없이 물러날 것을 약속한다.

대학의 조직을 국공영기업과 민간기업의 장점을 중심으로 신경영기법 체제로 확립하여 보다 효율적이며 능률적인 경영관리로 대학의 장기적 발전을 위한 튼튼한 기반을 확고하게 구축하고자 하는 투철한 사명감과 결연한 의지를 가지고 임하고자 한다.

(2) 대학의 발전방향

대한불교천태종단이 설립한 종립(宗立) 대학교로서 천태불교 사상에 입각한 건학이념을 구현하기 위하여 다음과 같은 목표를 지향한다.

- 대학의 기본토대 구축과 종단과의 긴밀한 협조
  - 장기적 발전을 이룩할 수 있는 기본적 토대를 확고하게 마련하도록 한다.
  - 종단과 학교 간의 유기적 협력체제를 확립하여 종립학교로서의 종책(宗策)을 성실하게 이행하여야 한다.
- 재정여건에 부합하는 사업계획 수립
  - 대학의 발전은 하나의 이상만으로 불가능하므로 재정상의 안정적 지원책이 필수이다.
  - 대학의 주요 사업계획들은 과욕적, 단발적 계획을 지양하고 사전에 종단과의 재정상황을 신중하고 긴밀하게 협의한 후 현실적으로 효용성 있는 치밀한 계획을 수립 대처한다.
- 소수정예의 일류대학 지향
  - 참된 인간성과 창조적 능력을 겸비한 훌륭한 인재를 양성할 수 있는 면학 풍토를 조성하도록 한다.
  - 학생 전원에 대한 장학금 지원제와 기숙사 제도를 효율적으로 개선하고, 영어, 중국어, 일본어 중 1개 외국어를 숙달할 수 있도록 학습환경을 새롭게 조성하며, 유능하고 성실한 교원을 확보하는 데 지속적인 관심과 노력을 한다.
- 능률적·효율적인 경영행정체제 확립
  - 학사행정과 학교경영 체제를 개선하여 능률적·효율적인 체제를 확립, 정착시켜 대학발전을 가속화한다.
  - 조직, 인사, 예산회계, 학사행정, 시설운영과 각종 규정 등 전반에 대한 점검과 진단을 실시하여 장·단기 대책안을 수립, 점진적·단계적으로 제도개혁을 추진한다.
- 지역사회에 기여하는 산학연 협력체제 조성
  - 지역사회가 희망하고 지역사회에 기여하는 산학연 협조체제를 구축하는 데 노력한다.

- 지역사회와 지역 기관단체, 지역민에 봉사하고 협조하는 적극적인 활동을 전개하여 지역에서 필요로 하는 대학으로 성장하도록 한다.
- 대학재정 기금조성재단 설립
  - 종단 지원에만 안주하지 않고 장기적으로 자립할 수 있는 기금조성재단을 설립하여 효율적으로 운용 대처한다.
  - 종단과 신도회 불자기업체 등 각계각층으로부터 후원과 지원기금을 조성하는 활동을 적극 추진한다.
- 작지만 강한 대학으로 급성장
  - 최근에 설립하여 소규모의 강한 대학으로 급속하게 일류대학으로 성장한 외국대학의 선례를 참고하며, 역사가 짧은 국내 지방대학의 성장사도 참조하여 연구 발전토록 한다.
  - 미국의 '올린 공대'는 2002년에 설립된 사립대학이지만 우수한 교수를 확보하고, 전교생에게 장학금을 지원함으로써 미국의 명문대학으로 급속히 성장한 사례를 참작하여, 금강대학교가 국내 우수대학으로 성장과 발전을 할 수 있는 방안을 다각적으로 연구 창안한다.

3) 재임 4년간 내부체제 개혁과 대학 위상 제고

나는 금강대학교의 운영과정에서 노출되고 생성된 부정사건과 비리의 생성요인을 발본색원, 척결하고 행정체제와 운용방식을 혁신·재정비·보강하여, 모든 구성원들이 신뢰와 협력과 화합이 넘치는 밝고 희망찬 분위기 속에서 애교심이 더욱 분출될 수 있도록 최선의 노력을 다하며 재임 4년간 추호도 변함없이 솔선수범하며 정도(正道)를 지향 실천했다.

4년간 주요 업무를 정리하면 다음과 같다.

① 총장 자신의 기본 봉사자세를 확립, 솔선수범하여 철저하게 실천하였다.

- 총장 봉급을 4년간 동결할 경우 연금상 불이익을 초래함에도 동결 강행 조치(교직원 봉급은 매년 인상 실행)
- 총장 판공비를 절약하여 매년 교직원 10명을 선발하여 표창패, 상금 지급 (1인당 교수 50만 원, 사무직원·경비원·청소부 각 30만 원)
- 총장전용기사 폐지, 사무처로 발령, 행정요원으로 활용
- 근거리 및 관내 출장과 평일 출퇴근 총장 직접 운전 실천
- 장거리 및 관외 출장 시에만 공용기사 일시 활용
- 비서실 상근비서 및 수행비서 폐지, 임시 여직원 1명만 근무
- 경조사비는 공적 부문에만 사용(사적 관련 경조 자비부담)
- 명함은 자비로 제작 사용
- 핸드폰은 자비로 구입, 전화료도 자비부담(학교 지원 폐지)

② 행정체제 개편, 경영혁신으로 재정안전 기반을 조성, 내실화하여 대학의 기본 토대를 구축하였다.

- 중복 부서를 통폐합하여 조직의 효율성과 기동성 강화
- 인력채용의 공정성·투명성으로 인력 정예화 실현
  - 무능인력 퇴출, 인력 감축 운용
  - 경리, 기술직에 대해 외부 전문연수기관에 위탁 실무교육 연수
  - 용역(경비청소) 직원에 대해 매년 연말 표창으로 사기진작
- 재무행정의 투명성을 확립하여 부정비리 생성 예방 및 예산절감
  - 실행예산 긴축운용으로 연간 '30억 원'의 절감효과 거양
  - 재정안정기금 조성활동으로 '4억 8천만 원' 신규 확보, 자력 기반 조성
  - 재단법인 지원금의 연차적 감축(57억 원에서 46억 원)으로 자활력 조성
- 시설관리를 정기적, 수시로 실시, 안전성 확보
  - 전산, 전기, 냉·난방 시설기기, 승강기, 건물 등

- 대내외 학교홍보 전파매체로 중점홍보 전개
  - 서울, 대전 등 전국 대도시 주요 기차역 전광판 홍보 실시
  - 고속도로 변 옥외홍보간판 설치 운용

③ 대학원 설립, 연구여건의 획기적 개선으로 교수 연구 의욕과 역량을 강화하였다.

- 총장 취임 직후 교육부와 협의, 2007년 말 대학원 설립으로 종합대학교의 면모를 일신하고 대외적 위상 제고
- 2007년 HK인문한국 대형 연구프로젝트를 마련하여 우수연구사업으로 선정되어 총 '80억 원' 정부 지원 획득
  - 2008년부터 2017년까지 10년간 매년 '8~10억 원' 정부지원금을 확보 수령하여 연구에 활용
  - 전국 대학 중 12개 대학 대형 연구프로젝트 선정(지방대학 중 금강대학교가 유일하게 선정됨)
- 2008년 Woolner 연구사업으로 선정되어 총 '4억 5천만 원' 정부 지원 획득(3년간 지원)
- 2008년 대학교육 역량강화사업 지원대상 대학으로 처음 선정되어 매년 정부 지원 획득 수령(전국 대학 중 70개 대학 선정)
  - 2008년 '1억 6천만 원',   - 2009년 '6억 6천만 원',
  - 2010년 '7억 5,100만 원',   - 2011년 '7억 6,500만 원' 정부지원금 수령
- 연도별 정부 등 지원금 수령 총액 현황
  (교육부, 한국연구재단, 노동부, 보훈처, 논산시 등)
  (2006년 이전에는 매년 1천만 원~2천만 원에 불과)
  - 2007년 '9억 원',   - 2008년 '12억 2천만 원',
  - 2009년 '18억 원',   - 2010년 '19억 4천만 원' 수령
- 2008년 중앙도서관 신축 개관으로 연구여건 확립

• 교수연구실적 평가제와 포상제 신설 추진으로 연구역량 고양

④ 각종 지원제도의 효율적 개선으로 학구열 강화 및 우수학생 유치 방안을 강구하였다.

• 학생장학금 지원제도 개선
 - 전교생에 대한 일반장학금 지급에 조건부여 감액 또는 탈락
 - 성적 불량학생에 대한 장학금 감액
 - 성적 우수학생 장학금 우대제 신설 실행
 - 외국어 우수학생 장학금 우대제 신설 실행
• 최초로 우수졸업생 외국 명문대학원 진학 장학금 지원제도를 실행하여 우수 석사·박사과정 배출로 대학 위상 제고
 - 해외 명문 대학원 진학생 장학금 전액지원:
   2007~2010년간 총 26명 지원(중국 베이징대학·푸단대학, 영국 런던정경대학, 미국 미시간대학·조지타운대학, 대만 대만대학, 일본 도쿄대학·와세다대학·히로시마대학)
• 학생 해외연수 지원제도 개선
 - 4~6주 단기 해외연수제도를 폐지하고, 1년간 외국 자매결연 대학에 파견교환 지원제도로 전환
 - 상호 학점인정, 복수전공, 복수졸업제로 외국인 학생 유치
 - 해외대학 파견현황(2007~2010년) : 일본·중국·대만 14개 대학 총 140명 파견 지원
• 외국정부(문부성) 초청 장학생 선발 합격자 현황: 2007~2010년간 총 18명 합격(중국 9명, 일본 8명, 대만 1명)
• 고시반 등 지원제도 혁신으로 대성과 거양
 - 반별 전용교실 배정, 주야간 상용화 조치 지원
 - 서울의 명문 고시학원 명강사 초청 방학기간 특강 지원, 강의 테이프 구

입 무료제공 및 서울 명문학원 청강료와 숙식 특별지원

- 행정고등고시 합격자 배출 성과(2007~2010년) :

  행정고시(사무관) 3명 합격(충청지역 대학 중 금강대학교가 유일 합격)

- 국가공무원 공개채용시험(6~7급) : 5명 합격
- 회계사 세무사 등 자격시험(2007~2010년) : 총 40여 명 합격
• 기숙사 운용제도 개선으로 외국어 실력 향상 및 기숙사 기강 확립
  - 외국 학생 1명과 한국 학생 1명 룸메이트로 입주하여, 외국어 소통으로
    어학실력 향상에 기여
  - 기숙사 층별로 외국어 전공학생과 외국인 학생 그리고 외국인 교수를 언
    어권별로 배치하여 외국어 실력과 언어소통 향상에 기여
    (2층에 영어권, 3층에 일어권, 4층에 중국어권별로 배치운용)

⑤ 해외대학과의 교류협정으로 국제교류를 확대 · 활성화하였다.
• 기존협정 13개 외국대학과의 교류 활성화 활용 강구
• 12개 외국대학 신규협정 체결 교류 활성화 실행
  - 중국 베이징어언대학 등 2개교, 일본 지바대학 등 6개교, 대만 불광대학
    등 4개교

⑥ 학교 경내 20만 평에 3년간 대량식수로 새로운 환경을 조성하였다.
• 학교 교지 경계선 지역에 300여 그루의 벚나무 식수
• 학교 구내 30년생 향나무 400그루와 백일홍 300그루 식수로 새로운 환경
  조성(《금강대학교 10년사》 참고)

4) 총장 재임 중 일화

(1) 인문한국(HK) 연구프로젝트 사업 획득에 일부 대학의 시기

2007년 2월 총장에 취임한 후 정부에서는 인문한국연구사업(대형 12개 사업, 소형 20개 사업) 지원계획을 발표했다. 나는 대형사업을 획득하고자 불교학 교수에게 연구사업 획득을 위해 각자 연구과제를 작성하여 제출하도록 지시했다.

교수들의 계획과제를 청취하고 문화공보부에서 종교행정 경험을 통하여 느낀 한국문화(유교, 불교, 문화예술)의 형성, 유입, 전래, 변화 등에 대한 과제가 좋을 것으로 판단되어 종합 검토하여 보고토록 지시했다.

교수회의를 재소집하여 종합토론 결과 "불교 고전어 고전문헌의 연구를 통하여 본 문화의 형성과 변용 및 수용과정에 대한 연구"를 주제로 확정하고 다음과 같은 '구체적인 기본 대응전략'을 지시했다.

- 본 연구프로젝트 사업계획은 대외비로 대처할 것.
- 정부 측에 설명은 한국어에 능통한 외국인 불교학 교수가 자신감 있게 설명하도록 하여 다른 대학과 차별화되도록 치밀하게 준비 대응할 것. 단, 보조 설명은 불교연구소장이 측면 지원할 것.
- 프로젝트와 관련되는 보조 자료를 완비하여 철저 대응할 것.

2007년 11월 인문한국연구사업에서 금강대학교의 계획이 대형 연구사업으로 선정되어 '80억 원의 정부지원금'을 획득하는 대성과를 이룩하자 각 대학들이 놀라워했다.

12개 대형 연구사업에 선정된 나머지 대학은 서울의 명문대학이며 지방대학으로는 금강대학교가 유일하게 선정되었다. 이러한 성과를 획득하자 일부 대학들이 시기질투 의구심을 토로하는 작태들이 있어 한심스러웠다.

(2) 총장 사신으로 건의한 대학정책에 교육부장관의 회답 공문서

전국 200여 개 대학 중 유일하게 금강대학교가 전교생에 대한 등록금 전액장학금을 지원하며, 전교생 전원을 기숙사에 무료 입주하게 하는 특전의 혜택을 부여하고 있다.

특히 외국어 특화교육을 위해 소수정예의 우수인력을 양성하기 위하여 노력하는 지방대학에 대하여는 교육부에서 특단의 정책적 배려가 있어야 하는데 지나치게 소외당하고 있었다.

대학교육의 역량 강화를 위하여 전력을 다하는 지방대학에 대하여 정부의 정책적 특단의 지원으로 지방대학의 사기를 진작시켜 대학교육의 발전을 도모하도록 유도함이 필요하다는 등 장문의 총장 개인 사신을 교육부장관에게 발송하였다.

이에 대하여 교육부장관은 "성 총장께서 건의하신 편지를 정책부서로 보내 대학교육 정책에 반영 조처하도록 했다"고 공식문서로 회답이 왔다.

이것으로 인한 결과인지 2008년에 교육부에서 처음으로 추진한 '대학교육역량 강화사업 정부지원' 대상에 전국 200여 대학 중 60개 대학이 선정되었으며 금강대학교도 선정되었다. 이렇게 하여 2008년부터 교육부로부터 매년 7~8억 원의 대학교육 역량강화사업 지원금을 받아 활용하여 왔다.

(3) 학교법인 이사회의 총장 판공비 절약으로 매년 말 교직원 포상 시비

재임 4년간 총장 판공비를 절약하여 매년 우수 교직원 10명을 선발, 연말 종무식에서 포상하여 사기진작을 했다. 교수 1인당 50만 원, 사무직원과 경비원, 청소원 등 1인당 30만 원과 함께 향나무로 만든 표창 상패를 수여했다.

경비원과 청소원들은 총장 표창장의 덕택으로 택시영업 면허를 취득하는 데 크나큰 혜택을 받았으며, 자녀들과 손자 손녀들로부터 찬사를 받아 귀중한 가보(家寶)가 되었다며 깊은 감사를 표했다.

이러한 일련의 표창에 대하여 일부 시기와 질투를 하는 직원들의 사주를 받은 감사와 이사들이 그동안 아무런 이의가 없다가, 2010년 11월 이사회에서 총장 임기 3개월을 남겨둔 시점에서 지난 4년간의 포상에 대하여 이의를 제기하여, 그 의도가 의심스러웠다.

4년간 약점이 없자, 이것이나마 문제 삼아 마지막 흠집을 내려는 것인가 한심스러워 즉각적으로 2011년도 예산상의 총장 판공비를 삭감 조치했더니, 총장 퇴임 후에 후임 총장 판공비를 종래보다 더 증액 조치하는 기이한 현상이 발생하였다.

(4) 학생들이 총장을 총장 전용차량 기사(技士)로 착각한 사례

총장 취임 후에 금강대학교 마크가 새겨진 점퍼를 매입하여 전체 교직원에게 배부하고 평상시에 애용하도록 하고 총장도 함께 4년간 솔선수범 애용했다.

외부손님 접대와 특별한 외부회의 참석 이외에는 평소에 운동화, 벙거지모자에 점퍼를 입고 상근하며, 조중석(朝中夕) 3식을 교수식당을 이용하지 않고 학생식당에서 학생들 틈에서 식사할 뿐만 아니라, 출퇴근을 비롯하여 교수들과 외식할 때에도 항상 그 옷차림으로 총장 차량을 직접 운전하는 모습을 보아 온 학생들이 나를 총장 차량 운전기사로 착각하였다.

총장이 4년간 주야간 그 차림으로 인부들과 함께 트럭에 합승하여 향나무, 백일홍, 벚꽃나무 등 1천여 그루의 나무를 수송하여 이식하는가 하면, 돌로 축대를 쌓으며, 연못을 조성하는 등 교내 곳곳을 누비면서 조경에 열중했으니 학생들로서는 당연히 총장 차량 기사나 인부로 인식할 수밖에 없었을 것으로 생각되었다.

어느 날 학교 대강당에서 전교생을 대상으로 인문학 교육의 일환으로 특강을 위하여 강창희(姜昌熙) 전 국회의장을 모시고 총장이 나타나자, 모처럼 정장을 하고 나타난 총장의 모습을 보고 대부분의 학생들이 깜짝 놀라는 기색이었다.

매년 방학기간인 2월에 졸업식이라 대다수 학생들은 정장 차림의 총장 모습을 볼 기회가 없으며, 입학식에서 잠깐 볼 수 있을 뿐이었으니 학생들의 심정도 이해가 되었다.

(5) 〈조선일보〉의 "작지만 강한 대학, 충남 논산의 금강대학" 특집기사를 둘러싼 외부의 의심

2007년 9월 17일 〈조선일보〉 '전혜진 여기자'가 쓴 기사 "작지만 강한 대학, 충남 논산의 금강대학"이 큰 박스 기사로 보도되었다. 주요 내용은 "전교생 기숙사 생활, 1인 평균 613만 원 전액 장학금 지급, 수능성적 1～2등급 신입생 등록률 100%, 전국 200개 4년제 대학 중 가장 높다"는 것이었다.

2007년 2월 15일, 총장에 취임한 직후부터 졸업식, 입학식에 업무현황 파악 등으로 지역사회에 일찍이 취임인사를 하지 못하였다. 9월 6일에서야, 총장 취임한 지 6개월 만에 중앙 일간신문·방송사의 대전지역 파견 기자단과 대전지역 기자단을 초청하여 처음으로 인사 겸 환담을 나누면서 지방대학의 어려움을 실토하며 금강대학교의 강점과 향후 추진계획을 소상하게 기자단에 설명하였다.

다음 날 9월 7일에 상경하여 KBS 녹화방송을 끝마치고, 그 다음 날인

9월 8일에 몽골과 중국으로 출국하여 협정대학을 순방한 후, 9월 19일에 귀국하여 다음 날인 9월 20일 학교로 가는 도중에 동국대학교 김상헌 교수로부터 전화가 왔다.

전화를 받자마자 김 교수가 "9월 17일 자로 〈조선일보〉에 금강대학교에 대한 기사가 크게 보도되었는데, 돈이 많이 들었을 건데 몇천만 원 들었습니까?" 하고 물었다. 나는 "그 무슨 말이요? 9월 19일 어제 귀국하여 지금 열차편에 논산의 학교로 가는 길이며 아직 신문을 보지 못했어요" 하고 전화를 끊었다.

학교에 도착하자 바로 〈조선일보〉 기사를 찾아보고 크게 보도된 기사에 나도 놀라며 감사하였다. 글을 쓴 기자를 수소문하여 확인하니 전혜진이라는 여기자라고 하여 전화로 감사의 뜻을 전하며 오찬을 모시겠다고 하였으나 극구 사양하였다.

어쩔 수 없어 문화공보부 언론담당국장과 방송언론사 사장 재직 시 잘 알고 지낸 방상훈 〈조선일보〉 사장에게 장문의 편지를 보냈다. 이러한 정직하고 성실한 기자의 사기진작을 위하여 연말 표창을 권장하면서, 이런 기자들로 인하여 〈조선일보〉가 국내 제1위의 독자를 확보하고 있음을 축하했다.

대학운영을 처음으로 맡아 여러 가지 경험이 없는 나로서는 각 대학들이 자기 대학의 대외적 홍보를 위하여 별의별 불합리한 수단과 방법을 다 사용하는지 의심을 지울 수가 없었다.

(6) 행정고시 합격자(황보란)에게 승용차 증정

2007년 2월 총장에 취임하자 고시반을 강화하면서 향후 행정고시에 합격하는 학생에 대하여 승용차를 증정하겠다고 약속했다.

대학입시 수능시험에서 1~2등급을 획득한 학생을 대상으로 학생을 선발 입학시켜, 4년간 등록금 전액을 장학금으로 지급하는 한편 전교생 전원을 의무적으로 기숙사에 입주케 하는 국내 유일의 금강대학교였다.

교내 고시반을 특수하게 강화하여 재임 중에 행정고시 합격자를 배출하여 신생대학, 소규모대학, 지방대학이라는 굴레를 벗어나 금강대학교의 위상과 학생들의 특출한 실력을 내외에 새롭게 부각하려는 비장한 결심을 하고 모든 노력과 방법을 강구 추진했다.

고시준비생들을 위한 행정고시반 전용교실을 별도로 특설하여 연중무휴 이용할 수 있도록 완벽한 편익을 제공했다. 한편 주말에는 서울의 명문 고시학원을 답사하여 우수한 교재와 이름난 강사의 강의 영상 테이프를 과목마다 구입하여 고시준비생 전원에게 아낌없이 지속적으로 무료로 제공 활용하도록 특별 배려를 하는 등 모든 정성을 다하였다.

한편으로는 명문 고시학원의 유명강사들을 방학기간에 학교에 초청하여 고시준비생들에게 특강을 강구했다.

이렇게 약 1년 6개월에 걸친 끊임없는 노력의 결과, 2008년 11월에 4학년 황보란(皇甫蘭) 여학생이 졸업을 두세 달 앞두고 행정고시에서 최종합격하는 영광을 획득하였다.

이리하여 충청남북도와 대전광역시에 소재하는 50여 개의 대학 중에 유일하게 금강대학교에서 행정고시 합격자(5급 사무관)를 배출함으로써 모두가 감동하여 경탄을 금할 수가 없었으며, 신생 금강대학교의 위상이 전국적인 명문대학으로 급격하게 부각 격상되었다.

당시에 행정고시 외에 6급 국가공무원시험에도 금강대학교 재학생이 2007년 이후 매년 두세 명이 합격하여 외무부, 문화관광부, 경제부처 등으로 배치 발령되는 경사가 연이어져 갔다.

이러한 경사에 힘입어 대학재단으로 하여금 행정고시 합격자에 대하여 졸업식에서 고시합격 기념으로 승용차를 증정하도록 건의하여 수용 확정되었다. 나는 '황보란' 학생에게 12월 겨울방학 중에 운전면허증을 필히 획득하여 내년 초 졸업식에서 부모님을 승용차에 직접 모시고 고향으로 금의환향하도록 당부하여 실천하게 되었다.

드디어 2009년 2월 27일 졸업식(학위 수여식)에서 '황보란' 졸업생에게 졸업장과 승용차 증정서를 수여하고, 대학 본관 앞 광장에서 재단 이사장과 총장이 직접 승용차를 증정하였다.

2007년 2월 총장에 취임하고 고시반 특설운영에 대한 강한 집념의 결과로 2010년까지 연이어 행정고시 합격자가 배출되었으나, 이후 후임 총장들의 성의 부족으로 합격자도 없었다. 일부 후임 총장들의 무성의와 불합리한 행태로 학교의 위상이 급격히 하락하였음은 나만의 생각일까.

(7) 일부 학생들의 선동에 의한 전교생 시위농성 설득 타결

2008년 6월 1일부터 12일까지 학교 운동장에서 꽹과리를 치며 확성기를 통해 고성방가로 전교생 농성이 전개되었다.

2008년 2월 이명박 대통령 취임 후 미국 소고기 수입 반대시위가 전국적으로 확산되는 시기에 외부세력이 학내에 침투하여 선량한 학생을 대상으로 한 선동으로 촉발된 것이다. 수차례 교수회의를 통한 설득에 불응하며 농성을 지속하며 5차례 학생회가 성명서를 발표하였다.

2008년 6월 12일 오후 5시경 총장이 농성장에 진입해 직접 설득에 나섰다. 교직원들의 만류를 뿌리치고 총장 홀로 직접 학생농성장에 과감하게 뛰어들어 약 55분간 조목조목 해명하며, 이 모든 조치는 총장 개인이 아닌 발전단계에 있는 여러분의 대학과 학생 전체의 공동체를 위한 선의의 조치임을 역설 강조하였다.

학교의 발전과 전체 학생들을 위한 총장의 충정을 외면한다면 미련 없이 금명간 총장을 사퇴하겠음을 천명하였다. 여러분이 사랑하는 이 대학은 학생 여러분과 교수와 사무직원 전체가 삼위일체가 되어 합심협력으로 내외부로부터 생성 유입되는 각종 유언비어와 부정부조리를 배격하고 여러분이 사랑하는 학교를 여러분 스스로가 수호하고 보호하여야 할 책무가 있음을 강조하며 역설하였다.

농성 학생 전체가 공감하여 박수로 환호하자 주동자 5, 6명이 난감하여 총장께서 50분 하기로 하였는데 5분을 초과했다고 시비를 걸었으나 뿌리치고 나와 버렸다.

이로써 10여 일간의 학생농성은 사라졌으며, 이후 총장 4년 재임 중 학생들의 시위 농성은 전무하였다.

(8) 충남대학교 등 대학운영 자문 받으려 교수들 면담 요청

충남지역에서 유일하게 금강대학교 학생들이 행정고시에 연이어 합격하고, 일본의 명문 도쿄대학과 중국의 명문 베이징대학 대학원 등에 매년 연이어 합격 진학하는 한편, 외국 정부의 국비 장학생(석·박사)으로 합격하자 충남대학교 총장과 몇몇 대학교에서 나의 자문을 받도록 교수를 보내 왔다. 나는 각 대학들이 금강대학교의 특성과 여건에 맞지 않아 불가능하다고 설명하여 주었다.

금강대학교는 소수정예 교육과 외국어 특화교육을 목표로, 수능성적 1~2등급 중 100여 명을 엄선하여, 4년간 전액 장학금 지급, 등록금 면제, 4년간 전교생 2인 1실의 기숙사 무료제공 의무입사, 4년간 영어, 일어, 중국어 중 1개 외국어 특화교육 수련 의무 등을 실현하였다.

행정고시와 공무원 공채시험, 회계사 시험 대비 고시반을 운영하여, 서울 명문 고시학원 강사 초청 특강과 명강 카세트테이프 구입 제공, 방학기간에 고시학원 수강 등 특별지원을 실천한다고 말해주었다.

외국어 특화교육 목표를 달성하기 위해서는, 미국, 일본, 중국 3국의 자매결연대학에 1년간 교환학생으로 파견, 학점을 인정하는 새로운 어학 연수제도 실현하고, 기숙사 입사배치와 운영방식을 혁신하여 영어, 일어, 중국어 전공자별로 외국인 연수생과 2인 1실 입사 배치하여 외국어를 생활화하도록 개선하였다.

외국어 실력 향상에 기여하도록 기숙사에는 2층 영어, 3층 일어, 4층 중국어 전공별로 입사 배치한다는 것도 설명했다.

이렇게 기숙사 운용방식을 효율적·능률적으로 새롭게 혁신 운용하여 조중석(朝中夕) 식후에 층별로 한국 학생과 외국인 교수, 외국인 교환학생들이 자연스럽게 수시로 각 층별 휴게실에서 회합케 함으로써 외국어에 대한 놀라운 성과를 거양할 수 있었던 사례 등을 소상하게 설명하여 주었다.

5) 노무현·김대중 대통령 서거 장례위원 위촉 참례

나는 2009년 5월 29일 경복궁 흥례문 앞 광장에서 거행된 노무현(盧武鉉) 전 대통령의 장례식과 2009년 8월 23일 여의도 국회의사당 앞 광장에서 거행된 김대중(金大中) 전 대통령의 장례식에 장례위원으로 위촉되어 각각 참례하게 되었다.

2003년 2월 25일 취임한 노무현 대통령께서 5년의 임기를 마감하고 2008년 2월 25일 퇴임한 후 1년 3개월이 지난 2009년 5월 27일 서거(逝去)했다는 연락을 받았다. 당시 나는 금강대학교 총장으로 재직하고 있을 때였기에 황급히 경남 김해 봉하마을로 내려가 조문한 후 5월 29일 11시 서울 경복궁 흥례문 앞 광장에서 거행되는 장례식에 장례위원으로서 참석했다.

경복궁 경내에서 장례식이 끝난 후 운구(運柩) 차량이 세종로 광화문을 거쳐 시청 앞 광장과 서울역으로 향하는 도로에는 애도하는 수백만 시민들로 인산인해를 이루었다.

2008년 11월 25일 대통령직에서 퇴임한 노무현 전 대통령께서 부인 권양숙 여사와 함께 처음으로 충남 논산(論山)에 오셨다. 안희정 씨가 고향인 논산에서 정치적 기반을 마련하기 위하여 활동하고 있었으며, 나는 논산에 있는 금강대학교 총장으로 재직하고 있을 무렵이었다.

11월 25일 당일 노무현 전 대통령 내외분을 모시고 안희정 씨와 나는 별방(別房)에서 오찬을 함께하며 담소를 나누었으며, 수행원들과 지역인사 등 40여 명은 큰 홀에서 오찬을 하게 되었다.

오찬이 끝난 후 노 전 대통령 내외분은 기념사진을 나와 함께 촬영한 후에 논산을 떠났다. 논산을 다녀간 지 6개월 만에 갑자기 서거했다는 비보(悲報)를 받게 된 것이다.

나와 노무현 대통령의 관계는 나의 처의 재종조카 사위이며, 노 대통령의 처(권양숙)의 재종이모부(再從姨母夫)이며, 권양숙 여사는 나의 처의 재종질녀(再從姪女)이며 재종이모(再從姨母) 관계인 친척이다.

노 전 대통령의 장모님(박덕남)은 내 처(박영자)의 재종언니이다. 노 전 대통령의 장모님과 나의 처는 경남 의령군 가례면 수성리 밀양 박씨 집성촌인 친정의 친척 친족(親族)이다.

2003년 2월 25일 대통령에 취임한 후 5월 4일 노무현 대통령 내외분의 초청으로 청와대를 방문하여 아내와 처족 일행과 함께 환담을 나누었으며, 청와대 경내를 두루 산책 구경한 후에 권양숙 여사 왼편에 권 여사 어머니가 정좌하고 권 여사 오른편에 나의 아내가 정좌하여 친족들과 함께 기념사진을 촬영하고 오찬을 하였다. 당일 노무현 대통령은 5월 초의 방미(訪美)를 앞두고 중요한 회의가 있어 중도에 자리를 떠났다.

356

나는 노무현 대통령께 수차례에 걸쳐 "외국 대통령의 용서와 화합의 정치 리더십"을 참고하도록 다음 사항을 건의했다.

〈남아프리카공화국 만델라 대통령〉

27년간의 인종차별 정책으로 감옥 생활 등 엄청난 희생을 당하였으나 대통령에 당선 집권한 후, 용서와 화해로 포용하여 모든 갈등을 해소함으로써 만델라대통령은 세계의 이목을 집중하고 세계적 인물로 부각되었다.

〈아르헨티나 메넴 대통령〉

군사 통치를 종식하고 문민 대통령이 된 알폰신은 군사통치 시대의 핵심인물 6명을 무기징역에 처했다. 이에 반발한 구세력이 도처에서 일어나 4년의 임기 중에 3차례나 쿠데타 세력과 싸워야 했다. 정치 불안이 계속되고 경제가 파탄되어 인플레가 1천%를 넘어서자 알폰신을 열렬하게 지지하였었던 국민이 등을 돌려 대통령 재선에 실패했다.

후임에 '메넴' 대통령이 취임하여 핵심인물 6명을 석방 복권시켜 과거 단죄보다 용서와 화해의 길을 택하였다.

〈스페인 곤잘레스 수상〉

프랑코 수상은 3년 8개월간의 좌우 내전을 통해 집권한 인물로 장기 독재통치를 했다. 스페인은 국민 2천만 명 중 5%인 100만 명이 사상하여, 어느 나라보다도 국민의 마음속에 커다란 상처를 갖고 있던 국가였다.

프랑코의 사망으로 그동안 지하생활과 프랑스 망명생활 등 수많은 고난을 당한 40세의 '곤잘레스'는 집권한 후 어느 누구도 법정에 세우지 않고 용서와 화해의 길을 열어 갔다.

〈중국 덩샤오핑 주석〉

문화혁명 10년간 온갖 박해를 받은 '덩샤오핑' 주석이 집권한 후, 박해한 마오쩌둥의 말년의 과오에 대해서는 비판하였으나, 마오쩌둥을 전면적으로 부정하지는 않았다.

천안문 광장의 초상화도 그냥 두었다.

과거의 공산국가 중 민주화한 후 공산통치 시대의 주역들을 단죄한 나라는 없다.

루마니아의 '차우셰스쿠'가 민주화를 요구한 국민들을 무력으로 탄압하려다 처형된 것이 유일한 사례이다.

6) 학위수여식 식사 요지(2007. 2. 26)

우리 금강대학교는 참된 인간성과 전문적 지식 그리고 창조적 능력을 갖춘 유능한 인재를 양성하여 국가와 사회발전에 공헌케 함으로써 지혜와 자비가 충만한 이상세계를 실현하려는 창학 이념을 가지고 출발하여 왔습니다.

신설대학, 소규모대학, 지방대학이라는 약점을 알면서도 굳이 우리 금강대학교를 용감하게 선택하여 지난 4년간 여러 가지 어려운 고난에도 불구하고, 강인한 정신력으로 추호도 흔들림 없이 초지일관 도전하고 극복하여, 오늘 영예의 학위를 취득하게 된 졸업생 여러분들의 집념과 끈기를 높이 치하하면서 진심으로 축하를 드립니다.

전교생에 대하여 등록금 전액 장학금 지원과 기숙사 무료제공 및 외국어 특화교육의 기치 아래 소수정예의 교육을 통하여 '역량 있는 인재',

'국제적 전문인력', '지역사회 리더'를 양성하겠다는 원대한 포부를 가지고 출발하면서, 여러분들을 기쁜 마음으로 맞이한 것이 엊그제 같기도 합니다.

오늘 졸업생 중 해외의 명문대학교 대학원에 진학하는 학생에 대하여 전액 장학금을 지원함으로써, 향후 금강대학교의 우수교수 요원으로 확보하여 후배들의 훈육에 봉사할 기회를 부여하는 장기적 발전전략을 추진할 계획입니다.

우리 금강대학교는 지속적인 성장과 발전을 이룩하기 위하여 전심전력을 다할 각오입니다. 1626년에 설립된 미국의 하버드대학은 제 1회 졸업생이 9명에 불과하였으나 오늘날 세계적인 명문대학으로 성장하였습니다.

우리 금강대학교보다 1년 앞서 2002년에 설립된 미국의 올린 공대는 280명의 학생을 입학시켜 제 1회 졸업생 75명을 배출하였으나 막대한 기금을 바탕으로 미국의 명문대학으로 급부상하고 있습니다. 재학생과 졸업생의 많고 적음이 문제가 아니라 소수정예 교육을 통하여 유능한 우수 인재를 양성하여 사회에 배출하여야 합니다.

사랑하는 졸업생 여러분!

이제 여러분들은 따뜻한 부모님의 슬하를 떠나야 하며 여러분들이 뛰어놀면서 학구에 전념하였던 금강대학교의 포근한 품속에서 벗어나게 되었습니다.

오늘의 우리 사회는 과거와는 달리 급격하게 변하였습니다. 학벌보다는 실력을, 능력보다는 믿음을 중시하고, 정직 성실과 인성을 미덕으로 삼는 세태로 변했다는 사실입니다.

거센 파도가 휘몰아치는 망망대해로 출범하는 외로운 조각배처럼 여러분들은 지금부터 모진 세파 속에서 허덕이는 고행의 길로 들어섭니다. 현실의 세상세태는 치열한 경쟁 속에서 잔혹하리만큼 무서운 눈초리로 여러분들을 응시하게 될 것입니다. 이와 같이 냉혹한 사회로 아무런 준비 없이 여러분들을 내보내는 총장으로서는 가슴이 미어지게 아픕니다.

그러나 다른 대학과는 달리 우리 금강대학교가 조금이나마 자부하는 것은 지난 4년간 인성과 덕성을 함양함과 아울러 외국어 특화교육을 통해 영어, 일본어, 중국어에 능통하도록 실력을 배양시킨 결과, 두 가지의 눈에 보이지 않는 귀중한 무형의 무기를 졸업생 여러분들이 가슴 속 깊이 간직하고 출발한다는 데 다소나마 안심할 수 있지 않을까 생각하여 봅니다.

이제 여러분들은 아무리 어려운 상황과 환란에 직면하더라도 끈질긴 집념과 강인한 정신으로 초지일관 이를 극복하고 관철하는 용감한 금강인이 되어 주기를 간절히 바랍니다.

이제 여러분들이 사회에 진출하여 과욕을 버리고 분수를 지키며 인성과 덕성, 정직과 믿음을 지속적으로 쌓아 가면서 매사에 솔선수범함으로써 성실한 금강인상을 도처에 깊이깊이 심어 주기를 간곡히 당부합니다.

여러분들이 선발대로 사회에 진출하여 모진 세파를 극복하면서 개척하고 쌓아 놓은 그 길이, 후배 금강인들에게 든든하고 훌륭한 발판과 교두보가 될 것으로 확신합니다.

"주어진 현실에 안주하고 과거에 집착하는 자는 미래를 잃는다"고 역설한 영국의 유명한 재상 윈스턴 처칠의 경구를 바로 새겨, 패기 넘치는 젊은 청년기를 보다 값지고 내실 있게 보내야 합니다. 젊어서는 고생을 사서라도 해야 합니다. 세상에 공짜가 없습니다. 오직 자기 스스로가 쌓은 만큼 필연적으로 얻게 된다는 진리를 가슴속에 깊이 새겨 주기 바랍니다.

효행과 봉사의 정신에는 인생의 행복이, 정직 성실과 화합에는 인생의 행운이, 불신 갈등과 모함 속에는 인생의 파멸만이 초래한다는 철리를 잊지 말고 깊이 인식하기 바랍니다. 겸손과 열정을 가지고 미래를 준비하는 자기개발과 철저한 자기관리를 통하여 지속적으로 수없이 휘몰아쳐 오는 난관과 위기를 지혜롭고 현명하게 대처하여 나가는 훌륭한 금강인이 되기를 재삼재사 당부하면서 전도에 영광과 행복이 충만하기를 기원합니다.

7) 총장 임기만료 퇴임인사 요지(2011. 2. 8)

사랑하는 교직원 그리고 학생 여러분!

지난 4년간 우리 금강대학교의 끊임없는 성장과 발전을 위하여 여러 가지 어려운 환경과 여건을 극복하면서 호흡을 함께하여 주신 데 대하여 한없는 감사를 드립니다. 특히 우리 학생들은 이 귀중한 겨울방학을 값있게 잘 보내고 있으리라 믿으면서 몇 글자 남겨 두고 떠나고자 합니다.

2007년 2월 8일 총장에 선출되어 2월 15일 취임하여 4년간의 주어진 임기를 마무리하고 정든 학교와 교직원 그리고 학생 여러분들을 두고 떠나게 되어 가슴이 답답할 뿐입니다.

겨울방학이 되기 전에 학생 여러분들과 함께 마지막으로 대화의 시간을 가지고자 하였으나 학기말 시험 준비로 바쁜 시간을 빼앗는 것이 도리가 아니라 생각하고 단념하였습니다.

하필이면 방학기간에 떠나게 되어 씩씩한 여러분들의 모습을 다시 볼수 없게 되어 섭섭한 마음 가눌 수가 없습니다. 학생 여러분들에게 평소에 기회 있을 때마다 당부한 바 있지만 한 번 더 몇 가지 당부를 남겨 두고 떠나려 합니다.

우리는 너나없이 눈앞의 현실만을 너무 집착하는 것 같습니다. 적어도 인생을 멀리 내다보면서 현실과 미래에 어떻게 대처해 나아갈지, 장·단기적인 인생설계가 필요하다고 봅니다. 학생들에게는 학업도 중요하지만 인성이 더욱 중요하다고 생각합니다.

과학문명의 급속한 발달에 따라 우리 주변의 사회변동 패턴이 수년 전과는 판이하게 급속도로 변화되고 있습니다. 실력 제일주의가 물러서고 인성 제일주의로 변해 가고 있는 현실입니다.

대학입시나 취업에서 실력만을 우선시하던 것이 어느덧 인성을 앞세우고 실력이 차선으로 밀려나는 세태로 변한 것이 현실입니다. 수많은 직장에서는 조직 내부의 기밀을 보호하고 새로운 첨단기술 유출을 예방 보호하기 위하여 실력 있는 인재에 앞서 성실 정직하며 신뢰성 있는 인재를 선호하는 풍조로 변해 가고 있다는 사실입니다.

이러한 사회변동의 상황에 대처해 나가기 위하여 학생 여러분들은

인성과 덕성을 갖추어야 합니다. 직장에서는 인성과 실력을 두루 갖춘 인재가 더욱 좋겠지만 완벽한 인재는 극히 드물 뿐입니다. 정직과 성실, 믿음과 인내는 우리 인생의 전도를 밝고 편하게 하여 줄 것입니다.

끈기와 집념을 가져야 합니다. 목표를 달성하기 위해서는 생사를 초월하는 고행의 길을 스스로가 찾아 선택하여 극기력과 인내심을 강화해야만 치열한 경쟁사회에서 살아남을 수 있습니다.

자활력과 자립심을 배양해야 합니다. 부모님의 품속을 벗어나 독자적으로 생존할 수 있는 길을 찾아야 합니다. 대학생활 속에서 온갖 모진 시련을 몸소 체험하고 단련시켜 나가야만 졸업 후의 생존방안을 찾아서 안주할 수 있습니다.

외국어 실력을 향상시켜야 합니다. 국제화 시대에 영어는 생활필수이며 동양사회에서는 일본어, 중국어 중에서 하나는 능통해야 합니다. 21세기는 서양문명이 쇠락하고 동양문명의 시대로 전환하여 갈 것으로 예상됩니다. 동양사회에서 살고 있는 우리는 중국어, 일본어는 필수적으로 익혀 두어야 한다고 생각합니다.

대학생활을 값있게 보내야 합니다. 여러분의 성패는 4년이란 귀중한 대학생활을 얼마나 값있게 보냈느냐에 달려 있다고 생각합니다. 다른 동료 학생들이 겪어 보지도 못한 숱한 고난과 역경의 경험을 몸소 체득한 자에게는 사회에 진출하여 두려울 것이 없으며 매사에 자신감이 넘칠 것이라 생각됩니다.

소중한 대학생활을 최대한 알뜰하게 선용하여야 합니다. 앞뒤를 돌아볼 시간 없이 불철주야 피나는 노력으로 온갖 고난의 경험을 쌓아 가야만 성공을 보장받게 됩니다.

사랑하는 교직원 그리고 학생 여러분!

역사가 짧은 신생대학인 우리 금강대학교가 전임 총장들이 임기 중에 물러나야만 하는 사건으로 인하여 크나큰 상처를 입게 됨으로써 사회 각 계로부터 따가운 시선을 받아 왔습니다. 그러한 상황에서 아무런 준비 없이 총장에 취임한 나로서는 비장한 각오를 가지고 인생 말년에 최대의 봉사정신을 발휘하고자 굳은 결심을 하였습니다.

그간 느슨하였던 행정체제를 혁신하고 해이한 기강을 새로이 확립하며 예산집행의 투명성과 효율성을 제고함으로써, 부정과 비리의 생성을 근절하는 데 전력투구하기도 하였습니다.

이를 구현하기 위해서는 먼저 총장 스스로의 냉철하고 철저한 자기관리가 모범이 되어야 한다는 신념하에 솔선수범의 자세로 정도(正道)로 실천하여 왔습니다.

- 총장 봉급은 4년간 동결했으나, 교직원 봉급은 매년 인상했습니다. 총장 전용차량 전속기사제를 폐지하고, 기사는 사무처 행정요원으로 근무토록 하였습니다. 총장의 출퇴근과 관내 근거리 출장은 총장이 직접 운전했고, 원거리 출장 시에만 공용기사를 일시 활용했습니다.

- 총장비서실 비서 및 수행비서제를 폐지하여 사무처 행정요원으로 돌

렸으며, 비서실에 계약직 여직원 1명만 근무케 했습니다. 임기 4년간 방학, 휴가를 반납하고, 상시 출근했습니다.

- 총장 업무추진비를 절약하여 4년간 매년 연말에 교직원 10명씩 선발하여 포상하는 데 전용했습니다(1인당 교수 50만 원, 교직원·경비원·청소부 각 30만 원과 상패 제작 수여).

- 총장 경조사비를 4년간 학교와 직접 관련된 공적인 경조사에 한하여 사용했으며, 그 외의 경조사비는 자비로 사용하는 등 엄격하게 구분 실천했습니다.

- 총장 명함도 4년간 자비로 제작 사용했으며, 학교 각 부서의 책임자들도 각자 자비로 제작 사용토록 개선하고, 학교예산 제공을 일체 중단했습니다.

- 총장 사용 휴대폰도 자비로 구입 사용했으며, 전화요금도 4년간 자기 부담함으로써, 학교예산을 불합리하게 사용한 관행을 근절했습니다.

대학의 운영예산을 지금까지 종단에서 매년 70~80억 원을 지원하여 왔으나 앞으로는 연간 50억 원 이상 지원할 수 없다는 통첩에 따라, 비장한 각오로 대처하여 50억 원 이내로 지원비를 줄이는 등 자력성장과 발전을 위한 실적을 이룩하였습니다.

향후 대학경영의 효율화와 운영의 합리화를 기하고 성장과 발전의 확고한 토대를 구축하기 위하여, 50년 가까이 관계(官界)를 비롯하여 국가 공기업계, 방송언론계, 민간기업계와 정부기관단체 등 이질적인 기관, 단체에서 터득한 새로운 경영기법을 활용하여 압축적인 성장과 발전을 위한 외부 지원 등 새로운 수익 창출로 자립의 터전을 마련하는 데 전력투구했습니다.

긴축실행예산을 편성하여 불요불급한 예산지출을 억제하고 행정체계 혁신을 단행함으로써 연간 20~30억 원의 예산절감 성과를 실현했습니다.

2007년 11월 대학원을 설립하여 종합대학으로서의 새로운 위상을 정립하고 면모를 일신함으로써, 불교문화연구소의 대외적 활동영역을 새롭게 개척하는 데 큰 도움이 되었습니다.

2007년 12월 정부의 '인문한국(HK) 연구 12개 대형 프로젝트' 사업에 과감하게 도전하여 획기적인 특출한 계획을 수립하여 치밀하게 대처함으로써 전국 200여 개 대학 중 명문대학들을 물리치고 12개 대형 연구프로젝트사업 중 1개 사업에 전국 지방대학에서는 우리 대학이 유일하게 선정됨으로써 전국 대학을 긴장시키는 쾌거를 성취했습니다.

이로써 우리 대학은 정부로부터 '총 80억 원'의 사업지원을 획득하여 2007년부터 2016년까지 10년간 '매년 10억 원'을 지원받아 대학의 재정안정에 크나큰 도움이 되었으며, 우리 대학의 불교문화연구소가 세계적인 명문연구소로 성장할 수 있는 확고한 기초를 마련했습니다.

2008년에는 교육부의 '대학교육역량 강화사업'에 참여하여 전국 200여 개 대학 중 60개 대학 선정에 우리 대학이 선정되는 놀라운 성과를 올려 2008년부터 '매년 7~8억 원'의 정부지원금을 처음으로 받고 있어 학교재정의 안정화에 기여했습니다.

2008년 하반기에는 Woolner 연구사업계획이 정부지원을 획득함으로써 '총 4억 5천만 원'의 정부지원금을 2008~2010년까지 3년간 매년 지원을 받게 되는 등 정부지원 연구사업계획을 연이어 획득하는 경이적인 대성과를 올려 대학사회에서 금강대학교의 위상이 급격하게 부상함에 놀라는 기색이 역력했습니다.

'외국어 특화교육'과 '불교문화 연구'라는 2개의 축을 주축으로 명문사학으로 압축적 성장과 발전의 기반을 구축할 수 있도록 재임 중 중국, 일본, 대만 등 12개 대학과 신규 교류협정을 체결하고 학생 상호교류 등을 확대했습니다.

우리 금강대학교가 설립된 지 얼마 되지 않은 신생대학, 소규모대학, 지방대학이라는 약점을 극복하기 위하여 각종 신문, 방송, 잡지 등 인쇄매체와 전파영상매체를 통하여 우리 대학의 강점과 특성 그리고 그간의 졸업생들의 사회진출과 해외 명문대학교 대학원 진학 그리고 행정고시 합격 등을 집중적으로 홍보했습니다.

한편 매년 200개 대학 총장과 국내외 각계 인사들에게 우리 대학의 발전하는 새로운 모습들을 올바르게 알리는 새해 인사장을 4년간 지속적으로 보냄으로써 홍보 파급효과를 극대화했습니다. 이리하여 사회지도층에게 홍보가 확산됨으로써 우리 금강대학교가 신생 명문대학으로 급격하게 부상하고 있음을 인식하고 있으나, 아직까지도 홍보가 미흡하다고 생각됩니다.

사랑하는 교직원 그리고 학생 여러분!

본인이 능력이 부족하여 못다 하였던 부분과 부족하였던 부분들을 여러분들이 주인의식을 가지고 우리 금강대학교의 성장과 발전을 위하여 전심전력을 다하여 주시기를 간곡히 당부드립니다.

우리의 직장은 우리 스스로가 수호해 나가야 합니다. 그간 여러분들의 헌신적인 노력과 성원에 다시금 뜨거운 감사를 드립니다.

총장으로 취임한 지 엊그제 같은데 벌써 4년이 되었습니다. 오는 2월 8일 임기를 마무리하고 그간 정들었던 금강대학교를 떠나고자 합니다. 그동안 주어진 일에 매달려 여러분들과 더불어 자주 담소를 나누지 못하고 떠나게 되어 아쉽고 송구합니다.

26세에 공직에 입문하여 53년간의 기나긴 직장생활을 통하여 이질적인 여러 분야에서 수많은 분들과의 인연을 맺어 오면서 많은 도움을 받았습니다. 그 많은 분들에게 보답도 드리지 못하고 어느덧 77세 인생의 황혼기를 맞이하게 되니 마음이 무겁고 착잡함을 금할 수가 없습니다.

이 모든 것을 털어 버리고 타향살이 60여 년을 마감하고 가벼운 마음으로 서울에서 시골 고향을 자주 찾아 농촌 전원에서 이름 모를 잡초를 뽑으면서 죄 없는 세월을 낚아 가고자 합니다.

오랜 공직생활로 그동안 부모님께서 남겨 두고 가신 고향집과 선산 묘소, 전답을 돌보지 못하여 고향 친지 분들께 항상 죄스러운 마음으로 보냈습니다. 이제 인생 하반기 77세의 몸과 가벼운 마음으로 고향을 오르내리면서 차창 밖으로 스쳐 가는 산천초목들을 감상하고 물 맑고 공기 좋은 고향 땅 농원에서 유실수와 약초 등 기화요초를 가꾸는 새로운 제 2의 인생설계를 실천하면서 나의 인생 3모작을 위한 결실을 맺는 데 헌신할 각오입니다.

사랑하는 교직원 그리고 학생 여러분!

앞으로도 아낌없는 성원을 당부하면서 그간의 성원에 다시금 한없는 감사를 표합니다. 항상 건강하고 소원 성취하여 가정에 행복이 가득하기를 기원하면서 이임인사에 갈음합니다.

8) 고향집 수리 위해 총장 유임 요구 사절

2011년 초에 총장 임기 4년 만료일을 앞두고 총장직 4년 재임(再任)을 학교재단에서 요청하였으나 거절했다. 당시 77세인 나로서는 이 시점에서 고향집을 수리하지 않고 총장직에 미련을 가지고 4년을 더 봉직하게 되면 81세가 되어 체력적으로 보아 그때에는 도저히 고향집을 수리할 자신감이 없어 단호하게 재임 요구를 거절하고, 주어진 임기 4년을 마감하고 2011년 2월 8일 금강대학교를 미련 없이 떠났다.

1968년부터 나와는 오랜 인연을 간직하여 왔었던 대한불교천태종단의 초대 종정이신 상월 원각대조사님을 천태종단의 초창기부터 모시고 무에서 유를 이룩한 산증인이신 전운덕(田雲德) 큰스님께서 오랜 기간 총무원장으로 재임하면서 오늘의 대 종단을 발전시켰다.

2002년에는 금강대학교를 설립함으로써 한국 불교계의 제 2의 대 종단으로 성장과 발전을 이룩하시고, 내가 총장으로 재임 중 총무원장을 물러난 이후 종단이 크게 발전하지 못하고 있는 이 시점에서, 총장 4년 유임을 사절하고 떠나고 보니 죄송스럽기 한이 없음을 해량하여 주시기를 바랄 뿐이다.

2. 대학교 초빙교수와 겸임교수

1) 천안대학교 초빙교수

제 2차로 퇴락한 한옥 3채를 대대적으로 보수할 계획을 수립하고 있던 차에 2000년 8월 초에 천안대학교(현 백석대학교)를 설립하신 장종현(張鍾鉉) 총장으로부터 초빙교수 제의를 받고 수락한 후 계속 집수리를 시도하였으나 시간적 여유가 없어 일단 중도에 보류하고 말았다.

2001년 평생 단독주택에서만 살아오면서 불편한 점이 많아 남들이 아파트가 생활하기에 편리하다고 하여 현 주거지에서 가까운 곳에 재건축 중인 아파트로 이사할 계획을 구상하고, 3천여 권의 책들은 천안대학교에 기증하였는데 총장으로부터 뜻밖에 감사패를 받고 보니 미안하면서도 감사하였다.

2001년 한 해가 가고 2002년의 새해가 되자 천안대학교 초빙교수를 그만두고 (주)동서의 감사로 가게 되었다.

2) 동국대학교 겸임교수

1997년 2월 성균관대학교 대학원에서 박사과정을 수료하자마자 1997년 3월 8일 그렇게도 소망하였던 학계로 진출하는 길이 열려 중앙정부(中央政府)의 정책적 배려로 동국대학교 겸임교수로 임명되어 1년여간 재임하면서 국제방송교류재단(아리랑TV방송) 이사장직을 겸임하여 왔었다.

겸임교수라는 새로운 정책적 제도는 중앙정부에서 1급(관리관, 실장, 차관보) 이상 봉직한 인사 중에서 선발하여, 이들이 중앙정부의 여러 분야에서 체득한 경험들을 대학생들에게 전달함으로써 순수학문에서는 얻을 수 없는 생생한 현실적 식견을 넓혀 주려는 목적으로 마련된 제도로 생각된다. 임기는 2년으로서, 월 수당은 중앙정부(과학기술부)에서 매월 300만 원을 지원금으로 지급하였다.

1997년 하반기에 외환위기 사태로 각 방송사의 운영상태가 악화되자 불교방송국에서는 내게 방송사의 위기를 타개하기 위하여 사장직을 맡아줄 것을 간청하여 왔다. 나는 이를 각박하게 거절할 수 없어 수락함으로써, 중도에 동국대학교 겸임교수와 국제방송교류재단 이사장을 사퇴하게 되었다.

제 5 장

고향집과 부모님 묘소
단장·수리정비

고향집 내외주변 정비단장

　1980년 4월 30일 아버지께서 당년 68세로 일직 별세하신 이후부터 공무에 매인 나로서는 고향집을 잘 관리하지 못하여 퇴락하기만 하였다.

　나는 5남 2녀 7남매의 장남으로서 오랜 공직생활로 고향에 자주 왕래하지 못하는 상황에서 고향집을 관리하지 못하여 고향 친지분들에게 항상 부끄럽고 죄송스러웠다. 고심 끝에 1998년부터 연휴, 휴가 등을 이용하여 고향집 담장과 주변을 수시로 정비단장하여 왔다.

　2000년 1월 20일 어머니께서 당년 87세에 별세함으로써 이제는 비어 있는 고향집을 더 이상 방치할 수 없어 새롭게 수리 단장하기 위하여 보수계획을 마련하고 있었다.

　그러나 1997년 외환위기 사태를 맞이한 시기에 설상가상으로 불교방송국의 내부 부정사건으로 운영이 어렵게 되자, 사장으로 영입되어 봉직하게 됨으로써 고향집 수리계획을 보류하게 되었다. 그 후에도 금강대학교 총장으로 봉직하게 되어, 고향집 보수 수리계획을 또다시 보류 연기해야 할 상황이 되었다.

　2011년 새해가 되어 총장임기 2개월을 앞두고 고향집 수리계획을 준비하고 있는데, 학교 재단에서는 총장 유임을 강력하게 요구하였으나 사양하였다.

　드디어 2월 8일 총장 임기만료로 퇴임한 후, 고향으로 내려와서 고향집에 대한 대대적인 보수정비를 약 10개월간 본격적으로 추진함으로써 완결하게 되어 실로 감개무량하였다.

그 후 현재까지 매월 고향을 오르내리면서 지속적으로 관리하고 있으며, 이렇게나마 정성으로 성심을 다하는 것이 부모님에 대한 불효를 조금이나마 벌충하는 것이 되지 않을까 생각한다.

우리 집은 창녕군 대지면 효정리 169번지로, '미락(彌樂) 마을'의 제일 안쪽 산 밑에 약 1천 평의 밭으로 감싸여 있다. 밭 84평을 진입도로로 조성한 길 위쪽에 약 345평의 밭(田)을 정리하여 한옥기와집 3채(본채, 사랑채, 대문채)가 서남향으로 건립되어 있다.

1950년 6월 25일 6·25전쟁으로 마을 중앙에 살았던 토담초가집이 완전 전소되어 피란 갔다 온 후 1951년 현재의 집을 신축하였으며, 1952년 2월 23일에 입주(立柱)하고 3월 20일에 상량(上樑)을 올렸다.

〈참고〉
• 본가 집의 건평과 집터(垈)
 - 본가 건평: 3채 32평
 - 본가 집터: 345평, 대지면 효정리 169번지(대지)
• 본가 집 뒤·앞의 밭 총면적: 980평
 - 집 뒤 밭: 358평, 대지면 효정리 168-6번지(밭)
 - 집 앞 밭: 622평
        - 376평, 대지면 효정리 139-1번지(밭)
        - 170평, 대지면 효정리 141-4번지(밭)
        - 76평, 대지면 효정리 141번지(대지)
• 본가 진입로(전주가 있는 진입로 입구부터 철문까지 길)
 - 집 진입로: 84평, 대지면 효정리 141-1번지(밭)

- 본가 집 앞 산(임야, 밭) 총면적: 2,841평
  - 집 앞 산: 2,554평, 대지면 효정리 산 45번지(임야)
  - 집 앞 산: 210평, 대지면 효정리 산 44번지(임야)
  - 집 앞 산: 77평, 대지면 효정리 137-1번지(밭)
- 총면적은 본가 집터 345평, 집 뒤와 앞쪽 밭 980평, 집 진입로 84평과 집 앞 산 2,841평으로 총 4,250평이다.

1. 창고를 철거하고 집 안 우물을 메우다

1998년 9월에 고향집 본채의 서편에 있었던 벼, 보리 등 곡식을 저장하는 '간이창고'는 철거하였으며, 본채의 작은방 앞마당에 있었던 '우물'은 수량이 부족하여 메웠다. 그리고 집 본채 동편의 흙으로 쌓은 약 10m의 토담은 폭우로 무너져 콘크리트로 새롭게 담장을 조성했다.

1) 집 앞 돈사 철거, 서편 담장 축대 조성

2000년 7월에는 고향집 담장 안팎을 먼저 정비하기로 하고, 집 앞쪽 700여 평의 밭에 있는 '헛간채'와 보리, 벼를 탈곡하는 '마당'은 모두 철거 정비하였다.

집 앞 우측 담장 외곽에 있는 '돈사'(豚舍)도 철거하고, 은행나무와 호두나무를 베어내고 텃밭을 조성하여 부추와 상추 등을 재배케 하였다.

사랑(舍廊)채 뒤편 흙 담장은 여름철 폭우로 무너져 담장을 완전히 헐고, 100여m의 축대 바닥을 굴착하여 철근콘크리트 옹벽 축대를 구축한 후, 그 위에 일부는 시멘트로 조성하고 앞쪽 일부는 벽돌로 쌓아 새롭게 조성했다.

2000년 7월 초부터 약 20일간 포클레인, 레미콘, 펌프차량 등을 동원하여 대대적인 공사가 진행되었으며 서편 옹벽 축대 밑으로 흐르는 도랑 바닥도 시멘트로 정리했다. 2000년 8월에 천안대학교 초빙교수로 부임함으로써 집 주변의 정리작업이 일시 중단되기도 하였다.

2) 집 안 화단 조성, 집 뒤 두충나무 제거정비

2001년 2월에 주말을 이용, 자주 귀향하여 몸채(본채)의 동쪽과 서쪽 그리고 앞쪽 3곳에 화단을 자연석으로 조성하고, 본채의 작은방 앞쪽의 우물을 철거한 곳에는 원형 화단을 조성했다.

본채 뒤편의 밭에는 1988년에 두충나무 묘목 1천 주를 20만 원에 구입하여 식재하였으나, 1990년대에 들어 한중수교(韓中修交) 이후 중국산 두충나무 수입 때문에 값이 폭락하여 차제에 모두를 폐기처분하고, 측백나무와 백일홍, 오가피, 산수유 등을 식재하고, 남은 땅에는 도라지, 무, 채소 등을 심도록 새로이 정비하였다.

3) 대문 앞 · 진입로 변 조경공사, 철문 설치

2001년 4월에는 본가로 들어가는 진입로 입구에서부터 철문을 설치할 중간지점을 거쳐 본가 대문 앞까지 약 150m 되는 길 우측 밭 언덕 밑으로 흐르는 개울을 복개하여 차량이 쉽게 진입할 수 있도록 확장 포장하고, 밭 언덕 쪽으로 1.5m 높이의 자연석으로 조경하고 연산홍 등 꽃나무를 심었다.

특히 철문에서부터 전신주가 있는 진입로 입구까지는 농사를 짓던 밭

84평(효정리 146-1번지) 일부를 진입로로 사용했으나 협소하여 차제에 트럭 등이 쉽게 출입할 수 있도록 밭 전체를 진입로로 대폭 확장 조성했다. 당시 조경공사 인건비가 싼 편이어서 큰 도움이 되었다.

8월에는 철문 1세트 4짝을 제작하고 에이치(H) 빔으로 철문 기둥을 양쪽에 세워 철문을 설치하였다.

고향집 진입로의 자연석과 만발한 꽃들 그리고 매실단지

콘크리트로 포장한 고향집 진입로

4) 집 앞 진입로 확장 포장, 매실단지 조성

2002년 3월 초에는 산 계곡에서 집 앞쪽으로 흐르는 개울에 맨홀을 조성하고 대문채 앞에서 철문에 이르기까지 대형 하수관을 매설한 후 대문 앞에서부터 철문 밖의 진입로 입구 전신주까지 콘크리트로 포장했다.

4월 초에 다시 고향에 내려와서 집 앞의 밭 약 622평을 재정비하여 매실단지(梅實團地)를 조성하여 매실 묘목 100주를 식재하고 변두리에 측백나무 등을 심어, 매년 봄이 되면 매화(梅花)가 만개하여 아름다운 전경을 볼 수 있었다.

매실 수확기가 되면 고향의 집안 4촌 형수님과 조카들 그리고 대구광역시에 거주하는 남동생과 여동생 내외, 이종동생들을 동원하여 각자 수확하여 가도록 했다.

매실나무가 왕성한 성장기에는 사과박스로 20~30박스를 수확했는데 최근에는 관리 부실에 더하여 매실나무의 꽃이 필 무렵에 한파로 매화꽃이 동사(凍死)하며, 가뭄이 닥치면 매실 열매가 낙하하여 수확량이 6박스도 되지 않았다. 매실 묘목을 심은 지 20년이 흘렀으니 노목(老木)이 되어 예전처럼 많은 수확을 기대할 수가 없게 된 것이다.

내 스스로가 한창 활발하던 60대 중반기에 매실단지를 조성하여 모든 직책을 버리고 부모님께서 남겨 두신 고향집에서 인생 말년을 전원생활(田園生活)로 조용하게 보내려고 시작하였다. 80대 중반을 넘고 보니, 나 역시도 노쇠(老衰)하여 매실나무처럼 변해 가는 신세임을 보면서 많은 상념에 잠기곤 한다.

2. 집 안에 상수도 가설공사

1960년대까지는 마을 앞에 조성한 공동우물을 생활용수로 사용했으나 수질이 불량하여, 마을 입구에 지하수를 개발함으로써 마을 주민들이 보다 나은 생활용수로 잘 활용하여 왔었다.

1980년에 지하수를 개발한 그 옆에 자원재생공사(資源再生公社) 지역 분사무소가 설립 입주하여 각종 폐기물을 마을의 지하수 공동우물에까지 야적함으로써 지하수가 오염되어 마을 주민들이 질병에 시달려 지하수를 폐공(廢孔) 해야 했다.

폐공 후 적합한 곳을 발견하지 못하던 차에 다행히 나의 집 진입로 입구 전신주 안쪽 우리 밭에 수량(水量)이 풍부한 수맥이 있어, 지하수 개발을 허용해 주어 마을의 공동 생활용수로 오랜 기간 사용해 왔었다.

2002년 5월에 우리 마을에 상수도(上水道) 가 처음으로 들어오게 되어 나의 집 안쪽 부엌 앞마당에는 수년 전부터 지하 30m 깊이의 지하수를 굴착하여 식수로 전용하였으나, 차제에 상수도를 집안에 가설했다. 집 밖의 철문 옆에 수도계량기를 설치하고 철문 옆으로 집 앞 텃밭을 통하여 집 앞 담장의 소문(小門) 옆 지하를 굴착하여 집 장독대까지 수도관을 매설하여 상수도 공사를 완성했다.

나는 마을 상수도 공사로 기존의 마을 공동 지하수 시설은 화재 등 비상용(非常用) 으로 활용하도록 마을에 제안했으나, 일부 주민들이 거부해 폐공(廢孔) 하고 그곳에 자연석으로 축조하여 매실단지로 흡수했다.

2003년 11월에 집 뒷밭 변두리 언덕의 토석 유출을 예방하기 위하여 언덕을 철근 콘크리트 옹벽으로 조성하고, 개울 수로를 시멘트 유관(U管) 으로 정비하여 폭우에도 피해가 없도록 구축한 후 약 20m의 옹벽 위에 철책(鐵柵) 을 가설하였다.

한편 집 뒷밭 위 경계지역 안쪽 15평에 대나무를 심은 후, 전면에 자연석을 한 줄로 비치하고 대나무 뿌리가 밭 안쪽으로 침투하지 못하도록 약 35m에 걸쳐 1m를 굴착하여 시멘트 콘크리트를 매설했다.

나는 매년 태풍과 폭우로 인하여 산에서 흘러내리는 대량의 홍수로 마을 앞길이 침수되고 때로는 마을의 집 안으로 흘러들어 수해를 당하였기에, 창녕군청에 민원을 제기하여 2004년 집 앞 뒤편 산 계곡에서부터 마을 앞과 안으로 흐르는 개울 전체에 철판관과 시멘트 U관을 가설함으로써 마을 전체의 안전(安全)에 대처할 수 있도록 조치하였다.

부모님 묘소 정비단장

1. 부모님 묘소를 대대적으로 정비하다

2000년 1월에 어머니께서 별세하신 후, 2월에 불교방송 사장을 정년 퇴임함으로써 오래간만에 시간적 여유를 갖게 되어, 고향집 안팎의 주변부터 정리정비하기 시작했다. 2004년까지 대부분의 정리정비를 완료하였으나, 집 3채는 수리하려면 상당한 시일이 소요되어 후일로 미루고, 부모님 묘소(墓所)를 먼저 정비단장하기로 하였다.

세월은 흘러 7남매를 위하여 한평생 고생만 하신 아버지께서 한 많은 이 세상을 하직하신 지 23년이 지나가고, 어머니께서도 가신 지 4년이 지나가, 장남으로서 부모님의 묘소를 새롭게 단장하고자 수십 번의 계획을 구상했다.

1) 묘비 문안 작성, 감수 필사

2000년 1월 어머니 별세 후 묘비 규격과 모양을 남달리 해보고자 창녕 문화원에서 발간된 창녕금석문(昌寧金石文) 책자를 수없이 읽고 또 읽으면서 내 나름대로 쓰고 지우기를 여러 번 시도했다.

수년간 매달 고향을 오르내리면서 차창 밖으로 펼쳐지는 산야의 묘소들을 유심히 살펴보았으며, 이 분야의 전문가들도 만나 자문을 받는 등 별의별 노력을 다했다. 부모님의 묘소 주변을 가급적 크게 손을 대지 않으면서도 아담하게 정비할 수 있는 묘안을 찾고자 고민했다.

비문에도 자화자찬의 문체로 남들의 입방아에 오르내릴까 염려되어 간결하면서도 깊은 뜻이 함축되어 있도록 신경을 쓰며 정성을 다했다.

2003년 4월에 드디어 고심 끝에 비문 안(碑文 案)을 나름대로 성안하였으나 명망 있는 인사의 감수와 서예가의 필사(筆寫)를 거쳐야 했다. 장고 끝에 당시 서울대학교 법과대학 부학장으로 재직 중인 동생 성낙인(서울대학교 법과대학 학장, 서울대학교 총장)에게 비문을 감수할 인사를 선정하도록 당부하였다.

이렇게 하여 이수성(李壽成: 서울대학교 총장, 국무총리) 님께서 비문을 일부 수정 감수하고 근찬(謹撰)하기로 하여 최종 완성되었다.

비문 필사(筆寫)는 서예가에게 의뢰하기 위하여 고향 창녕 출신의 서예 대가로 명성이 높고 국전(國展: 대한민국미술전람회) 서예부문 대통령상 수상자로서 초대작가이며 국전 심사위원장을 역임한 우죽(友竹) 양진니(楊鎭尼) 선생님을 찾아뵙고 상의 드렸더니 자신이 하여야 한다면서 전후의 사유를 설명하셨다.

우죽(友竹) 선생은 20대 젊은 시절 고향 창녕에서 어려운 시대에 나의 부친이 직장을 마련하여 주신 은혜를 지금까지 잊을 수 없었던 차에 부친의 비문은 자신이 직접 정성스럽게 써야 한다고 강력히 주장하셨다.

당시에는 당대의 서예 대가로 하여금 비문을 필사할 경우 일반적으로 5천만 원이 소요되는데, 공직에 있는 나로서는 상상도 할 수 없는 상황이라 "잘 알겠습니다" 하고 조용히 나왔다.

그 후에 우죽 선생께서 가끔 전화로 부친의 비문 작성이 언제 되느냐면서 절대로 본인이 필사하여야 한다고 강력하게 요구하셨다.

나는 어쩔 수 없이 우죽 선생께 비문을 드려 한지(창호지)와 비석에 석문(石文)할 고무판에 필사를 완성하고 비석에 근서(謹書)하기로 했다. 차제에 본채에 비치할 현판(懸板)에 판각(板刻)할 선친의 호(號)로 된 '경은당'(耕隱堂) 필사도 동시에 수령하였다.

우죽 선생에 대하여 너무나 감사하여 묘비 제막 후에 찾아뵙고 감사의 뜻으로 차(茶)값이나 하시도록 적으나마 나의 성의를 표하였으나 실로 죄송하였다.

그 후에도 비문을 비석에 각서(刻書)할 때 글자의 획을 잘 각서하였는지 염려하여, 창녕까지 가서서 창녕문화원 임원들과 함께 직접 묘소를 참배하고 비문의 각서를 점검하고 살펴 주었으며, 비문의 각서가 훌륭하게 잘 되었다면서 나에게 전화로 알려 주셨다.

70여 년 전 8·15 해방 직후에 취업을 시켜 주신 선친에 대한 은혜를 잊지 않으시고, 정성을 다하여 주신 우죽 선생님의 고귀하신 은혜를 잊을 수가 없었으며, 지금은 고인이 되신 양진니 선생님의 영전에 깊은 감사를 드린다.

2) 묘비 제작

2003년 11월에 대구광역시 달성군 화원읍 명곡리에 있는 대성석물공장을 선택하여 묘비 제작에 필요한 기본 구조와 규격 등 상세한 사항을 설명하고 관석(冠石)과 비신(碑身), 좌대(座臺)를 조성할 돌의 선택과 소요예산 등을 협의한 후 계약하였다.

〈참고〉

- 제작 공장: 대성석물(大成石物, 대표 이억조)
- 비석 규모

  상부(上部) : 관석(기와 문양), 높이 1.9자(57cm),

  　　　　　　　 앞뒷면 각 3.3자(99cm), 좌우 옆면 각 2.3자(69cm)

  중부(中部) : 비신(상품 烏石), 높이 6자(180cm),

  　　　　　　　 앞뒤 폭 각 2.2자(66cm), 좌우 옆면 각 1.2자(36cm)

  하부(下部) : 상단 좌대(蓮花 문양), 높이 0.5자(15cm),

  　　　　　　　 앞뒷면 각 3자(90cm), 좌우 옆면 각 2자(60cm)

  하부(下部) : 하단 기초좌대, 높이 1자(30cm),

  　　　　　　　 앞뒷면 3.8자(114cm), 좌우 옆면 각 2.8자(84cm)

- 비신 오석(碑身 烏石)은 중국산 최고품
- 관석과 좌대석은 각 1개의 원통석(전북 익산의 백석 황등석)

　비석 제작을 석물공장에 의뢰하고 관석과 좌대의 정확한 규격과 비석에 새길 비문을 필사한 고무판을 석물공장에 제공한 후에 고향을 오르내리면서 공장에 수시로 들러 제작상황을 점검 확인하는 등 정성을 다함으로써 당초 구상대로 완성하였다.

3) 묘소 정비단장

　2004년 2월 묘비 제작이 완성되자, 묘소 정비단장을 위하여 묘소를 수차례 답사하면서 묘소 정비계획을 수립했다.

　묘소 월형(月形)을 쌓을 수십 트럭의 흙을 어디에서 어떻게 어떤 길을 마련하여 수송할 것이며, 40~50m의 묘소 앞쪽에 축대를 쌓을 20여 트럭

분의 자연석을 어느 곳으로 길을 조성해 운반할 것인지 등의 방안을 연구하였다.

자연석은 수년 전부터 향후 집 주변 정리와 집수리, 그리고 자연석 돌담을 조성할 장기계획으로 창녕고등학교 운동장에 미리 준비하여 두었던 것을 활용하기로 했다.

묘소를 정비하는 과정에서 풍수지리 등에 해박한 대구광역시의 진명사 주지 원일(圓日) 스님께서 묘소 개토 전의 개토제(開土祭)와 묘비와 묘소 완비 후의 개막제(開幕祭)에 이르기까지 많은 도움을 주어서 묘소 정비단장을 아름답게 마무리할 수 있었음에 깊은 감사를 드린다.

〈참고〉
• 묘소와 주변 전체 총평수: 715평
 - 묘소 뒤 임야: 358평
   - 대지면 효정리 178번지 임야 78평
   - 대지면 효정리 산 26번지 임야 280평(480평 중 일부)
 - 묘소 면적: 300평
   - 대지면 효정리 산 26번지 임야 200평(480평 중 일부)
   - 대지면 효정리 176번지 밭 100평
 - 묘소 진입로: 57평
   - 대지면 효정리 174번지 임야 57평

2004년 3월 초부터 묘소 주변 정비와 묘소 단장을 위한 작업을 시작하여, 4월 4일 묘비 제막식(除幕式)을 목표로 묘소를 정비하고 잔디도 심었다. 묘소 입구의 밭 57평은 진입로로 만들어 트럭이 묘소까지 진입할 수 있도록 조성하고 묘소 진입로에서부터 묘소 앞 언덕까지 약 60m에 자연석 축대를 쌓으며 연산홍 꽃나무를 심었다.

묘소 뒤에는 초승달 모형의 월형(月形)을 흙으로 조성하여 300평의 묘소를 포근하게 감싸도록 하였으며, 그 뒤편에는 향나무를 심고 사이사이에 개나리와 산당화 꽃나무를 심었다. 묘소 앞 양쪽 측면에는 주변의 백일홍을 이식하여 묘소의 경관을 보다 포근하고 아담하게 조성하였다.

앞에서 본 묘소의 좌측에 묘비를 세울 장소에는 땅을 1m 깊이로 파서 콘크리트로 튼튼한 기초공사를 했다.

묘소 뒤 월형 조성에 필요한 흙은 산의 서편에 있는 밭의 흙을 덤프트럭으로 약 50트럭분을 실어 산을 통하여 어렵게 운반할 수 있었다.

300평의 묘소에 심을 잔디는 진주에서 구입하고, 진입로 양편과 묘소 주변에 심을 황금측백나무와 묘소 앞 축대와 언덕의 자연석 사이에 심을 영산홍은 함안에서 구입하였다.

묘소 정비를 시작한 지 1개월, 쌀쌀한 추위를 무릅쓰고 묘비 제막일 전에 완성하기 위하여 작업 인부들과 함께 산에서 매일 배달음식으로 점심식사를 해야만 했다.

묘소를 단장하고 정비하는 과정에서 하늘도 나의 지극정성에 감동하였는지 자연석 축대를 완전히 쌓고 나면 약간의 비가 내려 축대를 다져 주었다. 흙으로 월형을 조성하고 나니 또 약간의 비가 내려 단단하게 다져 주었다. 그리고 향나무를 이식하고 잔디를 심고 나니 또한 기이하게도 단비가 촉촉하게 내려 실로 감동하며 감사하였었다.

2004년 3월 초에 쌀쌀한 날씨에 시작한 묘소 정비단장을 위한 대대적인 공사는 약 한 달 이상의 시간을 거쳐 성공적으로 완성되었다.

2. 묘비 제막식을 거행하다

2004년 4월 4일 제막식(除幕式)에 김종규 창녕군수와 김진백 전 군수, 이이두 창녕고 설립 이사장, 김동주 창녕문화원장을 비롯하여 전·현직 면장, 종친인 성낙기 창녕군의회 의원과 성두철 대지면장 등 몇 분의 유지 그리고 고향의 친척과 마을 친지들을 초청하여 검소하게 진행하였다.

대구 대성석물공장에서 그동안 정성으로 제작한 묘비와 크레인 등 장비가 도착하여 묘비를 설치하고 제막식을 거행하였으며, 제막식 후 묘소에 두 개의 천막을 설치하여 참석한 60여 명이 함께 오찬을 할 수 있도록 했다.

묘소와 주변을 새롭게 정비단장하는 것이 쉬운 일이 아니며, 돈만 있으면 쉽게 되는 것도 아니라는 사실을 묘소를 정비하면서 몸소 절실하게 느꼈다. 살아생전에 부모님에 대한 효도를 못다 한 죄를 만분의 일이라도 씻고자, 묘소 단장과 부모님께서 남겨 두신 고향집의 수리 정비에 이 한 몸을 다 바쳐 지극정성을 다하려 하였다.

한 달 넘게 고향집에서 홀로 숙식하며, 점심은 산소에서 인부들과 함께하는 등 자취생활을 하면서 오로지 일편단심 부모님의 묘소 단장에 모든 정성을 다 기울였다.

고향에 내려올 때마다 창녕읍의 큰집 형수님과 고향마을의 작은집 형수를 비롯하여 마을 친지들께서 가끔 된장찌개와 반찬을 해주서서 잘 지냈으니 참으로 감사하였으며, 이분들에게 차제에 다시금 감사를 드리면서 행운이 항상 함께하시기를 진심으로 기원드린다.

고향집에서 혼자 일하면서도 혹시나 야밤중에 변이라도 당하였는지, 서울로 올라갔는지 그 누가 알겠는가 하며 잠을 자다가도 몇 번이고 일어나서 울적한 마음을 달래 보기도 했다.

　2004년 4월 4일 그렇게도 소망하였던 부모님의 묘소를 정비단장하고 묘비까지 세웠으며, 69세에 그간의 심적 고통과 고민이 사라지고 마음이 한없이 맑고 편안해졌다. 특히 대구 원일(圓日) 스님께서 바쁘신 가운데서도 잊지 않고 택일과 묘소의 월형 조성공사를 비롯하여 개토제(開土祭)와 제막제(除幕祭)의 제전절차 의식 등을 자문 지도하여 주시는 등 정성을 다하여 주셨음에 감사하였다.

　이렇게 하여 그간 밤낮으로 소망하였던 부모님의 묘소를 정비단장하는 대역사(大役事)를 성공적으로 완결했다. 지극정성으로 부모님의 은혜에 보답하기 위하여 끊임없이 효행을 한다면 후손들에게도 복덕(福德)이 주어질 것으로 확신하며, 종교적 신앙으로 승화하고 있다.

　부모님에 대한 지극정성 여부가 우리 가문의 장래와 미래의 성쇠를 좌우할 것이라고 평소에도 강력하게 형제들과 자녀들에게도 주창하면서 나는 그렇게 확신하고 실천하여 왔다.

　나는 오늘도 내일도 추호도 변함없이 효성과 효행의 멀고먼 길을 지극정성으로 이행하고 있으며, 또 그러한 마음으로 여생을 실천하면서 형제

들과 자식, 손자 등 후손들에게도 철저하게 실천하도록 지극한 효심(孝
心)을 마음속 깊이깊이 심어 주고 가려고 노력하고 있다.

1) 비석문 내용 요지

公의 諱는 瑄永이며 初諱는 致好이며 字는 明可이고 號는 耕隱이다.
始祖는 諱 仁輔, 高麗 中尹 戶長이다.

　成氏는 貫鄕이 昌寧이고 高麗代의 士族으로 朝鮮朝에 들어와 이 고
을의 大姓으로 子孫이 繁昌하여 代代로 國中에 賢人才士가 많이 輩出
되어 世人으로부터 羨望이 되어 왔다. 특히 朝鮮王朝의 臣下 되기를
拒絶하고 節義를 지켜 後世에 길이 推仰받고 있는 杜門洞 72賢의 한
분인 高麗忠臣 寶文閣 直提學 貞節公 諱 思齋의 17世孫이다.

　公의 高祖는 諱 光亨, 曾祖는 諱 洪默, 祖는 諱 載八이며, 父 諱는
哲鎬와 母 高靈 朴氏 사이에 萬永 時永 瑄永 3男 中 셋째로 1913年 1
月 21日에 나시어 1980年 4月 30日 陰曆 3月 16日에 別世하셨다. 夫
人 八溪 鄭(鳳点)氏는 鄭昌善의 4男 2女中 長女이며 1914年 10月 25
日에 나시어 2000年 1月 20日 陰曆 1999年 12月 14日에 別世하셨다.

　公은 性品이 活達하고 勤勉하여 萬人의 龜鑑이었으며 昌寧普通學
校를 卒業하고 大邱喬南學校(大倫中高等學校) 在學時 才能이 卓越하
여 李孝祥 校長(國會議長)의 寵愛와 支援으로 日本에 留學하여 苦學
으로 大阪專門學校(近畿大學校) 法學部를 修了하였다.

　1935年에 歸國하여 慶尙南道 道屬으로 鄕里인 昌寧에서 公職生活
을 始作하여 郡 獎學士, 三千浦市 敎育委員會 副敎育監, 東萊, 宜
寧, 河東郡 內務, 産業課長으로 奉職하면서 敎育行政, 地方行政의
發展과 落後된 農村地域社會의 近代化에 寄與하였다.

昌寧郡 在職 時에는 彌樂마을 住民의 生活便益을 위하여 本人의 所有土地를 無償으로 喜捨하여 自動車로 農産物을 運搬할 수 있도록 마을 進入路와 마을 안길을 擴張, 開設하는 등 熱誠을 다하였다.

30餘年間 公職에 奉仕한 후 1964年에 名譽退任, 歸鄕하여 昌寧成氏 花樹會 會長의 重責을 맡아 宗親會의 活性化에 盡力하는 한편 子女들의 敎育과 農事에 專念하면서 훈훈한 흙 내음과 더불어 田園에서 晩年의 보람을 누리시다가 享年 68歲로 永眠하셨다.

公은 膝下에 樂承, 樂健, 樂庸, 樂寅, 樂瑞와 錦香, 勝子 5男 2女를 두었다. 孫은 玫慶 貴連 貴蘭 宜珍, 俊慶 廷旼, 茂慶 有梨, 效眞 管淨, 泌慶 培慶이다.

長男 樂承은 高麗大學校 法科大學과 서울大學校 行政大學院을 卒業하고 成均館大學校 大學院에서 新聞放送學을 專攻한 政治學(言論學)博士로서 國務院 事務處, 文化公報部, 公報處의 企劃管理室長(次官補) 등 33年間 官僚로 奉仕한 후 大統領諮問 放送改革委員, 佛敎放送 社長으로 活動 중이며,

次男 樂健은 高麗大學校 經營大學院을 卒業한 후 建設部, 商工部, 內務部와 京畿道에서 30年間 官僚로 奉職하고 局長으로 退任한 후 孝誠園㈱ 副社長으로 在職活動하고 있다.

3男 樂庸은 高麗大學校와 延世大學校 經營大學院을 卒業한 후 東西證券株式會社 理事를 거쳐 東西팩토링㈱ 代表로 活動 중이다.

4男 樂寅은 서울大學校 法科大學을 卒業하고 大學院에서 碩士, 博士課程을 修了한 후에 프랑스에 留學하여 파리大學校 法科大學院을 卒業한 法學博士로서 大統領諮問 敎育改革委員, 서울大學校 法科大學 副學長으로 在職 중이다.

5男 樂瑞는 大邱大學校 大學院을 卒業한 후 大邱 嶺松女子高等學

校 敎師로 在職 중이다.

公은 寬厚한 德行으로 裔孫이 繁昌하고 積善의 餘慶도 누리게 될
것이다.

이제 公이 가신 지 20年이 지난 오늘에야 公의 事蹟을 記錄하여 碑
를 建立하오니 九泉에서 冥福을 누리소서.

西紀 2004年 4月 4日

國務總理 　　　廣州 李壽成 謹撰

國展審查委員長 蜜城 楊鎭尼 謹書

〈참고〉

• 비석 전면 큰 글자: 19자

－耕隱 昌寧 成 公 瑄 永 之 墓－ 10자

－配 孺 人 八 溪 鄭 氏 祔 左－ 9자

• 비석 좌우면, 후면 작은 글자: 총 29행 약 1,230자

－좌측면: 7행 322자, 우측면: 7행 220자, 후측면: 15행 690자

• 비석 좌·우·뒷면 각 1행 49자

• 비석 작은 글자(1자 규격) : 가로 3cm, 세로 3.5cm

• 비석 작은 글자(행간 간격) : 가로 8mm

2) 묘소 정비 후 정성스런 관리

2004년 4월 부모님 묘소를 정비단장하고 묘비 제막식을 끝낸 후에도
매월 주말을 이용하여 고향으로 내려와 묘소의 잔디와 나무 등에 물을 주
며 후속 관리를 위하여 정성을 다하였다.

2004년 조금 추웠던 3월 초부터 전심전력을 다하여 지극정성으로 부모

2004년 4월
묘소 정비 후의
묘소 전경

님의 묘소를 아름답게 단장한 후에 연이어 경사(慶事)가 있었다. 이러한
일련의 경사는 부모님의 묘소를 정비단장한 지극정성의 결과로 생각되어
부모님의 영전에 깊고 깊은 감사를 드렸다.

2007년 2월 15일 금강대학교 총장에 취임하고 보니, 앞으로 총장 재임
4년 동안에는 중책 업무로 부모님께서 남겨 두신 고향집의 본격적 수리가
어려울 것으로 예상되었다.

내 나이가 당년 73세이며 총장 임기 4년이 끝날 때에는 77세가 되어 힘
겨울 것으로 예상되지만, 그때가 되어야만 그렇게도 소망하던 고향집 수
리에 들어가는 것이 나에게 주어진 하나의 운명(運命)인 것으로 생각하며
감수하여야만 하였다.

2011년 2월 총장 임기 4년 만료일을 3개월을 남겨두고 있을 때, 학교재
단에서 4년 더 재임(再任)해 줄 것을 요청하였으나 나는 일거에 거절하며
욕심과 미련을 과감하게 배척했다.

2011년 2월 8일 금강대학교 총장 4년의 임기를 무사히 끝내고 고향으
로 내려가서 고향집을 대대적으로 수리하여 아름답게 단장한 후에, 매월

고향을 오르내리면서 전원생활로 인생 말년을 값있게 보내려는 부푼 꿈을 꾸면서 4년간 정들었던 금강대학교를 미련 없이 가벼운 마음으로 떠났었다.

고향집 보수정비 추진과 완성

1. 경북지방의 명문고택을 현지답사하다

2001년 3월 초에 명문고택 분야에 조예가 깊은 허극열 매제(妹弟: 대구시 국장)를 대동하고 아침 8시부터 밤 12시까지 경상북도 내의 달성군(達成郡), 안동시(安東市), 김천시(金泉市), 영천시, 성주군, 의성군, 영양군 등 지방의 명문고택을 현지 순방답사(巡訪踏査)하였다.

이러한 순방답사 과정에서 그 지역의 많은 고택들을 방문 견문(見聞)하여 고택의 수리와 개축에 관한 생생한 경험담과 참고사항 등 많은 자문을 청취함으로써 고향집 수리와 일부 개축계획에 앞서 향후 추진과정에서 생성될 문제들을 사전에 대비 예방하고, 치밀하게 준비를 갖추는 데 크나큰 도움이 되었다.

2002년 3월에 갑자기 (주)동서의 감사로 취임하고 2006년에는 (주)동서의 계열사인 성재개발주식회사 회장을 겸직하게 되어 고향집 수리계획이 좌절되고, 2007년 2월 8일에 금강대학교 총장으로 취임하게 되어 고향집 수리계획은 또다시 중단되고 4년간 총장으로 봉직하여야만 했다.

2011년 2월에 금강대학교에서 퇴임하고 3월 초에 고향으로 내려가 고향집을 본격적으로 수리할 준비를 완료하고 상경하여 5월 초부터 대대적인 수리를 하기로 하였다.

그러나 아내가 갑자기 병원 응급실에 입원하는 위급한 상황이 발생하여 고향집 수리계획은 보류되었다.

2011년 5월 11일 목요일 새벽 3시 20분경에 아내가 기상하다 갑자기 쓰러져 뇌진탕으로 119 구급차로 집에서 가까운 신촌 세브란스병원 응급실에 입원, 수술을 받게 되었다.

15일간 입원 수술 가료 후 다행히 결과가 좋아 5월 26일 퇴원하였으나, 다시 재발하여 8월 4일 재입원하여 재수술을 받고 10일간 입원 가료한 후 8월 14일 퇴원하는 고난을 겪어야만 했다. 퇴원 후 약 2, 3개월간 수시로 왕복하면서 꾸준하게 진료를 받음으로써 다행히 완쾌되어 안심하게 되었다.

아내의 갑작스런 병고(病苦)를 겪고 보니 기이(奇異)하고 신기한 상념에 잠겨 보았다. 만약에 내가 미련과 노욕을 버리지 못하고 총장직 유임(留任)을 수용했다면 나는 이번에 아내를 잃었을 것이었다.

금강대학교 총장으로 있는 동안 나는 주말이 되어야 서울에 있는 집으로 잠깐 왔다 가는 주말 인생을 살았는데, 주말이 아닌 평일 심야에 혼자 있는 집에서 아내가 쓰러졌다면 그 누가 알 수 있어 119에 연락했겠는가.

내가 총장 유임 요구를 거절하고 퇴임한 후 당분간 아내와 함께 서울집에서 고향집 수리계획을 구상 중에 있었기에, 아내의 생명을 천우신조로 구할 수 있게 된 것이다. 아내가 쓰러진 그날의 상황을 생각하면 온몸이 저려 온다.

생전에 자식들에게 공부 열심히 하라는 말씀은 한 번도 하지 않으시고 "욕심을 버리고, 힘없고 어려운 사람을 배려하고 베풀어 적선을 하라"고 강조하신 부모님 말씀을 나는 귀가 따갑도록 들어 왔기에, 오랜 공직생활을 통하여 부모님의 당부 말씀을 잊지 않고 남모르게 실천했다.

그러한 부모님의 깊은 뜻을 실천하여 온 정성의 결과, 아내를 구하도록 미련 없이 학교를 떠나게 한 것으로 생각되었다.

총장 유임 요구에 미련과 욕심을 버리지 않고 그냥 학교에 안주했으면 아내를 잃어버렸을 것이며, 설상가상으로 그렇게도 소망했던 부모님께서 남겨 두신 고향집 수리도 하지 못하고 폐허가 되었을 것이다.

나 또한 실의에 빠져 폐인이 되었을 그러한 참상을 상상하고 보니, 총장 유임 요청을 당당하게 거절한 것이 천만번 잘한 결단(決斷)이었음을 다시 한 번 절실하게 느꼈다.

그 이후 현재까지 아내는 아무런 이상이 없이 80대 중반을 나와 함께 넘겨 건강하게 생활하면서 동고동락(同苦同樂)하고 있음에 진심으로 감사할 뿐이다.

2. 고향집을 보수정비하다

1) 고향집 토기와를 강판기와로 교체

아내의 건강이 완전하게 회복되었기에 고향집 수리를 위한 준비를 위하여 2011년 3월 고향을 다녀온 이후 10월 24일부터 29일까지 고향집 3채의 기와를 걷어내고 강판기와로 변경 대체하는 공사를 하였으며, 본격적인 고향집 수리는 2012년 초에 하기로 했다.

한옥의 토종기와는 너무나 무거워서 하중을 견디기 어려워 기둥이 휘어지며, 60년 이상의 오래된 토종기와는 겨울철 동파로 누수 문제가 발생하여 강판기와로 대체했던 것이다.

2012년이 되자 3월부터 본격적으로 고향집 수리를 위하여 수리업체와 자재, 인부 등 빈틈없는 준비를 완료했다.

2) 본채에 현판 설치

2012년 3월 31일 우선 고향집 본채에 부친의 호(雅號)를 넣어 제작한 '경은당'(耕隱堂)이라는 현판을 설치한 후 수리공사를 시작했다.

현판 글씨는 국전 심사위원장을 역임한 서예 대가이신 국전 초대작가 우죽(友竹) 양진니 선생께서 쓰셨다. 우죽 선생은 서울 5대궁의 현판 등을 쓰신 당대의 이름난 서예가로, 국전에서 대통령상을 수상한 작가이기도 하다.

현판 목재와 서체(書體)의 조각(양각) 등 현판 제작은 우죽 선생께서 단골로 활용하시는 서울시 종로구 인사동에 있는 전문업체인 예목각방 (藝木刻房: 대표 金基太)에 의뢰하여 만들었다. 현판 규격은 길이 127cm, 넓이 43cm로서, 두께 5cm인 캐나다산 향나무에 새겼다.

3) 본채 가옥수리

1950년 6·25전쟁으로 약 2, 3개월간 밀양군 청도면과 부북면의 산골 마을에서 피란 중에 인천상륙작전의 성공으로 수도 서울을 회복하고 북진함에 따라, 피란생활을 끝내고 귀가하였으나 마을 한가운데 있었던 토담 2칸의 초라한 초가집은 완전히 전소되어 잿더미로 변하여 앙상한 흙담장만 남았다.

잿더미를 청소하고 가마니와 볏짚을 엮어서 움막으로 생활하다가 이듬해인 1951년 봄에 현재의 한옥기와집을 건축하기 시작했다. 원래는 농사를 짓던 밭으로, 대지면 효정리 169번지 밭(田) 345평(1,140m²)을 정비하고 터를 조성하여 한옥기와집 3채(총 32평, 105.8m²)를 건립하여 생활하여 왔다.

2012년 4월 초부터 나는 고향집 본채를 수리하기 시작하여 사랑채와 대문채 순으로 수리한 후, 마지막으로 집안의 정원 정비를 위하여 상수도 연결공사, 정화조 매설공사와 하수구 공사를 비롯하여 화단 정리 등을 하였다.

그리고 본채 뒤편의 흙 담장과 집 앞 흙 담장도 콘크리트 담장과 자연석 돌담장으로 축조하는 등 대대적인 보수 수리공사를 완료하는 데 무려 10개월이 소요되어 2012년 11월 말에 겨우 마칠 수 있었다.

본채 가옥의 내부구조(內部構造)는 4칸 2줄의 전통적인 한옥기와집으로서, 큰방과 작은방, 대청마루, 부엌과 부엌방, 다락방과 3곳의 툇마루, 3곳의 소형 다락 등으로 복잡다양하게 이루어져 있다.

첫째 칸의 서편에는 부엌과 부엌 뒤쪽의 작은 쪽방이 있고, 쪽방 문 앞에 소형의 툇마루가 붙어 있으며, 부엌 천정 위에는 큰방에서 오르는 다락방이 설치되어 있다.

둘째 칸에는 큰방과 큰방 앞의 작은 마루가 있으며, 마루와 부엌으로 통하는 문이 설치되어 있다.

셋째 칸에는 대청마루가 있고, 마루 뒤편에 소형의 툇마루가 붙어 있으며, 툇마루 위에는 좁고 작은 다락이 있다.

넷째 칸 동편에는 작은방이 있고, 작은방 동편 작은 문 밖에 방 아궁이가 있고 툇마루가 붙어 있으며, 툇마루 위에는 좁은 다락이 설치되어 있다. 작은방 앞에는 마루가 있고, 마루 동편에 문과 소형 툇마루가 있으며, 툇마루 위에 좁고 작은 다락이 조성돼 있다.

이번 보수과정에서는 좁은 건평에 비해 복잡한 내부구조를 간편하게 정비하기로 계획을 수립했다.

본채 가옥의 보수방향(補修方向)은 좌·우·뒤편 외곽의 3면을 붉은 벽돌과 시멘트 벽돌로 2중으로 쌓아 겨울의 외풍을 막는 한편, 60년 된 한옥의 뒤틀림을 예방하는 데 초점을 두었다.

부엌과 다락방, 잡다한 툇마루를 없애고 부엌과 부엌방을 철거하여 큰방을 두 배로 확장하고 종전의 부엌 입구 쪽에 출입 현관문을 조성하도록 했으며, 동편의 작은방 아궁이와 툇마루도 없앴다.

큰방 천정(天井)의 종이를 걷어내고 편백나무로 천정을 새롭게 단장하고, 재래식 온돌방은 전기필름을 깔아 전열난방으로 변경하며, 본채 뒤의 굴뚝 3개(큰방, 부엌방, 작은방)를 모두 철거하였다.

본채의 서편에 장독대를 새로이 축소 개조하고, 앞쪽에 수도 세면대를 설치하고, 본채의 양옆과 앞쪽 축담의 가장자리를 화강석 석판으로 단장하였다.

4) 사랑채 수리

사랑(舍廊)채의 내부구조(內部構造)는 4칸 2줄의 한옥기와집으로서, 부엌과 부엌방, 사랑방, 마루 등으로 구성되어 있다. 사랑채 동편의 첫째 칸 뒤쪽으로 부엌과 부엌 위에 다락방이 있으며, 부엌 앞쪽으로는 부엌방이 붙어 있고, 부엌방 앞에 좁은 툇마루가 붙어 있으며, 부엌 위의 다락방은 부엌방에서 오르내리도록 되어 있다.

이번 수리과정에서 사랑채도 복잡하고 비실용적인 내부 구조를 간편하고 실효성 있게 개조하기로 했다.

사랑채의 보수방향(補修方向)은 외양은 전면의 한옥 모형 원형을 살리면서 전면의 비틀어진 기둥을 개체하고, 양 옆면과 뒷면의 3면을 붉은 벽돌과 시멘트 벽돌로 2중으로 쌓아 오래된 한옥의 비틀림과 겨울철 외풍을 예방하도록 조치하였다.

사랑채 내부의 첫째 칸인 기존의 동편 부엌은 철거하고 수세식 화장실로 조성하였으며, 부엌 위의 다락방과 부엌 앞 부엌방 그리고 부엌방 앞 툇마루를 철거하고 부엌방 자리에는 현대식 입석 부엌을 새로이 조성했다. 화장실과 부엌의 천정도 새로운 자재로 조성 차단했다.

사랑채 둘째 칸과 셋째 칸의 방은 하나로 통합하여 큰방(舍廊房)으로 개조하고, 온돌방을 전기필름을 깔아 전열난방으로 교체하며, 사랑방 앞과 뒤편의 굴뚝을 모두 철거하였다.

종이로 된 천정을 철거하고 편백나무로 장식하였으며 방 앞쪽 마루는 그대로 존치했다. 사랑채 넷째 칸의 큰 마루는 응접실로 활용하고 마루 뒤편의 문과 툇마루는 철거했다. 큰 마루와 큰방 사이의 미닫이문은 목판으로 막아 버렸다. 사랑채의 좌우와 앞면의 축담 가장자리는 화강석 석판으로 단장하였다.

5) 대문채 수리

대문(大門)채의 내부구조(內部構造)는 4칸 1줄의 한옥기와집으로서, 동편에서 첫째 칸과 둘째 칸은 창고이고, 셋째 칸은 대문간 방과 마루로 구성되어 있으며, 마루 밑에 방 아궁이가 있다. 넷째 칸은 대문간으로서, 대문이 설치되어 있다. 대문간 옆에 화장실이 있고, 화장실 위에는 작은 다락이 있다.

대문채의 보수방향(補修方向)은 뒤편의 흙담 벽과 굴뚝을 철거하고 대문칸을 제외한 양 옆면과 뒷면을 붉은 벽돌과 시멘트 벽돌로 2중으로 쌓아 올려 한옥의 뒤틀림을 예방하고 기둥을 전부 교체했다.

대문 옆의 화장실과 대문간방 앞의 아궁이와 마루도 철거하였으며, 창고는 내부를 새롭게 단장하고 앞쪽 외부는 붉은 벽돌로 쌓아 미관을 깔끔하게 하였으며, 창고의 출입문과 창문도 새로이 개조하였다.

대문채의 좌측과 앞면은 시멘트 벽돌로 쌓아 새로이 조성하고 축담 가장자리를 화강석 석판으로 단장하였다.

6) 집 안 정원 등 정비 완료

한옥 3채에 대한 대대적인 수리를 완료하고 마지막으로 집 앞뒤의 흙 담장 철거와 하수관 매설 등 정원을 정비하였다.

본채 집 뒤의 약 40m의 흙 담장이 일부 무너져 철거하고, 철근 콘크리트로 담장을 튼튼하게 새로이 조성했으며, 서편 담장에 태양열(太陽熱) 강판을 설치하고 부엌과 화장실에 연결하여 온수를 사용할 수 있도록 시공하는 한편 상수도관도 함께 연결했다.

화장실과 연결되는 정화조(淨化槽) 매설공사와 하수관 매설공사 그리고 서편 담장 밖으로 흘러나가는 하수구 공사도 병행하여 시공하였다.

본채 뒤편에서부터 대문채 앞을 지나 집 앞 담장 밖으로 나가는 하수관 매설 공사를 시공하면서 집 앞 흙 담장을 철거하고, 철근 콘크리트로 기초를 시공한 후 작은 자연석 돌로 돌담장을 쌓아 그 위에 기와를 올려 아담하게 '기와 돌담장'을 조성했다. 돌담장 앞 빈터에는 자동차가 주차할 수 있도록 시멘트 콘크리트를 타설 포장하였다.

원래는 집앞 담장에서 서쪽 사랑채 옆에 쌍바라지 목재중문(木材中門)이 설치되어 있었으나 철거하고, 그곳에 알루미늄으로 만든 소문(小門)을 돌담장 중간에 설치하여 담장 앞 텃밭을 오갈 수 있도록 했다.

집 안 본채의 서쪽과 동쪽 빈터는 붉은 벽돌로 쌓아 작은 정원을 조성하고 본채의 앞마당은 전체를 잔디로 조성하였다.

마지막으로 본채 가옥 뒤쪽 콘크리트 담장 밖에서부터 대문채 뒷담 쪽으로 대문 입구까지 우수가 흘러나가도록 시멘트 유관(U管)을 설치하고 대문 앞을 콘크리트로 포장함으로써 그렇게도 소망하였던 고향집 보수수리의 대역사(大役事)가 장장 9개월 만인 2012년 11월 말에 완공되어 실로 감개무량하였다.

10개월간의 보수과정에서 많은 어려움 등을 슬기롭게 잘 극복하면서 무사히 완료하였음에 감사할 뿐이다. 무더위와 장마를 잘 넘기면서 인부들의 간식을 마련하는 등 처음 겪어 보는 일들은 좀 힘겨웠으나 잘 해결했다.

나는 작업 인부들의 일을 도와주다 과로하여 팔과 어깨의 통증으로 많은 고통을 받았으며, 그 후에 분당 서울대학교 병원에 입원하여 어깨수

2012년 고향집 본가
수리 후 사진

2012년 고향집
수리 완공 후의
전경 사진

술을 받기도 하였으나 완전 회복되었다.

오랜 세월 소망했던 고향집을 완전하게 보수하고 나니, 나의 몸도 마음도 더 튼튼하고 건강해졌다. 내 나이 60대 중반부터 소망했던 고향집 보수 계획을 그간 서너 차례나 미루고 미루다 80세를 눈앞에 두고 당년 78세(2012년 11월)에 완결하여 부모님의 영전에 깊은 감사를 올렸다.

이것은 오로지 부모님께서 피와 땀으로 건축하여 남겨 두고 가신 고향집을 소중하게 보수하여 대대로 전수전승(傳受傳承)하려는 나의 지극정성 어린 소망과 대학교 총장 유임 요구를 미련 없이 거절하며 욕심을 버리고 나온 결단의 결과로 생각된다.

금강대학교 총장 4년 재임 중 알뜰하게 저축했던 적금으로 부모님 묘소 정비단장과 부모님이 두고 가신 고향집 보수공사를 완성하고 나니 부모님의 은혜에 만분의 일이라도 보답한 것으로 생각되어 내 마음 한없이 편안하고 기쁘기만 하였다.

〈참고〉
 - 인건비: 조적기사 1일 20만 원, 보조기사 1일 15만 원,
            일반인부 1일 10만 원
 - 펌프카: 1회 60만 원   - 포클레인: 1일 40만 원
 - 레미콘: 1차 40만 원   - 모래: 1차 13만 원
 - 자갈: 1차 20만 원   - 붉은 벽돌: 1개 500원
 - 시멘트: 1포 6천 원   - 시멘트 벽돌: 1묶음(800개) 7만 2천 원
 - 편백나무: 1단 8만 원   - PVC125: 1개 2만 원
 - 소형맨홀: 1개 1만 5천 원 - U관200: 1개 1만 7천 원

묘소 단장 · 고향집 보수 후의 연이은 경사

1. 부모님 묘소 단장정비 후의 연이은 경사

지난 수년간 소망해 왔던 숙원사업인 부모님의 묘소 정비단장을 2004년 3월 초부터 약 한 달간 새롭게 진행하고 4월 4일 묘비 제막식을 완료한 후 한 달이 지난 후에 경사가 연이어 생겼다.

2004년 5월에 서울대학교 법과대학 부학장으로 재직 중인 동생(성낙인)이 법과대학 학장(學長)으로 선임되었다.

2005년 2월에는 대구에서 고등학교 교사로 재직 중인 막내 동생(성낙서)이 교감(校監)으로 승진했다.

2006년 11월에는 (주)동서의 감사인 내가 (주)동서의 자회사인 성재개발주식회사 회장(會長)을 겸임하게 되었다.

2007년 2월에 나는 금강대학교 총장(總長)으로 선임되어 취임하는 등 신기하게도 연이어 경사가 있었다.

2. 고향집 수리보수 후의 연이은 경사

2004년에 부모님 묘소를 정비 단장한 이후 수시로 고향에 들러 고향집 내외 주변을 정비하여 오다가, 2012년에 본격적으로 2월부터 11월 말까지 약 10개월에 걸쳐 고향집을 대대적으로 보수 정비하였다.

여러 가지 어려움과 애로사항을 슬기롭게 극복하면서 지극정성으로 성심을 다하여 3채의 한옥기와집 보수는 물론, 집 안팎의 경관을 아담하게 정비 조성했다. 한편으로는 진입로를 확장 포장하고 철문을 설치하는 한편 집 앞 밭을 매실단지로 조성하는 등 완벽하게 공사를 완료하였다.

이후 자녀들의 경사가 연이었는데, 이 모든 것이 부모님께서 보살펴 주신 은덕임을 생각하면서 두 손을 합장하여 영전에 깊은 감사를 드릴 뿐이다.

2012년 11월에 고향집 수리와 정비를 완료하고 상경한 지 한 달이 되지 않아 12월에 갑작스럽게 아들의 결혼성사(結婚聖事)가 이루어졌다. 2013년 1월 19일에 결혼식을 거행하고, 공인회계사(會計士) 며느리를 맞이하게 되었다.

2014년 6월에는 서울대학교 법과대학 학장을 역임한 동생(성낙인)이 서울대학교 총장(總長)으로 선임되는 경사가 발생했다.

2015년 2월에는 대구에서 영송여자고등학교 교감으로 재직 중인 막내 동생(성낙서)이 교장(校長)으로 영진하는 경사가 이루어졌다.

2015년 8월에는 아들(성민경)이 연세대학교에서 법학박사(法學博士) 학위를 받고, 중국 인민대학교의 방문교수(訪問敎授)로 가는 경사를 갖게 되었다.

2016년 9월에는 며느리가 남아(男兒)를 출산함으로써 예쁜 손자(孫子)를 얻는 행운을 맞이했다.

2016년에 서울대학교를 졸업한 나의 질녀(성관정)가 고려대학교 법학전문대학원을 졸업하고 변호사 시험에 합격하여, 우리 가문에 처음으로 여성 변호사(女性 辯護士)가 탄생하는 경사가 났다.

나는 질녀들의 변호사, 박사 성취와 더불어, 이후 조카들의 취업과 성혼 그리고 외손자의 취업 등 연이은 경사를 맞이하게 되었다.

이 모든 것이 부모님께서 보살펴 주신 고귀한 은덕임을 생각하고 굳게 믿으면서, 다시금 부모님의 영전에 엎드려 경건한 마음으로 깊은 감사를 드렸다.

2012년 3~11월까지 내 일신의 고됨을 박차고 부모님께서 남겨 주신 고향집을 본격적으로 지극정성을 다 바쳐 아담하게 보수정비하고 나니 오랫동안 고심하며 가슴에 쌓이고 쌓였던 응어리가 소리 없이 녹아내려 실로 감개무량할 뿐이었다.

호사다마(好事多魔)라고 다음 해인 2013년 4월 3일 고향집 수리보수 과정에서의 과로로 인한 후유증으로 분당 서울대학교 병원에 입원하여 어깨수술로 1주일간 가료하고 4월 9일 퇴원하는 고난을 감수하면서도 일련의 경사에 한없이 감사하였다.

가끔 부모님의 혼백이 깔끔하게 보수 정비하여 아담하게 가꿔진 고향집의 안팎 상황을 돌아보시고는 한없이 기뻐하셨을 것을 상상하면 말할 수 없는 기쁨 속에서 그간의 불효를 만분의 일이라도 감한 것으로 생각되어 만감이 교차한다.

이제는 모든 아집과 욕심들을 깨끗하게 내려놓고, 밝고 맑고 가벼운 마음으로 아내와 함께 고향을 오가면서 전원생활로 인생 말년을 보람 있게 보내고자 마음속 깊이 다짐하고 또 다짐하였다.

제 6 장

인생 3모작과 3대 직업목표
달성 후의 전원생활

내 인생 3대 직업목표 초과달성

마지막으로 지나온 나의 인생역정을 간략하게 뒤돌아보면서 대학 재학 중에 설정하였던 내 인생 3모작과 3대 직업목표를 점검·정리해 보고자 한다.

대지초등학교 2학년 재학 중 유어초등학교로 전학하여 유어면 거마리로 이사하여 셋방살이로 지내다가 1945년 8·15 해방을 맞이하여 고향으로 귀향하였으나, 집이 없어 이웃마을에 있는 창녕 성씨 재실(齋室) 추가재에서 생활하게 되었다.

그 후 어렵사리 고향 미락마을에 ㅁ자형으로 된 2칸 토담초가집을 마련하여 고향으로 돌아왔으나 그것도 잠시, 1950년의 6·25전쟁으로 피란생활을 겪으면서 토담초가집마저 전쟁의 재물로 잿더미가 되었다.

그 잿더미를 치우고 담벽만이 앙상하게 남아 있는 그 위에 나무를 걸쳐 가마니와 볏짚으로 덮어 하늘을 가린 움막에 살면서 모진 고생 끝에 지금의 고향집을 힘겹게 신축하였으나 많은 빚에 시달려 생활은 더욱 어려워졌다.

대지초등학교를 졸업하고 3년제인 창녕중학교에 진학하였으나 3학년 재학 중에 6·25전쟁이 발생하여 피란생활 후에 겨우 졸업은 하였으나 어려운 상황에서 고등학교 진학은 꿈도 꿀 수 없어 포기하고, 농사일을 도왔다. 장남으로서 농부가 되는 것이 당연한 것으로 생각되었다.

전시 중 전방부대의 막내 외삼촌께서 후방 출장길에 오랜만에 우리 집에 오셨다. 이때 장남이 중학교 졸업 후 진학하지 않고 농사에 종사하고 있음을 안타깝게 여겨 대구에 있는 큰외가로 나를 데리고 갔다.

외가의 도움으로 뒤늦게 고등학교에 진학하여 겨우 졸업은 하였으나, 대학에 진학할 형편이 못 되어 다시 고향으로 돌아와 농사에 종사해야 할 형편이었다.

고등학교 3학년 때인 1953년 11월 무단가출하여 피란민들이 환도 귀향하는 대구역에서 무임승차하여 무작정 상경했다. 전란으로 폐허가 된 수도 서울에서 전전하던 중 요행히 변두리 외딴 농가에서 농사를 도우며 자녀들의 가정교사를 하면서 숙식을 해결할 수 있게 되었다.

다행스럽게도 후덕한 집주인을 만나 인생행로에 대해 많은 도움과 충고를 받으면서 큰 자극제가 되었다. 가출소년으로서 넓은 세상을 보고 새로운 길을 찾게 되었다.

집주인의 배려로 뒤늦게야 주경야독(晝耕夜讀)의 노력 끝에 대학에 진학하여 부푼 꿈을 안고 고시 준비에 몰두하였으나 자취생활과 가정교사 등으로 건강이 악화하여 더 이상 지속할 수 없어 포기하고 말았다.

대학 재학 중 과욕을 버리고 평범한 인생목표를 설정 실행하고자 '인생 3모작과 3대 직업목표'를 마련하여 실현하기로 결심했다.

뒤늦게 대학을 졸업하자 바로 군대에 지원 입대하여 제대한 후 아버지의 한을 풀어 드리기 위하여 공무원 시험 준비 중에 가족들의 성화에 조기 결혼하고, 전국공무원 공개채용시험에 응시 합격하여 하급공무원으로 출발하였다.

1961년 1월 공무원훈련원 교육을 수료하고 바로 공무원 생활을 시작하였으나 박봉에 자녀들의 양육과 교육, 동생들의 진학 등으로 생계가 어려워지자 아내가 초등학교 교사로 복직해서 다소나마 생활을 유지할 수 있었다.

나는 대학 재학 중에 설정하였던 '내 인생 3대 직업목표'를 달성하기 위해 남몰래 온갖 고난을 극복 인내하여야만 했다. 어느 조직사회에서나 권력과 재력 등이 없는 시골 촌놈이 출세하기란 '하늘의 별 따기'처럼 불가능한 것임을 자각하고, 평범하게 살아가기로 결심한 것이다.

지나온 60여 년의 파란만장한 세월 속에 내가 설정한 인생의 '3모작과 3대 직업목표'를 실천하며 노력하여 왔었음에 그저 감사할 뿐이다.

이를 준수하기 위하여 분수에 넘치는 과욕(過慾)을 버리고 순리에 따라 무리하지 않고 성실하게 정도(正道)와 정심(正心)으로 실천하였다.

내 인생의 목표는 부모님께서 평생 자식들에게 당부하신 말씀을 금과옥조(金科玉條)로 하여 내가 설정한 것이었기에 철저하게 준수하였으나, 이 모든 것은 부모님의 은덕에 기인한 것이다.

부모님으로부터 살아생전에 귀가 따갑도록 들었던 것은 오직 한 말씀뿐이었다. 아버지께서는 "직장생활에서 남보다 먼저 승진하지 마라. 과욕을 버리고 분수에 맞는 희망을 가져라"는 말씀만을 하셨으며, 어머니께서는 "어렵고 힘없는 사람을 배려하고 베풀면서 적선(積善)을 다하라"는 말씀만을 평생 혀가 닳도록 하셨다.

지금도 나의 뇌리와 뼈 속 깊이 새겨져 있는 이 말씀들을 철저하게 지켜 왔으며, 자녀들과 손자 손녀들에게도 이것을 준수하도록 강조하며 전수(傳授)하고 있다.

1. 목표달성 자격조건을 확보하다

부모님의 말씀을 기초로 하여 설정한 나의 인생목표를 달성하기 위하여 먼저 그 직종의 직책과 직위에 맞는 자격증과 학위 등을 미리 준비·확보하기 위하여 직장생활 초기부터 남몰래 피나는 노력을 하였다.

20대 중반부터 비장의 무기(武器)를 획득·보유하기 위하여 모진 고난을 인내하면서 힘든 생활을 감수했던 것이다.

첫째로, 관료생활 이후에 기업계 임원으로 진출하기 위하여 1963년 공직생활 초기에 경영진단사(經營診斷士) 자격증을 남몰래 미리 획득 보유하였다. 공무원 동료들은 눈앞의 승진에만 집착하였으나, 나는 승진보다 먼 미래를 대비하였다.

둘째로, 관계에서 성장한 후 기업계를 거쳐, 향후에 대학교수로 진출하기 위해서 공직생활 중에 석사·박사(博士) 학위를 보유하는 등 미래를 위한 유비무환(有備無患)의 대비태세를 구축하였다.

셋째로, 나의 인생 3모작(국가봉사, 사회봉사, 농촌봉사) 중 마지막 봉사인 고향의 농촌봉사를 위하여 50여 년의 기나긴 공직생활 중에도 고향을 오르내리면서 각급 기관과 마을의 선후배들과 끊임없는 교류를 지속하면서 지역의 애로사항과 민원사항을 해결하여 주는 등 지속적인 노력을 기울였다.

오랜 공직생활 속에서도 고향에 대한 미련을 버리지 않고 끈기 있게 왕래하면서 눈에 보이지 않는 많은 것을 터득할 수 있었으며, 고향의 발전과 성장을 위하여 조금이라도 기여할 수 있게 되었음에 그저 감사하였을 뿐이다.

어떤 해에는 매월 고향을 오르내리면서 차창 밖으로 스쳐 가는 산천을 바라보면서 고향으로 가는 길을 여행으로 삼아 만감이 교차하는 가운데

'나는 죽어서도 고향의 부모님 곁으로 가련다'는 깊고 깊은 상념에 수없이 잠겨 보기도 하였다.

2. 인생목표를 초과달성하다

부모님께서 당부하신 말씀을 가슴 깊이 간직하고 실천한 결과와 더불어 나의 정도정심(正道正心)을 향한 끈질긴 집념의 소산인지는 모르겠으나, 관직생활 초기부터 온갖 견제와 질투, 냉대와 박해를 극복하며 모진 고난 속에서 피나는 도전으로 나의 인생목표를 성취하였음에 그저 감사할 뿐이다.

1961년 공직생활 초기부터 말단의 촉탁과 8급 서기에서 출발하여 1급 관리관(차관보)까지 7, 8단계의 직급을 승진할 때마다 질시와 견제를 받으며 칠전팔기(七顚八起)로 헤쳐 오면서 나의 3대 직업목표가 모두 100% 이상 초과달성되었음에 감개무량할 따름이다.

이 모든 성공은 부모님의 고귀하신 뜻을 받들고 어느 때 어느 위치에서나 과욕을 버리고 분수를 지키면서, 남을 짓밟고 출세하려는 사악한 족속들의 심보를 외면하며, 힘없고 어려운 선후배와 동료들을 남모르게 배려하고 감싸고 베풀면서 지원하였던 선업(善業)과 미덕(美德)의 결과라고 생각되어 부모님의 가르침에 다시금 깊은 감사를 드린다.

내 인생목표인 3모작(三毛作)과 3대 직업목표(職業目標)를 실현하기 위하여 지나온 세월 속 만고풍상(萬古風霜)의 결과를 간략하게 회상하여 본다.

'1모작': 국가에 봉사하는 '관료' (제1직업목표: 국장)

1961년 1월부터 1993년 3월까지 33년간 중앙정부에서 국가를 위하여 충성을 다 바쳐 멸사봉공(滅私奉公)함으로써 내 인생 제1직업목표인 관료생활의 국장(局長) 직급을 초과하여 1급 관리관(次官補) 직급을 성취하였으나, 법적 정년 3년을 눈앞에 두고 새로 집권한 문민정권의 강압에 의하여 관료생활을 청산하게 되는 불운(不運)을 겪음으로써 다음으로 제2직업 목표인 기업계로 진출하게 되었다.

'2모작': ① 사회에 봉사하는 '기업계' (제2직업목표: 임원)

1993년부터 2007년까지 15년간 국가공기업과 방송언론기업 그리고 민간기업의 장으로 봉직봉사함으로써 내 인생 제2직업목표인 이사(理事) 직 목표를 넘어 사장(社長), 회장(會長), 이사장(理事長) 직을 성취하는 행운을 거두었다.

'2모작': ② 교육에 봉사하는 '학계' (제3직업목표: 교수)

1977년부터 2006년까지 천안대학교와 동국대학교 강사, 초빙교수, 겸임교수로 봉직한 후 2007년 2월부터 제3직업목표인 교수(敎授) 직과 대학원장을 거쳐, 금강대학교 총장(總長) 직에 4년간 봉직함으로써 목표를 초과달성하였다.

'3모작': 농촌에 봉사하는 '전원생활'

이렇게 맡은 소임을 사심 없이 열과 성을 다하여 정도(正道)로 일관함으로써 내 인생 3개의 직업목표를 모두 초과달성할 수 있었다.

내 인생 말년에 고향을 찾아 부모님의 묘소를 아담하게 정비하고, 2012년 부모님께서 두고 가신 고향집을 새롭게 수리하여 고향땅 농촌에서 일가친척 친지친족들과 더불어 농사에 몰두하면서 자연을 벗 삼아 전원생활로 일생을 마감하려는 나의 세 번째 인생목표인 3모작을 영위하기 위하여 매월 고향땅을 오르내리면서 값있는 세월을 보낼 수 있게 되었음에 그저 한없이 감사하고 감사할 뿐이다.

인생 말년 고향의 전원생활

　이를 실천하기 위하여 60년 가까운 공직생활 중에도 고향을 수없이 오르내리면서 틈틈이 고향집을 수리하면서 관리했지만 60년이 지난 고향집이 너무나 퇴락하여 근본적인 개량 보수가 불가피한 상태라 더 이상 방치할 수 없었다.

　오랜 세월 방치되었던 부모님의 묘소를 2004년에서야 아담하게 새롭게 정비하였으며, 그 후 기회 있을 때마다 고향을 오르내리면서 고향집 안팎을 우선 정비했으나, 부모님께서 두고 가신 퇴락한 고향집을 조기에 수리하지 못하여 밤낮으로 고심하며 지냈다.

　2011년 77세가 되어서 겨우 인생 마지막 직장이었던 금강대학교 총장직 4년을 마감하고 퇴임하려는데, 4년 더 유임을 요구하였으나 미련 없이 사절하고 낙향(落鄕) 하기로 결심하였다.

　2012년 고향으로 내려가서 2월부터 11월까지 10개월간 고향집을 대대적으로 개량 보수하고, 집 안팎에 화초와 꽃나무를 심고 매실단지를 조성하는 등 주변경관을 새롭게 정비단장하여 면모를 일신(一新) 했다.

　이렇게 하여 2013년부터 아내와 함께 매월 고향을 오르내리면서 농촌에서 전원생활(田園生活)로 인생말년을 자적자족(自適自足) 하며, 기화요초를 가꾸고 이름 모를 잡초를 뽑으면서 죄 없는 무정한 세월을 낚아 가고 있다.

대학생 때 설정한 내 인생목표인 인생 3모작 중 제 1모작인 국가에 봉사하는 관료생활과 제 2모작인 사회에 봉사하는 기업과 교육계생활, 그리고 제 3모작인 고향 농촌에 봉사하는 전원생활 등 나의 인생 3모작과 3대 직업목표를 모두 초과달성하였다.

그간에 정부의 고위직과 정계 진출 요구 등을 뿌리치며 변함없이 일관되게 관철하여 옴으로써 내가 설정한 목표를 모두 초과달성하여 유종의 미를 이룩하게 됨으로써 감개무량하여 눈물이 흘러내렸다.

"참는 자에게 복이 온다"는 경구(警句)를 되뇌며 피눈물을 삼키면서 대학 재학시절에 설정하였던 인생목표를 달성하기 위해 남몰래 피나는 노력을 다했다.

이렇게 하여 직장생활의 후반기는 남부럽지 않은 직책으로 인생말년을 평탄하게 지내면서 행복한 말로를 장식할 수 있게 되었다.

특히 당시에 내부 부정사건 등으로 운영난을 겪던 공기업과 방송사 그리고 대학으로부터 경영을 당부하는 사연들이 연이어 계속되었다.

나는 그들의 요구를 외면할 수 없어 전부 수락하다 보니, 부모님께서 두고 가신 고향집 보수정비 계획이 연기되어 2012년에 드디어 10여 년 만에 완성완결하게 되었다.

60년 가까운 직장생활에 종지부(終止符)를 찍고, 부모님의 묘소를 아담하게 새로이 정비단장하고, 고향집을 새롭게 보수정비한 후 오랫동안 소망했던 인생 말년에 매월 고향을 오르내리면서 농촌에서 산 좋고 물 맑은 고향땅 전원생활(田園生活)을 만끽하고 있음에 그저 무한한 감사를 드린다.

60여 년의 기나긴 객창(客窓) 생활 중에도 남달리 끈끈한 관계를 지속하여 왔었던 사랑하는 고향땅을 아내와 함께 오르내리면서 친척 친지들과 지인 그리고 선후배와 더불어 상부상조하며, 이름 모를 잡초를 뽑고

기화요초(琪花瑤草)를 심고 가꾸면서 무정하고 죄 없는 세월을 낚아 가고 있음에 그저 눈물겹도록 감사하고 감사할 뿐이다.

인생 마지막까지 건강하고 편안하게 정심정도(正心正道)로 일관되게 보낸 후 조용히 부모님 곁으로 가기를 소망하면서 진심으로 기원하고 또 기원해 본다.

회고록을 끝맺으며

이제 붓을 놓으면서 지나온 87년의 세월을 뒤돌아보니, 만감이 교차하며 파란만장(波瀾萬丈) 했던 나의 일생의 역정이 주마등처럼 스쳐간다.

지난 세월 고집스럽게 실천하여 왔던 '정도'(正道)는 외로웠다. 실로 외롭고 힘겨웠던 길을 초지일관 변함없이 몸소 실천하여 올 수 있었던 것은 우리 집 가훈(家訓)으로 신봉하여 온 "정직(正直) 성실(誠實) 인내(忍耐)"라는 세 기둥이 튼튼하게 받쳐 주었기 때문이다.

인생 전반기였던 관료생활 30여 년은 고비 고비마다 온갖 질시와 견제를 슬기롭게 인내하며 좌절하지 않고 굳세게 극복하며 정도를 고수함으로써 인생 하반기를 보람 있게 보낼 수 있었음에 그저 감사할 뿐이다.

한 조각 거울을 통하여 나의 몰골을 쳐다보니 한 맺힌 애환으로 처량하게 찌들고 시든 백발의 모습에 하염없는 눈물만 소리 없이 흘러내린다.

우리 세대가 살아온 유소년 시절과 청년 시대에는 종이와 연필도 생산하지 못하고 외국에서 수입하는 어려운 시대상황에서도 전통적으로 전래한 인간의 기본적 인성과 덕성, 예법과 믿음을 받들어 준수하면서 우리 사회와 우리 가문을 튼튼하게 지켜 왔다.

1960년대 중장기 경제개발계획의 추진으로 전래의 농경사회를 벗어나 산업사회로 급속하게 전환되고, 1980년대 정보화 사회의 시발과 더불어 과학기술의 발달로 컴퓨터가 등장했다. 2000년대에 접어든 후 스마트폰 시대가 열리면서 신자유주의 무한경쟁사회를 뚫고 나오면서, 급기야 2010년대에는 새로운 알파세대가 나타나면서 노트북이나 스마트폰이 아니라 5G, AI, 빅데이터, 메타버스 등 새로운 기술이 생활도구이며 경쟁 무기가 되었다.

이러한 전환기를 거치면서 오늘날의 젊은 세대들에게는 전통적인 인간의 기본적 인성과 덕성, 예의는 점차 사라져 가고 자기중심의 각박한 사회로 전환되는 세태를 바라보면서 앞날이 심히 염려스러운 것이 나만의 생각일까 하는 깊은 상념에 잠겨 본다.

급변하는 시대상황에서 휘몰아쳐 오는 모진 세파와 고난에 좌절하지 말고 적극적으로 대응하여 강인한 집념과 끈기로 인내하고 극복하며 정도(正道)로 용맹정진 관철하여 나아가기를 오늘의 젊은 후손들에게 간곡하게 당부하련다.

고생이란 인간생활에서 항상 동반하며, 고생 없는 인생은 없다고 본다. 크고 작은 고난을 극복하지 못하고 중도에서 좌절하는 나약한 인간이 되어서는 아니 된다. 쉼 없이 다가오는 고난 속에서도 이를 극복하려는 강인한 의지와 집념으로 무장하여 정심정도(正心正道)로 관철해야만 행운의 길을 획득할 수 있다.

재력과 실력이 성공의 지름길이 아니라 온갖 고난을 슬기롭게 극복하려는 강인한 인내(忍耐)와 노력(努力)이 성공을 보장한다.

우리가 사는 인생도 이와 마찬가지이리라. 세월이 지나면 부패(腐敗)되는 인간이 있는가 하면, 세월이 지날수록 반대로 발효(醱酵)되는 인간이 있다고 하였다. 자기를 썩게 만드는 일도 본인의 선택과 의지에 달렸으며, 자기를 숙성하게 만드는 일도 본인의 선택과 의지에 달렸다고 본다.

우리 인생은 선택의 연속임을 명심하여야 할 것이다. 항상 좋은 선택으로 과욕(過慾)을 버리고 행복한 인생설계를 하기 바랄 뿐이다.

용감한 사람이 되고 싶으면 용서할 줄 아는 인간이 되라고 하였으며, 위대한 사람이 되고 싶으면 도량(度量)이 넉넉하여야 한다고 했다. 우리 인생의 철칙은 손에 움켜쥐면 잃게 되고, 손을 펴면 반드시 얻게 된다.

삶의 여정에서 생기는 시련과 고통을 즐길 줄 아는 사람이 반드시 성공을 이룬다는 철리(哲理)를 잊지 않기를 소망한다.

시련과 고통이 없으면 열매가 여물지 않는다는 자연의 섭리를 명심하고, 모진 고난을 인내하며 극복해 가기를 당부한다.

인생행로에서 자기만의 독특한 '브랜드'와 '트레이드마크'를 구축하여 현실에 안주하지 않고 과욕을 버리고 매사에 집념과 끈기로 일관되게 변함없이 정도(正道)를 고수해야 한다. 또한 만인에게 따뜻한 배려와 배품의 적선(積善)으로 인생 말년을 아름답게 장식하며 행복하게 가꾸기를 당부한다.

그리고 세상이 아무리 급격하게 변하더라도 살아 계신 부모님이나 저 세상으로 떠나신 부모님과 조상님에 대한 효행(孝行)은 어떠한 고난에 처하여도 지속하여 영원하게 만복을 누리기를 당부하고 또 당부한다.

5남 2녀의 장남으로 태어나 무거운 책무를 짊어지고 격동의 모진 세파를 힘겹게 겪으면서도 동생들의 학업진로와 사회진출의 방향을 각자의 적성에 맞게 설정하고 권유하여 철저하게 지도 실천케 함으로써 각자 관계와 기업계, 학계와 교육계로 진출하여 헌신적으로 봉사하여 모두가 남부럽지 않게 성공하였음에 그저 고맙고 감사할 뿐이다.

이러한 5남 2녀의 성장의 내면을 모르는 남들은 부유한 가정환경인 것으로 착각할 것 같으나, 한 맺힌 성공사의 이면에는 16세의 두 여동생이 고향에서 중학교를 졸업하고 부모님의 슬하를 떠나 낯선 타향인 대구로 진학하여 자취생활을 시작하면서 연이어 3명의 남동생들의 진학을 가능하도록 합류하여 고생하며 뒷바라지하여 준 희생이 있었다.

그 후 대학 진학을 위해 상경하여 나의 집으로 합류하여 온갖 고난을 함께 극복하면서 이루게 된 것임을 밝혀 두고자 한다.

8·15 해방 전후와 6·25 전란 이후 그 처절하였던 셋방살이와 잿더미 속에서의 생활고에 허덕이는 고난의 역사를 눈여겨봐 오셨던 고향의 친지와 지인들마저 모두 타계하여 당시의 실상을 증언해 주실 분들이 없으니 참으로 안타까울 뿐이다.

깐깐하기로 소문난 큰형의 뜻을 거역하지 않고 부모님의 슬하를 멀리 떠나 낯설은 타향 땅 객창(客窓)에서 어려운 생활형편에도 인내하며 묵묵히 따르며 순응하여 주었음에 실로 감사하며, 지나온 세월 처절하게 몸부림치며 살아왔던 사연들을 회상하니 눈물겹다.

한편으로는 박봉의 생활형편에서 셋방살이를 전전하면서도 동생들을 뒷바라지하고 태어나는 자녀들을 양육하여야 하는 힘든 상황에서도 고달픈 교직생활(敎職生活)을 힘겹게 지탱하면서 어려운 살림살이를 슬기롭게 헤쳐온 나의 아내에게 그저 죄스럽고 고맙고 감사하였음에 만감이 교차하는 이 내 심정을 그 누가 알아주랴.

지나온 한에 서린 세월을 뒤돌아보니 흐르는 세월은 어느덧 화살처럼 소리 없이 지나가고 88세의 미수(米壽)를 맞이하게 되었다.

오랜 고난의 처절하였던 세월에 찌들고 찌든 나의 얼굴의 몰골에 펼쳐진 수많은 잔주름과 백설이 내려앉은 백발을 훑어보면서 무정한 세월의 흐름에 깊은 한숨만이 소리 없이 흘러나온다.

80 평생 모진 고난의 세월 속에서도 굴하거나 포기하지 않고 굳센 의지로 버텨 오면서 장남으로서의 주어진 책무(責務)를 완수하기 위하여 6명

의 동생 뒷바라지를 위하여 남모르는 노력을 다해 왔다.

그리고 오매불망 부모님께서 잠드신 묘소와 부모님께서 피땀 흘려 지으신 고향집을 새로이 아름답게 단장하기 위하여 자나 깨나 벼르고 벼른 끝에 드디어 10년 만에 완성하고 나니 그간의 부모님에 대한 불효를 만분의 일이라도 감한 듯한 마음에 고개 숙여 부모님의 영전(靈殿)에 경건하게 예를 올렸다.

부모님의 혼이 담긴 고향집은 자자손손 대를 이어 영원토록 아름답게 가꾸어 가면서 후손들이 만복을 누리기를 소망하며 또 당부한다.

이제는 노리(老贏)에 고향을 오르내리며 내가 태어나고 자라온 고향땅 생가에서 부모님의 묘소와 생가를 아담하게 관리하면서 일가친척과 친지 그리고 고향의 지인들과 어울리면서 얼마 남지 않은 여생을 즐기면서 보내는 전원생활 속에 심신이 편안하고 평화롭게 지낼 수 있음에 그저 모든 것에 감사하고 감사할 뿐이다.

끝으로 나의 두서없는 회고록을 마무리하면서 깐깐한 나와 결혼하여 평생을 지극정성으로 동고동락하여 온 사랑하는 아내와 아들딸들 내외, 손자손녀들, 그리고 형제들 내외와 조카질녀들의 앞날에 무궁한 영광과 행운이 면면히 펼쳐지기를 두 손 모아 합장하여 기원하고 또 기원하면서 무거운 필을 놓는다.

부록 1

기고문
·
인터뷰 기사

고향을 아끼고 그리며

2002. 7. 1, 〈창녕일보〉

이 순간에도 시간은 흘러가고 숱한 사건들은 소리 없이 기록되면서 역사는 창조되어 가고 있다.

5천 년의 기나긴 역사 속의 수많은 사건들을 훑어보면서 당대의 국난과 환란 앞에 슬기롭게 대처한 선조들의 처신에 대하여 감탄과 한탄이 교차하는 점이 한두 가지가 아님은 나만의 생각일까.

시대가 변하고 세태가 변함에 따라 온갖 것이 다 변하여도 예나 지금이나 변하지 않는 것이 있다면 우리의 정치행태가 아닌가 생각한다.

신문이나 방송을 통해 여야 정치권의 끊임없는 정쟁(政爭)만이 연일 대서특필될 때마다 말없는 대다수 국민들의 울분에 찬 심정을 읽어 보며 깊은 생각에 잠겨 본다. 언제부터 우리는 이러한 환경과 행태 속에서 살아왔으며 언제까지 이러한 행태가 계속될 것인가.

6·25전쟁 이후 최대의 국난이라고 가슴 조이며 외환관리체제하의 국가적 부도위기 상황에서 300만 명이 직장에서 퇴출당하는 엄청난 고난과 역경 앞에 우리는 어떻게 대처하며 처신하여 왔던가.

농촌이나 도시에서 모든 국민이 소리 없이 조상 대대로 물려받아 소중하게 간직했던 장롱 옷장 속의 금반지를 내놓으면서 누구를 탓하기 전에 우선 국가 부도를 막고 보자는 그 갸륵한 민초(民草)들의 애국충정을 누가 알아주었던가.

전 국민의 한결같고 눈물겨운 구국운동이 전국을 메아리칠 때, 세계 각국이 놀라 감탄하고 찬탄한 이 세계사적 사건을 우리는 어떻게 역사에 기록하여 유지 관리할 것인가. 민초들의 열화 같은 구국운동 확산의 여파로 우리는 짧은 기간에 일단의 위기국면을 극복 탈피하고 회복과 안전 단계로 접어들게 되었음을 다행으로 생각했다.

그러나 4~5년이 지난 지금 이 시점에서 우리의 현실과 현장을 똑바로 눈여겨보아야 하겠다.

외환위기는 언제 있었던 것인가. 모두들 다 잊어버리고 흥청망청 옛날로 뒤돌아간 실상이다. 정치권은 여야를 막론하고 어려워만 가는 민생문제를 비롯한 국가적 난제들을 외면한 채 자신들의 이익과 이권에만 지나치게 집착하고 있지는 않은가?

수천억 원의 부정을 저지른 자, 국가부도 위기를 초래한 책임 있는 자는 누구였던가. 그 후 그들의 처신은 어떠하였던가. 나라가 온통 부정부패로 만연된 것 같은 신문방송 보도가 그칠 날이 없이 계속되고 있다.

이러한 추잡한 현실을 바라보는 말 없는 어진 백성들의 가슴속에는 정의의 붉은 피가 용솟음쳐 지금 당장 폭발할 것 같은 감을 나만이 느끼는 심정일까.

지난 6월 13일 지방자치단체장과 지방의회의원 선거를 앞두고 우리의 정치권은 어떠했던가. 지방자치선거가 대권을 향한 전초전의 양상으로 변질되어 모두가 주도권을 잡기 위해 혈안이 되어 제정신이 아니었다.

외환관리체제하의 국난을 극복한 지가 언제였던가. 자만과 오만 속에 부정부패가 만연하였으니 나라의 꼴이 말이 아니다.

윤리도덕이 땅에 떨어진 지가 오래되었고 국민의 의식은 흐트러져 종잡을 길이 없을 뿐만 아니라 가정이나 직장이나 사회나 국가의 위계질서가 무너져 어떻게 바로잡아야 할지 앞이 캄캄한 것 같다.

부도덕하고 이기적이고 부정부패 불법비리가 빈발하는 이러한 무질서한 현실 속에서 자라나는 우리의 젊은 세대들이 누구로부터 무엇을 보고 무엇을 배울 것인가 참으로 걱정이 앞선다.

선거 때마다 지역사회에서는 내 편 네 편 하면서 서로가 서로를 경계하고 불신하면서 온갖 유언비어를 유포하는 것이 관례처럼 펼쳐졌다. 각종 선거 때마다 출마하는 동향의 후보들이 보다 넓고 열린 마음으로 선의의 경쟁을 통해 깨끗하고 밝은 선거풍토 속에서 당락이 확정되면 얼마나 좋겠는가.

바라옵건데 이제는 선거도 끝났으니 승자나 패자 간에는 물론 선거운동에 참여한 양측 모두가 서로 간에 보복하거나 원수지간이 되는 일들이 없는 밝고 화목한 가운데서 고향의 발전을 위해 서로서로 손잡고 힘차게 전진하기를 바라는 마음 간절하다.

고향을 떠나 객지에서 생활하는 우리보다 좁은 지역사회에서 조석으로 만나는 고향에 계신 분들은 선거 때마다 서로가 잘 아는 사이에 어떻게 처신하는 것이 현명한 방법인지 고심과 고심에 쌓여 난처하였으리라 생각한다.

지역사회에 몸담고 있는 고향 분들이 밝고 가벼운 마음으로 각종 선거를 맞이할 수 있는 민주적 선거풍토가 조성되어, 선거 결과를 서로가 감수하고 만족하는 화목하고 알찬 지역사회로 알뜰하게 가꿔 나가려는 깊은 공감과 끊임없는 단합과 노력이 절실히 필요하다고 생각한다.

우리의 기성세대들이 매사를 합리적으로 처리하고 슬기롭게 처신함으로써 자라나는 우리의 후세들이 보배처럼 듣고 보고 배울 수 있는 훌륭한 값진 교훈을 남겨 주도록 객지에서 기원하고 또 기원해 본다.

何日是歸鄕!
언제나 고향에 돌아가리오!

2008. 12. 25, 창녕문화원 〈창녕문화〉 28호

　　지구촌 시대를 운운하는 요즘은 도시건 시골이건 별다른 구분이 없어 보인다. 신작로라 불리던 널따란 흙길도, 아궁이에서 보글거리며 끓어오르던 된장찌개마냥 구수한 인심도, 화롯불 옆에서 할머니가 들려주시던 갖가지 옛이야기도 어릴 적 시골의 예전 모습을 기대할 만한 것들이 하나둘 자취를 감추고 사라진 지 오래된 것 같다.

　　순박함, 느긋함, 여유로움 등 시골에서 만끽하던 이 모든 즐거움이 새삼 소중하게 느껴지는 까닭도 비단 내가 나이를 먹은 탓만은 아닐 것이다.

　　그래서 고향을 생각하며 그 아련한 그리움을 글로 적어 보려는 지금, 내 머릿속에서 우리네 가슴에 남아 있는 옛 모습 그대로의 고향이 꿈틀거리는지도 모르겠다. 깔깔대며 뛰놀던 어릴 적 내 모든 추억이 서려 있는 고향마을, 오래도록 마음속 깊은 곳에 아스라이 자리하고 있는 마을 뒷동산 등이 말이다.

　　그 옛날 공부 하나만을 생각하며 고향을 등지고 돌아선 그곳에 가끔은 발걸음을 했다고 말할 수는 있겠지만, 백발이 성성해진 고향 동무와 술잔을 기울이며 안주 삼아 옛이야기를 떠올려 보기는 했어도, 오래전 추억의 단상을 글로 적어 내기가 녹록하지 않은 것이다.

　　방학이면 고향으로 달려가 마을 어귀부터 "엄마!" 하고 목청껏 외치던

기억이 고향집 싸리문에 맴돈다. 60여 년 저편의 기억들이 세월에 떠밀려 가슴속에 그리움으로 물결쳐 온다.

"돌아가리라! 전원이 황폐해지려 하니 어떻게 돌아가지 않겠는가?

지금까지 내 마음은 몸의 부림을 받았거니 어찌 서러워만 할 것인가! … 이윽고 내 집이 눈에 들어와 기쁜 마음으로 달려간다. 머슴아이 달려 나와 나를 반기고 어린 아들은 문 앞에서 손을 흔들며 나를 맞는다. … 돌 아가리라! 이제 거문고와 책을 즐기면서 시름을 달래련다. 농부가 나에 게 봄이 왔음을 알리니 이제부턴 서쪽 밭에 나가 일을 하여야겠네. …"

이것은 중국 동진 송(宋) 대의 시인 도연명(陶淵明)이 관직에서 물러나 고향으로 돌아가려는 심경을 읊은 〈귀거래사〉(歸去來辭)로, 세속과의 결별을 담담하게 풀어낸 시이다.

지금 나의 처지가 도연명의 그것과는 차이가 있겠지만, 남은 생을 고향 에서 보내리라는 마음을 품고 있다는 점에선 사뭇 통하는 점이 있지 않을 까 싶다. 지금껏 고희(古稀)를 넘기도록 객지에서 앞만 보고 달려온 나에 게 고향마을은 지금껏 등짝 가득 짊어지고 온 한세상 고된 역할을 마치고 돌아가 두 다리 쭉 뻗고 편안히 쉴 곳이다.

노천명이 망향(望鄕)을 읊조린 대로 고향을 떠난 사람이면 누구나 입버 릇처럼 고향으로 돌아가겠노라고 되뇌곤 한다. 시대와 나라를 불문하고 많은 시인들이 그러했고 우리 주위의 많은 필부들도 그러했다.

하지만 마음먹은 대로 실천할 수 있는 사람이 얼마나 되겠는가! 그냥 꿈에서 그치는 경우가 허다한 까닭이다.

그런 생각을 하다 보면 내가 꿈꾸는 '귀거래사'는 맛깔스럽게 느껴진 다. 한평생 내 곁을 지켜 준 사랑스런 아내와 함께 몸소 텃밭을 가꾸고 마 음의 풍족함을 수확하여 오랜 이웃과 함께 나눌 수 있기 때문이다.

그러나 지금 고향은 예전 같지 않아 보인다. 지방자치제니 뭐니 하는 것 따위로 살벌하게만 느껴지는 것은 나만의 생각일까.

서로 시기하다 못해 모함하고 고발하여 구속되는 악순환을 거듭하는 상황을 멀리서 듣고 보니 가슴이 아프다.

"욕심이 잉태하면 죄를 낳고 죄가 자라면 죽음을 부른다"고 하였던가. 욕심을 버리고 서로 이해하고 양보하면서 화합하면 그 옛날의 고향 정취를 맛볼 수 있을 것으로 믿는다.

"세월이 약"이라고 하였던가. 시간이 흘러가면 고향의 아름다운 향기를 맛볼 수 있게 되기를 기원하고 또 기원해 본다.

말단공무원보다 더 검소하게 살아가는 부부

한국방송광고공사 사장 성낙승·박영자 부부 이야기

1993. 8. 1, 서울신문 〈월간 Queen〉 8월호

'강직과 소신은 청렴결백에서 나온다.' 성낙승 한국방송광고공사 사장 (58세)이 벌이는 '절약운동'이 공익자금을 받는 단체들의 이목을 집중시키고 있다. 33년간의 공직생활을 정직·청렴으로 버텨 온 성 사장과 35년간 교사생활을 해온 아내 박영자(56세, 서울 대신초등학교)의 검소한 삶은 한마디로 '연구대상'이다.

갓난아기들의 시선을 가장 잘 끄는 것은 무엇일까. 아마도 그것은 TV 화면일 것이다. 아이들은 딴짓을 하다가도 TV 광고가 나올 때면 정신없이 화면만 쳐다본다. 심지어 울다가도 광고만 나오면 울음을 그치고 그것에 정신을 빼앗겨 버린다.

15초에서 30초 사이에 수없이 장면이 바뀌는 광고의 특성, 무언가 끊임없이 호소하는 광고의 강렬함 때문일 것이다. 아기들의 투정에 시달리는 주부들 중에는 그래서 CF만 따로 모아 녹화해 두었다가 틀어 주는 이들도 있다지 않은가.

하루에도 TV는 수없이 많은 광고를 쏟아낸다. 하지만 이렇게 많은 광고들이 어떤 특정기관을 통해야만 방송될 수 있다는 사실을 알고 있는 사람은 얼마나 될까. 그 기관이 바로 한국방송광고공사, 영어 약자로 '코바코'(KOBACO)라고 불리는 기관이다.

23년 전 구입한 초라한 주택에서 행복 가꾸며 아직도 삽니다

지난 3월 한국방송광고공사 사장에 새로 취임한 성낙승 씨는 33년간 공직생활을 거친 전문관료 출신, 주변 사람들은 성낙승 사장을 두고 '공보처 시절부터 청렴결백하기로 소문난 인물'이라고 한결같이 평한다.

또 어떤 이는 그의 '무서운 절약정신'에 고개를 젓기도 한다. 연간 600억 원의 공익자금을 주무르는 광고공사를 성낙승 씨가 이끌게 되었을 때 그를 아는 사람들은 이 회사에 모종의 바람이 불 것이라고 예견했다고 한다. 아니나 다를까, 취임 직후 그는 30평짜리 사장 집무실을 거의 반으로 줄였는가 하면, 13년 된 공사 사무실의 집기 교체작업을 중단시키는 등 예산절감에 발 벗고 나섰다.

분수에 맞게 사는 게 행복이에요

"공보처에서 일할 때, 공익자금을 지원받는 기관의 장들이 그랜저 같은 고급차를 타고 다니면서 '피 같은 돈'을 헤프게 쓰는 것을 보고 가슴이 아팠습니다."

성 사장은 방송광고공사부터 모범을 보이는 일이 중요하다고 생각, 허리띠를 졸라매게 되었다고 말한다.

성 사장에게는 현재 35년째 초등학교 교사생활을 하는 아내 박영자 씨가 있다. 과거와 달리 여교사에게도 승진 기회가 많아져 교장, 교감으로 활동하는 여성들이 점점 늘고 있는 실정임에도 박영자 씨는 지금까지 평교사 자리를 지키고 있다.

여러 차례 다가온 승진 기회를 그녀가 '의도적으로' 피해 다닌 데는 나름대로 이유가 있다. '여자가 출세하면 남자의 출세를 막는다'는 소박한 믿음 때문.

마포구 연남동 자택에서 만난 성낙승·박영자 씨 부부는 함께 살아온 세월만큼이나 서로 닮은 모습이다.

현관 입구에서부터 집주인의 성격이 보이는 듯했다. 한 가족의 숱한 발길에 의해서 닳았을 낡은 계단, 이끼 낀 외벽, 구석구석 깨끗하게 물청소된 마당…. 23년 전 은행 융자를 끼고 900만 원에 매입해 현재까지 살고 있는 이 집은 다소 초라한 느낌은 있지만 먼지 하나 없이 말끔했다.

놀라운 것은 집 바깥보다는 안쪽이었다. 주인의 사회적 지위에 걸맞은 가재도구라곤 찾아볼 수가 없었다. 15년 이상 사용하는 14인치 국

월간 〈퀸〉 1993년 8월호에 실린 인터뷰 당시 성낙승 사장과 아내 박영자

산 TV가 단적인 예. 취재기자가 더워 할지 몰라 마음을 쓰면서도 성낙승 사장은 '공직자가 무슨 에어컨…'이냐며 말꼬리를 흐렸다. 천정 마루의 원목 마감 역시 처음 집을 지을 당시 그대로 손을 대지 않은 모양새였다.

"젊었을 때 남 잘사는 게 부러웠지요. 지금은 달라요. 분수에 맞게 살고 열심히 살았다는 게 오히려 자랑스럽습니다."

부인 박영자 씨의 입에서 나오는 말은 남편 성 사장의 어투와 무척 닮았다.

내가 먼저 깨끗해야 사회가 깨끗해진다

TV광고에는 상품광고 말고도 '공익광고'라는 게 있다. 한국방송광고공사가 만드는 공익광고는 환경, 질서, 효도 등 캠페인이 주를 이룬다. 광

고가 갖는 뛰어난 설득력을 통해 우리 사회가 안고 있는 여러 가지 문제를 해결하고 보다 밝은 사회를 만드는 목적을 띠고 있는 것이다.

세제로 얼룩지는 강물을 보여 주면서 "우리가 오염시킨 물, 우리에게 돌아옵니다"는 멘트가 나오는 환경광고, 청소년들에게 애정 어린 목소리로 "청소년 여러분을 믿습니다"란 가슴을 울리는 이야기도 공익광고는 해 준다. 그 밖에도 전기절약, 음주운전의 경각심을 일깨워 주는 것도 있다. 얼마든지 많아져도 좋을 이들 공익광고는 '깨끗한 사회'로 변해 가는 데 보이지 않는 힘이 돼주고 있다.

성낙승 사장은 공익광고의 내용처럼 스스로 먼저 깨끗해져야 한다고 믿고 있으며 그것을 묵묵히 실천하는 사람이다. 그는 원칙에 벗어나는 일에는 단호하다.

33세 사무관 시절의 에피소드가 있다. 모 도청소재지의 실력가였던 A씨의 기독교재단 재산과 관련된 민원을 맡았을 때였다.

1970년 당시 재산이 무려 1억 원에 달했던 이 기독교재단에 대해 학교법인, 종교법인, 기독교단체 간에 치열한 재산싸움이 벌어졌는데, 담당자인 성낙승 씨가 원칙대로 일을 처리하려고 하자 불리해진 A씨가 청와대를 통해 압력을 가했다고 한다.

압력의 강도가 워낙 세자 장·차관도 어쩌지 못하는 상황에서 사무관인 그는 끝까지 버티었다. 정의감이 넘치던 시기였다.

"A씨가 나 때문에 일이 틀어졌다고 생각했는지 나 없는 사이 집을 찾아와 돈 봉투를 두고 간 거예요. 집사람도 워낙 내 성미가 유별난 걸 아니까 돌려주려 뛰쳐나갔지만 이미 사라지고 없더래요.

그 당시 저는 서울대학교 행정대학원에 다니고 있었으므로 밤늦게 집에 와서야 그 사실을 알게 됐습니다. 20만 원이었어요. 지금으로 따지면 200만 원 넘는 큰돈이었지요. 나는 생각다 못 해서 A씨에게 편지를 썼습니다."

그는 단호하면서도 진심을 담아 이렇게 썼다고 한다.

"내 나이 이제 33세이며 농촌에서 올라와 열심히 사는데 이러지 말아달라. 나는 내 양심에 입각해서 이 문제를 법에 어긋나지 않게 합법적이고 공정하게 처리할 것이다. 그러니 제발 권력층을 동원하여 괴롭히지 않도록 해달라. 선생님도 나 같은 젊은 자식이 있지 않느냐. 내가 가는 바른 길을 막지 말아 달라. 나는 정직하게 살고 싶다."

대충 그런 내용으로 써서 편지 사이에 돈을 넣어 보냈다고 한다.

극기심 키우기 위해 일부러 고된 일 자처

그 후 세월이 흘러 사무관에서 과장이 되고 1980년 감사담당국장으로 KBS방송국에 대한 감사차 각 도청 소재지를 돌던 중 우연히 A씨의 소식을 듣게 되었다고 한다. 자신을 원수처럼 생각할 줄 알았던 A씨는 그의 편지를 교훈삼아 태도를 바꾸었고, 그때의 편지를 자식들에게 교훈이 되도록 금고 속에 보관하고 있다는 것이었다.

"고려대학교 행정학과에 합격해 처음 기차를 타고 서울에 올라온 후로 여태껏 한 번도 그런 원칙을 어긴 적이 없었어요. 한번 원칙을 깨고 나면 다음부터는 지키기가 어렵거든요."

대학 졸업 후 성낙승 씨는 해방 이후 우리나라에서 처음 실시한 공무원 공채에 응시, 국무원사무처에서 첫 사회생활을 시작했다고 한다. 워낙 특이하게 공직생활을 해왔기에 그동안 있었던 일화만으로도 책 몇 권은 너끈히 쓸 수 있을 정도라고.

"젊어서부터 내 스스로 극기력을 키우기 위해 고생을 찾아서 했습니다. 남이 하는 고생은 다 해봐야 한다고 생각해 군대는 일부러 겨울에 지원해 갔지요. 그리고 공직생활도 일 많은 부서, 힘든 부서를 찾아다녔습니다.

덕분에 웬만큼 복잡한 업무라도 한번 훑어보면 금방 알 정도가 되더군요."

공보처 재직 시 그는 28명의 장관을 모셨다고 한다. 이중 몇몇 장관과는 업무처리 방식을 놓고 맞섰고 언제나 그는 소신을 굽히지 않았는데, 결국 그렇게 한 일이 윗사람들에게도 좋은 영향을 미쳐 성낙승 씨는 전직 장관들 사이에 '보증수표'라는 별명으로 통한다.

그러나 너무 청렴해도 모략을 받을 수 있다는 사실을 그는 여러 번 경험했다. 뇌물 같은 것은 한 번도 받지 않고 지냈음에도 그를 모함하는 투서들이 날라들곤 했던 것이다. 티끌만큼이라도 떳떳하지 못했더라면 벌써 목이 날아갔을 것이라고 그는 회고한다.

종무과장 시절에는 박정희 대통령과 김종필 국무총리 앞에서 한 브리핑 실력을 인정받아 국장 승진을 인정받은 일이 있었다. 하지만 성낙승 씨는 지나치게 앞서가는 승진을 거부하여, 화제가 되기도 했다. 당시 제의를 받아들였더라면 훗날 국보위 시절에 1~2급 공무원들을 무조건 해직시킬 때 물러나야 했을 터이지만, 어쨌든 이 일을 계기로 "순리대로 욕심 안 부리고 살아야 한다"는 교훈을 다시 한 번 깨달았다고 한다.

평생 맞벌이를 할 수 밖에 없었던 가난한 공무원의 아내

공직자로서 분수를 지켜야 한다는 성낙승 사장의 신념은 가정사에도 그대로 적용된다. 막내아들 민경 군(외국어대학교 재학)은 경성고 전교에서 상위권에 드는 우수학생이었지만 서울대학교 입시에 아깝게 떨어지고 말았다. 부인 박영자 씨는 남편이 끝까지 과외를 반대하지 않았더라면 붙을 수 있었으리란 생각에 아들에게 미안한 생각을 갖고 있다.

"공무원 중에 과외를 시키는 사람들이 꽤 있다지만 이 양반에게는 어림도 없어요. 공사를 막론하고 조금이라도 원칙에 어긋나면 노부모님이 매달려도 안 돼요."

내외가 모두 직장을 가진 까닭에 제대로 돌볼 겨를이 없었는데도 자식들이 말썽 없이 잘 자라 준 것이 무척 고맙다고 박영자 씨는 말한다.

이에 대해 성낙승 사장은 "내가 밤낮 직장 일에만 매달려 가정은 전적으로 아내에게 의존한 편이었다. 교사, 어머니, 아내로서 1인 3역을 드러내지 않고 잘 수행해 준 점을 높이 인정한다"며 공을 아내에게 돌린다.

모두 이화여자대학교를 나온 세 딸은 미술 방면에 재능이 많다고 한다. 사치 낭비라고는 전혀 모르고 대쪽 같기만 한 성 사장은 딸들에게는 '재미없는 아빠'이다. 딸들은 "고시에 합격한 사람이라도 공무원에게는 시집을 안 가겠다"고 할 정도. 그러나 한편 세상에서 가장 존경하는 인물로 단연 아버지를 꼽는다.

박영자 씨는 휴직 3년을 포함, 38년간 교사생활을 하고 있다. 중도에 잠시 쉬었다가 복직한 이유도 사실 따지고 보면 교육에 대한 애착보다는 맞벌이를 할 수밖에 없는 가난한 공무원의 아내였기 때문이다. 그러나 '인간은 일하기 위해 태어났다'는 강한 믿음과, 미완성을 완성으로 이끄는 교육의 길에서 계속 서온 것에 보람을 느끼고 있다.

'때때로 교정에 버려진 휴지 한 장을 줍는 아이들을 발견했을 때의 흐뭇함'을 그녀는 얘기한다.

물질적 풍요에서 '행복'을 구하는 요즘 사람들에게 성낙승·박영자 부부의 생활은 하나의 귀한 본보기가 아닐 수 없다.

　　　　　　　　　　　　　　　　　　　　　　　　　　　—〈월간 Queen〉 위재광 기자

인성교육, 외국어특화교육, 행정실무교육으로 차별화된 인재 육성

2009. 9. 21, 〈교수신문〉

충남 논산에 있는 금강대학교를 처음 방문하면 다소 쑥스러운 경험을 하게 된다. 마주치는 학생마다 반갑게 인사를 하기 때문이다. 교직원을 만나면 인사하는 습관이 몸에 밴 탓이다.

그렇다고 이 학교 학생들이 착하기만(?) 한 것은 아니다. 2003년 개교해 2007년 첫 졸업생을 배출한 이후 22명이 해외 유명 대학원에 진학했다. 지난해 행정고시에서는 충청남북도 대학 가운데 유일하게 금강대학교 재학생이 합격하기도 했다.

'작지만 강한 대학', '소수정예 교육'을 모토로 개교할 때부터 수능 1~2등급 학생만 뽑아 전액 장학금을 주어 가며 전원 기숙사에서 교육시키는 금강대학교를 지난 16일 찾았다.

2007년 2월 취임해 3년째 금강대학교를 이끌고 있는 성낙승 총장은 "인성 교육, 특화된 외국어 교육, 행정실무 교육, 이 세 가지만큼은 4년 동안 철저하게 교육시키기 위해 노력하고 있다"고 여러 차례 강조했다.

이영수 〈교수신문〉 발행인과의 인터뷰는 3시간 가까이 이어졌다.

취임한 지 2년 6개월 됐다. 성과는?

종합대학으로서의 면모를 구축하는 데 주력했다.

2007년 불교학계에서 유일하게 불교문화연구소가 인문한국(HK) 지원사업에 선정됐다. 지방 사립대 가운데 인문분야 연구소에 선정된 것은 거의 유일하다. 10년 동안 총 80억 원을 지원받는다. 불교문화연구소는 또 울너(woolner) 컬렉션 사업이 '한국연구재단 기초연구과제 지원사업'에 선정돼 2010년까지 3년간 4억 5천만 원을 지원받는다.

지난해 시작된 교육역량강화사업에 2년 연속 선정돼 총 6억 5천만 원을 지원받았다.

HK사업에 선정되자마자 2007년 대학원을 설립했다. 불교학과 사회복지학 전공이다. 이렇게 해나가면서 조금씩 종합대학으로서의 면모를 확립할 수 있었다.

소규모 지역대, 신설대라는 한계를 어떻게 극복하고 있는지?

학생들에게 이런 이야기를 한다. 군복만 입었다고 군인이 아니다. 우선 수통이 있어야 목마를 때 생명을 유지할 수 있다. 적이 멀리 있으면 총이, 가까이 있을 땐 칼이 있어야 된다. 마찬가지로 경쟁사회에서 이기려면 세 가지 무기가 있어야 한다. 첫 번째는 인성이고, 두 번째는 외국어 능력이다. 영어, 중국어, 일본어 중 하나는 능숙하게 구사할 수 있어야 한다. 일정 수준의 점수를 획득하지 못하면 졸업을 시키지 않는다.

세 번째는 어느 직장에 취업하더라도 능숙하게 행정업무를 처리할 수 있는 실무능력이다. 앞으로 간판은 필요 없다. 우리 학생들이 적어도 이 세 가지 무기를 가지고 사회에 나갈 수 있도록 철저하게 교육시키고 있다.

졸업생 진출 현황은 어떤지?

2007년 첫 졸업생 19명을 배출한 이후 총 85명이 졸업했다. 그중 22명이 일본 도쿄대, 와세다대, 중국 베이징대, 푸단대, 미국 보스턴대, 미시간대, 대만 타이완대학교 등 해외 대학원에 진학했다. 특히 올해에는 2명이 일본 문부성 장학생으로 선발되어 도쿄대학교 대학원에 진학했다.

또 고시반 설립 2년 만인 2008년 행정고시에서 충청권 40개 대학 중 유일하게 합격생을 배출했다. 지역인재 채용 6급 공무원시험에도 2006년에 이어 2008~2009년 연이어 합격하여 문화체육관광부, 외교통상부 등에서 근무하고 있다.

그 비결은 무엇이라고 보는지?

수능 1~2등급 학생만 선발해 전액 장학금을 지급하고 전원이 기숙사에서 생활한다. 학교 운영비는 100% 재단에서 지원한다. 이런 대학이 없다. 이번에 장학생으로 일본 도쿄대학교 대학원에 진학한 학생은 입학할 때 일본어를 한마디도 못했다.

그런데 입학해서 외국인 룸메이트와 기숙사에서 생활하고 1년간 교환학생으로 갔다 오고, '커뮤니케이션 파트너십 프로그램'이라 하여 외국인 학생과 주 4회 이상 모임을 갖는, 이러한 일련의 프로그램을 거치면서 일본어를 배운 것이다.

지금 한국 대학을 보면 시설만 확장하였지 내실은 약하다. 영리기관으로 전락했다. 대학을 개혁하지 않으면 안 된다.

금강대학 '미래도'를 보면 건물을 많이 지을 계획인 것 같은데?

재학생 수가 현재 400명인데 장기적으로 1,200명까지 (편제) 정원을 늘리려 한다. 그래서 내일 신축 기숙사 기공식을 갖는다. 200명 정도 수용할 수 있다. 학년을 따지면 한 학과에 50명 정도 된다. 한 학과만 신설하고 기존 학과 정원을 좀 늘릴 계획이다.

남은 임기 동안 꼭 하고 싶은 일은?

기숙사를 더 많이 지어 정원을 늘리고 운동장에 잔디를 깔아 스탠드 밑에 당구장, 탁구장 등 체육시설을 넣는 것이다. 지금까지는 재단에서 100% 지원을 받지만 언제까지 재단에 의존할 수만은 없는 것 아니겠는가. 새로운 수입원을 창출하려 한다.

― 〈교수신문〉 이영수 발행인

작지만 강한 명문대학,
소수정예 교육의 전당

2010. 4, 〈뉴스저널〉 4월호

지금 우리 사회는 세계화, 정보화, 개혁과 개방의 거센 물결에 직면하고 있다. 대학사회도 교육의 다양화와 질적 발전의 필요성 등 많은 변화의 바람이 위급하게 다가오고 있다.

이러한 대학사회의 현실적 위기 속에서 금강대학교는 신설대학, 소규모대학, 지방소재대학이라는 한계를 극복하고, 금강대학교만이 갖는 강점과 강력하고 확실한 교육비전을 통해 세계 초일류 명문대학으로 비상을 준비하고 있다.

금강대학교는 설립 종단 및 재단, 교직원, 학생이 하나 된 마음으로 상호 간의 신뢰와 협력, 그리고 애교심 넘치는 화합의 분위기 속에서 세계 초일류 대학교육의 완성을 준비하고 있다. 금강대학교 성낙승 총장과 대담이 있었다.

부임 이후 대학 운영에 중점적으로 추진한 부분은?

저는 33년간의 관료생활과 16년간의 국영기관의 장과 국공영기업체 사장, 그리고 민간기업체 회장과 방송 언론사 사장 등 이질적인 기관 단체의 CEO를 거치면서 터득한 경영기법을 대학 경영에 접목시켜 효율화 정책을 강력하게 추진해 왔습니다.

현실 사회에서 대학도 과거의 조용한 상아탑의 관념을 벗어나 생동감 넘치는 대학사회로 변화해야만 성장과 발전을 이룩할 수 있다고 생각합니다.

대학운영을 책임지고 있는 총장으로서 교수와 사무직원 및 학생이 삼위일체가 되어 일사불란하게 대학의 발전을 위해 노력해 왔습니다. 우선 총장 자신의 자기관리가 철저하여야 한다는 것을 절감하고 교직원과 학생들에게 모범을 보이기 위해 솔선수범의 자세로 임해 왔습니다.

따라서 우리 대학도 제도개혁과 투명한 경영, 강인한 추진력이 기본이 되어야 한다는 신념을 가지고 •행정조직 제도와 체제 재정비, •예산집행의 투명성과 효율적 집행, 철저한 예산 절약, •학사운영의 효율화, 능률화, •근무기강의 확립 등을 이룩했습니다.

이러한 획기적인 조직 경영관리와 내부결속을 통하여 우리 대학은 많은 예산을 절감하여 변화 속에서 굳건한 발전적 토대를 구축해 왔다고 생각합니다.

2007년 2월 총장으로 취임한 후 첫째, 2007년 11월에 금강대학교 대학원을 설립하여 종합대학으로서의 새로운 면모와 위상을 확립하였고, 둘째, 2007년 10월에 불교학계에서는 유일하게 우리 금강대학교 불교문화연구소가 인문한국연구사업(HK) 계획안이 정부로부터 인정받아 2007년부터 10년간 총 80억 원의 정부 지원을 받게 되었습니다.

이 연구사업은 "불교고전어 고전문헌을 통해 본 문화의 형성과 변용 및 수용 과정연구" 추진을 통하여 앞으로 동남아시아를 비롯한 세계 불교문화 연구에 획기적인 토대가 마련되도록 노력하고 있습니다. 이 사업을 바탕으로 세계 유명 대학의 불교철학 석학들을 초청하여 매년 국제학술대회를 개최해 옴으로써, 이제 우리 금강대학교가 불교문화 연구의 세계적 메카로서의 새로운 위치를 확고히 구축하였다고 확신하고 있습니다.

셋째, 파키스탄 펀자브대학교에 소장되어 있는 불교학 관계 사본을 오스트리아 비엔나대학교 인도학연구소와 공동으로 디지털 이미지화하는 '울너 컬렉션 사업'도 2007년 정부로부터 3년간 4억 5천만 원의 보조지원을 받게 되었습니다.

이 프로젝트를 통해 불교학 연구 기초로서의 '사본학 연구'를 학계에 촉발시키는 막중한 역할을 수행하고 있습니다.

금강대학교의 설립에 대하여 …

금강대학교는 국내 불교계 대종단 중 제2위의 대종단인 대한불교천태종단(충북 단양군 영춘면 구인사 본산)이 설립한 종립대학으로서, 2002년에 설립되어 2003년에 개교했습니다.

대한불교천태종단의 중창조이신 상월 원각대조사님의 뜻을 받들어, 국가 사회가 필요로 하는 인재를 양성하여 국가에 공헌케 하려는 '창학이념'하에 부처님의 자비 정신을 바탕으로 한 '인성교육'과 국제화 시대에 부응하는 '외국어 특화교육'에 역점을 두고 출발하였습니다.

우리 금강대학교는 전교생에 대하여 등록금 전액 장학금 지원과 전교생에 대한 기숙사 제공 등의 강점을 가지고, 수능성적 1, 2등급의 우수한 학생만을 선발하여 인성교육과 외국어 특화교육을 강화하여 '역량 있는 인재', '국제적 전문 인력', '지역사회 리더'를 양성하여 국가사회에 공헌케 하려는 원대한 목표하에 '소수정예 교육 강화'의 기치 아래 성장하여 왔습니다.

금강대학교의 설치학부로는 불교복지학부에 불교학전공, 사회복지학전공, 통상행정학부에 통상학전공, 통상통역(영어)전공, 행정학전공 등 6개 과가 설치되어 있습니다.

금강대학교의 장학제도는 •매 학기 성적평점 평균 3.00 이상 학생:

등록금 전액 100% 면제 장학혜택(전교생 중 약 95% 혜택), • 매 학기 성적 평점 평균 3.00~2.70 이상 학생: 등록금의 70% 감면 장학혜택(전교생 중 약 3% 혜택), • 매 학기 성적평점 평균 2.70 미만 학생: 등록금 감면 장학혜택 불가(전교생 중 약 1.5~2%)로 전국 최고의 장학제도를 자랑하고 있습니다.

금강대학교가 추구하는 인재상이나 교육목표는 무엇입니까?

첫째, 간판보다는 인성의 중요성을 감안하여 '인성과 덕성을 함양하는 교육'을 강화함으로써 민주사회에 부응하는 폭넓은, 역량 있는 창조적 인재를 양성하고자 합니다.

둘째, 국제화 시대에 부응하여 어떤 위치에서나 능숙하게 외국어를 구사할 수 있도록 '외국어(영어, 중국어, 일어) 특화교육'을 추진하여 국제적 전문 인력을 배양하고자 합니다.

셋째, 직업 전선에 나가 어떤 직장에 취업하더라도 능숙하게 행정업무를 수행할 수 있도록 실용적으로 활용할 수 있는 '행정실무실습 교육'을 강구하여 민주적 리더를 양성하고자 합니다. 이러한 소중한 3개의 무기를 학생들에게 심어 주기 위해 모든 노력을 다하고 있습니다. 군인이 최전방에 가면 총과 칼 그리고 수통이 필요하듯이 우리 대학은 대학 4년 동안 고된 정신적·육체적 수련과 교육을 통해 학생들이 향후 치열한 국내외적 경쟁사회에 진출하여 자신 있게 돌파해 나갈 수 있는 역량 있는 인재, 국제적 전문 인력, 민주사회 리더를 배양하기 위하여 이 3개의 무기를 갖출 수 있도록 전력을 다하고 있습니다.

금강대학교의 강점은?

오늘날 우리 대학사회의 현주소는 출산율의 저조, 고교졸업생의 감소,

조기 해외유학 풍조의 만연 등으로 대학 입학정원은 미달사태를 맞고 있으며 또한 학사학위에 대한 신인도도 점차 하락하고 있는 실정입니다.

이러한 급박한 현실적 대학사회의 위기상황에서도 우리 금강대학교만은 다른 대학과는 달리 과잉시설이나 과잉인력을 가지고 있지 않은 내실 있는 조직규모로 안정되게 성장 발전할 수 있는 강점을 가지고 있습니다.

특히 우리 금강대학교가 신생대학, 소규모대학, 지방대학이라는 약점을 가지고 있으나 다른 대학들이 추종하거나 모방하기 어려운 독특한 특성과 강점을 가지고 있다는 것입니다.

전교생 전원에 대하여 등록금 전액을 장학금으로 지원하는 '전국대학 중 최고(전국 1위) 수준의 장학제도'를 가지고 있으며 전교생 전원에게 2인 1실의 초현대식 기숙사를 무료로 제공하는 '파격적인 기숙사 특혜제도'를 운영하고 있습니다.

전교생 전원의 희망에 따라 학기별로 각국에서 온 외국인 유학생과 24시간 룸메이트로서 2인 1실 기숙생활을 할 수 있는 '생활외국어(영어, 일어, 중국어) 특화교육제도'가 있습니다.

전교생 전원에게 희망에 따라 우리 대학과 교류협정이 체결된 20여 개 해외 대학에 무료로 1년간 교환학생 파견을 통해 학점을 인정하는 '외국어 특화교육 연수제도'를 추진해 옴으로써 짧은 기간 내 급속한 성장과 발전을 거듭하여 명실공히 지방의 명문사학으로 부상하고 있습니다.

재학생의 학습의욕을 고취하기 위하여 매년 해외 명문대학원에 진작한 학생들을 선발하여 2년간(석사과정) 장학금을 지급하고 있습니다.

장학금액은 3개 언어권으로 나누어 2년간 지원하되 •영어권은 연간 2만 8천 달러, •일본어권은 연간 2만 1천 달러, •중국어권은 연간 1만 4천 달러 상당입니다.

이는 국비장학생 장학금을 상회하는 수준입니다.

금강대학교는 재학생 7~8명당 1명의 외국인 학생을 유치하여 커뮤니케이션 파트너십 프로그램, 외국어 집중교육 프로그램, 외국어 라운지 운영 등 다양한 프로그램을 운영함으로써 외국어 실력 향상과 국제적인 안목과 감각을 익히도록 하고 있습니다.

전교생이 기숙사에서 24시간 공동체 기숙생활의 이점을 활용하여 외국인(영, 중, 일어권) 유학생과 한국학생이 함께(2인 1실) 생활을 하는 '외국인 룸메이트 제도'를 시행하고 있습니다.

방과 후에는 외국 원어민 교수, 외국인 유학생과 한국인 학생들이 언어권별로 회합, 토론과 자유스럽게 부담 없이 대담, 토론하는 활동을 통하여 외국어를 단기간에 숙달하는 제도를 실행함으로써 타 대학이 모방 추종하기 어려운 명실상부한 '외국어 특화교육 글로벌 캠퍼스'를 구축하고 있습니다.

재학생 전원에게는 2인 1실의 초현대식 기숙사(각종 편의시설 완벽 구비)를 제공하고 있습니다. 기숙사의 각 실마다 에어컨, 침대, 책상, 책장, 옷장과 신발장, 샤워와 세면대, 화장실 등을 완벽하게 구비하고 있습니다.

금강대학교는 창의적인 고급공무원 양성을 위해 행정학전공을 신설하여 종합적인 사고력과 전문지식을 겸비한 고급공무원을 양성한다는 목표로 차별화된 교육프로그램을 갖춘 고시반을 설립, 운영 2년 만에 충청지역에서 유일하게 금강대학교 학생이 행정고시에 합격하는 놀라운 실적을 거두었습니다.

이 외에도 관세사반, 세무회계사반, 사회복지 1급 자격증반 등 전공과 관련된 각종 자격증을 취득하려는 학생을 위하여 스터디룸 제공, 동영상 강의 및 방학 중 서울 신림동 고시학원 수강을 위한 숙소 제공, 수강료, 도서구입비 등의 적극적인 지원을 하고 있습니다.

금강대학교는 취업/진로 전담 교수제도를 운영하며 학생 개개인의 특성에 맞는 맞춤식 정보를 제공하고 체계적인 교육을 통하여 학생들의 적성에 맞는 직업을 선택할 수 있도록 다각적인 노력을 기울이고 있습니다.

국내 대학들이 갖지 못한 이러한 여러 가지 장점들을 금강대학교는 가지고 있습니다.

이를 토대로 전 교직원들이 '작지만 강한 명문대학', '소수정예 교육의 전당'으로의 성장과 발전을 이룩하기 위해 총력을 경주하고 있습니다.

금강대학교의 이러한 강점들을 살려 '외국어 특화교육'과 '불교문화 연구' 2개의 축을 주축으로 하여 압축적인 성장과 발전을 이룩할 것입니다.

이러한 수련과정을 거친 후 사회에 진출하여 어떠한 고난과 역경이 닥쳐오더라도 두려움 없이 슬기롭고 지혜롭게, 용감하게 돌파해 나갈 수 있는 저력을 굳건하게 쌓아 가고 있습니다. 전국 200여 개 종합대학교 중 대학설립 학교법인으로부터 대학의 운영비를 전액 100% 지원받는 대학은 국내뿐만 아니라 세계적으로 금강대학교가 유일무이합니다. 참고로 현재 전국대학 중 설립법인에서 지원받는 대학은 겨우 서울의 7~8여 개 대학만이 대학 총 운영비 중 약 10% 정도를 설립법인으로부터 지원을 받는 데 불과합니다.

대다수의 국내대학들은 학교운영비를 학생들의 등록금 수입 등에 의존하고 있는 실상이 오늘날 한국 사립대학들의 현주소입니다.

금강대학교 졸업생의 진출현황과 향후 전망은?

우리 금강대학교의 제 1~3회 (2007~2009) 졸업생이 개교 초창기의 어려운 여건을 극복하고 인내하면서 면학에 열중함으로써 미국의 펜실베이니아대학, 미시간대학, 조지타운대학, 보스턴대학, 일본의 도쿄대학(2명), 히로시마대학, 와세다대학(2명), 오사카대학, 오차노미즈대학, 중국의 북경대학(2명), 복단대학(2명), 남경대학, 대만의 대만국립대학, 영국의 런던정경대학 등 해외 명문대학 대학원에 23명이 진학하는 쾌거를 거두었습니다.

금강대학교 재학생이 2007년 일본정부 초청 7년 장학생(연구생, 석사, 박사)에 최연소 학생으로 합격 선발되었으며, 2009년에도 연이어 일본정부 초청 7년(연구생, 석사, 박사) 장학생과 3년(박사과정) 장학생으로 합격 선발됨으로써 주한 일본대사관에서 금강대학교에 대해 경이로운 시선으로 주시하고 있습니다.

또한 고시반 설립 2년 만에 2008년 '행정고등고시'에 충청남북도 40개 대학 중 유일하게 금강대학교 재학생(황보란)이 합격하는 쾌거를 이룩함으로써 지방 대학사회를 놀라게 하였습니다. 한편 중앙정부에서 시행하는 지역인재채용 6급 공무원 시험에도 2006년에 이어 2008년, 2009년에도 연이어 충남지역에서 유일하게 금강대학교 재학생이 합격하여 문화관광부, 외교통상부, 지식경제부 등에 근무하는 놀라운 성과를 거두고 있습니다.

앞으로 우리 금강대학교는 '소수정예 교육'을 기치로 유능하고 훌륭한 인재를 양성하는 '작지만 강한 명문대학'으로 힘차게 성장하고 발전할 수 있도록 창조적이고 진취적인 발전 전략이 더욱더 강력하게 추진될 것입니다.

금강대학교만의 강점을 가지고 짧은 기간 안에 소수정예 교육의 전당으로서 작지만 강한 지방의 명문사학으로 성장과 발전을 거듭할 것으로 확신하고 있습니다.

―〈뉴스저널〉 박상민 기자

작지만 강한 비결은 외국어 특화교육

2010. 7. 9. 〈동아일보〉

"지난해 일본 대사관에서 문부과학성 장학생을 선발할 때 여러 대학의 학생을 보고 면접관들이 '금강대학에서 오셨습니까?'라고 먼저 묻더라더군요. 금강대학교 학생들이 단골로 선발되다 보니. …"

취임 후 3년여 동안 금강대학교(충남 논산시 상월면)를 크게 발전시켰다는 평가를 받는 성낙승 총장(75)은 "일본 대사관이 금강대학교 학생들이 우수한 것을 보고 학교를 알기 위해 별도의 금강대학교 파일까지 준비했다고 들었다"고 말했다.

금강대학교에 따르면 지난해 이 대학 졸업생 100명 가운데 9명이 외국 정부 초청 장학생으로 유학을 떠났다.

수능 1~2등급 선발 파격지원, 작년 9명이 외국초청 유학

이 가운데 통상통역 일본어 전공의 조영은 씨는 일본 도쿄대학교 7년(석사, 박사) 장학생으로, 윤효정 씨는 와세다대학교 3년(박사) 장학생으로 선발됐다.

미국, 중국, 일본 등 외국정부 초청 장학생은 2006년 1명, 2007년 3명, 2008년 3명으로 꾸준히 늘고 있다. 성 총장은 "이런 성과는 일련의 외국어 특별교육에서 나온다"고 설명했다.

여름방학인데도 강의실 곳곳에서 '외국어 집중교육 프로그램'에 참여한 학생들을 볼 수 있었다. 전교생 400명 가운데 1, 2학년 희망자 100여 명이 참여하고 있다. 2, 3학년 학생 상당수는 교환학생 프로그램에 참가해 20여 해외 자매대학에서 1년씩 공부한다.

재학생들은 모두 '외국인 룸메이트' 제도를 통해 외국의 언어와 문화를 피부로 느끼고 있다.

성 총장은 "2007년 인문한국(HK) 지원사업에 불교문화연구사업이 확정돼 10년간 총 80억 원을 지원받고 있다"며, "금강대학교는 인문한국 연구 분야에서도 유서 깊은 대학을 앞서고 있다"고 말했다.

금강대학교는 같은 해 파키스탄 편잡대학에 소장된 불교학 자료를 오스트리아 빈대학 인도학연구소와 공동으로 디지털화하는 '울너 컬렉션' 정부 지원사업에도 선정돼 '불교학 연구의 메카'로 급부상했다.

2002년 불교의 세계화와 참교육 구현 등의 목표를 내걸고 설립된 금강대학교는 '소수정예 교육'의 기치를 내걸고 매년 대학수학능력시험 1~2등급의 우수학생 100명을 선발해 전액 장학금을 지원한다.

교육과학기술부의 '대학 알리미'에 따르면 금강대학교의 학생 1인당 연간 장학금은 661만 5천 원으로 전국 대학 중 1위이다.

33년간 문화체육관광부에서 공직생활을 한 뒤 17년간 국·공영기업체 사장 등을 지낸 성 총장은 국내에서 아주 열심히 일하는 총장 가운데 한 명이다.

불교학 연구 중심지로도 공인, 정부서 10년간 80억 지원 받아

"학교에서 고시반을 만들어 놓고 운영방법을 놓고 고민하더라고요. 그래서 주말에 혼자 서울 관악구 신림동 고시촌에 가서 명강사들을 찾아내 학교에 특강 강사로 초빙했죠."

그는 "이제 고시 합격생이 금강대학교보다 학생 정원이 수백 배 많은 주변의 대학들에 뒤지지 않는다"고 말했다.

성 총장은 자신의 봉급을 동결했을 뿐 아니라 단기 출장은 자비로 다녀오며, 절약한 판공비로 교직원에게 상을 주는 것으로도 유명하다.

자신의 행정경험을 토대로 국내에서는 유일하게 학생들에게 기안, 계획서 및 각종 증명서 작성, 의전(예절) 등 행정실무를 교육하고 있다.

성 총장은 "앞으로 최소한 '외국어 특화교육'과 '불교문화 연구' 등 두 가지 분야에서는 금강대학교가 최고라는 평가를 받도록 하겠다"고 말했다.

―〈동아일보〉 지명훈 기자

미래 리더 꿈꾸는 학생들에게
최적의 교육환경 제공할 것

2010. 12. 23, 〈조선일보〉

　대한불교천태종단이 설립해 지난 2003년 개교한 금강대학교(충남 논산 소재)는 국내 어디에서도 찾기 힘든 독특한 시스템으로 운영된다.

　전국 200여 개 종합대 가운데 대학설립 학교법인으로부터 학교운영비를 100% 지원받는다.

　이 때문에 전교생에 대해 등록금 전부를 장학금으로 지원하고, 전교생이 4년간 무료로 기숙사 생활을 한다. 전교생 전원에게 1년간의 무료 해외 교환학생 혜택도 준다.

　학생에 대한 금강대학교의 투자는 여기에 그치지 않는다. 고급공무원 양성을 위해 고시반을 운영, 2년 만에 충청지역에서 유일하게 대학 재학생이 행정고시에 합격하는 성과를 거뒀다.

　실생활 속에서의 자연스러운 영어실력 향상을 위해 해외에서 학생을 유치, 기숙사에서 외국인 24시간 룸메이트 제도(boarding school)를 실시한다. 이 같은 사실이 알려지면서 전국의 우수한 학생들이 금강대학교를 찾고 있다. 수능성적 1~2등급의 우수한 학생만을 선발하는데도 평균 입시경쟁률이 3 대 1에 이를 정도다.

　이 같은 금강대학 약진의 중심에는 '별난 총장'이라 불리는 성낙승(76) 총장이 있다. 공보처 기획관리실장 등 33년간의 공직생활을 거쳐 한국방송광고공사(KOBACO) 사장, 불교방송 사장, 아리랑TV 이사장, ㈜동서그룹 계열사 회장 등을 역임했고, 2007년 2월 금강대학교 제3대 총장으로 취임했다. 그는 '실무에 강한 CEO형 총장'이라는 평가를 받고 있다.

성 총장은 "33년간의 관료생활, 19년간의 국영기관의 장과 국공영기업체 사장, 민간기업체 회장과 방송 언론사 사장 등 다양한 단체의 CEO를 거치면서 터득한 경영기법을 대학 경영에 접목시켜 효율화 정책을 강력하게 추진하고 있다"고 말했다.

총장의 솔선수범형 리더십으로 대학 업그레이드

성 총장은 철저한 자기관리, 청렴성실로 유명하다. 총장 취임 후 출퇴근 및 근무시간을 준수하는 것은 기본이고, 매년 휴가 반납 및 방학 중 정상 출퇴근 근무를 하고 있다. '일벌레'라는 별명을 가질 정도다.

총장 승용차 전용기사를 폐지, 출퇴근 및 근거리 이동 때도 총장 자신이 직접 운전하고 있다. 교직원 봉급은 인상하면서, 총장 자신의 봉급은 임기 4년간 동결 조치했다.

"대학 운영을 책임지는 총장으로서 대학의 발전을 위해서는 제 스스로 자기관리가 철저해야 한다고 생각했습니다. 구태의연하고 현실안주적인 대학운영 방식을 벗어 버리고 합리적이고 효율적인 운영과 내실화를 위해 총력을 기울였습니다."

대학 내의 기강을 잡는데도 노력했다.

"월요일 9시에 비상소집을 단행했더니 평소 느슨했던 출근상태와 근무형태가 백일하에 드러났어요. 흐트러진 기강을 바로잡는 과정이 필요했죠. 학생들에 대해서도 기숙사 생활의 질서를 확립하기 위해 야간점호와 생활규칙을 강화하고 위반자에 대해서는 해외교환연수 기회를 제한한다는 방침을 세웠습니다.

이전과는 다른 여러 가지 조치들에 대해 학생들과 교직원들은 군대식 관리라고 반발했지만, 저는 하나씩 설득에 나섰습니다. 학생들의 농성장에 단신으로 들어가 마이크를 잡고 50분간 그간의 조치상황과 목적을 하나하나 설명하며 정면 돌파했습니다.

잘못된 유언비어와 허위정보 등에 대해 알게 된 학생들은 일제히 박수로 환영했습니다. 정말 감격스러운 순간이었죠."

차별화된 금강대학교만의 장점

성 총장의 리더십과 함께 금강대학교의 특색 있는 교육 커리큘럼과 학생들에 대한 파격적인 지원은 졸업생들의 성공으로 이어지고 있다.

2007년 첫 졸업생을 배출한 이후 지금까지 미국 펜실베이니아대학, 미시간대학, 보스턴대학, 일본 도쿄대학, 중국 베이징대학, 영국 런던정경대학 등 해외 명문 대학원에 25명이 진학했다.

2007년에 일본정부 초청 7년 장학생에 금강대학교 재학생이 최연소 학생으로 선발됐고, 2009년도 일본정부 초청 7년 장학생과 박사과정 3년 장학생에 각각 합격했다.

고시반 설립 2년째인 2008년에는 금강대학교 재학생 황보란 씨가 행정고시에 합격하는 성과를 올렸다.

정부에서 시행하는 지역인재 채용 6급 공무원 시험에도 2006년에 이어 2008년, 2009년 연이어 충남지역에서 유일하게 금강대학교 재학생이 합격해 문화관광부, 외교통상부, 지식경제부 등에서 근무하고 있다.

성 총장은 "신설대학이고 홍보부족으로 금강대학교의 존재가 널리 알려지지 못했지만, 이미 눈에 띄는 성과로 지방의 명문대학으로 급부상하고 있다"고 설명했다.

"미래 리더를 꿈꾸는 수험생이라면 당장 눈앞만 보지 말고 멀리 내다보기를 바랍니다. 20~30년 후를 내다보고 인생설계를 할 때, 자신이 이루고자 하는 리더가 될 수 있을 겁니다. 금강대학교는 바로 이런 학생들에게 외국어와 행정실무능력은 물론 인성까지 기를 수 있는 최적의 교육환경을 제공합니다. 앞으로 다양한 학과를 개설하고 정원도 현재의 500명에서 1,300명으로 늘린다는 2020 프로젝트도 세웠습니다. 금강대학교에서 미래 리더의 꿈을 이루길 기대합니다."

—〈조선일보〉 류재광 기자

부록 2

저자 약력

성낙승(成樂承) 약력

출생

1935. 2.   경상남도 창녕군 대지면 효정리(미락마을) 147번지에서
      아버지(成瑄永)와 어머니(鄭鳳点) 사이에서
      5남 2녀의 7남매 장남으로 태어남

학력

1942. 4.~1948. 2. 대지초등학교 6년 졸업

1948. 3.~1951. 2. 창녕중학교 3년 졸업

1951. 4.~1954. 2. 대구 대건고등학교 3년 졸업

1955. 3.~1959. 2. 고려대학교 법과대학 행정학과 4년 졸업
       - '법학사' 학위를 받음

1963. 8.~1964. 8. 고려대학교 경영대학원 연구과정 1년 수료
       - '경영진단사' 자격증을 받음

1969. 3.~1971. 2. 서울대학교 행정대학원 행정학과 2년 졸업
       - '행정학석사' 학위를 받음

1994. 3.~1997. 2. 성균관대학교 대학원 신문방송학과 3년 졸업

1997. 8. 25.   성균관대학교에서 박사학위 논문 심사통과
       - '정치(언론)학박사' 학위를 받음

경력

1959. 3.~1960. 9.　육군 복무 제대

1960. 12. 30.　전국공무원 공개채용시험 사무계 1부(일반행정) 합격

1961. 2. 27.　국립공무원훈련원 공무원교육과정 수료

1961. 3.~1961. 5.　국무원사무처 방송관리국 방송관리과 촉탁으로 발령

1961. 3.~1961. 5.　국토건설본부 건설추진요원 파견

1961. 5. 1.　국무원사무처 방송관리과 서기(8급) 발령

1961. 5.~1961. 7.　공보부 방송관리과 서기(8급) 재발령

1961. 7.~1961. 12.　공보부 총무과

1961. 8. 14.　보통전형시험 합격

1961. 8. 31.　공보부 행정주사보(7급) 승진

1961. 11. 11.　중앙공무원교육원 신공문서규정교육과정 수료

1961. 12. 31.　공보부 행정주사(6급) 승진

1961. 12.~1963. 8.　공보부 공보국 보도과, 총무과

1963. 8.~1968. 11.　공보부 문화선전국 문화과

1968. 7. 31.　특별승진시험 합격

1968. 11. 1.　문화공보부 계장(5급: 행정사무관) 승진

1968. 11.~1970. 4.　문화공보부 문화국 종무과

1970. 4.~1971. 1.　문화공보부 문화국 문화과

1971. 1.~1971. 8.　문화공보부 문화국 종무과

1971. 8.~1973. 4.　문화공보부 예술국 예술과

1973. 4. 6.　문화공보부 과장(4급: 서기관) 승진

1973. 4.~1973. 6.　문화공보부 문화예술진흥담당관

1973. 6.~1975. 4.　문화공보부 문화국 종무과장

1975. 4.~1977. 3.　문화공보부 법무담당관

1977. 3.~1979. 4.　문화공보부 보도국 신문과장

1979. 4. 21.　문화공보부 국장(3급: 부이사관) 승진

1979. 4.~1980. 10.　문화공보부 홍보조정담당국장(홍보조정관)

1980. 10.~1983. 1.	문화공보부 감사담당국장(감사관)	
1983. 1. 15.	문화공보부 국장(2급: 이사관) 승진	
1983. 1.~1985. 3.	문화공보부 매체(신문방송) 국장	
1985. 3.~1988. 4.	민주정의당 정책조정실 문화공보담당 전문위원	
1988. 4. 3.	문화공보부 실장(1급: 관리관, 차관보) 승진복직	
1988. 3.~1990. 1.	문화공보부 종무실장	
1990. 1.~1993. 3.	공보처 기획관리실장	
1993. 3.~1996. 3.	한국방송광고공사(KOBACO) 사장	
1997. 3.~1998. 2.	동국대학교 겸임교수	
1997. 11.~1998. 5.	한국국제방송교류재단(아리랑국제방송) 이사장	
1998. 1.~2000. 2.	불교방송(BBS) 사장	
1998. 12.~2000. 2.	대통령자문 방송개혁위원회 위원	
2000. 9.~2002. 2.	천안대학교 초빙교수	
2002. 3.~2007. 2.	(주) 동서(東西) 감사	
2003. 8.~2004. 7.	방송위원회 방송광고심의위원회 위원장	
2006. 10.~2007. 2.	(주) 동서 감사 겸 성재개발(주) 회장	
2007. 2.~2009. 11.	금강대학교 대학원장 겸 총장	
2007. 2.~2011. 2.	금강대학교 총장	

기타 경력

(정부)

1976. 8.	7급 국가공무원 공개채용시험 3차시험위원	(총무처장관)
1977. 9.	7급 국가공무원 공개채용시험 3차시험위원	(총무처장관)
1983. 1.	방송통신위성사업 연구조사위원회 위원	(체신부장관)
1990. 1.	공보처 행정심판위원회 위원장	(공보처장관)
1990. 3.	남북교류공동위원회 사회문화위원회 위원	(통일원장관)
1992. 3.	만국우편연합 서울총회 준비위원회 위원	(체신부장관)

1993. 1.	대통령취임행사준비위원회 실무위원	(국무총리 현승종)
1993. 8.	임시정부선열봉환국민제전위원회 위원	(국무총리 황인성)
1998. 10.	제2의 건국 범국민추진위원회 위원	(대통령 김대중)
1998. 12.	방송개혁위원회 위원	(대통령 김대중)
1999. 7.	민주평화통일자문회의 자문위원	(대통령 김대중)
1999. 8.	민주평화통일자문회의 상임위원	(대통령 김대중)
2000. 3.	문화체육부 정책평가위원	(문화체육부장관)
2001. 7.	민주평화통일자문회의 자문위원	(대통령 김대중)
2007. 7.	민주평화통일자문회의 자문위원	(대통령 노무현)

(언론)

1978. 2.~1980. 2. (재) 한국언론인금고 융자심의위원

1983. 2.~1985. 3. 한국방송공사(KBS) 이사

1984. 9.~1985. 5. 한국통신공사(KTA) 이사

1986. 4.~1988. 5. 교육방송(EBS) 자문위원

1986. 4.~1988. 5. 문화방송(MBC) 자문위원

1993. 3.~1996. 3. 한국언론재단(프레스센터) 이사

1993. 3.~1996. 3. 한국방송개발원 이사

1998. 2.~2000. 2. 한국방송협회 이사

(교육)

1977. 3.~1978. 2. 동국대학교 불교대학 강사

1997. 3.~1998. 2. 동국대학교 겸임교수

1998. 3.~1999. 2. 동국대학교 불교대학원 강사

2000. 9.~2002. 2. 천안대학교 초빙교수

2003. 3.~2018. 2. 학교법인 창녕고등학교 이사

2005. 6.~2014. 7. 학교법인 금강대학교 이사

2005. 7.~2007. 2. 금강대학교 대학발전위원장

2008. 11.~2011. 2. 한국대학교육협의회 대학재정대책위원

(사회문화)

1987. 7. 11.	우계(牛溪: 成渾) 문화재단 고문
1993. 3.	사회복지법인 혜명원(惠明院) 이사
1993. 5.~1996. 3.	한국문화예술진흥원(韓國文化藝術振興院) 이사
1993. 6.	남북이산가족재회촉구 범세계서명운동본부 지도위원
1994. 5. 10.	제3회 대구 휠체어마라톤대회 조직위원회 명예부대회장
1996.~2021.	창녕성씨대종회(成氏大宗會) 운영위원, 고문(현재)
1997. 11.	창녕 우포늪(牛浦沼) 자연사박물관유치위원회 자문교수
1998. 3.~2020. 2.	한국평화문제연구소 자문, 지도위원
1998. 8. 1.	3·1독립운동기념탑건립 추진위원회 위원 (국무총리 이수성)
2000. 2.~2002. 3.	창녕 물계서원(勿溪書院) 보존회 고문
2002. 3.	한국합기도연맹 고문
2008. 9. 30.	서울 세계평화의 밤 조직위원회 상임고문
2002. 3.~2020. 3.	(주)동서 계열 (재)동서식품장학회 이사
2020. 4.~2022. 3.	(주)동서(東西) 사외이사
2004. 2.~2006. 3.	창녕문화원(昌寧文化院) 고문

(기타)

1962.~2021.	고려대학교 교우회(校友會) 이사, 자문역(현재)
1979. 3.	고려대학교 〈교우회보〉 편집위원
1988. 3.	고려대학교 법과대학 교우회 이사, 상임이사
1994. 9.	고려대학교 교우회관건립위원회 부위원장
1994. 11.	고려대학교 비전 2005 발기인
1995. 1.	고려대학교 바른교육운동본부 2005위원회 위원
2000. 11.	고려대학교 개교 100주년 기념사업회 이사
1987.~1991.	서울대학교 행정대학원 동창회 이사, 상임이사

1994.~2021.	서울대학교 총동창회(總同窓會) 이사(현재)
1980.~1985.	재경 창녕 출신 공무원동우회(昌公會) 제2대 회장
1993.~1995.	창녕중학교 총동창회 제2대 회장
1998.~2000.	재경 창녕군향우회(昌寧鄉友會) 회장
2001.~2012.	재경 경남도민회(慶南道民會) 운영위원

해외 출장

1970. 7. 12.~23.	세계EXPO박람회 겸 기독교세계대회 참가(일본 오사카)
1972. 6. 14.~7. 2.	월남 한국군 참전기록화 작가단 인솔안내(자유월남)
1977. 12. 1.~15.	한중(韓中) 잡지세미나 참석(대만)
1991. 12. 2.~16.	공보처 해외주재 공보관 현황시찰(일본, 프랑스, 미국)
1994. 5. 17.~25.	IAA 세계광고대회 참석(멕시코 칸쿤)
1998. 6. 15.~23.	연변(延辺) 한중학술회의 참석(중국)
1999. 11. 24.~30.	해외성지 시찰(태국, 미얀마)
2001. 5. 9.~17.	중국 문화답사(북경, 서안, 상해, 소주, 항주)
2006. 1. 15.~19.	세계평화통일지도자세미나 참가(일본)
2007. 5. 16.~19.	남경(南京) 동남아불교학 대학총장회의(중국)
2007. 9. 13.~19.	울란바토르 불탑기공식 참석(몽골)
2007. 10. 15.~21.	중국 각 대학교류협정 및 교류파견 학생격려(중국)
2008. 4. 22.~27.	대만 3개 불교대학과 교류협정(대만)
2008. 12. 8.~14.	일본 2개 대학과 교류협정(일본)
2010. 8. 27.~31.	대만 성운대사(星雲大師)에 명예박사 수여(대만)

상훈

1966. 12. 12.	공보부장관 표창	(장관 홍종철)
1970. 12. 31.	문화공보부장관 표창	(장관 신범식)
1972. 12. 30.	문화공보부장관 표창	(장관 윤주영)
1973. 1. 25.	국방부장관 표창	(장관 유재흥)

1968. 1. 15.	국무총리표창	(국무총리 정일권)
1971. 12. 17.	대통령표창(전국 모범공무원 선정)	(대통령 박정희)
1981. 4. 2.	보국포장	(대통령 전두환)
1990. 12. 26.	홍조근정훈장	(대통령 노태우)
1994. 12. 4.	국무총리표창	(국무총리 이수성)

저서 · 논문

1971. 2.	"한국정부의 종무행정에 관한 연구"(석사학위 논문)
1997. 8.	"언론보도로 인한 피해구제제도에 관한 연구"(박사학위 논문)

자격증

1962. 5. 23.	고등학교 일반사회과 준교사	(문교부장관)
1964. 9. 12.	경영진단사	(고려대학교 경영대학원장)

───────── 부록 3 ─────────

사진 앨범

아버지 성선영(成瑄永)

어머니 정봉점(鄭鳳点)

2010년 2월 금강대학교 졸업식

1993년 방송광고공사
사장 재직 시

2011년 아내 박영자(朴英子)

1965년 12월 고향집에서 부모님, 여동생과 함께

1973년 5월 고향집에서 부모님, 동생과 함께

2018년 예술의전당에서 자부, 손자와 함께   2003년 일산공원에서 외손자, 외손녀

2003년 일산에서 외손자, 외손녀   1997년 성균관대학교 박사학위 수여식에서 가족들과 함께

2015년 2월 팔순 기념 가족사진. 자녀 내외와 손자, 손녀

1987년 4월 부친 기제일, 연남동 주택에서 모친과 5형제, 아들, 조카질녀

2001년 4월 연남동 주택에서 5형제가 함께

2003년 5월 4일 청와대 경내 구 본관 터 제1명당 앞에서 처남과 함께

2003년 5월 4일 노무현 대통령 내외분 초청으로 청와대에서.
아내가 권양숙 여사의 재종이모로서, 권 여사 왼쪽이 아내 박영자, 오른쪽이 권 여사 모친 박덕남 여사

1960년 10월 29일 나의 결혼식(하갑수, 김삼불, 신용익 친구와 함께)

2013년 1월 20일 아들 결혼식

1986년 5월 10일 첫째 딸 결혼식

1990년 6월 9일 둘째 딸 결혼식

1994년 12월 17일 셋째 딸 결혼식

1993년 1월 4일 공보처 기획관리실장 재직 시 유혁인 장관, 이경식 차관과 함께. 실장 퇴임 2개월 전이었다.

1996년 3월 8일 한국방송광고공사 사장 퇴임 기념사진

2000년 2월 14일 불교방송 사장 퇴임 기념사진. 송월주 조계종 총무원장, 김도후 BBS 이사장 스님과 함께

1999년 3월 3일 대통령자문 방송개혁위원회 해단식. 강원용 위원장, 한병기 위원 등과 함께

2011년 2월 금강대학교 졸업식에서 유학생, 교직원과 함께

2011년 2월 6일 금강대학교 총장 퇴임 기념사진

477

1971년 12월 17일
전국모범공무원 선정 대통령표창
수상(문화공보부 사무관 시)

1981년 4월 2일 감사담당 국장
1981년 4월 2일 국가안전보장
공로 보국포장 수상(감사담당국장 시)

1990년 12월 26일 홍조근정훈장
수상(공보처 기획관리실장 시)

1994년 8월 31일 교육 공로
국민포장 수상(아내, 초등학교 교감
재직 시)

1968년 1월 15일 국무총리표장 수상
(공보부 행정주사 재직 시)

1983년 문화공보부 초대 매체국장으로서
전두환 대통령께 업무 보고를 하며

1988년 문화공보부 종무실장 재직 시
노태우 대통령께 업무 보고를 하며

1999년 3월 5일 청와대 김대중 대통령
언론사 사장 초청

2009년 4월 23일 안면도 꽃 국제박람회
개막식에서 이명박 대통령과 함께

1971년 12월 17일 김종필 총리
모범공무원 대통령표창장 전수(중앙청 석조전)

1992년 7월 15일 21세기방송연구소
설립행사에서 정원식 총리와 함께

1993년 1월 15일 대통령취임준비위원회
실무위원 위촉식에서 현승종 총리와 함께

1994년 1월 한국방송광고공사 창사기념일에
이회창 총리와 함께

1995년 1월 한국방송광고공사 창사기념일에
이홍구 총리와 함께

1995년 12월 국무총리표창 수상
(이수성 총리 시상)

2010년 12월 이한동 총리 금강대학교 방문 기념

1984년 예술의전당에서 이진희, 유혁인,
김성진 장관과 함께

2012년 고향집 보수정비 후의 전경

고향집 내부 마당 뜰

고향집 앞 텃밭

고향집 진입로 철문과 매실 단지

2004년 부모님 묘소 정비단장 후의 전경

자연석 조경 후 묘소 전경

묘소 진입로 조성